자기인식과 리더스피릿

CNU 리더스피릿연구소

박영사

인문학의
자기인식과 리더스피릿

I

모든 시대와 모든 세대 그리고 모든 사유하는 개인은 자신의 문제에 대해 스스로 해답을 찾을 수 있어야 한다. 그리고 그 출발점은 자기 자신에 대한 온전한 이해, 즉 자기인식과 이를 토대로 한 바람직한 세계관 확립일 것이다. 자신에 대한 온전한 이해에 도달한 사람은 우선 내면의 감정과 욕구를 심층적으로 파악하는 능력을 갖추고 있을 것이다. 또한 그는 자신의 성향과 능력을 최대한 객관적으로 바라볼 수 있는 역량을 지니고 있기에, 쉽게 교만에 빠지지 않고 매사에 절제하는 태도를 유지할 수 있을 것이다. 이처럼 자기인식에 도달한 사람은 내면 응시와 자기조절 능력을 바탕으로 개인적으로나 조직 차원에서나 이성적으로 사고하고 합리적인 의사결정을 내릴 가능성이 크다. 나아가 그는 자신을 둘러싼 환경이 상당한 압박감을 주거나 복잡한 국면이 지속되더라도 외부 상황에 즉흥적으로 반응하거나 심정적으로 동요하지 않을 것이다.

넓은 시각에서 보면 인문학의 역사는 인간의 자기인식을 향한 노력과 맥을 같이한다고 말할 수 있다. 흔히 문·사·철로 대변되는 인문학은 본래 다양한 독서와 경험과 사색을 바탕으로 자신의 내면세계를 지속해서 관찰하고 반성해 봄으로써 새로운 사유물을 도출하는 과정의 연속이기 때문이다. 따라서 인문학자는 일차적으로 자신에게 주어진 연구 대상을 온전히 이해하고 해석하고자 시도할 뿐만 아니라, 그 대상과 마주하고 있는 연구자 자신의 태도에 관해 지속해서 관심을 가질 수밖에 없다. 그리고 이 과정은 다시 그가 자신에 대한 이해의 폭을 확장하게 만드는 기제로 작용할 것이다.

그러나 우리가 개인적으로 가치 있는 삶을 넘어서 자신이 속한 사회나 조직에서 구성원을 이끌고 비전을 향해 나아가는 지도자의 삶을 영위하고자 한다면, 자신에 대한 앎이 필요조건은 될 수 있겠지만 충분조건이라고 말하기는 어려울 것 같다. 이 경우에는 자기인식에 더하여 리더십과 리더스피릿을 충분히 갖추고 있어야 하기 때문이다. 마찬가지로 진정으로 가치 있고 지속 가능한 인문학 담론은 사유와 행위의 주체가 자기인식에 도달한 상황에 만족하거나 중단하지 않으며, 오히려 자기 자신에 대한 앎을 출발점 혹은 마중물 삼아 세상을 위해 헌신하고 희생까지 감내할 수 있는 지도자의 자세와 역량을 논하는 방향으로 나아갈 것이다.

주지하듯이 한 리더의 사리 판단과 현실적인 선택은 개인적인 성공과 실패를 넘어서 그가 이끄는 조직이나 사회의 미래 모습을 결정하는 요인이 된다. 따라서 리더는 단지 자신이 이끄는 조직의 외적인 성장을 견인하는 능력을 갖추거나 수치상의 성과를 창출하는 일에 자신의 역할을 한정해서는 안 될 것이다. 그는 자신의 판단이나 선택에 관해서 항상 윤리적 태도를 견지하고 그것이 초래할 결과에 대한 사회적 차원의 책임 의식을 갖추고 있어야 한다. 나아가 그는 장기적인 안목으로 조직의 미래를 준비하고 기획하는 노력을 지속해야 한다.

누군가가 지성과 실행력을 바탕으로 단기적인 성과를 내더라도 그것이 초래할 장기적인 결과나 사회적 파급효과에 대해 충분히 고민하지 않는다면, 그는 자신이 가진 지위와 영향력의 크기에 비례하는 정도로 주변과 세상에 피해를 줄 수 있기 때문이다.

이처럼 리더라면 생산성 향상이나 조직관리 같은 현실적인 역할과는 별개로 윤리적으로 올바른 동시에 미래를 담보할 수 있는 판단을 내리기 위해 노력해야 할 것인데, 이러한 노력의 과정과 성공은 다시 리더의 자기인식을 전제로 한다. 앞에서 언급한 바와 같이 리더가 매사에 온전한 자기인식에 기반해서 판단하고 행동한다면 그는 개인적인 삶에서 그리고 자신이 이끄는 조직 안에서 가치 있고 새로운 현실을 만들어 낼 가능성이 크며, 변화된 현실은 다시 그를 이상적인 지도자로 새롭게 규정할 것이기 때문이다. 우리는 이러한 선순환을 자기인식과 리더십의 변증법으로 부르고자 한다. 이와 관련해서 기원전 5세기 아테네에서 활동하며 서양 인문학 초창기를 화려하게 장식했던 소크라테스(c. 470–399 BC)와 플라톤(c. 428–348 BC)의 경우에 잠시 주목해 보자.

II

고대 그리스의 소도시 델포이에 위치한 아폴론 신전 현관 기둥에 새겨져 있던 경구인 '너 자신을 알라!'(γνῶθι σεαυτόν)에는 인간의 한계에 대한 근본적인 통찰이 담겨 있다. 이 경구의 의미를 동시대인 중에서 가장 명확히 인식했던 소크라테스는 인생과 철학적 사유의 궁극 목표는 인간의 유한성에 대한 자각에 있음을 평생에 걸쳐 역설하였다. 나는 나 자신이 모른다는 점에 대해서는 알고 있다는 소크라테스의 주장은 철학사에서 흔히 '무지의 지'로 알려져 있다. 또한 그의 주장은 동시대에 아테네에서 활동하면서 원칙적으로 인간은 모든 지식을 알 수 있고 이것은 교육을 통해 실현 가능하다고 주장했던 소피스트에 대한 강력한 경고의 의미를 담고 있었다.

자기 자신에 대한 확실한 앎과 더불어 세상의 모든 문제를 해결할 수 있는 전지전능한 인식능력이나 인간 행위에 대한 구체적이고 완벽한 방향 제시 기술을 소유하고 있으며 또한 전수할 수 있다고 주장한 소피스트와 달리, 인간의 지식은 항상 오류 가능성을 내포하고 있음을 깨달은 소크라테스는 일차적으로 신적인 존재에 대비된 인간의 인식론적 한계와 유한성에 대한 통찰에 도달하였다. 나아가 인간의 한계에 대한 그의 자각은 자기인식이 실제로 할 수 있는 바와 없는 바를 분명히 통찰하고 있어야 함을 함축하는 것이었다.

소크라테스가 강조한 자기인식은 단지 소극적인 차원에서 인간의 유한성과 한계에 대한 자각만을 의미하는 것은 아니다. 자기 자신에 대한 올바른 앎으로 대변되는 소크라테스 철학의 긍정적인 역할은 개별지식 획득과 그것의 적용 과정에서 행위 주체의 성공적인 수행을 돕는 방식으로 간접적으로 드러난다. 비록 개별지식의 습득이 자기인식 없이 가능함을 인정하더라도, 이것의 실제적인 가치에 대한 평가나 올바른 사용에 관한 판단은 분명히 대상인식의 단계를 넘어서는 것이기 때문이다. 따라서 소크라테스는 자기 자신에 대한 올바른 이해 혹은 자신의 무지에 대한 인식은 진정한 지식획득의 출발점인 동시에 이와 관련된 전 과정에 참여하는 일종의 '동반인식'임을 주장하였다. 이것은 결국 자기인식은 인간이 개별 전문지식을 진정으로 유용하게 사용하기 위해서 우선 갖추어야만 하며, 따라서 행복한 삶의 본질적인 조건이 될 수밖에 없음을 함축하는 것이다.

플라톤에게 소크라테스는 동시대에 존재했던 모든 사람 가운데 가장 모범적인 철학자였지만, 그가 제자의 마음속에 거대한 학문 체계를 구축한 이론가의 모습으로 각인되었던 것은 아니다. 플라톤이 스승에게 느꼈던 존경심은 오히려 자신의 철학적 확신을 구체적인 삶속에서 실천할 줄 알았던 도덕적인 힘에 기인한다. 역사적인 소크라테스는 체계적인 이론가라기보다 종교적 수준의 양심을 간직한 실천적 사상가였다. 이에 소크라테스의 자기인식 담론을 계승한 플라톤은 스승의 철학적 이념을 좀 더 체계적으로 발전시키고 보편적인 이론으로 재구성하고자 하였다.

플라톤의 대표저술로 잘 알려진 『국가』는 깊이 있는 내용과 풍부한 사유거리 덕분에 여러 관점에서 해석이 가능한 작품이다. 그런데 우리가 현대 리더십의 관점으로 접근해 보면, 이 저술은 이른바 철인왕으로 일컬어지는 정치지도자 그룹이 나라를 통치하는 과정에서 요구되는 조건과 내용을 상술한, 서구 문명사상 최초의 '국가 지혜(sophia) 경영 컨설팅 보고서'라고 말할 수 있을 것이다. 다시 말해서 『국가』편은 자기 수양(self-leadership)과 헌신(servant leadership)의 자세를 확립하고, 정당한 권위(charisma leadership)를 바탕으로 시민(follower)들이 각자의 소질을 최대한 발휘하도록 이끄는 능력(empowering leadership)을 갖춘 전인적 지도자(authentic leader) 양성에 관한 인문학 차원의 야전교범으로 평가될 수 있다.

특히 『국가』 7권 '동굴의 비유'에는 자기인식에 도달하였고 전문지식까지 갖춘 철인 통치자가 인간의 계몽과 정신의 자유를 위해 어떤 노력과 희생을 감수해야 하는지 흥미롭게 묘사되어 있다. 동굴 밖에서 실재 세계를 경험하고 세상에 대한 본질적인 인식에 도달한 사람은 다시 동굴 안으로의 귀환을 생각해야 한다. 동굴 밖의 광명천지에서 남은 생을 사색과 더불어 편안하고 안전하게 보내는 것은 어둠의 세계에서 착각에 빠져 인생을 낭비하고 있는 수많은 옛 동료들을 기억하지 않는 이기적인 처사이다. 그는 아직도 동굴 속에서 진실에 눈뜨지 못한 인간들에게 동굴 밖의 현실을 알리고, 그곳에 이르는 길을 제시할 수 있어야 한다. 마찬가지로 철학자에게는 자신이 각고의 노력 끝에 도달한 지성의 세계에 머물며 학문적인 관조의 삶을 즐기려는 생각이 들기 마련이지만, 세상에서의 도피는 진리 탐구의 본래 목표에 부합하지 않을 뿐만 아니라 현실적으로도 실현되기 어렵다. 따라서 동굴 밖으로의 여행에 비유되는 장기간에 걸친 교육과 도야의 과정을 성공적으로 마친 극소수의 철인왕 후보들은 직접 현실정치에 참여해서 세상을 바로잡을 것이 요청된다. 그렇지만 이들이 국사에 참여해서 능력을 펼치고 나라를 올바른 방향으로 이끌기 위해 애쓰는 모습은 단지 타인들에 대한 소박한 동정심이나 국가의 명령에 대한 복종심에 기인하는 것이 결코 아니다. 동굴 속으로 하강한 사람은 다시 오랜 시간을 두고 시행착오를 겪으면서 자신의 인식 내용이 참된 것임을 현실 속에서 확인할 수 있어야 하는데, 이것은 내적인 동기부여에 따른 자발적인 현실 참여와 세상을 향한 지극한 애정이 뒷받침되지 않고는 결코 지속될 수 없는 일이기 때문이다.

　　결국 플라톤이 제안한 이상국가의 지도자는 이른바 내성외왕(內聖外王)의 경지에 도달하고 수기치인을 실현하는 존재라고 말할 수 있을 것이다. 우선 그는 내적으로는 지성과 절제력을 바탕으로 불필요한 욕망을 거의 완벽하게 조절함으로써, 자신보다 강하고 자기 자신을 이기는 사람으로 거듭난 존재이다. 또한 그는 정의감과 용기를 바탕으로 내면의 능력을 오직 공공성과 공적 가치를 위해 사용함으로써 나라를 올바른 방향으로 이끌 수 있으며, 오랜 기간의 교육과 수련 과정을 통해 국가 운영에 필요한 다양한 전문 기술을 갖추고 있는 능력자이다. 나아가 그는 시민들이 각자의 잠재력을 알아채고 이를 제대로 발휘하도록 인도함으로써 국가의 역량을 최대치로 끌어올리는 지도력을 갖춘 존재이다. 그리고 플라톤이 제시한 철인왕 프로젝트의 근저에는 바로 스승 소크라테스가 강조했던 자기인식과 그가 조국 아테네의 계몽을 위해 헌신하고 희생하면서 내비쳤던 인간과 세계에 대한 믿음과 애정이 자리하고 있다.

III

인간은 자신과 명백히 다른 타자나 타자들로 구성된 세상과 조우하고 대결하며 수없이 문제를 해결하는 가운데 내면의 모습을 발견하고 서서히 자아(self) 관념을 형성해 가는 존재라고 말할 수 있다. 즉, 인간의 자아란 고정되고 불변하며 독립적인 개념이라기보다는, 타자 세계와의 대결과 모순적 경험을 극복하는 과정을 거치며 천천히 그리고 의식적으로 형성되는 것이다. 이러한 차원에서 흔히 인간 존재는 서사적 자아(narrative self)로 규정되곤 한다.

특히 리더는 자신의 이야기를 스스로 만들어 가는 존재일 뿐만 아니라, 그가 속한 조직과 사회 그리고 세상의 서사가 새롭게 등장하는 과정에서 주도적인 역할을 하는 존재이다. 그런데 현실적으로 볼 때 리더가 자신이 이끄는 조직이나 사회 안에서 새롭게 변화된 현실을 창출하기 위해서는 무엇보다 구성원들과의 긴밀한 의사소통을 통한 상호이해 및 가치의 공유가 선행되어야 한다. 그리고 이것은 구성원들이 리더의 판단과 행동에 대해 어떻게 이해하고 평가하는가에 관한 리더 자신의 명확하고 심층적인 인식을 전제로 한다. 리더는 자신의 언행을 팔로워들이 어떻게 해석하는지 분명히 알고 있어야 한다는 것이다. 그런데 리더의 판단과 행동에 관한 구성원들의 이해가 타당한가를 스스로 평가하고 적절하게 대처하기 위해서는 먼저 그가 자신에 대해 객관적으로 이해하고 판단할 수 있는 능력을 갖추고 있어야 한다. 나아가 리더가 자기 자신을 제대로 인식하려는 의지를 강하게 지닐 경우, 그는 역사 속의 영웅이나 주변의 성공한 인물의 행위방식을 단순히 모방하지 않을 것이며, 자신에게 적합하고 독창적인 리더십과 리더정신을 창조해 낼 가능성이 반대의 경우보다 훨씬 더 증가할 것이다. 우리가 이러한 의미의 자기인식을 현대적인 용어로 리더의 자기 객관화 능력으로 지칭하든 혹은 메타인지와 연결해서 이해하든 간에 사태의 본질과 지향점은 이미 수천 년 전에 소크라테스와 공자 같은 이들이 추구했던 바와 크게 다르지 않을 것이다.

『자기인식과 리더스피릿』은 2024년 초반부터 충남대학교 리더스피릿연구소가 기획하고 진행한 공동연구에 힘입어 빛을 보게 되었다. 연구와 집필에 참여해 주신 선생님들께 이 자리를 빌려 심심한 감사의 말씀을 전한다. 또한 출판 업무를 총괄해 주신 박영사 임재무 전무님과 편집을 담당한 소다인 선생을 비롯한 관계자 분들께 감사드린다. 더불어 초고를 읽고 소감을 제시해 준 충남대학교 지식융합학부 학생들에게 감사의 마음을 전한다. 이 저술이 고금의 인문학 담론에서 핵

심적인 주제로 논의되었던 자기인식과 문명사에서 끊임없이 등장해
온 개념인 리더십을 21세기 상황에 맞추어 새롭게 연결함으로써, 개
인과 공동체의 가치 사이에서 균형을 잡고, 진정성을 바탕으로 윤리
적 결단을 감행할 수 있으며, 선하고 균형 잡힌 영향력을 행사하여 구
성원들의 변화를 견인하는 리더의 등장을 촉진하는 마중물이 되기를
희망한다.

을사년(乙巳年) 정월
전체 집필진의 뜻을 담아,
리더스피릿연구소장 서 영 식

차 례

세부 차례

Part 02 서양의 자기인식과 리더스피릿

V 소크라테스의 변론에서의 설득의 원리와 파레시아의 리더십

📖 Self-knowledge and Leaderspirit

VI 반면교사의 인간형 알키비아데스

📖 Self-knowledge and Leaderspirit

XI J. 랑시에르의 '정치적 주체화'와 셀프리더십
– 민주시민의 정치성 복원에 대하여

Self-knowledge and Leaderspirit

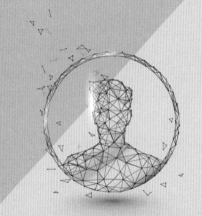

Self-knowledge and
Leaderspirit

PART

1

동양의 자기인식과 리더스피릿

I   『논어』를 통한 자기 이해와 리더십 함양

이한우

　『논어』는 공적 영역에서 일을 잘 해내기 위해서 어떤 사람과 함께 일할 것이며, 또한 어떻게 리더십을 발휘하고 소통할 것인가, 그 구체적인 기준과 방법을 제시한 실천서이다. 현대적인 용어로 표현하면 『논어』는 최고의 리더십 훈련서이다. 그런데 사람을 알아보는 눈, 즉 지인지감(知人之鑑)을 가지고 적재적소에 사람을 써야 하는 리더는 우선 자기 자신에 대해 올바르게 파악할 수 있어야 한다. 이 글에서는 자기 자신에 대한 올바른 이해란 무엇이며, 나아가 이것을 토대로 세상을 이끄는 지도자의 판단과 행동은 어떠해야 하는지를 『논어』의 핵심적인 구절들을 단계적으로 소개하고 해석하는 방식으로 서술하였다.

들어가는 말

공자에 따르면 리더는 두말할 것도 없이 군자 의식부터 갖추지 않으면 안 된다. 물론 '군자'에는 다양한 의미가 있지만 가장 기본적으로는 의(義)와 이(利)로 나눌 수 있다. 『논어』이인(里仁)편 16에서 공자가 말했다.

군자는 마땅함[義]에서 깨닫고 소인은 이익[利]에서 깨닫는다.

필자는 오래전부터 의(義)를 정의나 의로움보다는 마땅함으로 옮긴다. 그것이 포괄적이기도 하지만 공자가 생각하는 의(義)에 가깝다고 여기기 때문이다. 정의나 의로움은 다분히 외적인 성격을 갖지만 마땅함은 내적인 성격을 갖는다. 그래서 마땅함에는 예(禮)도 포함이 되고 인(仁)도 포함이 되고 덕(德)도 포함이 된다.

예를 들면 공자가 말한 군군신신(君君臣臣)이 그런 경우이다. 군군(君君)을 중심으로 살펴보자. 임금이 임금다워지는 것, 그것은 군덕(君德)을 갖추는 것이며 임금으로서 다른 사람인 신하는 제대로 사랑하는 인(仁)이면서 신하를 예(禮)로 대하는 임금의 도리이기도 한데 이는 총괄해서 임금의 마땅함이 된다.

그런데 이런 군자 의식은 타고나는 것이 아니다. 학이시습(學而時習)하기를 정말로 좋아하여 그것을 내 것으로 만들어 가야 한다. 잠시라도 소홀히 하거나 방심하면 군자 의식은 어느새 내 몸에서 떠나버린다. 그러면 어떻게 군자 의식, 즉 군자다움을 갖춰갈 수 있을까? 방금 인용한 공자 말 바로 다음에 그 방법이 나온다. 『논어』이인(里仁)

편 17이다.

　　뛰어난 이를 보면 자신도 그와 같아지려고 생각하고 뛰어나지 못한 이를
보면 (자신에게도 그런 면이 없는지를) 안으로 스스로를 돌아보아야 한다.

　　결국 두 가지인데 하나는 상덕(尙德), 상덕(上德) 혹은 숭덕(崇德)
이며, 이는 모두 같은 뜻이다. 나에게는 없는 다른 사람의 좋은 점을
봤으면 서둘러 자기 것으로 만들어야 한다.
　　또 하나는 수덕(修德), 보다 정확하게는 수특(修慝)이다. 남을 통해
자기에게도 같은 단점이 있으면 안으로 스스로를 돌아보고 서둘러 바
꿔야 한다.
　　그런데 여기서 공자는 중요한 사실 하나를 전제하고 있다. 그저
혼자 가만히 생각해서는 숭덕(崇德)이나 수덕(修德) 모두 어렵다는 사
실이다. 남의 행동을 보면서 자기에게 돌이켜 숭덕도 하고 수덕도 하
는 것이다.
　　이처럼 숭덕(崇德)과 수덕(修德)이라는 양대 축만 이해하면 다움
[德]을 갖추는 방법은 명확히 알 수 있다. 예를 들어보자. 『논어』술이
(述而)편 21이다.

　　공자가 말했다.
　　"세 사람이 길을 가면 반드시 나의 스승이 있게 마련이다. (그럴 경우)
그들 중 좋은 점을 골라서 따르고 그들 중 좋지 못한 점은 고쳐야 한다."

　　이때 중요한 것은 나의 마음가짐이다. 스스로 군자 의식을 갖추
려하고 하면서 노력하는 데 뜻을 두지 않는다면 세 사람이 아니라 열

사람이 있어도 숭덕(崇德)하지 못하고 수덕(修德)하지 못한다.

군자가 되겠다는 강렬한 뜻이 출발점

공자는 15살에 도리에 뜻을 두었다고 말했다. 『논어』 위정(爲政)편 4이다.

나는 15살에 (문을) 배우는 데 뜻을 두었고[志于學]

이때 학(學)은 요즘 같은 학문일 리가 없고 애씀을 배우는 것[學文]이다. 그러니 이 말은 군자, 즉 공인의 길로 나아가겠다는 뜻을 15살에 품었다는 뜻이다. 당시 공인의 길로 나아가겠다는 것은 군군신신(君君臣臣)의 영역으로 나아가겠다는 말이다. 미리 말해두자면 공자는 임금으로 나아가는 길에 대한 가능성 또한 마음 한구석에 갖고 있었던 사람이다. 다만 그 길은 순임금처럼 효도라고 하는 다움[德]을 통해 가는 길이었다. 물론 공자에게 그 길은 열리지 않았다.

이런 강렬한 자발성은 자신뿐만 아니라 자기에게 와서 배우고자하는 사람에게도 요구했던 사항이다. 『논어』 술이(述而)편 8이다.

공자가 말했다.
"(스스로) 발분하지 않으면 (실마리를) 열어 밝혀주지 않았고[不憤不啓] 뭔가를 표현하려고 애태우지 않으면 그 사람 말문이 터지도록 해주지 않았으며[不悱不發] 한 귀퉁이를 갖고서 말했을 때 나머지 세 귀퉁이를 미루어 알아차리지 못하면 더 이상 반복해서 가르쳐주지 않았다."

여기에는 군자다움을 배워나가는 방향과 관련해 중요한 두 가지 항목이 들어 있다.

첫째는 불분불계(不憤不啓) 불비불발(不悱不發)이다.

설사 배움을 청하는 예를 갖추고서 강한 배움의 의지를 갖고 있다 하더라도 다음과 같은 조건이 충족되지 않으면 가르침을 줄 수 없다는 이야기다. 공자는 배우고자 하는 뜻이 얼마나 강한지를 여러 가지 측면에서 점검하고 있는 것이다.

먼저 공자는 분(憤)하지 않거든 계(啓)하지 않는다고 했다. 계(啓)란 일깨워 열어 밝혀주는 것이다. 그것은 곧 도리를 향한 마음이다. 그런데 먼저 배우려는 자가 분(憤)해야 일깨워 열어 밝혀준다고 했다. 일단 분(憤)의 다양한 의미를 살펴볼 필요가 있다. 분(憤)에는 '분하다', '원통하다', '성내다', '분노하다'라는 뜻 외에도 '번민하다', '괴로워하다', '어지럽히다', '힘쓰다', '분발하다', '왕성하다', '가득 차다' 등의 뜻이 있다. 여기서는 '힘쓰다', '분발하다'에 가깝다. 즉, 스스로 힘쓰고 분발하지 않는 자에게는 굳이 일깨워 열어 밝혀주지 않았다는 것이다.

다음으로 비(悱)는 '표현하지 못하다', '표현하려고 애쓰다', '말 나오지 아니하다' 등의 뜻을 갖고 있다. 크게 보면 뭔가를 하고 싶은데 표현하지 못하고 애를 태운다는 뜻으로 통한다. 따라서 불비불발(不悱不發)이란 뭔가 표현하려고 진정 애를 태우는 사람이라야 그 사람의 말문이 터지도록 해준다는 것이다. 다시 한번 성의(誠意), 즉 뜻을 열렬하게 함, 자발적 의지를 강조하고 있다. 『논어』 위령공(衛靈公)편 15는 바로 이에 대한 풀이다.

공자가 말했다.

"어떻게 할까 어떻게 할까라고 말하지 않는 사람에 대해서는 나도 어떻게 할 도리가 없다."

둘째는 미루어 헤아림[推]이다.

이어 네 귀퉁이가 있는 물건을 갖고서 한 귀퉁이를 들어 보여주었을 때 나머지 세 귀퉁이를 미루어 알아차리지 못한다면 또 다시 반복할 필요는 없다고 말한다. 여기서 반(反)을 주희는 '되돌려서 서로 증거한다'로 풀이한다. 즉, 스스로 터득하는 것[自得]이 모든 공부의 출발이 된다는 것을 강조하고 있다.

스스로 분발하지 않고 스스로 터득하려 하지 않는 사람을 공자는 고(固)라고 했다. 질(質)이 안 좋은데 문(文) 또한 없는 사람을 가리킨다. 공자 제자 중에서는 재아(宰我)가 바로 이런 사람이다.

스스로 자기 이해를 넓혀나가는 노력 혹은 능력, 추(推)

미루어 헤아림, 즉 추(推)에 관한 이야기는 『논어』 학이(學而)편 15에 이미 나온다.

자공이 말했다.
"가난하면서도 아첨하지 않고 부유한데도 교만하지 않는다면 어떻습니까?"
공자가 말했다.
"그것도 괜찮지만 가난하면서도 (도리를) 즐기며 부유하면서도 예를 좋아하는 것만 못하다."
자공이 말했다.
"『시경(詩經)』에 이르기를 '자르듯이 다듬듯이 쪼듯이 갈듯이'라고 했는데 아마도 이를 두고 한 말인 듯합니다."

공자가 말했다.

"사(賜)야! 비로소 더불어 시(詩)를 말할 수 있게 되었구나. 지나간 것을 말해주니 앞으로 오게 될 것을 알아차리는구나."

"지나간 것을 말해주니 앞으로 오게 될 것을 알아차리는구나"라는 말이 바로 미루어 헤아림, 즉 추(推)이다. 이와 비슷하면서도 조금 차이가 있는 말이 『논어』 팔일(八佾)편 8에 나온다.

자하(子夏)가 물었다.

"'예쁜 미소에 보조개로다 아름다운 눈에 눈동자 흑백이 분명하도다 흰 바탕에 채색이 가해졌도다'라는 시는 무슨 뜻입니까?"

공자가 말했다.

"그림 그리는 일은 흰 바탕이 마련된 다음에 해야 한다는 뜻이다."

(자하가) 말했다.

"(그렇다면) 예(禮)가 뒤이겠습니다."

공자가 말했다.

"나를 흥기(興起)시켜주는 사람은 상(商-자하)이로다. 비로소 더불어 시를 말할 만하구나."

여기서 우리는 중요한 질문을 던져야 한다. 자공과 자하 중에 누가 더 추(推)하는 능력이 뛰어날까? 그것은 두말할 것도 없이 자공이다. 자공은 일에서 시로 나아갔고 자하는 시에서 일로 나아갔기 때문이다. 자공이 훨씬 시를 잘 이해하고 있었다는 말이다. 실제로 시(詩)란 추(推)를 훈련하는 효과적인 장르이기도 하다. 압축된 것을 현실에 맞게 풀어내는 것이 시의 이해이기 때문이다.

공자가 제자들을 가르칠 때도 무엇보다 추(推)하는 능력을 우선시했음을 보여주는 구절이 있다. 『논어』 공야장(公冶長)편 8이다.

공자가 자공에게 일러 말했다.
"너와 회(回-안회) 중에서 누가 나으냐?"
대답해 말했다.
"사(賜-자공)가 어찌 감히 회를 바라보겠습니까? 회는 하나를 들으면 열을 알고 사는 하나를 들으면 둘을 압니다."
공자가 말했다.
"너는 회만 못하다. (그러나) 나는 네가 (스스로) 회보다 못하다고 한 점을 (높이) 평가한다."

자공의 대답은 매우 중요하다. 수많은 잣대 중에서 하나를 들었을 때 몇 개를 스스로 알아내느냐를 잣대로 삼아 안회와 자신을 비교했기 때문이다.

사실 이 미루어 헤아림이야말로 공자가 제자들에게 전하려 했던 핵심 가르침이며 바로 그 점을 자공은 정확히 알고 있었기에 미루어 헤아리는 힘을 잣대로 안회와 비교했고 공자는 그를 허여해 준 것이다.

추(推)란 곧 명민(明敏)과 통하고 요즘식으로 말한다면 '스마트하다'는 뜻이다. 추(推)는 언행(言行) 중에서는 행(行), 즉 행사(行事)와 통한다. 민어사(敏於事)란 뜻이다. 능력과 다움 중에서는 능력과 연결된다. 반면 말을 신중히 하는 것은 다움과 연결된다.

한나라 유학자 유향(劉向)이 구체적 사례로 『논어』를 풀어낸 『설원(說苑)』 8-4에는 추(推)를 남김없이 풀어내는 내용이 실려 있다.

눈썹과 속눈썹은 미미하지만 서로 잘 조화를 이루면 안색에서 (아름다운) 모습을 드러내고 목소리는 (한갓 작은) 바람이지만 느낌이 담기면 사람 마음을 움직인다.

영척은 쇠뿔을 두드리면서 애환이 담긴 노래를 부르고 다녔는데 환공이 그것을 듣고서 그를 들어썼다.

포룡(鮑龍)이 돌 위에 꿇어앉아 등산(登峆)이라는 시를 읊조리자 공자는 그를 위해 수레에서 내렸다.

요와 순이 서로를 만나 볼 때는 하루도 되지 않아 선위를 결심했다.

문왕이 태공을 들어 쓸 때도 오랜 시간이 걸리지 않았다.

그래서 뛰어난 이나 빼어난 이가 서로 만나게 되면 오래 기다리지 않고 상대를 제 몸과 같이 여기게 되고 능력이 뛰어난 사람이 서로 만나게 되면 시험해 보지 않고서도 상대를 알아본다. 그렇기 때문에 선비가 선로 만나게 될 때는 반드시 함께 재물에 대해 이익을 나눠보고서야 마침내 그의 청렴함을 아는 것이 아니고 반드시 함께 어려운 일을 겪고 위험한 일을 해결하고서야 마침내 그의 용맹함을 아는 것이 아니다.

일을 갖고서 결단하니 이 때문에 그 사람이 용맹함을 아는 것이고 주고받음에 사양함이 있으니 이 때문에 그 사람이 청렴하다는 것을 아는 것이다.

그래서 호랑이 꼬리를 보면 그것이 살쾡이보다 크다는 것을 알게 되고 코끼리 어금니를 보면 그것이 소보다 크다는 것을 알게 된다. 한 마디를 보면 백 마디를 알 수 있다. 이로 말미암아 보건대 이미 본 것을 갖고서 아직 나타나지 않은 것을 미리 알 수 있고 작은 마디를 보면 실로 충분히 큰 몸체를 미리 알 수 있다.

추(推)란 무엇이며 얼마나 다양하게 적용될 수 있는지를 확인할 수 있었으리라 믿는다.

최고의 추(推)는 인(仁)

『논어』위령공(衛靈公)편 23부터 보자.

자공(子貢)이 물었다.

"한마디 말로 종신토록 행할 수 있는 것이 있습니까?"

공자가 말했다.

"아마도 서(恕)일 것이다. 자기가 하고 싶지 않은 것을 남에게 베풀지 말라[己所不欲勿施於人]"

흥미로운 것은 앞부분『논어』공야장(公冶長) 11에서 공자는 다르게 말한 바 있다.

자공(子貢)이 말했다.

"저는 남이 나에게 가하기를 바라지 않는 일을 저 또한 남에게 가하지 않겠습니다."

공자가 말했다.

"사(賜−자공)야! 네가 도달할 수 있는 경지가 아니다."

여기서 우리는 두 가지 질문을 던질 수 있다.

첫째, 공자는 왜 이렇게 정반대 답을 준 것일까?

둘째,『논어』편찬자는 왜 공야장(公冶長)편 11과 이 장에서 각기 다른 대답을 실은 것일까?

이에 대해 정이천(程伊川)은 이렇게 풀이했다.

(자공이 먼저 말한) "저는 남이 나에게 가하기를 바라지 않는 일을 저 또한 남에게 가하지 않겠습니다[無加諸人]"는 어짊[仁]이요 자기에게 베풀어서 바라지 않는 것을 남에게 베풀지 않으려 하는 것[勿施於人]은 서(恕)이다. 서(恕)는 자공이 혹 힘쓸 수 있으나 어짊은 미칠 수 있는 바가 아니다.

주희는 이를 받아서 다음과 같이 말했다.

내가 생각건대 무가저인(無加諸人)의 무(無)는 자연히 그런 것이요 물시어인(勿施於人)의 물(勿)은 금지하는 말이다. 이것이 어짊과 서(恕)의 구별이다.

문맥을 무시한 구절 단위 풀이를 주도한 두 사람이니 당연히 이런 억지 주장이라도 해야 『논어』 공야장(公冶長)편 11과 이 장의 차이에 대해 그냥 지나치지는 않았다는 변명이라도 될 것이다. 그러나 인(仁)에 대한 풀이가 서(恕)이며 이를 좀 더 구체적으로 정의한 것이 무가저인(無加諸人)과 물시어인(勿施於人) 둘이다. 이제라도 주희류 『논어』 풀이에서 벗어나야 하는 또 한 가지 이유이기도 하다.

우리 질문으로 돌아가자.

첫째, 공자는 왜 이렇게 정반대 답을 준 것일까? 그 사이에 시간이 흘렀고 공자가 볼 때 자공에게 진덕수업(進德修業)하는 성과가 있었다. 지자(知者)에 머물던 자공이 이제 막 인자(仁者)에 들어가려 하자 이 말을 해준 것이다. 이는 『논어』라는 책이 덕(德)의 성숙 단계를 기록한 책임과 동시에 시간의 성숙 또한 감안한 책임을 보여준다. 이 둘을 가장 잘 체화한 인물은 『논어』에서 자공뿐이다. 인자(仁者) 안회(顔回)는 일찍 죽었고 용자(勇者) 자로(子路) 또한 배움을 게을리 하다가 비명횡사했다. 증자(曾子)의 경우 책 후반으로 갈수록 비중이 줄어든다.

둘째, 『논어』 편찬자는 왜 공야장(公冶長)편 11과 이 장에서 각기 다른 대답을 실은 것일까? 정이천이나 주희와 달리 편찬자는 시간 흐름과 덕(德)의 성숙을 정확히 읽었기에 이렇게 전반부와 후반부에 서로 다른 공자 대답을 배치해 자공이 진덕수업(進德修業)에 진전이 있었음을 보여준 것이다.

『논어』 공야장(公冶長)편 11에서는 자공이 먼저 "저는 남이 나에게 가하기를 바라지 않는 일을 저 또한 남에게 가하지 않겠습니다"라고 했다. 이 말을 듣는 순간 공자가 무슨 생각을 했을까? 위정(爲政)편 13이 그 답이다.

자공(子貢)이 군자를 묻자 공자가 말했다.

"(군자는) 자기가 말하고자 하는 바를 먼저 행한 이후에야 (그 행한 바를 따라서) 말을 한다."

신언(愼言)해야 하는데 자공은 그렇지 못했던 것이다. 그러나 『논어』 위령공(衛靈公)편 23에서 자공이 아주 신중하고 조심스럽게 "한마디 말로 종신토록 행할 수 있는 것이 있습니까?"라고 묻자 공자는 비로소 일이관지(一以貫之)의 일(一)인 서(恕)를 말하면 이쪽에 힘을 써야 할 것이라고 격려했다. 이런 신중함과 조심스러움은 다름 아닌 진덕수업의 성과였던 것이다. 이제 비로소 군자의 길에 들어선다.

군자는 어떻게 말하고 행동해야 하는가?

리더십에 대해서는 수백, 아니 수만 가지 정의나 지침 제시가 가능할 것이다. 그러나 뛰어난 리더십을 보여준 현실 속의 군왕이 자기 아들에게 자리를 물려주면서 해주는 리더상만큼 절실한 것이 있을까? 이런 점에서 『논어』 미자(微子)편 10에서 공자가 가장 존경했던 주공(周公)이 아들 백어(伯魚)를 봉국인 노나라로 보내면서 당부한 말이야말로 군자다운 임금이 되는 요체라 할 것이다.

주공(周公)이 (아들) 노공(魯公)에게 말했다.
"참된 군주는 그 친척을 버리지 않으며, 대신으로 하여금 써주지 않는 것을 원망하지 않게 하며, 선대왕의 옛 신하들이 큰 문제가 없는 한 버리지 않으며, (아랫사람) 한 사람에게 모든 것이 갖춰져 있기를 바라지 않는다 [無求備於一人]."

이 장은 『논어』 태백(泰伯)편 2와 밀접하게 연결된다.

공자가 말했다.
"임금이 친족들에게 도탑게 하면 곧 백성들 사이에서 어진 마음과 행동이 자연스레 생겨나고, 또 (새로 등극한) 임금이 옛 친구, 즉 선왕의 옛 신하들을 버리지 않으면 백성들이 배반과 같은 각박한 짓을 하지 않는다."

그런데 유감스럽게도 공자는 가장 중요한 무구비어일인(無求備於一人)을 빠트렸다.

유향의 『설원』 8-3은 무구비어일인(無求備於一人)이 얼마나 중요한지를 단적으로 보여준다.

추자(鄒子)가 양(梁)나라 효왕(孝王)에게 유세해 말했다.

"이윤(伊尹)은 원래 유신씨(有莘氏)의 잉신(媵臣)이었지만 탕왕(湯王)이 (그를) 세워 삼공(三公)으로 삼으니 천하가 다스려져 태평해졌습니다.

관중은 원래 성양(成陽)의 개도둑에다가 천하에 둘도 없는 용렬한 사내였지만 제나라 환공은 그를 얻어 중보(仲父)로 삼았습니다.

백리해는 길에서 밥을 빌어먹다가 양 다섯 마리 가죽에 팔렸으나 진나라 목공이 그에게 정사를 맡겼습니다.

영척은 원래 수레를 몰던 사람으로 수레 끌채를 두드리며 큰 거리에서 노래나 했지만 환공이 그에게 정사를 맡겼습니다.

사마희(司馬喜)는 송나라에서 무릎이 잘리는 형벌을 받았으나 끝내 중산국(中山國) 재상이 되었습니다.

범수(范睢-범저라고도 읽음)는 위(魏)나라에서 갈비뼈와 이빨이 부러지는 박해를 받았으나 뒤에 응후(應侯)가 되었습니다.

태공망(太公望-강태공 여상)은 원래 늙은 부인이 쫓아낸 사내로 조가(朝歌)에서 백정 일을 도왔으며 극진(棘津)에서 손님 맞이를 담당하던 심부름꾼이었는데 나이 70살에 주나라 재상이 되었고 90살에 제(齊)나라에 봉해졌습니다.

그래서 『시경』에 이르기를 '끊어질 듯 겨우 이어진 칡덩굴 넓은 들판에서 자라도다 좋은 직공 이를 얻어 갈포 마포를 만들었네 좋은 직공 얻지 못했으면 들판에서 말라 죽었으리라[枯死]'(譯註-지금의 『시경』에는 실려 있지 않다.)라고 한 것입니다.

이 일곱 선비가 눈 밝은 임금과 빼어난 군주를 만나지 못했더라면[不遇] 아마도 길에서 빌어먹다가 들판 한복판에서 말라죽었을 것이니 비유하자면 마치 '끊어질 듯 겨우 이어진 칡덩굴' 신세가 되었을 것입니다."

물론 공자는 무구비어일인(無求備於一人)의 중요성을 정확하게 파악하고 있었다. 『논어』 자로(子路)편 25이다.

공자가 말했다.
"군자는 섬기기는 쉬워도 기쁘게 하기는 어려우니, 기쁘게 하기를 도리로써 하지 않으면 기뻐하지 아니하고 사람을 부리면서도 그 그릇에 맞게 부린다[器之].
소인은 섬기기는 어려워도 기쁘게 하기는 쉬우니, 기쁘게 하기를 비록 도리로써 하지 않아도 기뻐하고, 사람을 부리면서도 한 사람에게 모든 능력이 완비되기를 요구한다[求備]."

여기서 군자와 소인은 단순한 군자와 소인의 대비가 아니라 임금 중에서 군자형 임금과 소인형 임금을 나눈 것이다. 이 점을 이해할 때라야 정확한 이해가 가능하다.

군자형 임금은 주(周)와 화(和)를 원칙으로 삼기 때문에 "섬기기는 쉬워도 기쁘게 하기는 어려우니, 기쁘게 하기를 도리로써 하지 않으면 기뻐하지 않는다."

소인형 임금은 비(比)와 동(同)을 원칙으로 삼기 때문에 "섬기기는 어려워도 기쁘게 하기는 쉬우니, 기쁘게 하기를 비록 도리로써 하지 않아도 기뻐한다."

한마디로 군자형 임금은 공도(公道)를 따르고 소인형 임금은 사익(私益)을 따른다. 군자형 임금은 의(義)를 따르고 소인형 임금은 이(利)를 따른다는 말이다.

여기에 공자는 매우 중요한 실마리 하나를 우리에게 제공했다. 기지(器之)와 구비(求備)는 반대말이라는 사실이다.

그럼 기지(器之)는 신하를 그 그릇에 맞게 부린다는 뜻이니 구비 (求備)란 그릇에 맞게 부리지 않고 아래 신하 한 사람한테 다 갖춰져 있기를 요구한다는 뜻이 된다.

자 이야기를 『논어』 팔일(八佾)편 26으로 거슬러 올라가 보자.

공자가 말했다.
"윗자리에 있는 사람이 너그럽지 못하다면[居上不寬] 나는 무엇으로 그 사람됨을 살필 수가 있겠는가?"

이 불관(不寬)이 바로 구비(求備), 즉 아래 신하 한 사람한테 다 갖춰져 있기를 요구한다는 뜻이다. 관(寬)은 질(質)로서는 너그럽다는 성품을 가리키지만 문(文)으로서는 바로 이처럼 신하의 그릇을 정확히 알아보아서 그에 맞게 부리는 것[器之]이다.

이렇게 이해할 때 미자(微子)편 10에 나오는 주공(周公)의 당부를 제대로 이해할 수 있다.

『태종실록』 태종16년(1416년) 5월 6일자 태종의 말이다.

인재는 한 사람에게 다 갖춰져 있기를 구해서는 안 된다. 비록 이 점에서는 미혹되더라도 반드시 저 점에서 통할 것이니 천하에 어찌 쓰지 못할 자가 있겠는가?

무구비어일인(無求備於一人)에 담긴 의미를 정확히 이해했던 임금이라 하겠다.

6 나오는 말: 바람직한 군자형 리더의 치술[治術]

무구비어일인(無求備於一人)이 리더가 사람을 알아보고[知人] 쓰는 [用人] 문제였다면 이제 백성을 대하는 군자형 리더의 마음가짐과 일하는 방식을 알아보아야 할 차례이다.

먼저 『논어』 요왈(堯曰) 1이다.

요(堯)임금이 말했다.
"아! 너 순(舜)아, 하늘의 역수(曆數)가 네 몸에 달려 있으니 진실로 그 적중함을 잡도록 하라[允執厥中]. 사해가 곤궁하면 하늘의 명이 영원히 끊어질 것이다."
순(舜)임금도 이를 갖고서 우왕(禹王)에게 명해주었다.

윤집궐중(允執厥中)이란 바로 중용(中庸)의 중(中)이다. 적중된 도리로 백성들에게 임해야 한다는 말이다. 그리고 바로 이어서 요왈(堯曰) 2에서 적중된 도리로 백성들에게 임한다는 것이 무엇인지를 구체적으로 풀어낸다.

자장(子張)이 공자에게 물었다.
"어떻게 해야 이에 정치에 종사할 수 있습니까?"
공자가 말했다.
"다섯 가지 아름다움을 높이고 네 가지 나쁜 일을 물리치면 이에 정치에 종사할 수 있다."
자장이 말했다.

"다섯 가지 아름다움이란 어떤 것입니까?"

공자가 말했다.

"군자는 은혜를 베풀되 허비하지 않고[惠而不費] 백성을 수고롭게 하되 원망을 품지 않게 하고[勞而不怨] 하고자 하되 탐하지 않고[欲而不貪] 태연하되 교만하지 않고[泰而不驕] 위엄을 갖추되 사납지 않은 것이다[威而不猛]."

자장이 말했다.

"무엇을 일러 은혜를 베풀되 허비하지 않는다고 합니까?"

공자가 말했다.

"백성들이 이로워하는 것에 맞추어 이롭게 해주니 이것이 실로 은혜를 베풀되 허비하지 않는 것이 아니겠는가!

수고할 만한 것을 잘 가려서 수고롭게 하니 또 누가 원망하겠는가?

어질고자 해서 어짊을 얻었으니 또 무엇을 탐하겠는가?

군자는 많거나 적거나 작거나 크거나 상관 않고서 감히 남을 업신여기지 않으니 이것이 실로 태연하되 교만하지 않은 것이 아니겠는가?

군자는 의관을 바르게 하고 첨시(瞻視-시선)를 존엄하게 해서 의연해 사람들이 바라보며 두려워하니 이것이 실로 위엄을 갖추되 사납지 않은 것이 아니겠는가?"

자장이 말했다.

"네 가지 나쁜 일이란 무엇입니까?"

공자가 말했다.

"(미리) 가르치지 않고서 (죄를 지었다고) 죽이는 것을 잔학[虐]이라 하고, (미리) 경계하지 않고 결과만 책하는 것을 포악[暴]이라 하고 명령을 태만하게 늦추고서 기한을 재촉하는 것을 도적[賊]이라 하고 어차피 사람들에게 주어야 하는 것은 똑같은데 출납에 인색한 것을 창고지기[有司]라고 한다."

여기서 자장(子張)은 정치의 여러 단계 중에서 특히 중간자의 정치참여를 의미하는 종정(從政)에 관해 질문을 던진다. 최고 통치자의 위정(爲政)에서 대해서는 요왈(堯曰)편 1에서 말했기 때문일 것이다. 그래서 정약용도 "이 장은 곧 백성을 다스리는 묘결(妙訣)이다. 그러므로 왕정(王政 - 바로 앞의 장의 주제)의 아래에다 기록해 놓았다"고 했다.

자장이 던진 질문에 공자는 "다섯 가지 아름다움[五美]을 높이고 네 가지 나쁜 일[四惡]을 물리치면 이에 정치에 종사할 수 있다"라고 답한다. 이에 자장이 무엇이 다섯 가지 아름다움이냐고 묻자 공자는 이렇게 답한다.

군자는 은혜를 베풀되 허비하지 않고 백성을 수고롭게 하되 원망을 품지 않게 하고[勞而不怨] 하고자 하되 탐하지 않고 태연하되 교만하지 않고 위엄을 갖추되 사납지 않은 것이다.

유향의 『설원』 1-8은 노이불원(勞而不怨)에 해당하는 형이하, 사례이다.

하간헌왕이 말했다.
"우왕(禹王)은 백성들이 굶주리고 있다는 말이 들리면 나는 그들을 더 이상 부릴 수 없고, 공업을 이루어도 백성들에게 이롭지 않으면 나는 더 이상 백성들을 부지런히 하라고 권면할 수 없다고 했다. 그래서 황하를 소통시켜 인도하고 장강을 파서 아홉 지류와 통하게 하며 오호(五湖) 물을 동해로 흐르게 하면서 백성들 역시 힘들었지만 그런데도 원망하거나 괴롭게 여기지 않은 것은 이익이 백성들에게 돌아갔기 때문이다."

자장이 그 첫 번째, 백성에게 은혜를 베풀되 허비하지 않는다의 뜻을 묻자 공자는 그 의도를 알아차리고 다섯 가지 모두를 풀어준다. 공자는 말한다.

백성들이 이로워하는 것에 맞추어 이롭게 해주니 이것이 실로 은혜를 베풀되 허비하지 않는 것이 아니겠는가!

수고할 만한 것을 잘 가려서 수고롭게 하니 또 누가 원망하겠는가?

어질고자 해서 어짊을 얻었으니 또 무엇을 탐하겠는가?

군자는 많거나 적거나 작거나 크거나 상관 않고서 감히 남을 업신여기지 않으니 이것이 실로 태연하되 교만하지 않은 것이 아니겠는가?

군자는 의관을 바르게 하고 첨시(瞻視-시선)를 존엄하게 해서 의연해 사람들이 바라보며 두려워하니 이것이 실로 위엄을 갖추되 사납지 않은 것이 아니겠는가?

이것이 바로 요왈(堯曰)편 1에서 말한 윤집궐중(允執厥中), 즉 진실로 그 적중함을 붙잡아 쥐는 것이다.

이제 자장은 네 가지 나쁜 일에 대해 묻는다. 이에 공자는 말한다.

(미리) 가르치지 않고서 (죄를 지었다고) 죽이는 것을 잔학이라 하고, (미리) 경계하지 않고 결과만 책하는 것을 포악이라 하고 명령을 태만하게 늦추고서 기한을 재촉하는 것을 도적이라 하고 어차피 사람들에게 주어야 하는 것은 똑같은데 출납에 인색한 것을 창고지기라고 한다.

"사람의 마음이란 오직 위태위태한 반면 도리의 마음은 오직 잘 드러나지 않으니, (그 도리를 다하려면) 오직 정밀하게 살피고 오직 한결같음을 잃지 않아 진실로 그 적중해야 할 바를 잡도록 하여라."

— 『서경(書經)』「대우모(大禹謨)」편.

"군자는 일을 할 때는 주도면밀하게 하고 말은 신중하게 해야 한다."

— 『논어(論語)』「學而(里仁)」편.

"세 사람이 가면 반드시 나의 스승이 있다. 그 좋은 점을 가려서 따르고, 그 좋은 것을 보면 내 안에 있는 그런 모습을 고친다."

— 『논어(論語)』「술이(述而)」편.

"어질지 못한 사람은 (인이나 예를 통해서 자신을) 다잡는[約] 데 (잠시 처해 있을 수는 있어도) 오랫동안[久] 처해 있을 수 없고, 좋은 것을 즐기는 데도 (조금 지나면 극단으로 흘러) 오랫동안[長] 처해 있을 수 없다."

— 『논어(論語)』「이인(里仁)」편.

"예(禮)란 무엇인가? 그것은 일에 임해서 그것을 다스리는 것[治事]이다. 군자는 자신의 일이 생기면 그것을 다스리게 되는데, 나라를 다스림에 있어 예가 없으면 비유컨대 장님에게 옆에서 돕는 자가 없는 것[無相=無助]과 같다."

— 『예기(禮記)』「중니연거(仲尼燕居)」편.

읽을거리 & 볼거리

• 이한우(2024), 『이한우의 『논어』 강의』, 천년의상상.

  20여 년 동안 『논어』 『주역』 『한서』 『태종실록』 등 동양 고전 수십 권을 번역하고 강의해 온 저자에 따르면, 『논어』는 공적 영역에서 일을 잘 해내기 위해서 어떤 사람과 함께 일할 것이며, 또 어떻게 리더십을 발휘하고 소통할 것인가, 그 구체적인 기준과 방법을 제시한 실천서다. 『논어』는 옛말로는 제왕학의 고전, 지금 말로는 리더십 훈련서인 것이다. 그렇다면 적재적소에 사람을 써야 하는 리더에게 무엇보다 필요한 것은 무엇인가? 사람을 알아보는 눈, 지인지감(知人之鑑)이다.

• 이한우(2018), 『논어를 읽으면 사람이 보인다』, 해냄.

  저자는 '말을 알지 못하면 사람을 알 수 없다(不知言 無以知人也)'라는 『논어』의 마지막 구절을 근거로 『논어』가 '지인지감(知人之鑑)', 즉 '사람을 알아보는 거울'이 되는 저술임을 일깨우고 있으며, 나아가 고금의 역사적 사례를 들어 리더의 사람 보는 안목에 관해 서술하고 있다. 특히 이 책에서 저자는 '선비의 정신수련을 위한 일종의 수양서'라는 『논어』에 대한 일반적인 인식이 주자(朱子)를 비롯한 성리학자들이 곡해한 결과임을 지적하고 있다.

• 이한우(2014), 『논어로 논어를 풀다』, 해냄

  이 책은 동양사상의 핵심이며 사서삼경의 으뜸이라 할 수 있는 공자의 『논어』를 역사적 문맥을 넘어 텍스트 자체만으로 해석한 최초의 저술이다. 또한 이 책은 동양사상을 알고 싶으나 배경지식이 부족하여 시작하지 못하는 이들에게 쉽게 접근할 수 있는 해설서가 될 것이다. 특히 조직이나 정치, 인본 등에 대한 저널리스트 출신 저자의 관찰자적 시각이 돋보이는 풀이 또한 기존의 해설서와 차별화된다.

II 정조의 君師로서의 자기인식과 리더십

안효성

엄격한 자기 관리와 수양공부를 통해 높은 수준의 도덕성과 학문, 정치 능력을 가지고 나라를 다스렸던 정조는, 자신이 중국의 고대 성왕부터 주자까지 이어진 유학의 도통을 이은 '군사(君師)'임을 자처하였다. 대외에 공언할 정도였다. 군사로서의 인식을 확고히 한 정조는 탕평의 원리에 입각해 왕권을 강화하고 뛰어난 리더십으로 위기에 대응하면서 각종 개혁을 수행해 갔다.

정조는 국가를 운영함에 있어 의견의 다양성을 존중했고, 활발한 토론과 소통을 통한 상호 이해의 증진으로 갈등과 폭력을 완화하여 다원적 덕의 공존을 추구하는 면모를 보였다. 또한 정조는 인사탕평 외에 수많은 조치들을 통해 경제개혁, 계층탕평, 지역탕평, 대민탕평, 학문/문화탕평을 고르게 적극 추진하여, 차별과 분쟁, 갈등과 소요 등의 구조적 폭력이 제거된 사회적 조건을 수립하는 방식으로 유교 이상사회인 '대동(大同)'을 달성코자 하였다. 정조의 탕평은 '준론-의리탕평'인 동시에 '대동탕평'의 성격까지를 지닌 사통팔달의 통치술이었다.

자신을 '군사'의 지평에서 관리해 나간 정조의 내적 인식세계, 곧 군사로서의 자기인식을 셀프리더십(self-leadership)의 관점에서 조명하고, 한편으로는 그의 독창적인 통치술이자 철학사상으로 기여했던 '탕평'을 평화지향적 리더십, 평화 리더십의 차원에서 조명한다. 특히 탕평의 경우는 현대 평화학의 평화 분류 방식을 적용하여 소극적 평화(negative peace) 지향의 준론탕평과 적극적 평화(positive peace) 지향의 대동탕평으로 다시 나누어 봄으로써, 정조의 리더십을 한층 더 입체적으로 이해해 보고자 한다.

들어가는 말

조선은 단순한 전근대 왕조국가가 아니다. 주자학의 왕국이었던 조선은 주자학을 신봉하는 이데올로그들의 주도로 건립되어, 교조화된 주자학으로 장기 지배되어 온, 일종의 이데올로기적 혁명국가로 평가할 수 있다. 한마디로 이념 왕조국가였던 조선에서는 성리학적 이념형의 인간 되기와 나라 만들기에 몰입하였고—현실이 그만큼 따라주었는가와는 별개로—, 정치권력의 장악 또한 학문/문화권력의 장악 여부에 따라 좌우되었다. 16세기 이후 조선 성리학계가 여러 학파로 분화된 이래 각 학파들이 주자 도통(道統)의 적통(嫡統)이 자신들에게 있음을 자처하며 격렬히 경쟁한 것은, 단지 엄격한 학문적 순혈주의를 추종했기 때문이 아니라 그와 같은 정치적 작동 배경이 있었기 때문이다.

주자학을 정통으로 삼는 성리학이 확고부동한 진리의 시금석으로 위력을 발휘하는 사회에서, 주자 성리학에 의한 승인을 얻지 못한다면 권력의 반열에 올라설 수 없는 일이었고, 그것은 국왕이라 하더라도 예외일 수가 없었다. 사림의 조정 약진과 붕당의 형성, 동서 분당에서 사색 붕당으로 추가 분열이 이어지면서, 공론정치의 발달로 정치의 수준이 높아지고 학문도 정교화되어 간 한편, 나라의 지존인 국왕은 사대부 위임 정치의 성격이 강한 군신공치(君臣共治)적 현실에서 조밀한 주자 성리학의 이념과 학맥 및 가학(家學)이 복잡하게 뒤얽힌 사대부 붕당 대립의 얼개에 강하게 포획되어갔다.

동시에 조선 중기에 연이어 겪게 된 왜란과 호란으로 인해 국가가 총체적으로 피폐해지고, 신분제적 사회구조와 이념의 경직성으로 인한 배타와 억압, 부와 권력이 경화사족에게 집중되어가는 불평등과 사회 갈등의 문제가 심화되면서, 조선은 깊은 고심에 빠져들게 되며, 특히 국왕은 문제 해결의 실마리를 앞장서서 찾아야 하는 숙제를 떠맡게 된다. 국가적 문제들을 해결하기 위한 강한 개혁 조치들을 마련하고 성공적으로 시행하기 위해서는 어떠한 형태로든 강력한 리더십이 필요한 법이다. 봉건적 잔재를 가진 전근대 왕조 국가이자 이데올로기의 지배성이 강한 국가였던 조선에서 리더십의 관건은 권위이며, 특히 정치적, 혈통적 권위와 학문적 권위의 확보가 무엇보다 중요했다. 왕조국가의 국왕은 통상 자동으로 정치적, 혈통적 권위를 갖지만 학문적 권위는 자동으로 뒤따르는 것이 아니며 전적으로 본인 능력의 소산일 수밖에 없다. 학자 사대부들의 나라 조선에서는 전문적으로 학문에 종사하는 이념형 학자들이 주로 학문/문화 권력을 장악해 나갔고, 그를 바탕으로 정치적 권위도 군주와 분점할 수 있었다. 그런데 조선 후기의 실상은 붕당 대치 구조하에서 사대부들이 교조화된 이념과 학문의 늪에 빠져 허우적대고 있었고, 공론보다 당론을 나라 전체의 공익보다 가문과 당파의 사익을 앞세우면서 부패해감으로써, 그들의 공신력이 크게 추락하고 있는 상황이었다. 이에 정치적·혈통적 권위의 소유자인 군주가 현실상의 최고 학자를 겸하여 학문·문화적 권위마저 한 손에 거머쥐고 국가의 권위를 일통하여 난국을 돌파하려 하는 시도가 나타나는 바, 도통을 잇는 '군사(君師)'[1]의 지위를 천명하고 나선 영조(英祖, 1694~1776)와 정조(正祖, 1752~1800) 같은 임금들이 그 사례다.

영조의 훈육 속에서 철저하게 군사로서 키워진 정조는 엄격한 자기 관리와 수양공부를 통해 문무를 겸비한 실력과 도덕성을 극강으로 키워냈으며, 20대의 이른 나이에 재위에 오름은 물론 조선 학계의 최고봉에 도달하는 면모를 보이면서, 자신이 중국의 고대 성왕부터 주자까지 이어진 유학의 도통을 이었다고 대외에 공언할 정도였다. 그리고 그것은 정조의 행보를 지켜본 조선의 사대부들이 상당수 공인할 수밖에 없는 사실로 남았다. 정조는 확실한 실력을 바탕으로 정치적 정통성과 학문적 정통성을 자임하는 군사로서의 자기인식을 확실히 한 채 국정 운영과 각종 개혁을 펼쳐나갔다. 외적인 힘과 기준의 제어에 이끌리기보다 자율적 주체로서 자기 확신 속에서 스스로를 잘 관리하고 목표를 향해 움직여 나가면서 높은 수준의 공적 성취를 이루어내는 능력을 '셀프리더십(self-leadership)'이라고 한다면, 정조는 소위 셀프리더십의 모범을 보여준다고 할 수 있다.

정조는 타락한 정치와 혼잡해진 문화 사회적 현상 등 산적한 제반 문제들을 직면하고 있었다. 정조 시대의 조선은 파열음을 내는 붕당 대립과 음모 정치의 난무, 사회적 갈등과 모순의 심화, 서학과 훈고학 등을 필두로 한 주자학의 헤게모니에 대한 각종 도전에 봉착해 있었다. 정조는 소모적인 갈등과 대립을 해소하는 것을 문제 해결의 근본이라고 보았고, '대공무사(大公無私)'하고 '무편무당(無偏無黨)'한 정치 운영원리를 만방에 적용함으로써 불의한 편당과 야합을 깰 수 있을 것이라 판단했는데, 그러한 정치 운영원리가 바로 '탕평(蕩平)'이다. 정조의 탕평은 할아버지인 영조가 취한 온건파의 조제보합 인사정책으로서의 '완론탕평(緩論蕩平)'과 구별하여 '준론탕평(峻論蕩平)' 혹은 '의리탕평(義理蕩平)'이라 부른다. 기본적으로는 청론(淸論)으로 분류되는 각 붕당의 강경원칙주의자들을 선호하면서 그들이 서로 공적으로 자웅을 겨루며 협력적 시너지를 발휘하게 하는 조제보합(調劑保合)의 정치운용을 말한다. 그런데 정조는 그러한 방법의 탕평을 조정의 인사정책에 국한하지 않고, 학문과 사회 전 분야에 걸쳐 확대 적용하였다는 특징이 있다.

정조는 국가를 운영함에 있어 의견의 다양성을 존중했고, 활발한 토론과 소통을 통한 상호 이해의 증진으로 갈등과 폭력을 완화하여 다원적 덕의 공존을 추구하는 면모를 보였다. 또한 정조는 인사탕평 외에 수많은 조치들을 통해 경제개혁, 계층탕평, 지역탕평, 대민탕평, 학문/문화탕평을 고르게 적극 추진하여, 차별과 분쟁, 갈등과 소요 등의 구조적 폭력이 제거된 사회적 조건을 수립하는 방식으로 유교 이상사회인 '대동(大同)'을 달성코자 하였으니, 정조의 탕평은 '대동탕평'의 성격까지를 지닌 적극적 통치술이었고, 그의 정신에 구축된 하나의 완숙한 사상체계였다고 평가할 수 있다. 그런데 우리가 평온한 질서와 평정의 상태, 나아가 갈등과 분쟁, 폭력과 억압, 배제와 수탈 등과 같은 부정의의 부재 상태를 '평화'라고 간주할 때, 정조가 보여준 탕평의 리더십은 한편으로는 '평화의 리더십'이라고 볼 수도 있다. 평화라는 것이 일체의 이견과 잡음도 허락하지 않는 무개성적 일체화나 절대적 정적을 가리키지 않는 한, 각자의 일리 있음이 입증되고 취해지는 다양성의 공존 속에서 활력적 화합과 화해를 이룰 것을 추구하는 정조의 탕평은 평화의 관점에서 조명될 가치가 충분하다.

본고는 자신을 '군사'의 지평에서 관리해 나간 정조의 내적 인식세계, 곧 군사로서의 자기인식을 셀프리더십의 관점에서 조명하고, 한편으로는 그의 독창적인 통치술이자 철학사상으로 기여했던 '탕평'을 평화지향적 리더십, 평화 리더십의 차원에서 조명한다. 특히 탕평의 경우는 현대 평화학의 평화 분류 방식을 적용하여 소극적 평화(negative peace) 지향의 준론탕평과 적극적 평화(positive peace) 지향의 대동탕평으로 다시 나누어 봄으로써, 정조의 리더십을 한층 더 입체적으로 이해해 보고자 한다. 엄청난 수준의 개인 수양을 요구하고 까다롭기 짝이 없는 정의의 기준이 적용되던 강력한 이념의 왕국에서 살아가면서, 각종 시대적, 정치사회적, 학문문화적 도전 과제에 직면해 있었던 군주 정조의 자기인식과 리더십의 요체를 현대적 시선으로 파악해 보는 것은, 비전 있는 정치 리더십과 주체적—공적 자기관리 리더십이 절실히 요청되는 지금의 이 땅에 분명 의미가 있을 것이라고 기대한다.

君師로서의 자기인식과 셀프리더십

정조는 일찍부터 스스로를 나라의 임금이자 스승인 '군사'로 부르기를 즐겼다. 조선의 역대 왕들이 그 지위와 책임을 두고 간간히 '군사'로 칭하기는 하였으나 일종의 수사에 지나지 않았던 반면, 스스로를 군사로서 진지하게 자부했던 것은 영조와 정조뿐이었다고 할 수 있다. 환국(換局) 정치를 일삼으며 공포정치의 방식으로 왕권을 강화했던 숙종(肅宗)도 군사를 책임감 있게 자칭하진 못했다. 먼저 영조는 군(君)과 사(師)가 일치하던 요순시대를 포함한 삼대의 군주상을 회복해 임금이 직접 정계와 학계를 주도하며 백성을 능동적으로 교화하려 하였다. 영조의 군사 실현의 사명감은 손자인 정조에게 충실히 전수되었다. 영조는 왕위계승자인 손자의 교육을 자신이 직접 주관하며 챙겼고, 영조의 각별한 관심 속에서 제왕학 교육을 받아 왕위에 오른 정조는 영조의 뜻과 사업을 더 진일보한 경지로 계승할 수 있었다.

영조: 나라에 군주를 세우는 것은 군주를 위한 것인가? 백성을 위한 것인가?
세손(정조): 군사(君師)를 세워 백성을 편안하게 하려는 것입니다.
영조: 군사의 책임을 다한 사람은 누구인가?

세손: 요순 등 삼대의 군주가 모두 그랬습니다. 삼대 이후로는 그럴 수 있는 사람이 드물었습니다.[2]

영조: 너는 작은 나라를 다스리는 스승[君師]이 되고 싶으냐, 천하를 다스리는 스승[王者師]이 되고 싶으냐?

세손(정조): 천하를 다스리는 스승이 되고 싶습니다.

영조: 그 뜻이 크도다! 사관은 기록해 두라.[3]

아, 손자여! 격물(格物)에 반드시 정성을 다하고, 치지(致知)에 반드시 정성을 다하거라. 어느 날 아침에 활연관통(豁然貫通)하여 도달하지 못하는 곳이 없고 분명하지 못한 곳이 없는 경지에 이르면, 주자께서 쓴 보망장(補亡章)의 뜻이 오늘에 드러날 것이고, 해동(海東) 300년의 종묘사직이 백세토록 빛나리라.[4]

정조는 영조의 군사로서의 사명을 계승하여 신하와 백성의 교육을 전면에서 주도했고[5], 자신이 주자의 도통을 이어받아 이상적 군주상인 군사를 당대에 실현해냈다고 자신하였다. 정조가 말년(1799)에 제왕학 교과서에 해당하는 『대학유의(大學類義)』를 편찬하면서 삼대 이후의 군주는 성왕(聖王)의 모범이 될 수 없다며 한당(漢唐) 이후 군주의 학문에 관한 부분은 삭제해 버린 것도, 그들 군주의 성취는 자신의 비교 상대가 될 수 없다는 자신감의 발로였다.

선왕(영조)께서 50년간 보위에서 펼친 교화는 물아(物我)를 합치고 피차(彼此)를 가지런히 한 것으로, 정교(政敎)의 아름다움과 공이 이루어진[功化] 성대함이 천고(千古)의 역사에서 찾아도 드물고, 백세(百世)를 놓고 따져보아도 의심스럽지 않다. 이어나가거나 새로 고친 정령(政令)과 원대한 규모는 삼대에 행한 가감(加減)을 방불케 하니, 대성인(大聖人)이 하는 일로도 오히려 더 보태 논할 게 없을 것이다. 부덕한 내가 외람되이 왕업을 이어받아 준수하는 것은 선왕의 법이고, 모범으로 삼는 것은 선왕의 통치다.6)

스승이 있는 곳에 도가 보존되어 있는 것이다. 지금 내가 군사의 지위에 있으니 스승의 도(道)에 대한 책임이 실로 나에게 있다. …… 지금 이학(理學) 대일통(大一統)의 도가 나 한 사람에게 달려있다.7)

내 비록 감히 도통의 전수에 비길 바는 아니지만, 경서를 씨줄로 삼고 역사서를 날줄로 삼아 복희·신농·요·순·우·탕·문·무·공자·맹자·정자·주자가 남긴 단서를 터득했으니, 내가 만천명월(萬川明月)의 주인이라는 것은 묻지 않아도 알 수 있으리라.8)

정조는 탕평과 균역에 중점을 둔 영조의 왕권강화와 정치운영법을 면밀히 연구하였고 주자학에 대해 깊은 경지까지 파고들었다. 정조는 주자학의 주요 이치와 제반 논쟁점, 정치논리를 사대부 학자들보다 더 정밀하게 공부하고 핵심 요지에 달통함으로써, 압도적 학문 실력으로 사대부 제신들을 제압하고 국정의 주도권을 장악하는 경이로운 리더십을 보여주었다. 타고난 자질에 더해 어린 시절부터의 꾸준한 수양과 훈련으로 문무 양면에서 탁월했고, 높은 수준의 도덕성을 확보하여 스스로 일상에서 성군의 모범을 보였기에 실로 내성외왕(內聖外王)을 이루었다 할 만했다.9)

정조는 도통의 군사로서 국정을 자신의 체계적 기획하에 효과적으로 주관하기 위해 국왕을 황극(皇極)의 자리에 위치시키는 탕평 패러다임을 택했다.

『서경』에 "오직 임금만이 극을 만든다[惟皇作極]" 하지 않았던가? 위에서
는 극을 세우고 아래서는 그 극을 돕는 것인데 극이란 옥극(屋極)·북극(北
極)과 같은 말이다. 집의 용마루[屋極]가 일단 세워져야 문지도리·문기둥·
문빗장·문설주 등이 각기 제자리에 들어서고, 북극이 제자리에 자리 잡고
있어야 수많은 별들이 에워싸고 돌아가는 것이니, 황극(皇極)을 세우는 것
도 또한 이와 마찬가지다.10)

임금을 '집의 용마루'나 '북극'으로 비유한다든가, "오직 임금만이
극을 만든다" 내지 "위에서 극을 세운다" 같은 언급은 군주의 위상을
명실상부한 정치 주체이자 능동적 정치행위자로 정립하는 것이다. 위
에서 정조가 『서경』의 말로 인용한 "오직 임금만이 극을 만든다[惟皇
作極]"는 「홍범(洪範)」 편의 글귀11)로서, '황(皇)'은 '임금'을 의미하고,
'극(極)'은 '치세의 법도' 및 '정치적 목표와 표준'을 의미한다. 따라서
'황극'이란 임금이 정치의 기준을 세우는 것, 군주 주도로 만민이 일사
불란하게 따를 정치의 목표와 법도를 세운다는 것을 뜻한다. 정조는
그와 같은 논리를 기초로 한 황극정치의 의지를 수시로 표방하였는데,
자기 치세의 대원리로 삼은 탕평이라는 공공성(公共性)의 극점 혹은 중
심부에는 군사로서의 자신이 있다는 인식을 반영한다.

정조는 황극탕평론은 재위 초반부(재위 8년)에 일찌감치 『황극편』
을 손수 편찬한 데서도 잘 엿볼 수 있는바, 그 서문에서 정조는 황극
만이 음붕(淫朋)과 비덕(比德)을 격파할 수 있다고 한 『서경』 「홍범」의
종지(宗旨)를 이어 자신 또한 황극의 위치에 서서 붕당들을 혁파하겠
다고 천명한다.

이 책은 바로 붕당의 분쟁을 밝힌 내용인데 왜 황극이라 이름 붙였는가?
오직 황극이라야 붕당의 설을 깰 수 있기 때문에 그리 이름하였다. ……

지금의 붕당은 군자당과 소인당으로 나누어진 것이 아니라 다만 의론에 따라 갈라졌을 뿐이다. 저쪽에도 또한 하나의 시비가 있고 이쪽에도 또한 하나의 시비가 있으며, 저쪽 역시 군자도 있고 소인도 있으며 이쪽 역시 군자도 있고 소인도 있어 반드시 그 붕당을 깬 이후에야 군자끼리 모이고 소인이 교화될 수 있다. …… 지금의 붕당은 정도를 벗어난 붕당[淫朋]이다. 정도를 벗어난 붕당이라면 깨 버리지 못할 것이 어디 있겠는가? …… 진실로 자기 마음을 공평히 하고 이치를 공정하게 살펴 죄가 자기에게 있으면 자책하고 잘못이 상대에게 있으면 용서해서, 서로 훈계하고 가르쳐 자기 자리에서 평안히 함께 할 수 있다면 이것이 곧 황극의 도인데 붕당이 따로 어디에 있겠는가?12)

정조는 또한 재위 11년째인 1787년에도 '황극'이란 이름의 책문을 지어 같은 맥락의 인식을 보여주었다.

아, 붕당이 혁파되면 국가의 명맥이 손상되지 않을 것이고 황극이 건립되면 왕도가 창성할 것이다.13)

정조의 이와 같은 국왕 중심의 정치권력관은, 군주를 상징 권력에 묶어 둔 위임의 정치를 추구하고 의리와 일치된 군자당이 붕당을 이뤄 학문과 정치를 독점해야 한다는 주장을 펴던 (특히 서인) 사대부들의 입장14)과 대조되는 것으로, '황극주권론(皇極主權論)'이라 할 수 있다. 비록 주자학의 정치관은 맹자의 입론을 발전시킨 현자 사대부 위임정치를 이상적인 것으로 삼는다 하더라도, 정조로서는, 존엄한 왕가에서 태어나고 군왕의 자리에 올라 군도(君道)를 성취한 자가 도통의 사도(師道)를 동시에 완수하는 것이야말로 가장 이상적이라고 판단했고, 철옹성 같은 붕당 구조에 둘러싸여 왕권이 취약해져 가던 현실에 맞서야 했던 입장에서 그러한 판단과 인식은 자연스럽다고 할 수 있다. 정조의 황극의 군사로서의 자기인식은 정조의 평생을 이끌었던 주체인식이었고 셀프리더십으로 작동했던 것이다.

　　내가 비록 덕이 없지만 고금을 대략 살펴보고 손익의 의리에 침잠해서 추이의 형세를 바로잡으니, 권력의 중추를 거두어 잡는 것이 즐거워서가 아니라 부득이 군사의 책무를 자임하는 것이다. 40년의 공부가 오직 천리를 밝히고 인심을 바로잡는 데 있었다. 그것을 밝히고 바로잡는 것은 밝히지 않을 수 없고 바로잡지 않을 수 없어서이다. …… 행동하고 말하는 데 있어 만일 옳지 않은 것이 있으면 비록 온 조정이 좋아하고 찬미해도 백세가 뒤에 있고 천세가 앞에 있으니 도리어 어찌 감히 속이겠는가? 말과 정사의 크고 작음에 상관없이 천리를 밝히고 인심을 바로잡는 데 관계된 것이 나의 가르침이 아니라면 어디를 따라서 황극에 모이겠는가?[15]

　　정조의 군사로서의 자기인식은 심지어 말년에 스스로 '만천명월주인옹(萬川明月主人翁)'이란 자호(自號)를 지어 사용하는 것에서 그 극치를 보여준다. 정조의 붕어 후 신료 이만수(李晩秀)는 「정조대왕행장(正祖大王行狀)」을 지어 바치면서 다음과 같이 회고하고 있다.

　　일찍이 침전(寢殿)에 편액을 걸어 '탕탕평평실(蕩蕩平平室)'이라고 써 두셨고, '정구팔황(庭衢八荒)'이라는 네 개의 큰 글자를 침전 벽에다 적어 놓으셨으며, 또 '만천명월주인옹서(萬川明月主人翁序)'를 지으셨는데, 거기에서 이르시기를, "달은 하나요 물은 수만인데 물은 세상 사람들이요 달은 태극으로, 그 태극이 바로 나다"라고 하셨다.[16]

실제로 정조는 「만천명월주인옹자서(萬川明月主人翁自序)」를 통해 스스로를 만천명월의 주인, 곧 태극에 해당하는 거의 초월적 수준의 인격으로 자처하고 있음을 엿볼 수 있다.

만천명월주인옹이 말한다. …… 나는 물과 달의 상(象)을 관찰하여 태극과 음양오행의 이치를 깨달았다. 달은 하나고 물은 수만이어서, 물로써 달을 담으니 앞의 냇물에도 달이요 뒤의 냇물에도 역시 달이다. 달의 수가 냇물의 수와 같으니 냇물이 만개라면 달의 수 역시 그와 같다. 이와 같을 수 있는 것은 하늘에 떠있는 달은 본래 하나일 뿐이기 때문이다. …… 근래 들어 다행히 태극과 음양오행의 이치를 깨달았고 또 사람과 그 사람의 재주에도 이를 관철시킬 수 있게 되었다. 그리하여 대들보감은 대들보로 기둥감은 기둥으로 사용될 수 있게 하고, 오리는 오리대로 학은 학대로 살 수 있게 하여, 사물이 각기 그 특성에 맞게 순응해 쓰이도록 하는 것이다. 이에 그의 단점은 버리고 장점을 취하며, 좋은 점은 진작시키고 나쁜 점은 숨겨주며, 잘한 일은 안착시키고 잘못한 일은 뒷전으로 미루며, 규모가 큰 것은 진출시키고 작은 것은 포용하며, 뜻을 중히 여기고 재주는 뒤로 놓은 채, 그 양단(兩端)을 잡고 그것의 가운데(중용)를 사용했다.17)

'만천명월주인옹'이란 자호는 말 그대로 지상에 있는 수많은 냇물들에 비친 무수한 달그림자들의 실체인 하늘에 뜬 달 혹은 그 달의 주인이란 뜻으로, 정조 자신을 삼라만상의 실체적 근원 같은 존재로 표명한 것이다.18) 이렇게 태극의 위상을 자임하면서 국정을 장악하고 황극탕평의 천하를 만들고자 한 것이 정조였다. 정조의 이러한 자기인식은 중국의 황제들이나 유럽의 절대왕정 군주들을 떠오르게 할 정도로 오만한 감이 없지 않지만19), 정조의 콧대 높은 자부는 실제 그만한 노력과 현실에서 이룬 성취가 있었기에 가능한 것이었다. 그는 강력한 자기확신과 목표의식 속에서 스스로를 놀라운 수준으로 제어하고 발달시켜 나갔으며, 그의 의지의 행보는 결코 사적 범주에 국한되지 않고 나라 전체의 공적 가치에 부합하는 것이었다. 그것은 대신들도 인정하는 바였다.

　　선왕(정조)께서는 동궁에 계실 때부터 어른들께 문안드리고 보살펴드리는 일 외에는 경전 연구에만 몰두했었는데, 왕위에 오르고 나서는 매일 새벽부터 밤까지 부지런히 정사를 보시고는 좌우에 있는 서책을 밤새워 보셨다. …… 일단 문장을 쓰면 은하수처럼 신령스럽고도 변화무쌍했으며, 의미가 깊고도 적절하여 경전의 고전적 문장만큼이나 훌륭했다. …… 오교(五教)와 삼물(三物) 같은 도덕과 덕행을 학교를 크게 일으켜 가르쳤기에, 당시의 많은 선비들이 두루 살펴주신 선왕의 교화 속에서 크게 고무받아 떨쳐일어나게 되었다. 그러니 경전에 이른바 '문왕(文王)'이 이미 돌아가시고 없으니, 문교의 책임이 여기에 있는 것 아닌가라고 한 것은 바로 선왕의 경우를 두고 한 말이라고 하겠다. …… 왕은 타고난 용기와 지혜, 세상에 없는 신무(神武)로 수많은 어려운 고비를 겪으면서 뭇 악당들을 소탕하고 법도를 총괄하여 남이 그 속을 감히 엿볼 수 없을 정도로 모든 사건을 시기와 상황에 따라 적재적소로 처리해 나갔다. 그리하여 왕실과 정부가 한 덩어리가 되고 안팎을 훤히 꿰뚫어, 안으로 조정에서부터 먼 지방 골짝 마을에 이르기까지 사람들 모두가, 하느님이 나를 굽어살피듯이 하신다고 하였던 것이다. …… 활쏘기에 있어서는 또 타고난 자질이 있어서 50발 중에 49발을 쏘아 맞췄는데, 이때 왕은 이르기를, "무엇이든지 가득차면 못쓰는 것이다" 하셨다. …… 선왕께서는 총명하고 지혜가 뛰어나 역대 정치의 잘잘못과 여러 종류의 재주와 기술, 인물의 성정(性情), 귀신의 조화 등에 관해 그 모두를 다 마음 속으로 터득하여 이해하시고는 "이치는 하나일 뿐이지만, 이 하나의 이치로 세상 온갖 것을 포괄하고 갖가지 일들에 대처할 수 있다"고 하셨다. ……『역경(易經)』에 이르기를, "성인은 덕을 높이고 사업을 광대하게 한다. 덕을 높이는 일은 하늘을 본받고, 낮추는 일은 땅을 본받는다"라 했는데, 이는 선왕을 두고 한 말인 듯하다.[20]

왕께서는 주자가 찬술한 여러 책을 합하여 주자의 대일통서(大─統書)를 만들려고 하셨다. 당·우·삼대 이후로는 오직 우리 임금께서만이 군주이시면서 스승을 겸하셨다[君而兼師]. 왕의 뜻이 뛰어나 주자로부터 위로 공자까지 소급하여 유학의 바른길을 열어 후세에 알려주셨다.[21]

소극적 평화 지향의 준론 ─ 의리탕평 리더십

16세기 이후 정착하게 된 조선의 붕당정치는 유교적 공론정치 발전에 긍정적 기여를 하기도 했지만, 세월의 흐름 속에서 자파 이기주의를 앞세운 격렬한 정치투쟁으로 변질되면서 국정을 혼란에 빠뜨리고 사회적 갈등을 심화시키는 주범이 되었다. 그에 따라 조선 정치의 일각에서는 대립적 붕당 활동을 억제하고 각 당의 인재를 조화롭게 섞어 쓰는 방식, 이른바 조제보합의 방식으로 대화합과 안정을 이루고 발전적 시너지를 성취하자는 '탕평론'이 부상하였다.

더 설명하자면, 사림의 대거 조정 진출과 훈구파와 그들의 대립으로 발생한 동서(東西) 분당이, 차후 임진왜란 및 경종(景宗)의 인정 여부 등을 배경으로 재차 남인(南人)과 북인(北人), 노론(老論)과 소론(小論)이라는 사색 붕당으로 분화되어가면서 학문적·정치적 투쟁은 더욱 격화되었다. 최초 동서 분당으로 사림이 갈등에 휩싸였을 때 이미 율

곡은 조제보합을 주장하였고, 붕당 대결의 과열 양상 속에서 백성의 공공복리와 나라의 안위는 뒷전이 되자 숙종(肅宗) 조 박세채(朴世采) 같은 이는 붕당정치의 타도를 외치며 탕평책을 촉구했다. 그러나 정작 조제보합의 탕평은 공허한 외침으로 남고, 숙종은 오히려 남인과 서인 세력을 급격하게 일진일퇴시키는 환국(換局)정치로 신권을 견제하려다 가 혼란을 가중시키고 말았다. 탕평을 유의미하게 정치에 사용한 것은 영조와 정조였다. 영조와 정조는 군주가 중심이 된 탕평을 통해 인재 를 두루 기용하고 대립하는 정치세력을 중재하는 가운데, 합리적이고 강력한 권위로 여러 시비를 판명하면서 붕당들을 화동(和同)시키고 평 화로운 정치를 실시하고자 했던 것이다.

'탕평'은 『서경(書經)』 「홍범(洪範)」에서 왕도(王道)란 '탕탕(蕩蕩)하 고 평평(平平)한' 것이라고 한 것에 착안한 것이다.[22] 탕탕평평, 즉 광 대하고 평탄하다 함은 단순한 화합과 공평무사의 태도 그 이상의 의 미를 갖는다. 군주가 사사로운 치우침이 없고 편당을 맺지 않는 정치 를 펼치면 왕도는 당연히 행해질 것이지만, 그러한 정치를 장애 없이 펼치기 위해서는 먼저 군왕이 나라의 지고한 표준을 수립하는 '건극 (建極)'을 할 수 있어야 한다는 전제가 있기 때문이다. 『서경』에서 말 하는 건극 행위는 곧 강력한 군주권[皇極]의 확립을 의미한다.[23] 즉, 『 서경』 「홍범」의 전체 내용과 맥락을 염두에 둘 때, 탕평은 강력한 군 권(君權)을 세우는 황극정치를 전제로 하는 것이다.

「홍범」의 '황극'과 '탕평' 개념은 '대중지정(大中至正)의 도(道)'나 '지극한 표준'을 세우는 군주의 책임과 권능, 왕도정치의 운영원리로서 '대공무사(大公無私)'와 '무편무당(無偏無黨)'을 동시에 지시하는 중대한 개념이다. 이처럼 황극과 탕평 개념에는 신료들의 붕당 구축이나 월권 을 왕도정치에 반하는 것으로 지정하고 군주가 국정을 장악할 수 있는 논리가 담겨 있었기 때문에, 붕당정치의 왜곡과 타락으로 발생한 정치적 혼란과 균열, 사회적 갈등을 극복할 절묘한 지혜가 절실했던 조선 국왕 영조와 정조의 선택을 받을 수 있었던 것이다.

탕평의 시작은 조정의 인사정책이다. 정조는 즉위년(1776) 9월, 다음과 같은 탕평 윤음을 발표했다.

아! 탕평이란 편당을 버리고 남과 나를 가르지 않는 이름이니, …… 위에서 보자면 다 같은 한 집안 사람들이고 동포들이다. 착한 사람에겐 상을 주고 죄지은 자에겐 벌을 주는 것에 있어서 어떻게 좋아하고 미워하는 구별이 있겠는가? …… 옛날 제갈량은 "조정과 관청이 전부 일체가 되어야 한다"고 말했다. 하물며 한 하늘 아래 한 나라 안에 있어 함께 한 사람을 높이며 똑같이 한 임금을 섬기는 이들이라면 어떻겠는가? …… 이제부터 무릇 나를 섬기는 조정의 신하들은 노론과 소론을 말할 것 없이 모두 대도(大道)로 나오라. …… 오직 그 인물됨만을 보아 어진 자를 등용하고 모자란 자는 내칠 것이다.24)

정조는 탕평을 편당에 얽매이지 않고 남과 나를 사사로이 구분하지 않는 정치태도라고 정의함으로써, 불편부당한 '공정성'을 자기 정치의 시작으로 천명한 것이다. 정조는 평등한 대우와 공정한 처우를 대가로 조정과 관청이 대립과 분열의 정치를 멈추고 한 몸이 되어 자신에게 충성을 다해줄 것을 요구했다. 또한 정조는 그가 속한 소속 붕당이나 문벌을 따지지 않고 최대한 당사자 본인이 지닌 현덕(賢德)에 맞게 등용할 것임을 약속하면서, 신하들로 하여금 붕당을 초월한 대승적 협력을 독려하였다. 달리 말해 정조는 '공평하고 공정한 인사와 상벌'로 요약할 수 있는 탕평인사에 의거해, 갈등과 충돌 같은 소요는 최소화하고 인재들의 조화로운 결합을 통한 시너지는 극대화하는, 평화의 리더십을 예정했던 것이다.

영조가 당색이 약하고 온건한 인물들(완론)을 중용해 관직을 안배하는 방식의 탕평인사책, 곧 완론탕평을 선택했던 것에 비해, 정조는 '의리탕평(義理蕩平)'이라고도 불리는 '준론탕평'의 길을 택했다. 정조는 '청명한 견해를 고집하고, 준엄한 원칙을 견지하는 자들[執淸議, 持峻論者]'로 평가받던 각 붕당 내의 근본주의자들을 애호했다. 그는 강경파인 준론들을 조제보합하는 인사 방식으로 정치를 이끌었다. 자신과 오랜 정치적 숙적 관계였던 노론 벽파(僻派)라 할지라도 공적 존재 가치가 있는 인물이라면 기꺼이 중용하였으며, 준론이 그들이 속한 붕당의 근본주의적 입장에 서 있었기 때문에 생길 수 있는 편협한 분파성의 위험은 공론장에서의 합리적 토론 보장과 의리의 조정을 통해 억제하였다.

정조의 탕평은 황극의 강력한 중심성을 근간으로 하긴 하지만, 군신공치의 원리를 부정하는 수준의 군권 강화를 기한 것은 아니었다.25) 정조의 파붕당 탕평은 현실의 다양한 붕당이 각기의 의견을 견지하는 것을 인정해 주면서, 활발한 공적 토론을 거쳐 국가 차원의 합의에 이른 공론(공정한 의리)에 따라 국시(國是)를 결정하고, 거기에 의거해 군자를 등용하고 소인을 물리치는 방식으로 붕당짓기를 무의미하게 만드는 것이었다. 정조의 준론탕평은 준론의 격돌과 생산적 논의를 통해 합의된 의리를 도출하는 것이었기에 의리탕평이라고도 불렸던 것이며, 그 의리의 확정은 신하들 간의 것만이 아니라 군신이 합의할 수 있는 정치의리요 학문의리였다는 점이, 준론탕평의 생명력이요 건강성이었다.26)

정조는 붕당의 현존을 부정하거나 무리하게 제거하려 하지 않았다. 각 붕당이 유교 의리의 지평에서 각각의 논리를 높은 수준에서 정당화할 수 있도록 유도하고, 각 붕당에 대한 절묘한 안배와 열린 소통, 붕당 간의 공정한 경쟁을 통해 공공의 발전이 극대화되도록 돕는 것이 정조의 탕평 리더십이었다. 정조가 노론 청명당, 소론 준론, 남인 청론을 시파(時派)로 끌어들여 척신당과 각 당의 벽파 세력을 제압하거나, 대립하는 세력들과 날 선 긴장감 속에서도 절묘한 정치적 협력을 이뤄낼 수 있었던 것도 그러한 리더십의 소산이었다고 평가할 수 있다. 정조는 이질적인 사람들의 대립과 갈등을 긍정적 방향으로 유도하는 비전 제시형 리더였고, 악조건 속에서 협력과 화해를 끌어낼 수 있는 수완 좋은 리더였다. 정적 포용의 정치에서 볼 수 있듯이 파괴적 투쟁을 공적 가치 실현을 위한 분투적 에너지로 승화시킬 수 있었던 것은 대단히 높은 수준의 개방성과 포용성, 균형감각에 기초한 정조 리더십의 탁월성이다.

> 지금은 붕당이 군자당과 소인당으로 이루어진 것이 아니고 다만 의론에 따라 갈라졌을 뿐이다. 저쪽에도 역시 하나의 시비가 있고 이쪽에도 역시 하나의 시비가 있으며, 저쪽에도 역시 군자도 있고 소인도 있으며 이쪽에도 역시 군자도 있고 소인도 있으니, 꼭 그 (독단적 의론에 치우친) 붕당을 격파하고 난 후에라야 군자끼리 모이고 소인은 교화될 수가 있을 것이다.[27]
> 단지 탕평이란 두 글자만 쓴다면 혼란을 줄 혐의가 없지 않다. 충신과 역적을 분별함에 있어서도 이쪽이 곧고 저쪽이 굽은 것과 저쪽이 손님이고 이쪽이 주인이라는 것과 같은 구별을 분명히 말하지 않을 수 없다. …… 탕평은 의리를 해치지 않고 의리는 탕평을 해치지 않은 다음에야 비로소 탕탕평평의 큰 의리라 말할 수 있다. 지금 내가 말한 것은 곧 의리의 탕평이요 혼돈의 탕평이 아니다.[28]

정조의 탕평관은 진리의 배타적 독점을 불인한다. 어느 한 개인이나 집단이 완전한 진리의 입장에 서 있다고 확신하는 것은 자동으로 다른 여타의 다원적 입장을 배척하고 폄훼하게 됨으로써 아집이고 오만한 관점 폭력이 된다. 어느 한 붕당이 자신들만이 진리의 입장에 선 군자당이라 주장하고 다른 견해를 가진 붕당은 오류와 불의를 지닌 소인당이라고 확정해 비난하게 되면, 현실의 세계에선 그것을 기꺼이 수용할 타 집단은 없을 것이기에 필연적으로 분쟁을 유발한다. 그리고 그것이 진리의 이름을 단 투쟁으로 이어진다면 해결은 요원할 것이다. 세속에서 진리를 입증할 수 있는 시비의 판단자는 있기가 어렵기 때문이다. 따라서 정조는 붕당 구도에서 어느 한 붕당이나 정파가 절대적 진리의 입장에 있다는 주장을 받아들이지 않으며, 순수한 군자당과 소인당의 존재도 부정한다. 만물에는 장단점이 있고, 각자의 존재 가치가 있으므로, 그러함을 있는 그대로 인정한 채로, 필요시 그 장점을 살리고 단점은 버리게 하는 방식으로 북돋으면 된다는 것이 정조의 생각이었다.[29]

다만 모든 존재와 주장에는―특히 유학과 성리학에서라면―각자의 일리가 있고, 그 일리 간에는 우열(장단)의 구별이 있을 수 있으니, 각각의 범주에서 우열을 시비 삼아 판단하여 우수한 것들끼리 뽑아내어 함께 합치는 방식으로써 해 나가면, 그러한 일련의 과정을 거쳐 공정한 의리에 도달할 수 있게 될 것이다. 이것이 파붕당의 탕평이되, 구차한 절충의 탕평(혼돈의 탕평)이 아닌, 의리를 확보한 참탕평(의리의 탕평, 준론탕평)이라는 것이 정조의 생각이었다. 그러한 정조의 생각은, 주체적 성찰 없이 그저 자신이 속한 정파의 독단을 맹목적으로 추종할 것이 아니라, 학문과 정치의 합당한 이치가 무엇인지를 설득해 내고, 자기 스스로 최적의 논리와 덕을 입증해 보이라는 요구로 이어졌다.

그와 같은 정조의 입장과 기준 적용은, 숙청이 난무하던 당쟁과 환국정치의 어두운 그림자를 피해 있던 전국의 인재들과, 역시 정쟁의 희생양이 되어 비운의 죽음을 맞이한 사도세자의 아들로서 임금의 자리에 오른 정조의 처세를 예의주시하던 사대부들이 경계를 풀고 나라의 중심부로 적극 나설 수 있도록 하는 배경이 되었다. 엄혹한 환경에서 엄정한 '정의와 상식'을 추구해야 했던 정조의 정치가 결코 경직된 방향이나 난포한 귀결로 흐르지 않을 수 있었던 것은, 갈등과 불화의 요인들을 폭력적인 방법으로 억누르기보다는 합리적 소통과 경쟁을 원리로 하는 다원성의 공존 차원에서 화해시키고자 했기 때문이라고 할 수 있을 것이다. 붕당을 초월해 준재들을 고르게 쓰고 여러 붕당의 의리를 더 높은 수준에서 종합해 내는 '원융회통의 공공정치'를 추구한 것30)이 정조 준론－의리탕평의 리더스피릿이었다.

우리는 정조의 준론－의리탕평이 갖는 관용과 통합의 리더십 측면을 주목할 필요가 있다. 붕당의 파열은 혼란 상황에 해당하고, 건전성을 상실한 사색 붕당이 뒤얽혀 보여준 이전투구와 음모 정치, 불관용의 증오가 불러온 대대적 숙청과 살육전은 폭력과 혼돈의 극치라고 할 수 있다. 그것은 전쟁과 흡사한 상태로서 평화의 부재 혹은 반평화 상태라고 규정해도 좋을 것이다. 반면 협력과 공존, 타협과 화해, 평등과 통합을 이끌어내는 탕평 정국은 평화의 상태로 진단할 수 있다. 특히나 정조의 준론－의리탕평은 준론들이 주도하는 개방적 의견 견줌의 정치를 과감하게 허용함으로써, ① 합리적이고 분투적인 경쟁을 거쳐 (붕당 간－군신 간에) 합의된 의리를 도출하고, ② 해당 의리의 완수를 위해 대승적 차원에서 상호 협력하는 방식으로 분쟁과 갈등을 조정하는 특징이 있었다. 갈퉁(Johan Galtung)을 필두로 하는 현대 평화학의 입장에 따르면 직접적 폭력의 부재와 전쟁(분쟁)의 회피 상태를 '소극적 평화(negative peace)'라 일컫는다. 그렇다면 군주의 적극적 개입과 주도를 통한 '갈등과 분쟁의 관리', '폭력의 완화 및 순화'를 중점에 두는 군사 정조의 준론—의리탕평 리더십은 이른바 '소극적 평화' 지향의 관리술이자 통솔력이라고 간주할 수 있을 것이다. 앞서도 짚었듯이 준론탕평은 마뜩잖은 절충이나 회색지대에서의 야합이 아님은 물론이다.

적극적 평화 지향의 대동탕평 리더십

앞서 살펴보았듯이 정조가 전개한 탕평론과 탕평정치는 군주권의 강화와 함께 조선의 정치와 사회를 전면 쇄신할 획기적 전기를 마련하는 것이었다. 그런데 정조의 탕평은 인사탕평의 성격에 국한되는 것이 아니었고, 준론을 주동적으로 활용한 '의견의 정치'와 갈등의 적극적 관리라는 '소극적 평화의 리더십'에 그치는 것도 아니라는 데 그 진정한 가치가 있다. 정조는 정치적 탕평과 사회적 대동을 함께 추구했다. 탕평의 궁극적 목표가 바로 대동이다. 그도 그럴 것이, 탕평정치란 기실 유교 정치의 전통적 이상인 인정(仁政)과 덕치(德治), 곧 왕도정치(王道政治)를 온전히 실현하기 위한 방도이며, 성리학적 왕도정치론의 변용이라고 할 수 있다. 결국 탕평은 대동으로 귀결될 수밖에 없는 것이다.

정조는 「홍범」에서 '탕평' 자구만을 형식적으로 취한 것이 아니고 황극 실현의 '탕평'에 내재한 공정과 통합, 화평의 이념과 원리를 직시하고, 그 점을 재해석하여 일련의 체계화된 사상과 준칙으로 삼아 조선 사회 전반에 적용하고자 하였다. 「홍범」에서도 '대화동(大和同)'의 경지를 '대동'이라 언명함으로써 탕평이 대동과 맞닿을 수 있는 고리가 주어져 있지만[31], 정조가 탕평을 통해 도달하고자 한 이념적 목표를 이해하기 위해서는, 『예기(禮記)』「예운(禮運)」에서 언급한 '대동'의 사회상을 떠올릴 필요가 있다.

「예운」에서 말하는 대동은 '천하위공(天下爲公)'의 사회를 가리킨다. 천하위공의 사회는 대략 다음과 같이 그려진다. 정전제에 기초한 토지 공유 사회로서, 생산수단에 대한 사적 소유가 특별히 없는 사회며, 정치적으로도 권력의 독점과 사유화가 존재하지 않는다. 또한 재능에 따른 자연적 분업이 이루어지고 사회 구성원들 간에는 원칙적인 평등이 보장되며, 철저히 능력주의에 입각해 관직이 부여되기에 정치·경제적인 세습과 착취가 존재하지 않는다. 사람들은 기꺼이 스스로 노동하되 자기 이익만을 위한 이기적인 노동을 하진 않으며, 타인의 부모 자식도 자기 부모 자식처럼 돌보므로 신의와 화목이 넘쳐나고 남을 해치는 일이나 분란이 일어나질 않는다. 심지어 외출할 때도 문을 걸어 잠글 필요가 없고 땅에 떨어진 물건도 주워가는 이가 없다.[32]

물론 위와 같은 대동의 사회는 요순 시대에나 존재했던 전설로 상정되고, 우임금 이후의 삼대에는 많은 사회변동이 뒤따름에 따라 현실의 한계 안에서 차선의 사회를 경영하였는데, 그것이 '예(禮)'로써 정의와 평화를 추구하는 소강(小康) 사회라는 것이 「예운」의 기록이다. 사실 대동 사회의 모습은 꼭 유교적 도리의 세계라고만 볼 수도 없고 도가적인 색채도 강하게 들어있는 등 원시공동체적 모습이 투영된 인간 보편의 유토피아적 이상향이라 할 수 있다. 정작 공자 이래 유교에서 모델로 삼은 것은 주례(周禮)였으니, 유교가 목표로 하는 현실적 이상은 소강 사회라 보아야 한다. 정조 역시 정전제와 같은 것은 그저 서지에나 쓰여 있는 비현실적인 것이라 치부하였다. 그가 「예운」에서 그려진 대동 사회를 있는 그대로 목표로 삼은 것은 아니다.

일반적 유학자들이나 조선의 탕평론자들이 대개 그러했듯, 따로 논리적으로 엄밀히 구분해 논할 필요가 있을 때가 아니라면, 정조의 수사에서 대동과 소강은 뚜렷하게 구분되지 않는 경향이 있었고, 「예운」의 소강 사회에 해당한다고 할 수 있는 주(周)나라의 정치사회적 수준을 재현하는 것을 목표로 삼아 그것을 '대동'으로 일컬은 것이다. 즉, 대동과 소강의 관계가 밀접하기에 하나의 지평에 두 사회의 이미지를 겹쳐 놓은 가운데, 현실의 개혁과 발전의 설계도는 소강을 기준으로 삼되 영원히 유예되는 최종 목표일 수 있는 대동의 이상 개념을 내걸어 내외에 노력을 재촉했던 것이다. 정조에게 있어 대동은, ① '대공무사와 통합, 화평'의 속성을 탕평과 공유하기도 하고, ② 때로는 탕평의 목표이기도 하며, ③ 또 다른 한편으로는 정조가 두루 펼쳐 보이는 탕평의 여러 차원 중 하나가 되기도 한다. 다음과 같은 실록의 기록을 보면, 정조는 우의정 이휘지(李徽之)에게 대동과 탕평을 연이어 언급하고 있는데, 이때의 대동은 ①의 의미를 갖는 경우라 할 수 있다.

특별히 큰 죄를 짓지 않은 자는 반드시 단단이 보존하고 길러서 피아(彼我)나 갑을(甲乙)을 따지지 않고 모두 대동(大同)의 지경으로 인도하고자 하였다. 이는 바로 과인이 선왕(영조)의 '탕평(蕩平)의 조화로운 정치'를 체득하고 선왕의 '그릇을 빚어내는 공로'를 계승했기 때문이다. …… 오늘날에 오늘날을 위한 계책으로는 진실로 마땅히 망각하지도 않고 조장하지도 않으며 급격하게 고치지도 않고 그저 따르지도 않으면서, 우리 조정을 결속하고 우리 세신(世臣)을 보합(保合)하는 것을 하나의 마땅한 법도로 삼아야 할 것이다. 또 뒤따라 우수한 자는 발탁하고 과오가 있는 자는 바로잡아 인사에 올바름이 있고 마땅함을 얻는다면 서로 공경하고 협력하는 효과는 즉각 거둘 수 있을 것이다.[33]

정조가 생각한 탕평의 목표로서의 대동, 대동을 이루는 탕평(대동탕평)의 체제는, 흔히 요순시대에 대한 동경을 통해 지시된다. 정조는 요순의 치세를 모범으로 삼아 탕평의 원리를 운용한 다방면의 개혁을 시도하였다. 신해통공(辛亥通共)과 같은 경제 개혁을 통한 농공상업 삼업병중(三業並重)의 경제탕평, 특정 세력이 독점한 관직에 여러 출신성분의 인재들이 고루 출사하여 초당파적 협력을 할 수 있도록 안배하는 인사탕평과 정치탕평, 서얼과 중인의 처우를 혁신하고 그들의 능력을 중하게 쓴 계층탕평, 부와 권력, 출세의 기회 등에 있어 중앙과 지역의 심화된 격차를 완화하기 위한 적극적 조치를 아끼지 않은 지역탕평, 백성들과의 소통과 대면을 획기적으로 증진하고 노비제도의 혁파를 위한 과감한 노력이 있었던 대민탕평, 문화와 학문상의 개방적 환경을 조성한 학문/문화탕평 등, 정조의 탕평은 전방위적 개혁의 성격을 띠고 있었다.

정조가 실현하고 싶은 사회는, 군사로서의 군주가 정국과 세도(世道)를 주관하고 사대부들의 사익 추구 공동체가 되어 버린 붕당을 후퇴시킨 가운데, 왕과 신민(臣民)이 민오동포(民吾同胞)의 화합을 이루는 대일통의 사회였다. 그런데 우리가 「예운」에서 그려진 대동 사회의 극히 평화로운 성격을 떠올려 본다면, 정조가 심혈을 기울여 설계한 새로운 조선의 모습도 그간 뿌리 깊게 상존해 온 구조적 불평등과 부조리가 없는, 폭력 생산 조건이 원천적으로 제거된 상태였을 것이라고 상상해 볼 수 있다. 준론―의리탕평이 너른 의견과 일리를 아우르는 탕평으로서, 여러 입장들의 다양성을 살리고 소통을 극대화하는 방법으로 통합과 화합을 이루는 '소극적 평화'의 기술이라면³⁴⁾, 대동탕평은 '평화관리'의 성격을 넘어 인사탕평, 계층탕평, 지역탕평, 대민탕평, 학문/문화탕평 등으로 확대되면서 차별과 분쟁, 갈등과 소요, 폭력이

부재한 사회적 조건을 수립하는 '적극적 평화'의 기술이라고 평가할
수 있을 것이다.

대동이란 기자(箕子)의 홍범 칠계의(七稽疑)에 있는, 순전히 다 같다고
하는 것이다. 그 일이 천리(天理)와 인정(人情)에 꼭 맞아서, 위로는 후왕
(后王)과 경사(卿士)로부터 아래로는 서민과 아녀자까지, 그리고 사물 초목
의 혼령까지도 다 따르고 거역함이 없다. 해와 달이 비치는 곳과 서리와 이
슬이 내리는 곳이면 모두가 극(極)에 모여 극으로 돌아가지 않음이 없고,
그 효과는 자기 한 몸에서 시작하여 천만 자손들에게 이르기까지 강령과 길
상이 미치고 다 함께 태평을 누리게 된다.[35]

정조의 대동탕평을 여러 방면 별로 살펴보자면 대략 다음과 같
다. 정조는 인사에 있어 붕당별 자리 나누기와 혼합이라는 기계적 중
립의 관직 안배를 지양하고, 능력과 도리의 우열을 기준으로 삼아 준
재들을 골고루 선발해 요직에 앉히는 인사탕평을 실시했다. 왕실 전적
의 정리와 국왕의 자문기관 역할을 하는 규장각(奎章閣)을 설치하고,
갓 과거에 합격한 젊고 우수한 문신들을 재교육시키는 초계문신제(抄
啓文臣制)를 운영하면서[36], 인재와 국가의 역량을 키워나갔다. 규장각
에는 엘리트 신료인 6명의 각신(閣臣)[제학(提學) 2, 직제학(直提學) 2, 직각
(直閣) 1, 대교(待敎) 1명]을 두었는데, 노론, 소론, 남인을 안배하였다.[37]
그리고 그 밑에서 실질적인 주요 업무를 담당하는 4명의 검서관(檢書
官) 자리에는 서얼(庶孽)도 과감히 기용하여 중책을 맡겼다. 정조는 서
얼의 관직 진출 확대를 위해 『정유절목(丁酉節目)』을 제정했고, 서얼의
향교, 성균관, 서원의 입학도 허락했다. 서얼 출신 무과급제자 역시 문
과에 준해 벼슬길을 넓혀주었다. 정조 시대 전체에 걸쳐, 내외 4대조

가운데 벼슬한 이가 없는 비양반 출신 문과 급제자가 전체 문과 급제자 수의 53%를 차지하는 것도 인상적이다. 이는 고종(高宗) 대에 그 기록이 깨지기 전까지 조선 역사상 최고치 기록인데[38], 정조가 계층 탕평에 힘쓴 노력의 산물이라고 보아도 될 것이다.

대동탕평의 또 다른 방면은 지역 사이의 격차를 해소해 나가는 지역탕평이다. 당시 조선은 부와 권력이 과중하게 한양으로 집중되어 있었다. 그에 따라 수도와 지방 사이에 정치, 경제, 문화적 격차가 심화된 상태였고, 지방의 인물들이 성장하고 출세하기가 매우 어려운 실정이었다. 평안도, 함경도, 황해도와 같은 북방지역은 물론이고 영호남 출신들의 관직 진출이 심한 제한을 받는 등, 여러모로 한지의 백성들이 한양이나 기호지방 백성들에 비해 차별받고 있는 실정이었다. 이에 문제의 심각성을 느낀 정조는 지방의 유생들을 대상으로 특별 과거시험인 빈흥과(賓興科)를 치르게 하여 벼슬할 수 있는 기회를 주었고, 여섯 지역이 그 혜택을 누릴 수 있었다. 나아가 정조는 몸소 지방 유생들과의 접촉을 넓혀 가면서 그들을 통해 파악한 현지 정세와 여론을 바탕으로 지역의 문제를 해결하기도 하였다. 또 암행어사를 수시 파견하여 지방 수령들의 비행을 찾아내 처단하는 가운데 소외된 지역의 구휼을 강화하고 임금의 눈길이 닿지 않는 지방 백성들의 인권을 보호하였다. 정조는 지방의 인재가 국정 참여에서 소외되는 구조적 현실을 개선하여 사는 지역을 따지지 않고 균평하게 인재를 채용하고자 했고[立賢無方][39], 그들을 중심으로 지역 정세의 요점을 파악하여 문제를 해결함으로써 대동탕평의 기반을 다진 것이다.

또한 대민(對民)탕평도 대동탕평의 한 가지다. 정조는 백성을 지극히 사랑한 왕이었다. 정조는 배제되고 소외되는 백성이 없도록 애썼고, 그들의 애환과 억울함을 풀어주고자 노력하였다. 그런 적극적인 노력의 한 가지로 정조는 백성들과의 직접적 대면 접촉과 소통을 확대하였다. 그는 왕의 행차 공간도 백성들과의 적극적 소통 장소로 활용하였다. 왕의 행차 공간을 찾아온 백성들이 왕에게 자유로이 건의하고 하소연할 수 있도록 한 것이다. 정조는 자신의 통치 기간 중 총 100회 이상 도성 밖으로 행차했다. 그는 이런 여러 차례의 거둥을 활용해 격쟁(擊錚)과 상언(上言)을 하는 백성들을 만났으며, 상언과 격쟁을 실행하는 데 딸려 있던 신분적 차별의 단서들을 없애고, 상언과 격쟁의 대상이나 내용에 있어서도 제한을 두지 않았다.40) 그리고 흉년에는 대대적 구휼사업으로 각종 세금을 감면하고 곡식을 방출했으며, 노인에게는 신분의 구애 없이 음식을 제공하거나 영직(影職)을 부여하였다. 정조의 대민탕평은 노비까지도 대상으로 하였다. 정조는 1778년 노비추쇄도감을 폐지하여 도망친 노비들을 강제로 잡아들이는 노비추쇄제를 법적으로 공식 중단하였다. 노비제도를 부당하게 생각한 정조는 최소한 관노비의 해방을 시도하였다. 그러나 사노비 폐지로까지 이어지는 결과가 될까 두려워한 사대부들의 반대에 부딪히자 관노비를 단계적으로 축소시키는 방향으로 우회하였고, 관노비의 경우 그 자식은 노비 신분이 상속되지 않게 하는 방식이 그것이었다. 물론 정조가 갑작스런 죽음을 맞게 되어 그의 생전에 실현하지는 못했지만, 그 유산으로 인해 훗날인 순조 원년, 드디어 관노비제가 혁파되기에 이른다.

정조의 시대에는 대내외적 환경의 요인으로 학문과 문화의 다변화와 일대 중흥이 일어나고 있었다. 청나라에서는 고증학이 일어나 성리학의 폐단을 맹공했고, 고증학풍이 패관소품체 소설들과 함께 조선에 유입되어 영향을 미쳤다. 서학이 들어와 과학과 기술의 실용적인 측면만이 아니라 사상과 종교적인 차원에서도 퍼져나가는 흐름이었다. 우리가 실학이라 부르는 학풍도 일어나고 있었다. 주자 성리학을

'정학(正學)'으로 숭상하고 일대 정리 작업으로 국가의 기강을 세우는 등 성리학 이념의 수호자 역할을 한 군사 정조였지만, 정조의 학문과 문화에 대한 태도는 개방적이고 절충적이었다. 정조는 한당, 송명, 청 유학을 모두 섭렵하면서 그 모두에서 장점을 찾으려 했고, 청나라의 문화에서 이용후생(利用厚生)에 도움이 되는 것은 적극 수용하였다. 이 단으로 지목된 학문들에 대한 폐쇄적 거부나 극단적 탄압 조치를 위 하지 않았다. 그는 이단과 사설을 억압적으로 금지하기보다는, 바르지 못한 것이 있다면 자유로운 소통과 경쟁을 통해 알아서 세상에서 정 리될 것을 기대하였다. 천주교 신자들을 다루는 데 있어서도 매우 신 중하였다. 무엇보다 주자학을 맹목적으로 신망하지 않았으며, 의심 가 는 대목에 대해서는 비판을 아끼지 않았다. 학문과 문화에 있어서도 중심과 주변을 아우르는 포용과 공존의 학문/문화탕평을 통해 정조는 나라의 분위기를 쇄신시켰던 것이다.41)

정조는 일찍이 스스로를 고대 성왕에 비견되는 군사로 자처했을 정도로, 정치와 학문, 도덕에 걸쳐 탁월한 자질과 능력을 가진 지도자 였다. 그는 이념의 왕국 조선에서 인정받기 위해 가장 중요한 요소인 학문과 철학의 최고봉에 이름으로써 사상계를 평정하고 강력한 권력 을 획득하여 국정을 장악할 수 있었다. 그는 당색으로 물든 조정과 산 림의 사대부을 상대로 뛰어난 대처력과 지배력을 행사하였고, 준론을 우대하는 모험 속에서 공정하고 현명한 붕당 관리를 통해 협력과 공 경의 정치, 화평의 사회를 만들어 갔다. 우리는 보통 평온한 질서와 평정의 상태를, 그리고 갈등과 분쟁, 배제와 수탈, 폭력과 억압 등과 같은 부정의의 부재 상태를 '평화'라고 간주한다. 정조는 소통과 통합 을 통한 대승적 시너지로 민생의 안정과 행복, 국가 발전을 도모하는 통솔력을 발휘하였는 바, 그의 리더십의 특색은 '평화를 지향하는' '탕평'

이었다고 할 수 있다.

다만 단순히 분쟁을 회피하고 관리하는 것은 소극적 평화에 그치게 되며, 그것은 평화를 위한 필요조건은 되겠지만 충분조건은 되기 어렵다. 직접적인 폭력 현상이나 폭력적 관계가 드러나지 않는다고 해서 그 상태를 진정한 평화 상태에 있다고 확정하기 어려운 것은, 폭력을 생산할 수 있는 구조나 여건이 도사리고 있다면 평화는 언제든지 깨질 수 있기 때문이다. 따라서 사회 제 구성원들 사이의 관계가 상시 조화롭고 협력적인 관계인, 관용과 포용의 덕이 자연스럽게 일상화된 대통합의 상태가 진정한 평화일 것이며, 현대 평화학의 언설로는 그것을 '적극적 평화'라고 한다.[42] 그리고 적극적 평화는 달리 말해 갈퉁의 주장대로 '구조적 폭력이 부재한 상태'인 것이다.[43] 위에서 살펴본 인사·계층탕평, 지역탕평, 대민탕평, 학문/문화탕평과 같은 정조의 대동탕평은, 평화학의 관점에서 보자면 적극적 평화 차원의 노력인 바, 그와 같은 지평에서 전개된 군주 정조의 리더십은 '적극적 평화를 지향하는' '대동탕평 리더십'이라고 불러볼 만하다.

나오는 말

정조는 평생을 투철한 자기 관리와 수양공부 속에서 살아간 위대한 인격의 군주였다. 그는 스스로를 나라의 최고 정치 지도자이자 지적 스승인 '군사'로 인식하면서 자기 자신과 세상을 높은 수준에서 경영해 나갔다. 스스로의 차원에서 정조는 문무의 측면에서 자기 단련에 철저한 사람이었고, 내적 자기반성에도 매우 성실한 사람이었다.[44] 그는 자기 발전을 위해 성실하고 꾸준히 노력하였으며, 독단적이고 배타적인 태도를 경계하였고, 주체적으로 사유하고 근거 없이 권위에 무조건 복종하려 하지 않았다. 추상적이고 허구적인 지식을 좇지 않았으며 실용적 지식과 실천을 좋아했다. 또한 그는 선명하고도 광대한 목표를 잘 세우고 그것을 장기적 계획 속에서 치밀하게 실천하는 사람이었다. 이러한 정조의 태도와 습관은 엄혹한 견제와 수많은 죽음의 위기를 넘기고 그를 보위에 오르게 하고, 군사의 경지로 올려놓게 한 최대의 자산이었다. 타율적으로 움직이기보다 자율적 주체로서 자기 확신을 키워나가고, 전통과 혁신의 절충 속에서 꾸준한 발전을 꾀하면서 확실한 목표를 향해 나아가는 것, 엄격한 자기 관리와 외부와의 적극적 협력을 통해 높은 수준의 공적 성취에 도달하는 것. 정조의 자기인식과 내적 성찰력, 발전적 자기관리 능력은 '셀프리더십(self-leadership)'의 귀감이다.

정조가 자신의 학문과 정치의 바탕으로 삼은 탕평은 좋은 리더십의 상을 찾는 우리에게 훌륭한 연구 가치를 던져준다. 정조의 탕평은 다양성을 살리면서 화해와 통합을 이뤄내는 것이다. 정조는 갈등과 대립, 불화가 극에 달한 정치사회적 분위기를 준론들을 내세운 조제보합으로 다스렸다. 그는 활발한 토론과 소통을 통한 상호 이해의 촉진으로 화해와 협력을 일궈냄으로써 갈등과 폭력이 줄어들도록 유도했다. 정조는 '준론-의리탕평'의 방법으로 붕당을 초월해 인재들이 모이게 하고 그들이 각기 자신들의 정체성과 개성, 주의주장을 포기하지 않고도 공적 차원을 위해 재주를 힘껏 쓰게 만들었다. 작고 낮은 단계의 의리들이 서로 건전하게 경쟁하는 가운데 합리적 접점을 찾아 더 크고 높은 수준의 의리를 산출하는 '원융회통의 공공정치'를 실행하려 한 것이 준론-의리탕평이다.

정조의 탕평은 준론-의리탕평에 국한되지 않는다. 정조는 탕평과 대동을 함께 추구했다. 정조는 '탕평'에 내재한 공정과 통합, 화평의 이념과 원리를 자신의 사상 세계와 조선 사회 전반의 운영에 적용하였다. 그 때문에 탕평의 궁극적 목표는 또한 대동이 된다. 살펴보면 실제 정조는 대공무사하고 무편무당한 탕평의 원리에 입각해, 인사탕평 외에도 계층탕평, 지역탕평, 대민탕평, 학문/문화탕평, 심지어는 신해통공을 통해 볼 수 있듯 일정한 수준에서의 경제탕평까지를 고르게 추진하였다. 정조는 그렇게 다방면의 탕평 수행을 통해 제반 사회적 불평등과 불공정, 소외와 배제의 문제, 일방성과 불관용의 문제 등을 없애고, 요순의 치세나 주나라의 제도로 각광받던 고대사회의 이상을 현실에서도 이루고자 노력한 것이다. 이것을 우리는 크게 대동탕평이라 지칭할 수 있을 것이다.

탕평의 주체가 군사 정조였다는 점에서, 탕평은 리더십의 차원에서 이해해 볼 수 있을 것이며, 탕평이 정조 본인의 정신 그 자체였다는 점에서 탕평은 또한 정조의 리더스피릿이 된다. 그리고 탕평은 준론－의리탕평과 대동탕평으로 그 성격을 나누어 볼 수 있기 때문에, 각각 리더십의 측면에서는 준론－의리탕평 리더십과 대동탕평 리더십으로 나누어 조명하는 것도 가능하다. 한편 우리가 평온한 질서와 평정의 상태나, 갈등과 분쟁, 폭력과 억압, 배제와 수탈 등의 부존 상태를 '평화'로 간주한다는 점에 비추어 볼 때, 탕평은 평화의 맥락에서 이해 가능하다. 먼저 현대 평화학에서는 직접적 폭력의 부재와 전쟁(분쟁)의 회피 상태를 '소극적 평화'라고 하기에, 군주의 적극적 개입과 주도를 통한 '갈등과 분쟁의 관리', '폭력의 완화 및 순화'를 중점에 두는 준론－의리탕평은 소극적 평화를 지향하는 탕평이고, 리더십과 연결시키면 소극적 평화의 성격을 갖는 리더십이라고 볼 수 있다. 다음으로 구조적 폭력의 부재 상태를 '적극적 평화'로 이해하기에, 구조적 폭력을 줄이거나 제거하여 화합이 넘치는 대통합의 사회를 추구하고 자 하는 대동탕평은 적극적 평화를 지향하는 탕평이며, 리더십과 연결 시키면 적극적 평화의 성격을 갖는 리더십이라고 할 수 있다.

자기 능동적 삶을 제대로 살지 못하는 이들이 많아지고, 갖가지 사회 갈등이 넘쳐나는 가운데, 이를 책임 있게 해결하고 다양의 공존 차원에서 통합해 내는 공공 리더십이 부재한 것이 오늘의 불행한 현 실이다. 정조의 군사로서의 자기인식과 평화 지향적인 탕평 리더십에 대한 조명은 무능과 소외, 갈등과 폭력의 문제를 이겨내는 데 도움이 될 모범과 한 줄기 지혜를 줄 수 있을 것이라 기대한다.

영혼을 깨우는 명문장 ───────○

"진실로 자기 마음을 공평히 하고 이치를 공정하게 살펴 죄가 자기에게 있으면 자
책하고 잘못이 상대에게 있으면 용서해서, 서로 훈계하고 가르쳐 자기 자리에서
평안히 함께 할 수 있다면 이것이 곧 황극의 도인데 붕당이 따로 어디에 있겠는가?"

　　　　　　　　　　　− 정조, 『홍재전서』 권8, 「서인」 1, 「황극편서」.

"무릇 사람이 말을 발설하고 일을 실행하는 것은 자기 자신을 살피는 데 달려 있
을 뿐이요, 세상 사람들의 들뜬 여론을 염려할 필요는 없다. 천하에는 일정한 이치
가 있지 일정한 일은 없는 법이다. 만약 남을 의식하고 자신을 살피지 않는다면
끝내 주체적으로 처리할 수 없는 사람이 되고 말 터이니, 선비로서 조정에 서는
자는 더욱 깊이 경계해야 마땅하다."

　　　　　　　　　　　− 손인순(2008), 『정조 이산 어록』, 포럼, 115쪽.

"인재는 예나 지금이나 오직 위에 있는 사람이 어떻게 인도하느냐에 달려 있을 뿐
이다. 큰 재능을 취하는 경우도 있고 한 가지 재능만을 취하는 경우도 있어서 현
자와 불초한 자, 지혜로운 자와 어리석은 자, 높은 자와 낮은 자를 각각 그 쓰임에
맞게 하는 것이니, 통틀어 헤아려보면 한 사람도 쓸 수 없는 사람은 없는 것이다."

　　　　　　　　　　　− 손인순(2008), 『정조 이산 어록』, 포럼, 287쪽.

"독서가 순정하고 무르익게 되면 또 반드시 활법을 써서 마음을 생기 있게 힘차게
흐르는 경지에 두어 평정 상태에 이르게 하고 흔들림이 없도록 하라. 그리고 비로
소 이미 알고 있는 것에 따라 더욱 깊이 궁구하면, 오늘 한 가지가 확 트이고 내일
한 가지가 녹아내려 저절로 어두운 네거리에 태양이 비치는 때가 있게 될 것이다."

　　　　　　　　　　　− 정조, 『홍재전서』 권129, 『고식』 1, 「대학」.

읽을거리 & 볼거리

• 박현모(2001), 『정치가 정조』, 푸른 역사.

정조를 현실 속의 정치가라는 관점에서 조명한 책이다. 저자의 박사학위논문을 수정 보완하였다. 정조의 정치와 학문을 성왕과 경장으로 풀면서, 정조의 권도론(權道論), 탕평정치, 정학론, 서학논쟁, 신해통공, 관료제 기강의 확립과 서얼허통, 화성건설, 향촌통제력 등을 다룬다. 정치학 분야에서 쓰인 저술로서 국왕 정조의 정치적 성과와 한계를 잘 지적하였다.

• 이덕일(2008), 『정조와 철인정치의 시대』(전2권), 고즈윈.

정조의 드라마틱한 삶과 정쟁의 내막에 대해 소상하게 소개하며 저자의 과감한 해석을 들려준다. 정조의 인간적인 면과 여러 사건들을 읽기 쉬운 문체로 풀어주고 있으며, 정조와 주변인들 간에 이루어진 많은 대화가 대화체로 소개되어 있어 사극을 연상하듯 지식을 습득할 수 있다.

• 한영우(2017), 『정조평전—성군의 길』(전2권), 지식산업사.

정조의 전 생애를 연대기식으로 종합 정리한 책이다. 정조의 삶과 정치, 시대의 주요 사건을 한 번에 살필 수 있다. 효치(孝治), 성군(聖君), 탕평(蕩平), 민국(民國), 정학(正學)이라는 다섯 개의 키워드로 정조의 정치 목표를 설명한다. 정조가 지향한 최고 목표는 민국이며, 이를 이루기 위해 탕평을 통해 정치통합과 사회통합을 하는 것인데, 탕평을 위해서는 성군의 리더십이 필요하고, 성군이 되기 위한 학문과 이론은 정학인 주자 성리학에서 나왔다고 설명한다.

• 이인화(2006), 『영원한 제국』, 세계사.

정조 독살설을 소재로 한 역사소설이다. 정조 독살을 본격적인 사회적 화두로 떠오르게 한 책으로 영화로도 만들어졌다. 정조의 죽음을 둘러싼 비밀을 풀어가는 추리소설의 형식으로, 중세 후기의 조선사회에 대한 독특한 해석과 폭넓고 깊이 있는 동양고전의 이해를 함께 경험할 수 있다.

III 단재 신채호, 한 역사적 인간의 자기인식과 셀프리더십

서영식

단재 신채호(丹齋 申采浩, 1880-1936) 선생은 한밭(충청남도 회덕군 산내면 어남리 도림(桃林)마을, 현재 대전광역시 중구 어남동 233번지)이 낳은 근대 한 국의 위대한 선각자이자, 21세기에도 세상이 마땅히 기억하고 평가해야 할 '지 식인 리더십'(intellectual leadership)의 사표(師表)이다.

이 글에서는 우선 단재가 시대에 대한 냉철한 관찰과 진지한 역사 연구를 통 해 어떻게 자기 자신에 대한 인식을 형성해 갔는지 살펴볼 것이다. 나아가 그의 삶과 사상에 등장하는 몇몇 핵심 장면을 '지식인 리더십'의 전개라는 관점에서 포착하고 분석할 것이다. 단재의 이론과 활동 속에 스며있는 독창적인 가치철학 과 실천궁행을 리더십 스펙트럼을 통해 세밀히 관찰하고 분석함으로써, 평생 철 저한 역사의식을 바탕으로 민족과 호흡을 함께 했던 실천적 지식인으로서의 단 재를 훨씬 더 입체적으로 이해할 수 있을 것이기 때문이다.

이를 위해 특히 주목한 것은 단재가 우리 민족이 노예 의식과 패배주의를 스 스로 타파하고 국권회복과 정신의 자유에 도달할 수 있도록 이론 정립과 계몽운 동에 앞장선 사실이다. 단재는 주로 학술연구와 글쓰기를 통해 자신에게 주어진 시대적 소임을 완수하였는데, 이러한 그의 활동과 책임 의식은 현대 리더십 담 론에서 주목받고 있는 '셀프리더십'(self-leadership) 개념과 연결해서 좀 더 흥 미롭게 묘사할 수 있을 것이다.

들어가는 말

단재 신채호(丹齋 申采浩, 1880-1936) 선생은 한밭(충청남도 회덕군 산내면 어남리 도림(桃林)마을, 현재 대전광역시 중구 어남동 233번지)이 낳은 근대 한국의 위대한 선각자이자, 21세기에도 세상이 마땅히 기억하고 평가해야 할 '지식인 리더십'(intellectual leadership)의 사표(師表)이다.

이미 세상에 잘 알려져 있듯이, 단재는 구한말 민중의 고난과 국권상실 과정을 목도한 20대 청년시절부터 교육과 언론활동을 중심으로 적극적인 애국계몽운동을 전개하였다. 또한 단재는 일제의 국권침탈이 가시화된 이후로 유년 시절부터 관심을 보였던 한반도 역사 연구에 본격적으로 투신하여, 이미 중년기로 접어들기 전에 유교적 중화주의 역사관과 지배자 중심의 왕조사관과 일본의 제국주의 식민사관을 사상적으로 완전히 극복하였다. 나아가 단재는 경술국치(1910.8.29) 직전부터 시작된 망명생활의 극한상황 속에서도 당시 동아시아에 소개된 서구 근대학문의 내용과 방법론을 독자적으로 해석하고 활용하는 방식으로 자주적이면서도 웅혼한 민족주의 역사학을 완성하였다.[1] 수십 년 이어진 망명생활과 더불어 장년기에 접어든 단재는 비타협적인 독립운동 노선을 견지하며 무력에 의한 절대독립론을 주장하기에 이르렀고, 자신의 정치적 이념(민중직접혁명론)을 몸소 실천하다가 적의 치하에서 장렬히 산화한 불굴의 투사가 되었다. 당대 최고의 두뇌[2]와 높은 향학열 그리고 민족에 대한 무한한 애정을 바탕으로 언론인, 역사학자, 정치사상가, 독립혁명가 등으로 활약했던 단재의 학문정신과 애국혼은, 선생의 순국 이후 백년 가까운 시간이 흐른 21세기에도 한국 근현대사에서 가장 고귀하고 강렬한 불꽃으로 기억되고 있다.

단재는 오직 개인적 차원의 수신(修身)이나 단편적인 지식습득에 만족하며 현실을 등한시하는 나약한 식자(識者)의 삶을 철저히 배격하였다. 그는 세상을 명확히 이해하고 시대적 상황을 조금이라도 개선하기 위해 당대 최고의 분야별 전문가들과 교유하였을 뿐만 아니라, 새롭게 습득한 지식과 경험을 바탕으로 사유와 실천의 지평을 확장해 나아갔다. 특히 단재는 구한말 서방세력의 등장과 뒤이은 일본 제국주의의 국권침탈을 목격하면서 우리 민족이 지금 여기서 가장 필요로 하는 바, '민족자강과 국권회복을 통한 육신과 정신의 자유 획득'이라는 대명제를 새로운 '공유비전'(shared vision)으로 제시하였고, 자신의 이상을 민중과 더불어 구현하고자 최후의 순간까지 혼신의 힘을 기울였다. 즉, 단재는 당시의 시대상황 속에서 등장했던 이른바 신지식인들의 구두선이나 탁상공론에 함몰되지 않았으며, 스스로 구상하고 제시한 미래비전의 민족적 공유와 완전한 성취를 위해 구체적인 실행방안까지 적극 모색하는 실천적 지식인의 면모를 보였던 것이다. 이러한 관점에서 볼 때 단재는 20세기 초반 우리 한민족의 고난과 위기상황을 극복하기 위해 헌신했던 무수한 인물들 가운데서도 누구보다 '리더에게 요구되는 정신'(leaderspirit)의 의미를 명확히 통찰하였고 또한 실천궁행에도 힘썼던 지도자였다. 한마디로 그는 근대 한국사회의 '태산북두'(泰山北斗) 같은 존재로 평가받아 마땅할 것이다.

이 글은 단재의 생애와 사상에 대해 통시적 차원에서 접근함으로써 주요 사건의 발생이나 사유체계의 변화를 단순히 시대순으로 나열하곤 했던 기존의 서술방식에서 과감히 탈피하고자 한다. 즉, 이 글은 단재의 삶과 사상에 등장하는 몇몇 핵심 장면을 '지식인 리더십'의 전개라는 관점에서 분석하여 기존의 일면적인 단재 해석과 차별화를 꾀할 것이다. 단재의 이론과 활동 속에 스며있는 독창적인 가치철학과 실천궁행을 리더십 스펙트럼을 통해 세밀히 관찰하고 분석함으로써, 평생 철저한 역사의식을 바탕으로 민족과 호흡을 함께 했던 실천적 지식인으로서의 단재를 훨씬 더 입체적으로 이해할 수 있을 것이기 때문이다.[3]

단재는 무수한 글쓰기를 통해서 자신의 독자를 비롯하여 당시 조선 사람들이 정신적으로나 현실적으로 자유로운 존재가 되어야 함을 특별히 강조하였다. 또한 그는 자신의 글과 말이 단지 구두선에 머물지 않음을 행동과 실천을 통해 보여주고자 하였다. 즉, 단재는 스스로 정신의 자유에 도달하기 위해 끊임없이 노력하였으며, 그 결과 역사상 중요한 시기마다 사상적으로 새롭게 무장한 지성인의 모습으로 세상에 등장하였다. 이처럼 단재가 온 생애를 통해 실천한 '지식인 리더십'은 특히 현대적 차원의 '셀프리더십'(self-leadership) 개념과 연결지을 수 있다. 그는 우리 민족이 노예 의식과 패배주의를 스스로 타파하고 국권 회복과 정신의 자유에 도달할 수 있도록 이론 정립과 계몽운동에 앞장섰다. 즉, 단재는 일차적으로 학술연구와 글쓰기를 매개로 자신에게 주어진 역사적 소임을 다하고자 하였다. 나아가 그는 글과 말을 통해 표명하고 전파한 사상의 실질적인 구현을 위해 직접 선두에서 행동하고 실천함으로써 20세기 초 동아시아 역사에서 만인의 귀감이 되었다.[4]

단재의 리더십은 그의 사상과 활동이 방대하게 펼쳐진 만큼 한 편의 글에서 총체적으로 다루기엔 어려움이 있다. 따라서 이 글에서는 먼저 단재의 인간관을 중심으로 셀프리더십의 관점에서 단재의 삶과 사상을 조명해 볼 것이다.

단재의 인간론

2.1 '서사적 자아'(narrative self)로서의 인간

인간이란 어떤 존재인가? 이 물음에 대한 대답은 아마도 인간의 본성을 심층적으로 연구해 온 학자의 수만큼 다양할 것이다. 마치 리더십이란 무엇인가라는 질문에 대한 대답이 진지한 리더십 연구자의 수에 거의 비례한다는 통설이 인구에 회자되고 있듯이. 그런데 근래 맥킨타이어(Alasdair Chalmers MacIntyre)[5])가 제안한 한 가지 분석틀을 차용하여 표현하면, 인간을 바라보는 시각은 크게 '서정적 자아'(emo-tivist self)와 '서사적 자아'(narrative self)로 구분될 수 있을 것이다.

데카르트나 칸트 같이 걸출한 근대 계몽주의 사상가들로부터 유래하며 지난 20세기에도 적지 않은 영향력을 행사해 온 인간관에서 보면, 인간, 즉 '자아'(self)란 어떤 고정되고 불변하며 독립적인 존재로 규정되어야 한다. 이것은 한편으로 인간 존재의 다양한 내적 특성 중에서 특히 이성능력이 중심을 차지하며, 다른 한편 개인 각자의 특수성과 독립성을 무엇보다 중시하는 시선과 연결된다.[6]) 또한 이런 방식으로 규정된 개별적 존재는 흔히 각자의 개인적인 감정과 판단을 중시하는 경향을 띠기에 서정적 자아로 지칭되기도 한다.

이에 반해 인간 각자의 고유한 개별적 특성을 부정하지는 않으면서도, 계몽주의의 세례를 받은 일군의 학자들이 주장하는 바와 달리 자아는 어떤 불변하는 특성을 지닌 실체가 아니라는 입장이 존재한다. 이 시각에서 보면 인간은 자신과 명백히 다른 존재자, 즉 타자나 타자들로 구성된 세상과 조우하고 대결하며 수없이 문제를 해결하는 가운데 비로소 내면의 참모습을 발견하고 서서히 자아 관념을 형성해 가는 존재이다.[7] 이처럼 자아란 타자세계와의 대결과 모순적 경험을 극복하는 과정을 거치며 천천히 그리고 의식적으로 형성되는 것이라는 입장에서 보면 모든 인간 존재는 서사적 자아로 규정될 수 있다. 나아가 이러한 서사적 인간관의 또 다른 특징은 개인 각자는 그가 속한 공동체와 결코 한 순간도 분리될 수 없다는 것이다. 한 개인과 그의 삶에 대한 담론은 그가 태어나는 순간부터 정체성을 부여 받은 공동체의 담론에 깊숙하게 뿌리박고 있으며, 따라서 개인의 삶의 여정과 그가 속한 공동체의 역사는 서로 분리 불가능하다. 그리고 이것은 자아와 공동체의 "서사적 통일성"(narrative unity)으로 표현되기도 한다,

그렇다면 단재가 생각한 인간의 얼굴은 어떤 모습이며, 도대체 어떤 방식으로 삶을 영위하는 존재일까? 단적으로 규정하기에는 오해의 소지가 있을 수 있으며 또한 세부적으로 살펴볼 때 노정되는 이론적 차이를 외면할 수도 없을 터이지만, 단재의 인간관은 앞서 간략히 묘사한 이른바 서사적 자아관념과 적지 않은 유사점을 보인다고 말할 수 있다. 이렇게 판단한 이유는 단재의 인간과 세계에 대한 이론적 고찰과 다양한 실천 활동을 살펴보면 확인할 수 있는데, 이하에서는 이에 관한 논의를 단계적으로 전개하고자 한다.

2.2 서사적 · 투쟁적 자아관

인간의 본질과 역사에 관한 단재의 가장 유명하며 동시에 가장 중요한 규정은 『조선상고사』의 「총론」 첫 장에 등장한다.

역사(歷史)란 무엇인가? 인류사회의 「아(我: 나)」와 「비아(非我: 나 아닌 나의 상대)」의 투쟁이 시간적으로 발전하고 공간적으로 확대되는 심적(心

的) 활동(活動)의 상태에 관한 기록이다. 세계사(世界史)란 세계의 인류가 그렇게 되어 온 상태의 기록이며, 조선사(朝鮮史)란 조선민족이 그렇게 되어 온 상태의 기록이다.

무엇을 「아(我)」라 하고 무엇을 「비아(非我)」라 하는가? 한마디로 쉽게 말하자면, 무릇 주관적(主觀的) 위치에 선 자를 「아(我)」라고 하고 그 외에는 모두 「비아(非我)」라 한다.

이를테면 조선인은 조선을 「아(我)」라고 하고 영국 · 미국 · 프랑스 · 러시아 등을 「비아(非我)」라 하지만, 영국 · 미국 · 프랑스 · 러시아 등은 각기 자기 나라를 「아(我)」라 하고 조선을 「비아(非我)」라 한다. 무산계급(無産階級)은 무산계급을 「아(我)」라 하고 지주나 자본가 등을 「비아(非我)」라 하지만, 지주나 자본가 등은 각기 자기와 같은 계급을 「아(我)」라고 하고 무산계급을 「비아(非我)」라 한다.

뿐만 아니라 학문이나 기술, 직업이나 의견, 그 밖의 어떤 부문에서든 반드시 본위(本位)인 「아(我)」가 있으면 따라서 「아(我)」와 대치되는 「비아(非我)」가 있는 것이다. 「아(我)」 내부에도 「아(我)」와 「비아(非我)」가 있고, 「비아(非我)」 안에도 또한 「아(我)」와 「비아(非我)」가 있다.

그리하여 「아(我)」에 대한 「비아(非我)」의 접촉이 빈번하고 심할수록 「비아(非我)」에 대한 「아(我)」의 투쟁도 더욱 맹렬하여 인류사회의 활동이 멈출 때가 없고 역사의 전도(前途)도 끝날 날이 없다. 그러므로 역사는 「아(我)」와 「비아(非我)」의 투쟁의 기록이다.[8]

단재는 인간 존재의 본질적 특성을 투쟁으로 이해하였으며, 투쟁적 존재인 인간에 의해 형성되는 역사의 속성 역시 기본적으로 갈등과 대립관계에서 찾을 수 있는 것으로 보았다. 단재의 사유를 조금 더 상세히 살펴보자.

단재의 관점에서 보면 비록 '아'(我)는 세상 무엇으로부터도 독립적으로 존재하며 생각과 판단의 확고한 주체일 수는 있지만, 아가 혼자서만 존재할 경우에는 자신이 어떤 특성을 지닌 존재라는 점을 스스로 의식하는 것(자기인식)이 사실상 불가능하다. 아가 자신의 존재를 명확히 의식할 수 있는 것은 오히려 아가 자신과는 전혀 다른 존재, 즉 단재가 '비아'(非我)로 명명한 타자와 조우하고 그 외적 존재를 '아' 자신의 의식 속에서 대상화하는 순간에 비로소 가능하게 된다.9)

여기서 주목할 점은 아의 인식대상인 동시에 아가 자기 자신의 존재와 특성을 의식하고 규정하는 계기를 제공하는 비아가 단순히 수동적인 객체에 머물러 있는 것은 아니라는 사실이다. 오히려 비아는 아와의 만남 내지 관계형성과 동시에 아를 자신의 비아로서 제약하고자 하며, 따라서 아와 갈등을 유발할 수 있는 또 다른 주체적이며 독립적인 존재인 것이다. 마찬가지로 아 역시 비아와 조우하고 이어지는 갈등상황을 겪으면서 내면에 자기 자신을 되돌아보는 계기가 자연스럽게 형성된다. 결국 아(비아)는 자신의 인식대상이며 타자인 비아(아)에게 직접적으로 영향을 주는 행위적 존재이면서, 동시에 비아(아)와의 상호작용을 통해 자신을 되돌아보고 스스로를 새롭게 정립하고자 욕구하는 존재로 규정될 수 있는 것이다. 다시 말해서 아와 비아는 상호 간의 만남과 뒤이은 영향력 행사에의 욕구로 인해 갈등을 유발하게 되고, 그 과정에서 역설적으로 각자가 자신의 역량과 한계를 심층적으로 이해하는 동시에 서로를 실질적으로 변화시키는 결과를 야기하는 것이다.10)

단재는 애국계몽운동을 전개하고 서서히 민족주의11) 역사학을 정립하는 과정에서 아와 비아 개념을 주로 민족, 국가, 민중 같은 집단에 적용하고자 했던 것으로 보인다.12) 그렇지만 아와 비아 개념은 개별적인 인간과 그의 삶을 이해하고 설명하는 경우에도 효과적이며,

실제로 단재는 인간 존재의 현실적인 모습이나 지향해야 할 미래적 인간상을 묘사할 때 동일한 '담론틀'(narrative paradigm)을 사용하였다.13)

단재의 셀프리더십과 자기변혁

일반적으로 셀프리더십은 한 사람이 조직의 구성원으로서 주어진 역할에 충실하기 위해, 조직의 리더와 같은 외부의 힘이나 자극에 의존하지 않고 자신을 스스로 관리하며 이끌어 가는 능력으로 규정된다.14) 그런데 셀프리더십의 출발점을 형성하며 항상 쌍을 이루어 소개되면서도 서로 대비되는 개념으로 '셀프매니지먼트'(self-management)가 있다. 셀프매니지먼트에 따른 판단과 행동은 주어진 업무와 관련해서 독자적으로 목표를 정하고, 이에 도달하기 위해 스스로 지시하며 결과에 따른 보상과 처벌 역시 자율적으로 진행하는 것이다. 즉, 셀프매니지먼트의 경우에는 이미 조직 내부에서 정해진 기준을 벗어나지 않는 범위에서 어떻게 자신의 성과를 높일 수 있는가에 초점이 맞추어진다. 이에 반해 셀프리더십의 경우에는 조직의 기준이나 요구사항과 별개로 구성원이 자기성찰을 바탕으로 스스로 만든 보다 높은 기준에 맞추어 판단하고 행동하는 것이 필요하다. 따라서 셀프리더십의 경우 조직이 정한 기준 충족 이외에도 조직 안에서 내가 무엇을 왜 하는가에 대한 자기이해, 즉 '내재적 동기부여'가 무엇보다 중요하다. 그리고 내재적 동기부여와 연관된 자기 경험으로는 유능감과 자기통제감 그리고 조직에 대한 기여 차원의 목적의식을 들 수 있는데, 이중에서 특히 중요한 것은 업무나 책임에 대한 의미부여와 자기 자신에 대한 가치평가가 결합될 때 나타나는 뚜렷한 '목적의식'이라고 말할 수 있다. 이처럼 한 사람이 동기부여를 바탕으로 자신의 내면을 통제하는 동시에 외부의 간섭으로부터 자유로워지는 상태, 즉 사유와 행동에서 셀프리더십이 온전히 발휘되기 위해서는 ① 자기 확신(유능감), ② 절제력(자기통제감), ③ 이기심을 극복하는 자세(조직기여 차원의 목적의식)를 동시에 가져야 한다. 이하에서는 단재가 보여준 셀프리더십의 양상을 자기 확신과 목적의식을 중심으로 살펴보고자 한다.

3.1 자기 확신

단재는 시대상황과 대결하며 사유방식과 가치관의 변화를 여러 차례 경험하는 가운데 자신의 정체성을 독자적으로 확립하였다. 그런데 여기서 주목할 점은 단재가 경험한 수차례의 세계관 변화는 일신의 안위를 위한 사상적 변절이나 대의(大義) 훼손과는 결코 무관하다는 사실이다. 오히려 단재는 민족독립과 자유의 실현이라는 일관된 목표를 평생 올곧게 견지하면서도, 시대의 변화에 부응하기 위해 실천방법을 지속적으로 쇄신하였다. 한마디로 그는 스스로 부과한 시대적 사명을 완수하기 위해 끝없는 사투를 벌이는 과정에서, 자신의 판단과 행동에 대한 확신을 바탕으로 매 고비마다 과감하게 사상적 전환을 감행할 수 있었던 것이다.[15] 나아가 단재는 '국권회복과 민족정기 보존'이라는 공유비전을 실현하는 과정에서, 앞에서 언급한 셀프리더십의 세 가지 측면을 지속적으로 확장시키는 강인한 모습을 보였다.

단재는 출생지인 대전과 충북지역에서 유년기와 청소년기를 보냈는데, 이 시기에는 주로 전통적인 방식으로 학업에 전념하였다. 즉, 그는 유년시절부터 중앙관료 출신 한학자인 조부 신성우(申星雨) 곁에서 성리학을 중심으로 유학을 공부한 것으로 알려져 있다. 청년기에 접어든 단재는 그의 출중한 재능을 눈여겨본 주변 유력인사[16]의 추천을 받아 1898년에 성균관에 입교한다. 단재는 상경(上京)해서도 곧바로 뛰어난 학문능력을 인정받아 이미 26세 되던 해에 성균관 박사가 되었다(1905.4.4). 그러나 그사이 단재는 학문연구 외에도 넓은 세상 속의 빠른 변화와 당시 조선 국력의 허약함을 목도하게 되고, 곧이어 시대의 변화에 제대로 대처하지 못하는 성리학과 그 신봉자들을 강력히 비판하는 등 전통 유학과는 사실상 거리를 두게 된다.[17]

여기서 주목할 점은 단재가 급변하는 시대의 흐름을 직시하면서 유년시절부터 오랫동안 간직해온 성리학적 사고방식을 낡은 가치관으로 비판하며 미련 없이 던져버리고, 그 빈자리를 당시 동서양을 막론하고 새롭고 유력한 사상으로 평가받던 '사회진화론'(social darwinism)으로 대체한 사실이다. 이 대목에서 단재는 사상이란 자체로 불변하는 가치를 지닌 어떤 실체적인 것이 아니며, 오직 현실을 올바로 이해하고 실제적인 문제를 해결할 수 있는 힘을 지니고 있을 경우에만 의미가 있다는 일종의 실용주의적 사고방식을 선보이고 있다.[18] 또한 단재가 새롭게 수용한 사회진화론은 주지하듯이, 찰스 다윈(Charles Darwin, 1809–1882)이 주창한 '역사과학'인 진화론의 핵심내용을 영국의 사회학자 스펜서(Herbert Spence, 1820–1903)와 과학자 헉슬리(Thomas Henry Huxley, 1825–1895)가 우파적 사고방식(경쟁·우승열패)을 전제로 인간의 삶과 사회의 질서에 적용한 사상이다. 즉, 단재는 다윈의 '자연선택'(natural selection)을 현실사회의 해석에 적용하여 모든 인간 집단이나 사회에는 '적자생존'(survival of the fittest)의 원리가 지배적으로 작동한다고 주장한 사회진화론을 적극 수용함으로써[19], 당시 쇠퇴해 가던 조선의 국력을 일거에 신장시키고 나아가 오랜 세월 지속된 모화사상(慕華思想)으로 인해 망각과 소멸의 위기에 처한 민족정기에 새로운 활력을 불어 넣고자 했던 것이다.[20] 이 역시 단재가 사상적 지향과 현실적 안목에서 철저히 실용적 애국주의 노선을 견지한 결과라고 말할 수 있다.

단재의 실용주의적인 현실 대응방식은 셀프리더십 차원에서도 중요한 함의를 내포한 것으로 보인다. 셀프리더십을 온전히 발휘하기 위해서는 일차적으로 자신이 유능하고 따라서 스스로 정한 생각과 판단을 전적으로 신뢰할 수 있다는 자신감, 즉 '자기 확신'(self-assurance)의 자세를 견지해야 한다. 일반적으로 사람들은 전통과 관습에 의존하거나 시대적 흐름과 사회적 분위기에 편승하여 자신의 생각과 행동의 방향을 큰 고민 없이 정하는 경향이 있다. 그런데 단재는 유소년 시절 지속된 전통교육으로 인해 유교적 자아관과 세계관이 이미 형성되어 있었음에도 불구하고, 상경 후 새로운 경험을 통해 현실에 눈뜨자마자 기존의 사고방식을 과감히 떨쳐버리는 모습을 보였다. 이 점을 보여주는 한 가지 예를 살펴보자. 단재는 개화지식인으로 성장해 가던 도중에 서울 생활을 잠시 접고, 그가 청소년기 이후 거주했으며 고령 신씨(高靈 申氏) 가문의 지역거점인 충북 청원군으로 낙향한 시기(1901년 무렵)가 있었다. 신백우와 신규식 등 뜻있는 문중(門中) 인사들과 더불어 교육기관인 산동학당(山東學堂)을 설립하고, 아직도 전통적인 사고에 매몰되어 있던 지역의 유생과 청년들에게 현실을 알림으로써 적극적인 변화를 촉구하기 위해서였다. 특히 이 과정에서 단재는 우리 민족이 더 이상 한문과 유교경전에 극단적으로 매달릴 필요가 없음을 강조하였고(한문무용론), 한글 사용과 서양 학문 수용을 적극 권장하는 동시에 스스로 실천하는 모습을 보였다.21) 이러한 단재의 자기 확신적 태도는 전통 유학에서 지향하는 도덕관에 대한 신랄한 비판으로 이어진다. 단재는 변혁의 시대를 맞이하여 조선인도 오랫동안 얽매여 있던 기존 국가조직(조선왕조)의 판단과 행위 기준(성리학적 자아관과 중화적 세계관)을 과감히 넘어서야 한다고 주장하였다. 즉, 그는 이제 조선인은 냉철한 현실인식을 바탕으로 최상의 가치인 개인과 민족의 생존과 번영을 담보할 수 있는 새로운 가치관 정립에 나서야 하며, 그것의 출발점을 그동안 전통 유학에서 내세웠던 "시비(是非) 중심의 전근대 도덕을 이해(利害) 중심의 근대 도덕으로 전환"22)시키는 노력에서 찾아야 한다고 보았다.23) 다시 말해서 약육강식의 현실세계를 규제하지 못하기에 사실상 탁상공론에 불과한 유교전통 속의 시시비비론(是是非非論)에서 과감히 벗어나, 이익과 생존을 최우선으로 삼고 이를 위해서는 수단과 방법을 가리지 않는 방향으로 가치의 패러다임을 전환시켜야 한다는 것이다.24) 또한 단재는 자신의 엄중한 결단과 단호한 태도에 대해서 평생 단 한 차례도 회의하거나 후회하는 모습을 주변에 드러내지 않은 것으로 알려져 있다.

이 외에도 단재가 철저한 자기 확신의 소유자임을 증언하는 사례들은 헤아릴 수없이 많다. 예를 들어 단재는 일제의 한반도 강점이 장기화되자 당시 국내 애국·민족운동 진영에서 점차 등장하기 시작한 다양한 유형의 절충주의적 태도('자치론'(自治論), '내정독립론'(內政獨立論), '참정권론'(參政權論), 문예운동 등)를 단호히 거부하고 강력히 비판하였다. 그는 일제와는 어떤 식으로든 타협할 수 없다면서 끝까지 무장투쟁(민중 직접 혁명)에 의한 독립 제일주의를 고수하였던 것이다. 또한 단재는 순국(1936) 1년 전 뤼순감옥에서 옥고를 치르다가 중병에 걸린 상태에서도 인척지간인 친일인사가 병보석 보증인으로 나선다는 말을 듣고는 곧바로 보석을 거부하였다.

셀프리더십의 관점에서는 소속된 조직의 판단기준이나 요구사항과는 별개로 자신만의 성찰과 경험을 바탕으로 스스로 정한 가치기준에 따라 생각하고 행동할 수 있는 자세와 능력이 대단히 중요하다. 매사 철저한 자신감의 소유자였던 단재는 이 점에서 가장 모범적인 인물의 범주에 속한다고 평가할 수 있을 것이다.

3.2 학문적 이상과 목적의식

20세기 초반 급변하는 세계정세를 정확히 파악하고 있던 단재는, 오랫동안 조선인의 사리판단과 행동의 기준이 되었던 성리학적 가치체계와 중화(中華)적 세계관이 뿌리째 흔들릴 수밖에 없음을 직감하였다. 따라서 그는 현 시점에서 자신이 헌신해야 할 과업은, 이른바 '서세동점'(西勢東漸)으로 일컬어지는 변화의 시대에 대처할 수 있도록 새로운 차원의 근대적 자아관과 가치체계를 정립하고 이에 기초하여 민족의 염원(민족자강을 통한 독립국가 건설과 진정한 자유의 향유)을 미래비전의 모습으로 제시하는 것이라고 확신하였다. 그리고 단재가 이 과업을 진행하는 과정에서 외쳤던 가장 중요한 목소리는, 앞에서 언급되었듯이 투쟁성과 서사성을 본질로 하는 "아(我)의 관념을 확장하라!"는 것이었다.

흔히 인간 존재의 본질적 측면으로 간주되는 자아는, 단재가 보기에 어떤 고정되고 불변하며 독립적인 실체로 규정할 수 있는 개념이 결코 아니다. 오히려 자아는 시간과 공간을 가로지르며 끊임없이 이어지는 자기경험과 이에 기초한 인식적 차원의 지평 확장을 통해서만 정체성이 확보되고 유지될 수 있는 일종의 관계개념이다. 이러한 맥락에서 단재는 조선인 개개인이 급격한 변혁의 시대에 대응하여 '아'의 관념을 새롭게 정립하고 지속적으로 확장해야 한다고 주장한 것이다. 그리고 이를 위해서는 먼저 우리 민족이 기존에 만연한 "소아"(小我) 중심적 사고방식을 과감히 버리고 내면에서 더 확장된 자아의 모습, 즉 "대아"(大我)를 발견할 수 있어야 한다.[25] 단재에 따르면 소아란 인간 존재의 육체적이며 물질적인 측면 내지 그것에 안주하는 마음의 상태로서 결코 "진아"(眞我)가 될 수 없으며 단지 "가아"(假我)에 불과한 것이다. 이에 반해 대아는 정신적인 아로서 인간 각자가 개인(적 이해관계)을 넘어서 국가나 민족 같이 더 큰 가치에 몰입하고 헌신할 때 발견하고 유지할 수 있는 가치개념이다. 다시 말해서 단재의 사유체계 안에서 대아란 한편으로 개인의 이익에 대한 자연발생적 관심을 상당 정도 극복하고 자신과 직접적인 연관이 별로 없어 보이는 공동체의 생존과 이익을 위해 헌신하는 이타적인 인격체의 정신이나 사상을 의미한다. 동시에 이러한 인격체들로 구성된 조직 내지 집단으로 규정할 수 있을 것이다. 이러한 의미에서 단재는 대아를 "각 부문에서 역사적 사명감을 가지고 역사와 자연에 일체가 되어 국권회복에 헌신하는 애국적 주체세력"으로 규정하였던 것이다.26)

단재가 조선인 각 개인이 심중(心中)에서 대아를 발견할 것을 강조한 현실적인 이유는, 그가 보기에 당시 우리 민족에게는 여러 원인으로 인해 이기심과 개인주의를 극복하고 '민족자강과 자유의 획득'이라는 공동의 목표를 달성하려는 자세가 결여되어 있었기 때문이다. 이에 단재는 조선인은 소아적 사고방식에 사로잡혀 지위고하를 막론하고 개인의 부귀영화에만 관심을 기울일 뿐이라고 솔직하게 비판하면서도, 이 상황을 극복할 수 있도록 근본적인 해결책을 제시하고자 했던 것이다. 사실 당시 대다수 조선인에게 공동체 의식이 결핍된 이유는 일차적으로 가렴주구로 일관하며 민중에게 핍박을 가하던 구한말 권력층의 절망적이며 무책임한 행태에서 찾을 수 있다. 그렇지만 단재가 보기에 애국심이 결여된 상황의 보다 근본적인 이유는 오랜 세월 동안 지속된 사대주의 습성으로 인해 중국을 비롯해서 외부에서 유입된 것은 무조건 따르고 찬양하는 일종의 노예 의식이 뿌리박혀 있기 때문이다. 다시 말해서 당시 우리 민족의 가장 심각한 문제점은 자신의 고유한 가치를 등한시하거나 폄훼하는 경향과 더불어, 내적인 자긍심이 없기에 스스로 육체와 정신의 주인이 되려는 노력을 게을리하거나 아예 망각하고 있다는 사실이었다.[27]

단재는 자신의 지적 능력을 최대한 발휘하여 당시 사대주의와 패배주의에 함몰되어 있던 우리 민족이 자긍심을 되찾고 민족정기를 바로 세울 수 있는 길을 제시하였다. 예컨대 그는 근대 한국 민족주의 역사학의 출발점으로 평가받고 있는 『독사신론』 연재(1908.8-12, 대한매일신보)를 전후로, 지나친 숭문주의(崇文主義)를 비판하며 역사상의 애국무인(愛國武人)들을 추앙하고 롤모델로 삼는 특유의 영웅주의 역사관을 주창하였다. 즉, 단재는 오랫동안 지속된 중국 사대주의와 유학만을 내세운 집권층의 문사(文士)적 사고방식으로 인해 쇠락해진 상무정신(尙武精神)을 회복하고자, 한반도 역사상의 무장(武將) 삼걸(三傑)로 을지문덕(乙支文德), 이순신(李舜臣), 최영(崔瑩)을 선정하였고 이들의 전기(傳記)를 저술하는 데 심혈을 기울였다.[28] 이 과정에서 단재는 첫 작품으로 『을지문덕』을 간행(1908.5)하였다. 또한 『대한매일신보』에 『수군제일위인(水軍第一偉人) 이순신전』을 연재(1908.5.2-8.18)하였으며, 『동국거걸 최도통전(東國巨傑 崔都統傳)』을 연재(1909.12.5-1910.5.27)하기도 했다. 나아가 한문에 익숙하지 않은 일반 민중과 부녀자들을 위해 한글판 『리슌신전』을 『대한매일신보』에 연재하였고(1908-6.11-10.24), 이어서 한글판 『을지문덕뎐』을 간행하였다(1908.7).

같은 맥락에서 단재는 우리 민족 고유의 정신적 뿌리이자 사상적 기반을 일컫는 '조선혼'(朝鮮魂)을 '낭가'(郎家)사상, 즉 '화랑도'(花郎徒)에서 발견할 수 있다고 단언하였다.[29] 주지하듯이 화랑도란 후발 고대국가 신라가 6세기 초반 세력 확장과 더불어 이미 원시공동체 사회부터 존속해 온 청소년 심신수련 조직을 국가적 차원에서 확대·개편한 것이다. 즉, 화랑도는 일차적으로는 유사시 전쟁에 동원할 수 있는 전투인력을 확보하고 장기적으로는 국가를 책임질 리더를 양성하는 수련제도를 일컫는다. 그런데 단재는 화랑도가 단순히 무예수련과 정신수양을 지향하는 예비 지도자 수련조직을 넘어서, '국혼'(國魂)의 핵심을 형성하는 동시에 종교적이며 문화적인 성격을 함께 지니고 있었다고 주장하였다. 왜 그런가? 한마디로 '화랑의 정신'(花郎之道)이란 '지성과 마음과 몸'(智德體)을 끊임없이 갈고 닦으며, 공동체 정신에 입각해서 사익이나 개인의 명예보다는 공익과 대의를 중시하는 자세이기 때문이다. 따라서 단재는 화랑의 도를 "학문에 힘쓰며, 수박·격검·사예·기마·턱견이·깨금질·씨름 등 각종 기예를 하며, 원근 산천에 탐험하며, 시가와 음악을 익히며, 공동으로 일처에 숙식하며, 평시에는 환란구제, 성곽·도로 등의 수축 등을 자임하고, 환란 시에는 전장에 나아가 죽음을 광영으로 알아 공익을 위하여 일신을 희생하는 것"30) 으로 명확히 규정하였다. 이처럼 화랑도는 우리 민족 고유의 정신적 뿌리를 형성하며 이후 불교와 유교같이 외부로부터 유입된 사상과 대등한 위치에서 서로 치열하게 경쟁하였으나, 묘청의 난(1135)과 이성계의 조선개국(1392) 같이 유학을 내세운 일단의 정치세력과의 대결에서 패한 후 점차 소멸되었다. 단재는 당시로서는 획기적인 애국 판타지소설인 『꿈하늘』(1916)에서 화랑도에 대해 처음 언급하였으며, 1920년대에도 「조선상고사」, 「조선역사상 일천년래 제일사건」 등 다양한 논설을 통해 화랑도의 고유한 가치를 역설하였다. 이상에서 살펴본 단재의 화랑도 해석이 현대인의 관점에서 볼 때 얼마나 객관적이며 학술적인 가치를 지녔는지 여부와는 별개로, 우리는 그가 민족의 자긍심 고취와 국권회복이라는 공유비전을 위해 자신의 재능을 최대한 발휘하였음을 확인할 수 있다.

　나아가 단재는 '국수'(國粹), 즉 우리 한(韓)민족만의 자랑스러운 전통과 문화를 세상에 알리고, 이를 토대로 동시대의 조선인들이 오랫동안 망각했던 정신의 자유를 회복할 수 있도록 언론활동에 앞장섰다. 즉, 단재는 이미 20대 청년시절부터 당시 서울의 주요 언론인 「황성신문」(1904)과 「대한매일신보」(1907)의 주필로 활약하였다. 그는 특유의 예리한 필봉을 휘두르며 조선인의 계몽과 자유의식 고취를 위해 분투하였으며 이로 인해 일본제국주의뿐만 아니라 친일파로 뒤덮인 구한말 조정의 감시대상이 되어 옥고를 치루는 등 숱한 고난을 겪었다. 또한 단재는 중국으로 망명한 이후에도 일제의 간계로 인해 정치범으로 체포되어 뤼순감옥에 투옥되기 직전까지 「대양보」(1911), 「권업신문」(1912), 「신대한」(1919), 「천고」(1921) 등 다양한 언론매체의 발행인 내지 주필로 활동하였다. 나아가 그는 중국 현지의 신문(「중화보」, 「북경일보」 등)이나 국내 언론사(「동아일보」, 「조선일보」, 「시대일보」 등)에 민족적 자긍심 고취를 테마로 한 논설문을 활발하게 기고하였다.

　결국 단재가 평생에 걸쳐 한국사 연구를 비롯한 '투쟁적 글쓰기'를 치열하게 전개했던 근본적인 이유는, 이제부터라도 우리 한(韓)민족이 자유로운 정신과 창조적 활동의 연속이었던 자신의 역사를 올바로 이해함으로써 조선시대 이후 수세기 동안 이어져온 노예 의식과 패배주의를 극복하고 민족정기를 되찾을 수 있는 내적인 동력을 학술적 차원에서 제공하기 위함이었다. 그리고 지나온 역사가 증거 하듯이, 단재의 행적은 삶 속에서 한 가지 숭고한 목표를 정하고 이를 구현하기 위해 마지막 순간까지 혼신의 노력을 다했던 진정한 지식인의 모습으로 평가될 수 있다. 셀프리더십 차원에서 볼 때 단재는 스스로 찾아낸 과업에 대해 뚜렷한 소명의식을 가지고 있었으며, 자기 확신과 최상의 절제력을 바탕으로 역사적 가치창출에 매진한 인물이었던 것이다.

3.3 비아와의 투쟁에서 길어 올린 실천적 자기 변혁

앞에서 소개한 바와 같이 단재는, 인간은 타인이나 타인들로 구성된 세상과 조우하고 대결하며 갈등을 해결하는 가운데 내면의 모습을 발견하고 서서히 자아 관념을 형성해 가는 존재라는 의미에서, 인간의 본질을 서사적 관점에서 이해한 것으로 보인다. 그리고 그는 자신의 인간론 내지 자아관을 특유의 '아와 비아의 투쟁' 관념을 통해 이론적으로 정당화하고자 하였다. 그런데 단재가 일생을 통해 전개한 학문연구와 애국독립운동 과정을 일별해 보면, 그의 삶 자체가 사실상 '아와 비아의 투쟁'의 연속이었음을 확인하게 된다. 즉, 단재는 민족의 독립을 통한 육신과 정신의 자유라는 이상을 구현하는 과정에서, 한편으로 유교와 불교 같은 동양의 전통사상은 물론이거니와 서구사회를 단기간에 부국강병으로 이끈 신지식을 독자적으로 해석하고 응용하기 위해 전심전력하였다. 또한 그는 무수히 많은 국내외 인사들과 교류하고 그들의 사상을 비판적으로 수용하는 가운데 자신만의 고유한 역사관과 가치철학을 정립해 나갔다. 이러한 단재의 모습은 '아와 비아의 투쟁' 관념 속에 내재된 논리, 즉 '아'는 세상에서 독립적으로 존재하며 생각과 판단의 주체이지만, 아가 자신의 존재를 명확히 의식하는 것은 오직 '비아'로 지칭되는 타자와 조우하고 그를 의식 속에서 대상화하는 순간에 비로소 가능하다는 점을 상기시킨다. 마치 아가 비아와 조우하고 계속되는 갈등상황을 겪으면서 내면에 자신을 되돌아보는 계기를 형성하게 되듯이, 단재는 정신적으로나 현실적으로 끊임없이 대결해야 했던 수많은 사상과 적대적 세력들을 마주하면서 자아의 존재와 능력 그리고 역할에 관해 더욱 깊이 있는 통찰에 도달했던 것이다.

나아가 단재는 약육강식의 논리에 둘러싸인 세상과 조우하고 격렬하게 대립하면서도 필요할 경우 투쟁 상대가 지닌 강점을 스스로 익히거나 교훈으로 삼고자 꾸준히 노력하였다. 단재가 『조선상고사』의 「총론」에서 분명히 언급하고 있듯이, '아와 비아의 투쟁'에서 승패를 결정짓는 것은 선천적으로는 자신(아)을 지키는 '정신'을 확고히 함에 있고, 후천적으로는 환경에 적응하며 외부(비아)와의 '관계'를 지속적으로 '유지'함에 있다. 즉, '아와 비아의 투쟁'이란 상식선에서 쉽게 상상하는 바와 달리, 결코 아가 비아를 극복하고 능가하여 절멸시키는 것이 목적이 아니며, 오히려 아가 주도권을 쥔 상태에서 주체적인 방식으로 비아와의 상호작용을 지속하는 것을 의미한다.[31] 그런데 단재에 따르면 불행하게도 우리는 바로 이 점을 철저히 망각하고 있다. 예컨대 조선민족(아)은 중국과 인도로부터 유래한 외래사상인 유교와 불교(비아)를 지나치게 무비판적으로 수용함으로써 예전부터 존재해 온 민족문화와 전통가치가 위축되고 소멸될 위기에 처해 있다. 또한 단재는 현재의 시점(20세기 초)에서는 세계사의 주도세력으로 새롭게 등장한 서구사상에 어떻게 대응하느냐에 조선민족의 미래가 달려있다. 즉, 서구사상을 무조건 배척하지 말고 주체적으로 수용해서 새로운 조선문화 창출의 밑거름으로 활용해야 한다고 주장하였다. 민족과 역사에 대한 단재의 성찰과 비전은, 인간이란 자신(아)과 타자(비아)가 상호작용을 통해 각자의 행동을 되돌아보고 스스로를 새롭게 정립하고자 욕구하는 존재라는 그의 인간학적 근본입장과 궤(軌)를 같이하는 것이다.[32]

태생적으로 자존심이 무척 강했던 단재는 누군가를 대놓고 칭찬한다거나 타인의 말을 듣고 생각을 쉽게 바꾸는 모습을 거의 보이지 않았지만, 민족독립과 자유의 확보라는 대의를 실현하기 위해 필요하면 언제든 자신의 사유방식과 가치관을 쇄신한다는 개방적 자세를 견지하였다. 이처럼 단재가 생각의 변화나 사유의 혁신을 두려워하지 않은 근본적인 이유는, 그것이 일신의 안위를 위한 사상적 변절이 아니라 공적인 이상을 효과적으로 구현하기 위한 방법론적 전환이었기 때문이다. 이 과정에서 단재는 투쟁 상대를 강하게 비판하고 공격하면서도 장점은 배우고 취하는 모습을 지속적으로 보였으며, 이러한 개방적이며 성찰적인 태도는 상대방 비아가 자극받아 스스로 쇄신하는 계기를 형성하기도 하였다. 결국 단재는 세상의 모든 비아를 타산지석 삼고 상황의 변화와 시대의 흐름에 적응하는 방식으로 점점 더 높은 수준의 셀프리더십에 도달할 수 있었던 것이다.

나오는 말

이 글에서는 자기인식과 셀프리더십의 관점에서 단재의 삶과 사상을 조명해 보았다. 단재는 무수한 글쓰기를 통해서, 자신의 애독자를 비롯하여 당시 조선 사람들이 정신적으로나 현실적으로 자유로운 존재가 되어야 함을 특별히 강조하였다. 또한 그는 자신의 글과 말이 단지 구두선에 머물지 않음을 행동과 실천을 통해 보여주고자 하였다. 즉, 단재는 스스로 정신의 자유에 도달하기 위해 끊임없이 노력하였으며 그 결과 역사상 중요한 시기마다 사상적으로 새롭게 무장한 지성인의 모습으로 세상에 등장하였다. 우리는 이러한 단재의 삶을 지식인 리더십의 전형으로 평가할 수 있다. 다시 말해서 그는 이론과 사상을 통해 우리 민족이 노예 의식과 패배주의를 스스로 타파하고 국권회복과 정신의 자유에 도달할 수 있도록 교육과 계몽에 앞장선 것이다. 우리는 이 점을 특히 현대 리더십 담론에서 주목받고 있는 셀프리더십 개념과 연결해서 살펴보았다. 셀프리더십이 온전히 발휘되기 위해서는 자기확신, 절제력 및 이기심을 극복하는 자세가 필요하다. 단재는 일신의 안위만을 돌보는 태도를 지양하고 '국권회복과 민족정기 보존'을 비전으로 제시하였으며, 또한 실용적인 사상적 변혁과 자기희생적 실천을 통해 당대의 애국지사와 민족 지도자를 통틀어 가장 모범적인 셀프리더십을 보여주었다.

*이 글은 필자의 다음의 글을 도서의 성격에 맞추어 수정한 것이다. 서영식 (2022), 「단재 신채호의 리더정신(leaderspirit) 연구 l」, 『인문과 예술』 12.

"자신의 나라를 사랑하려거든 역사를 읽을 것이며 다른 사람에게 나라를 사랑하게 하려거든 역사를 읽게 할 것이다."

- 신채호, 「역사와 애국심의 관계」, 『대한협회회보 3』, 1908.6.25.

"역사(歷史)란 무엇인가? 인류사회의 「아(我)」와 「비아(非我)」의 투쟁이 시간적으로 발전하고 공간적으로 확대되는 심적(心的) 활동(活動)의 상태에 관한 기록이다. 세계사(世界史)란 세계의 인류가 그렇게 되어온 상태의 기록이며, 조선사(朝鮮史)란 조선민족이 그렇게 되어온 상태의 기록이다. (…) 그리하여 「아(我)」에 대한 「비아(非我)」의 접촉이 빈번하고 심할수록 「비아(非我)」에 대한 「아(我)」의 투쟁도 더욱 맹렬하여 인류사회의 활동이 멈출 때가 없고 역사의 전도(前途)도 끝날 날이 없다. 그러므로 역사는 「아(我)」와 「비아(非我)」의 투쟁의 기록이다."

- 신채호(2021), 『조선상고사』, 박기봉 역, 비봉출판사, p.24 f.

"혁명의 길은 파괴부터 개척할지니라. 그러나 파괴만 하려고 파괴하는 것이 아니라 건설하려고 파괴하는 것이니, 만일 건설할 줄을 모르면 파괴할 줄도 모르지며, 파괴할 줄을 모르면 건설할 줄도 모를지니라. 건설과 파괴가 다만 형식상에서 보아 구별될 뿐이요, 정신상에서는 파괴가 곧 건설이다."

- 신채호(2020), 『조선혁명선언』, 범우사, p.34.

- 김삼웅(2005), 『단재 신채호 평전』, 시대의창.

이 책은 아(我)와 비아(非我)의 투쟁적 삶을 영위한 혁명가인 단재 신채호 선생의 생애를 심도 있게 연구하고, 나아가 그 발자취를 추적하였다. 특히 저자는 단재가 투옥되고 끝내 순국했던 뤼순 감옥을 직접 여러 차례 방문하여 다양한 유품 관련 사진들을 최초로 입수하였고, 이 책에서 상세히 소개하고 있다.

- 이홍기(2013), 『신채호 & 함석헌 – 역사의 길, 민족의 길』, 김영사.

이 책은 일제의 식민사관에 맞서 주체적인 민족사관의 토대를 마련한 사학자이자 일본의 압제를 끊임없이 폭로했던 올곧은 언론인이었으며, 무장투쟁을 통해 일제에 항거했던 독립운동가 단재 신채호 선생이 우리 역사 속에서 발견한 의미는 무엇이었으며, 그가 꿈꾸었던 민족의 길은 어떤 모습이었는가를 흥미롭게 소개하고 있다. 또한 동시대에 단재와 같은 꿈을 꾸었지만 상이한 방법론(비폭력 평화주의)을 주창했던 씨알 함석헌 선생의 사상도 비교 차원에서 소개되어 있다.

- 『역사만이 희망이다, 단재 신채호』, KBS 역사스페셜, 2001.3.10.
(유튜브 검색 가능)

- 『단재 신채호』, KBS 학자의 고향, 2011.2.22.(2부작) (유튜브 검색 가능)

- 『단재 신채호 1부: 一片丹生, 오직 독립을 위하여』, KBS 대전, 2018.8.14.
(유튜브 검색 가능)

- 『단재 신채호 2부: 조선혁명선언의 탄생』, KBS 대전, 2018.8.22.
(유튜브 검색 가능)

IV 불교의 자기인식에 기반한 걸림없음[無碍]의 리더십
- 용성진종[龍城震鐘]의 자기인식과 실천을 중심으로

박병기

　용성진종은 20세기 전반 한국 불교공동체의 지도자였을 뿐만 아니라, 만해 한용운과 함께 3·1 독립선언서에 서명한 불교계 두 지도자 중 한 사람으로서 불교공동체를 넘어서는 민족지도자로서의 위상을 갖는다. 그는 불교를 기반으로 하는 전통적 지식인에서 출발하여 변화하는 상황에 적극적으로 대처하면서 독립운동에 힘쓴 유기적 지식인이기도 했다. 전통적 지식인이자 유기적 지식인이었던 용성은 자신과 타자를 하나도 아니고 둘도 아닌 관계로 파악하는 불이론(不二論)과 무아론(無我論)을 인식틀로 삼아 실천행으로 연결시키고자 했다. 이런 노력은 불교계 내부는 물론 20세기 전반부 한국사회의 정신적 건강성을 지켜내는 토대가 되었다는 평가를 받을 만하고, 이러한 사실은 그가 불교를 기반으로 하는 리더와 리더십 담론의 주인공이 될 수 있는 요건을 갖추었다는 의미로 해석될 수 있다.

들어가는 말

시민사회에서 요구하는 리더십은 어떤 것일까? 이 물음은 시민사회를 전제로 하고 있는 우리 시대와 사회에서 리더십에 관한 논의를 하고자 할 때 늘 부딪치게 되는 것이다. 리더는 어떤 일 또는 상황 속에서 앞장서서 이끌어야 하는 위상과 역할을 지닌 사람이고, 그런 리더에게는 자신을 따라주는 사람이 있어야만 한다. 그런데 시민사회의 인간관계는 기본적으로 수평적인 관계이고, 그 관계 속에서 누군가를 따른다는 말은 그 자체로 긴장을 유발할 가능성이 있다.

리더와 리더십에 관한 많은 논의들은 대체로 역사 속에서 존재했던 리더들과 그들이 발휘한 것으로 평가받을 만한 리더십에 관한 이야기들을 토대로 한다. 그 이야기들은 감동적인 서사를 포함하고 있거나, 자발적으로 사람들이 따를 수 있게 하는 솔선수범의 사례를 포함하고 있어 반드시 수직적인 관계만을 전제로 하는 것은 아니다. 장군과 부하의 이야기나 임금과 신하의 이야기 속에서도 먼저 모범을 보임으로써 부하나 신하의 자발적인 복종을 이끌어 낼 수 있고, 이런 이야기들이 지니는 보편성에 대해서는 특별히 의구심을 가질 필요도 없어 보인다.

그러나 시민사회의 리더십은 분명히 다른 차원을 지닌다. 그것은 바로 모든 인간들 사이의 관계가 지니는 수평성에 관한 주목에서 비롯되는 특성이다. 신분이나 계급에 따른 차별은 물론 어른과 아이, 교사와 학생 사이의 관계에서도 일차적인 기준은 인격적인 평등성이다. 모두 인간으로서 동등한 존엄성을 지니는 각 개인들이 자신에게 주어진 역할이나 상황에 따라 맺는 관계가 시민사회에서 맺는 인간관계의 기본이다. 그런 점에서 시민사회의 리더의 위상과 역할은 신분이나 계급에 의해 주어질 수 없고, 또 주어져서도 안 된다.

이러한 시민사회의 리더십에 관한 요청은 다른 한편으로 리더십이 지니는 핵심 요소와 충돌을 빚을 수 있다. 그것은 바로 리더십의 우리말 번역어인 지도력(指導力)이 '어떤 목적이나 방향으로 남을 가르쳐 이끌 수 있는 능력'으로 정의되는 데서 짐작할 수 있는 긴장이다.[1] '남을 가르쳐 이끌 수 있는 능력'을 완화시켜 '남을 이끌 수 있는 능력'으로 정의하더라도, 그 리더십을 발휘하기 위해서는 남보다 더 나은 능력을 지니고 있어야 한다는 전제를 피해가기는 어렵다. 물론 그 능력은 수평적인 관계에서도 발휘될 수 있겠지만, 그것은 시작점부터 리더에게 일정한 권위가 부여되는 경우와는 차별화되는 것일 수밖에 없다.

불교를 전제로 하는 리더십은 그 불교를 어떻게 인식하느냐에 따라 다른 양상을 보일 수 있다. 우리 사회의 일반적인 인식은 불교를 그리스도교와 함께 대표적인 제도종교로 보는 것이다. 이 경우에 불교는 시민들의 종교성을 토대로 수용될 수 있는 종교로 부각될 수 있고, 그런 종교를 중심으로 하는 종교공동체는 시민사회 속에서 일정한 자율성을 보장받으면서도 다른 종교는 물론 종교를 갖지 않은 시민들과의 공존이 가능할 수 있는 시민윤리적 토대를 공유해야 한다는 요구와 마주한다. 만약 그렇지 못할 경우 그 공동체는 시민사회에서 고립되다가 종국에는 몰락할 가능성이 크다.

우리 사회에서 불교는 일차적으로 제도종교 중 하나로 받아들여지는 경향이 있지만, 다른 한편으로 철학으로 받아들여지는 경향도 강화되고 있다. 삶과 사회를 바라보는 하나의 세계관을 제시하고자 하는 철학으로서 불교는 삶의 연기성(緣起性)에 관한 인식을 토대로 삶과 사회의 고통과 정면으로 마주함으로써 해소(解消)를 지향할 수 있다는 실천적 차원을 지닌다. 그 인식과 실천의 긴밀한 연계성 속에서 우리 삶과 사회에서 마주하게 되는 다양한 문제들을 있는 그대로 알고 보는 여실지견(如實知見)의 지혜는 그 삶과 사회의 주인공인 모든 시민들에게 요구된다고 말할 수 있다.

그런 점에서 불교에 기반한 리더와 리더십에 관한 담론은 종교와 철학이라는 두 차원에 함께 주목할 수 있어야 한다. 철학으로서 불교는 그 자체로 자율성 영역을 지니지만, 종교로서의 불교와 완전히 분리된 상태로 존재하기는 어렵다. 물론 종교를 어떻게 정의하느냐에 따라 이 문제를 다르게 볼 수 있는 여지는 남지만, 우리가 시민사회의 종교를 전제로 할 경우에는 둘 사이의 차별성과 함께 연계성도 충분히 주목할 수 있어야 한다는 요구로부터 자유로울 수 없다. 시민사회에서 종교는 공존의 윤리라는 기반 위에서만 그 고유성을 인정받을 수 있고, 그 기반은 다시 철학적 비판과 성찰의 영역을 허용해야만 성립할 수 있기 때문이다.

불교에 기반한 리더십은 또한 자기와 타자 사이의 동체성(同體性) 인식을 전제로 성립한다. 동체성 인식은 다시 자기와 타자 사이의 관계를 하나도 아니고 둘도 아니라고 보는 불이적 관점(不二的 觀點)으로 이어지고, 이 관점을 수용할 수 있는 리더십 담론은 타자는 물론 자기 자신을 어떤 목적이나 방향으로 이끄는 힘을 중심으로 전개될 수 있는 가능성으로 열린다. 다시 말해서 불교의 리더십 또는 지도력은 자신과 타자를 불이적 관점에서 바라보면서 그 관계 자체를 보다 나은 방향으로 이끌 수 있는 힘으로 정의될 수 있다는 것이다.[2]

이러한 리더십 담론은 추상적인 이론의 차원에서 전개될 수 있고, 또 체계적인 논의를 위해서는 그런 차원을 확보할 필요성도 있다. 그러나 모든 리더십은 구체적으로 특정 존재자의 삶의 영역에서 발휘

된다는 점에서, 다른 한편으로는 온전히 완성된 리더십은 불가능하다는 점에서 특정 리더를 중심으로 논의를 전개함으로써 현실성은 물론 실천적인 함의를 확보할 수 있는 가능성도 높일 수 있다. 그런 점을 감안하여 이 작은 논의에서는 20세기 한국불교의 대표적인 지도자로 인정받는 인물 중 하나인 용성진종(龍城震鐘. 1864-1940)에 주목해 보고자 한다.

그는 20세기 전반 한국 불교공동체의 지도자였을 뿐만 아니라, 만해 한용운과 함께 3·1 독립선언서에 서명한 불교계 두 지도자 중 한 사람이기도 해서 불교공동체를 넘어서는 민족지도자로서의 위상도 확보했다. 용성이 불교계를 대표하는 지도자였을 뿐만 아니라 20세기 초반 한국사회를 상징하는 민족지도자 중 하나였다는 사실은 그가 불교를 기반으로 하는 리더와 리더십 담론의 주인공이 될 수 있는 요건을 갖추었다는 의미로 해석될 수 있다. 특히 그는 두 번의 출가 과정을 거치면서 자신의 삶을 주체적으로 받아들일 수 있는 인식을 한 것으로 보이고, 그 인식은 다시 불교의 자아론인 무아론(無我論)에 근거한 것이었을 가능성이 높다.

불교의 무아론[無我論]에 기반한 자기인식

2.1 연기[緣起]와 무아[無我], 자아정체성

불교의 자기인식은 무아론에 기반을 두고 있다. 아트만(atman)이라고 불리는 실체로서의 자아를 인정하지 않고 끊임없이 변화하고 있는 연기망에 근거한 자아만이 존재한다는 이 무아론은 붓다의 존재인식틀인 연기론에 근거한 것이다. 존재하는 모든 것들이 타자들과의 연기적 의존에 의해서만 그 존재성을 보장받을 수 있다는 연기론은 붓다가 명상과 관찰을 통해 발견해 낸 자연법칙이자 진리 그 자체라는 점에서 연기법(緣起法)이라는 위상을 부여받기도 한다.

무아(無我)는 뜻 그대로 새기면 '내가 없다'라는 의미를 지니지만, 엄밀히 말하면 '지금 내가 나라고 생각하는 그런 나는 없다'라는 말로 새기는 것이 적절하다. 지금 내가 존재하지 않는 것은 아니기 때문이고, 그런데 나라고 생각하고 있는 그대로의 나는 존재할 수 없는 것이기 때문이다. 타자와의 연기적 의존을 통해서만 존재할 수 있는 모든 존재자들은 그 의존 양상이 지속적으로 바뀐다는 다른 사실에 의해 고정성이나 실체성을 확보할 수 없다. 이런 점을 고려하지 못하게 되면, 현재의 나를 고정된 실체이자 변함이 없는 것으로 받아들여 집착하는 태도를 갖게 되고 그것은 끊임없이 변화하는 존재 실상에 위배되는 오류와 함께, 그 집착을 결코 충족시킬 수 없는 고통 속으로 자신을 내모는 결과로 나타날 수밖에 없다.

무아론의 기반이 되는 연기론(緣起論)은 인(因)과 연(緣)의 결합을 전제로 성립한다. 근대 자연과학의 핵심 원리로 받아들여진 인과론(因果論)과 비교될 수 있지만, 인과론은 현상으로 나타난 결과를 이끌어 낸 원인을 추론하여 설명하는 비교적 단순한 사유의 틀일 뿐이다. 이것을 유식학의 관점에서 해석한 한자경(2014)은 '우리의 일상적 표층 의식인 제6식에서 일체를 이것 또는 저것으로 분류하여 원인과 결과로 파악하는 사유의 틀'이라고 정의하고 있다.[3] 그에 비해 연기는 주객분별과 자타분별이 일어나기 이전 심층 마음에서 자각되는 일체 존재의 상호연관성을 뜻한다는 것이다. 연기에 관한 이런 유식학적 해석은 마음을 심층과 표층으로 나누고 연기가 그중 심층 마음에서 자각되는 것이라는 제한을 가져올 수 있는 위험성이 있다. 연기는 심층과 표층의 구분 자체를 뛰어넘는 의존 양상을 가리키는 개념이고 우리 일상에서 마주할 수 있는 모든 현상의 배후에 숨어있는 법칙이라고 보는 것이 더 적절하다.

연기를 이렇게 일상의 수준에서 해석하는 일의 적절성은 공(空)과 연기의 관련성을 통해 더 잘 부각될 수 있다. 모든 존재 현상의 연기적 의존은 모든 존재하는 것들의 항상성을 부정하는 무상성 또는 공성의 개념을 통해서도 설명될 수 있다. 연기의 다층성과 복합성은 한편으로 현상을 직관할 수 있는 가능성을 약화시키고, 다른 한편으로는 그 지속적인 변화성을 전제로 끊임없는 변화의 과정으로만 우리에게 다가온다는 엄연한 현실을 부각시키는 요인이 된다. 그런 점에서 공(空)은 연기(緣起)라는 현상을 설명하는 개념으로서의 위상을 확보하게 되고, 거꾸로 연기는 고정성과 실체성을 부정하는 공 개념을 설명할 수 있는 기반이 되어주기도 한다. 이러한 공과 연기의 상호연계는 우리 자신을 바라보는 자아상을 설명하는 지점에 이르면 무아(無我)의 개념으로 전개되어 순환하는 과정을 보여준다.[4]

무아로서의 자아는 성립 가능할까? 이 질문에 대한 답은 무아를 어떻게 정의하느냐에 따라 달라질 수 있을 뿐만 아니라, 자아를 어떻게 정의하느냐에 따라서도 달라질 수밖에 없다. 우리가 이 질문에서 의아함을 느끼는 이유는 무아를 문제 그대로 '자아가 없음'이라고 잘못 받아들이기 때문이다. 불교의 무아는 자아가 없음을 의미하는 것이 아니라, 항상적인 실체를 지닌 자아가 없다는 의미임을 자각하는 순간 이 질문은 다른 양상을 지니게 된다. 이제는 항상적인 실체를 지닌 자아가 아닌 다른 어떤 자아가 가능할까를 묻게 된다는 의미이다.

20세기 이후 자아에 관한 논의는 주로 심리학이 주도해 왔다. 심리학적 자아 개념은 자아정체성과 관련되는 것으로 받아들여지는 경향이 강했고, 자아정체성은 다시 최소한의 고정성과 연속성을 지니는 것으로 받아들여져 왔다. 이 고정성과 연속성을 실체성으로 받아들여서는 안 되겠지만, 어느 정도는 정체성을 정립하는 일이 청소년 발달 과정의 실천적 과제로 인식되면서 실체성과 유사한 어떤 속성을 지니는 것으로 받아들여진 면이 있다. 그런 맥락에서 자아를 바라보면, '항상적인 실체로서 자아'를 부정하는 무아는 여전히 의아한 느낌을 줄 수 있는 여지가 남아 있다.

불교를 통해 우리는 상상력을 가진 단 하나의 자아를 전제하지 않는 존재들을 받아들일 수 있다. 그런 존재자들은 불멸하는 본질을 가진 영혼을 필요로 하지 않으며, 기억을 간직할 수 있는 능력을 전제하는 끊임없는 심리적 실체 역시 필요로 하지 않는다. 존재자들을 구체화할 필요가 없는 것이다. 그저 에너지와 물질의 상호과정에 의해 떠오르는 찰나적 현상으로, 불교적 은유를 빌리자면 마치 바다 위의 파도와 같다고 할 수 있다.5)

우리 마음을 바다의 파도로 설명하는 불교적 비유를 자아의 영역으로까지 확장하고 있는 무어(M. J. Moore)의 관점은 설득력이 있다. 초기불교에서 선불교의 역사 속에서 주로 사용된 마음은 현대 심리학이 주목하고 있는 자아를 포함하여 무의식의 영역까지 포괄하고 있는 것이지만, 자아로 한정해서 '상호작용에 의해 떠오르는 찰나적 현상' 중 하나로 자아를 설정하는 일은 무리가 아니라는 의미이다. 자아를 그렇게 해석하고 나면 우리는 그 자아의 심리적 중요성에 유의하면서도 하나의 정체성에 지나친 의미를 부여하고 과장하여 다른 정체성을 가진 것으로 보이는 사람들을 배척하고 증오하는 '정체성 정치'의 위험

에서 벗어날 수 있는 실마리를 제공받을 수 있다.6)

자아와 정체성 물음에 함몰된 서구 근대 이후의 자유주의 역사 속에서 그 정체성과 자아는 고정된 실체를 지닌 채 삶의 중심축을 차지하게 되었다고 비판하는 가필드(J. L. Garfield)는 그런 강한 형태의 자아와 정체성은 환상이라고 주장한다. 그는 우리 정체성이 인간들 사이의 상호의존성에 의해 형성되고, 이 상호의존성은 좋은 방향과 나쁜 방향 모두로 열려 있지만 그 의존성 자체로부터 자유로울 수 있는 인간은 있을 수 없다고 주장하기도 한다. 다시 말해서 '상호의존성은 삶의 사실 그 자체'라는 말이다.7) 이 사실 자체를 있는 그대로 받아들인다면 고정된 자아에 관한 집착 없이도 살 수 있고, 더 나아가 그렇게 살아가는 것이 우리 삶의 원칙들에 부합하는 바람직한 것이라는 주장으로 이어진다.

이런 가필드의 주장은 존재 현상들을 있는 그대로 바라보는 데서 출발해서 그 안에 담긴 고집멸도의 네 가지 진리를 발견하고 첫 제자들에게 가르친 '모든 형성된 것들은 사라지게 마련이다'라는 명제와도 연결되어 있는 것으로 받아들일 수 있다.

세존께서 이와 같이 말씀하셨다. 다섯 비구들은 가슴이 벅차올라 세존의 말씀에 환희했다. 그리고 이 말씀을 하시는 동안에 꼰다냐 존자에게 티끌없고 때묻지 않은 진리의 눈[法眼]이 생겨났다. '생겨나는 것은 무엇이든 모두 사라지게 마련이다.'8)

2.2 '한국인'으로서 자기인식과 정체성 물음

한 개인의 정체성은 상호의존성에 근거하여 여러 정체성들이 섞이며 형성되고 또 변화한다. 우리는 한국인이지만, 그렇다고 해서 우

불교의 자기인식에 기반한 걸림없음[無碍]의 리더십 95

리가 한국인이기만 한 것은 아니다. 우리는 동시에 동아시아인이고 세계시민이다. 여기서 동아시아인이자 한국인이라는 규정은 큰 어려움 없이 받아들일 수 있겠지만, 한국인이자 세계시민이라는 규정은 그 세계시민의 범위 속에 쉽게 받아들일 수 없는 일본인 등이 포함된다는 점에서 약간의 불편함을 야기한다. 세계시민주의라는 관점에서 보면 이 지구상에 존재하는 모든 사람이 세계시민일 수밖에 없지만, 여전히 국가의 경계가 남아있을 뿐만 아니라 그 경계를 전제로 전쟁을 하고 있거나 우리처럼 그런 가능성에 늘 노출되어 있는 사람들에게는 순순히 받아들이지 못하게 하는 어떤 걸림돌이 느껴질 수 있다는 뜻이다.

단재 신채호의 진단에 따르면, 고려 중기 묘청의 난 이후로 주체 세력과 사대세력의 투쟁에서 사대세력이 주도권을 잡기 시작했고 조선에 이르면 정신적으로는 송나라에 속하고 정치적으로는 명나라에 속한다고 느끼는 사대의식이 선비들의 일반적인 정신구조를 형성했다. 명나라가 청나라에 의해 멸망한 후로는 조선이 그 중화(中華)의 역사를 계승하게 되었다는 병적인 소중화의식이 주류를 이루었다. 이렇게 끊임없이 변화하는 속성만을 지닌 '중국'을 일방적으로 추종하는 소중화의식은 일제 강점기를 맞자 그 숭배의 대상을 일본 천황으로 바꾸고, 미군 점령기를 맞아 미국 대통령으로 바꾸는 변신을 거듭해 왔다. 물론 특정 역사 단계에서 사대(事大)를 부정적으로만 볼 필요는 없다. 일종의 외교전략으로서 사대는 강대국과의 전쟁을 피하면서 실질적인 평화와 이득을 노릴 수 있는 탁월한 전략이었기 때문이다. 다만 경계하고자 하는 것은 그런 건강한 사대가 어느 지점을 넘어서면 존재하지도 않는 사대의 대상을 설정하고 끊임없이 그 대상에 대한 굴종과 우리 자신에 대한 비하를 일삼는 '선진국병'으로 자리잡은 역사적 사실이다.

불교의 무아론에 따라 이런 자아의식 또는 정체성 문제를 바라보면, 그 한계가 보다 명료하게 드러난다. 무아론은 자아가 없다는 뜻이 아니라 고정된 실체를 지닌 자아는 허상이라는 의미를 갖는다. 그런 점에서 나는 나임과 동시에 내가 아닐 수도 있고, 내가 한국인임과 동시에 세계시민일 수도 있다. 역의 논리도 성립 가능하다. 나는 내가 아닐 수도 있지만 그렇다고 내가 아닌 것도 아니고, 나는 어떤 점에서는 한국인이 아닐 수도 있지만 그렇다고 해서 내가 온전히 한국인이 아닐 수는 없는 법이다. 이런 무아적 자기인식은 현대 심리학이 지니게 된 자아의 폐쇄성에 따른 배타와 투쟁을 극복할 수 있는 기반이 될 수 있다. 더 나아가 자신의 정체성을 고립된 실체가 아닌 타자의 정체성들과 연결되어 있는 상호연기적 속성을 지닌 것으로 받아들일 수 있는 근거로 해석될 수 있는 여지도 있다.

우리는 20세기를 고통 속에서 맞아야 했지만, 한국전쟁과 독재라는 험난한 현실 속에서도 민주화와 산업화라는 근대화의 두 축을 나름대로 성공적으로 달성해 내는 역사를 써내기도 했다. '압축성장의 신화'라는 말로 불리기도 하는 이런 성공적인 역사는 그러나 동시에 최소한의 시민의식 조차 갖추지 못한 느낌을 주는 동료시민과 지속적으로 만나야 하는 고통과, 외적 풍요 속에서도 끊임없는 상대적 비교를 통해 불행을 자초하는 자화상으로 우리에게 다가와 있기도 하다.9) 그런 가운데 맞은 21세기는 여전한 물질주의 기반의 성장지상주의와 심화되는 남북갈등 같은 어두운 그림자와 함께, 한류(韓流)라는 이름으로 세계에서 주목받는 다양한 문화적 성과를 확인할 수 있는 기회가 되고 있기도 하다. 이런 시점에서 꼭 필요한 것은 나 자신과 우리 한국사회를 있는 그대로 바라볼 수 있는 여실지견(如實知見)의 지혜이다. 쉽지 않은 과제이지만, 그것이 가능할 수 있음을 1세기 전에 보여준 우리 지식인들을 우리의 요청으로 불러내는 노력을 통해 확인할 수 있다.

우리가 여기서 함께 주목하고자 하는 20세기 초반의 지식인인 용성진종은 한편으로 1919년 3·1에서 불교계를 대표해 참여한 실천적 지식인임과 동시에, 전통종교인 불교가 일본불교에 의해 침탈당하는 상황과 정면으로 마주하여 불교정신을 지켜내고자 했던 종교계 지식인이기도 했다. 그를 대화의 상대자로 호출하면서 지금 우리가 처한 총체적 위기 상황에 어떻게 대응할 수 있을지에 관한 실천적 지혜를 얻을 수 있을 것이라는 기대를 하게 된다.

전통적 지식인으로서 용성의 자기인식

3.1 전통적 지식인과 유기적 지식인

시민사회에서 지식인은 전통사회의 지식인과 비교해 그 위상과 역할이 일정 부분 다를 수밖에 없다. 전통 사회에서 지식인은 대체로 지배계급 또는 지배계층에 속했고, 그 위상을 토대로 권력자들의 권력 행사를 도와주는 역할을 하거나 피지배계급에 속하는 사람들을 이끌어주는 지도자로서의 역할을 부여받았다. 조선 시대의 선비나 유럽 중세의 신부가 그런 전통적 지식인의 대표적인 범주에 속한다. 그들은 정치적 영역뿐만 아니라 정신적 영역에 이르기까지 그 지위에 따라 부여받을 수 있었던 '전통적 권위'에 의존할 수 있었다.

첫째는 '영원한 과거의 권위', 즉 머나먼 옛날부터 인정받아 순종하는 것이 습관화된 거의 신성화된 관행의 권위이다. … 둘째는 비범하고 개인적인 은사(恩賜)의 권위, 즉 계시와 영웅적 자질, 또는 개인의 지도력의 다른 자질들에 대한 절대적인 개인적 헌신과 개인적인 신뢰이다. 이것은 예언자, 혹은 국민투표로 등장한 통치자, 정당 지도자 등이 행사하는 카리스마적 권위이다. … 끝으로 합리적으로 만들어진 규칙들에 기초한 합법성의 힘으로 법규나 기능적 자격의 유효성으로 통치하는 합법적 권위를 들 수 있다.[10]

전통적 권위의 유효성이 급속도로 약화되고 있던 20세기 초반의 유럽 지식인으로 살아야 했던 베버(M. Weber)는 권위를 세 유형으로 구분하면서 새로운 시대에 맞는 새로운 권위의 필요성을 강조하고 있다. 그의 권위에 관한 논의는 자연스럽게 그 권위의 담지자로서 지식인의 위상과 역할에 관한 논의로 이어질 수 있다. 성직자나 교사에게 전통적으로 주어졌던 권위가 그 자체로는 인정받기 어려운 시대 상황과 마주하면서, 그 전통적 권위를 대체하거나 보완할 수 있는 카리스마적 권위나 합법적 권위가 요청되는 시대로 바뀌었다는 뜻으로 받아들일 수 있다. 이러한 권위의 양상 전환은 현재 우리 사회에서도 '교사의 권위 물음'을 통해 고통스럽게 펼쳐지는 중이기도 하다.[11]

권위에 관한 물음이 새롭게 제기되고 있던 20세기 초반 유럽사회에서 그 권위의 담지자인 지식인이 어떻게 대응해야 하는지 묻는 논의를 마르크스주의적 관점에서 본격화한 지식인이 그람시(A,.Gramsci)이다.

문제의 핵심은 모든 기본적인 사회 집단의 유기적 범주로서의 지식인과 전통적 범주로서의 지식인 사이의 구별에 있다. 이 구별로부터 역사적 접근을 위한 일련의 문제제기와 의문이 나온다.[12]

전통적 지식인과 대비시켜 유기적 지식인의 새로운 등장 필요성을 강조하는 그람시의 지식인론은 20세기 이후 지식인의 위상 변화를 논하고자 할 때 유용한 출발점이 될 수 있다. 20세기는 전 세계적으로 인간들 사이의 평등성을 전제로 하는 시민사회가 정착한 시대로 자리매김 될 수 있다. 그 정착 정도에 대해서는 각 나라의 상황에 따르는 다른 평가가 가능하지만, 그럼에도 시민사회가 세계화에 힘입어 확산되었다는 사실에 대해 이의를 제기하기는 어렵다. 대한제국과 일제강점기로 이어지며 시작된 우리의 20세기에서도 이런 시민사회의 정착은 1919년 임시정부 수립에 맞춰 선포된 임시헌장 1조 '대한민국의 정체는 민주공화정으로 한다'에서 그 출발점을 마련했다.[13]

인격적 수평성을 전제로 하는 시민사회에서도 이 사회를 이끌 수 있는 역량을 갖춘 지도자는 필요하고, 그람시는 그 필요성에 부응하는 지도자의 대표적인 사례로 정당 지도자에 주목했다. 20세기 초반 자신이 살고 있던 유럽과 미국의 정당은 물론 인도와 중국, 일보의 정당 지도자까지 차례로 살펴보면서 그는 '어떤 사회집단을 위한 정당은 반드시 생산적인 기술 분야는 아니지만, 정치적이고 철학적인 분야에서 그 자신의 유기적인 범주의 지식인을 형성하는 특정한 방법'이라고 정의하고 있다.[14] 이런 정당은 특정한 집단의 전통적 지식인과 유기적 지식인을 결합시키는 책임을 지고 있다고도 보는 그람시는 정당이 이런 책임을 감당하는 과정에서 '경제적 집단으로서 태동하고 발전해 온 사회집단의 구성원들을 형성하고, 그들을 자격을 갖춘 정치적 지식인, 지도자, 그리고 시민사회와 정치사회 전체의 유기적 발전에 고유한 모든 활동과 기능의 조직가로 바꿔내는 역할'도 담당해야 한다고 말하고 있다.[15]

우리 20세기 초반 역사 속에서는 일제 식민지 정책에 의해 이런 근대적 의미의 정당 출현이 불가능했다. 그런 가운데 독립운동의 형태로 점화된 3·1은 동학의 인내천(人乃天) 사상에 기반한 한국적 형태의 시민사회를 출범시키는 결정적인 계기를 제공했고, 그 구체적 성과가 대한민국 임시정부와 임시헌장 선포로 이어졌다. 동학을 계승한 천도교 지도자들을 중심축으로 기독교와 불교 지도자가 마음을 모아 선포한 1919년 독립선언서는 일차적으로 종교지도자라는 전통적 지식인들에 의해 마련된 것이다. 그러나 용성을 비롯한 대표자들은 동시에 새로운 시대 상황에 맞는 유기적 지식인으로서의 위상과 역할에 대한 요청 또한 수용하는 자세를 지녔던 것으로 보인다.

3.2 전통적 지식인으로서 용성의 자기인식

하루는 생각하기를 물의 근원이 완전하고 실다워야 도도하게 흐르는 긴 강줄기가 만리에 물길을 일렁이면서 흘러가듯, 우리 불교의 선종도 마찬가지다. 선종의 본사는 청정한 산간에 건립조성하여 도인을 양성하고 선종의 포교당은 각 도시 속에 설치하여 천하의 대중으로 함께 이익을 얻게 해야 한다고 하였다. 이처럼 마음은 먹었으나 얻기 어려운 것은 무엇보다 자본이었다.16)

승려가 되기 위한 전통교육을 그 나름의 여정으로 이수하여 전통적 지식인의 범주에 속하는 불교계의 지도자로 자리잡은 용성은 대한제국이 부침하고 일제강점기가 시작되는 즈음에 이 새로운 도전에 어떻게 대응해야 할지에 대한 깊은 고민에 빠졌음을 짐작할 수 있게 하는 인용이다. 우리 불교의 선종 전통을 이어받으면서도 그것을 변화하는 상황에 맞춰 어떻게 바꿔가야 할 것인지에 대해서도 성찰한 용성은 청정 산간의 본사와 함께, 각 도시 속에 포교당을 설치해야 하겠다는 다짐을 하고 있다. 그런데 문제는 무엇보다 '돈'이었다. 시민사회의 기반이 되는 이념으로 민주주의와 함께 부각된 자본주의의 힘을 몸으로 느낄 수밖에 없는 지점이라고 해석할 수 있다. 바로 이 지점에서 전형적인 전통적 지식인에 속하는 불교지도자로서 용성은 새로운 시대와 사회에 맞는 개혁의 움직임을 구상하고 실천할 수 있는 유기적 지식인으로 전환하는 계기를 마련했다는 평가가 가능하다.

용성이 전통적 지식인으로서 자격을 갖추고 그 위상을 확립하게 되는 과정은 두 번에 걸친 출가와 배울 만한 스승이 있는 곳이면 어디든 찾아다니는 노력, 그 노력을 뒷받침하는 은사들의 권유 등이 조화를 이루면서 마련된 것이었다. 14세 되던 해에 고향마을에서 가까운 덕일암으로 출가했던 용성은 부친의 권유를 뿌리치지 못하고 속가로 돌아왔다가 16세에 다시 해인사로 출가했다. 당시 해인사는 체계적인 강원교육이 가능한 곳이 아니었기에 고운사로 옮겨 수월화상에게서 주력수행을 전수받으며 수행했다. 그 후에는 양주 도솔암, 금강산 표훈사 등으로 옮겨가면서 수행에 전력을 기울여 깨달음을 얻고 오도송을 읊기도 했다.[17]

처음 출가했던 덕밀암은 남원 지리산 교룡산성에 있는 암자이고, 동학을 창도한 수운 최제우가 은거했던 곳이기도 하다. 경상도 경주 출신 최제우가 박해를 피해 전라도로 건너왔고, 그를 숨겨준 이가 바로 덕밀암 승려 혜월이었다. 그곳에서 최제우는 『동경대전』을 지었다. 이 덕일암으로 첫 출가를 감행했고, 그곳에서 혜월을 은사로 용성진종(龍城震鐘)이라는 법호와 법명을 받았다.[18] 16세에 해인사 극락암에서 암주 화월을 은사로 다시 득도(得度)한 그는 본격적으로 공부와 수행의 길로 접어들 수 있게 되었다.

당시에도 해인사는 큰 절이었지만, 오늘날과 같이 강원과 선원,

율원을 두루 갖춘 총림이 아니었을 뿐만 아니라 체계적으로 승려가 되기 위한 공부를 할 수 있는 기본적인 교육기관으로서의 역할도 제대로 하지 못하고 있었다. 은사 화월은 더 나은 공부를 위해 용성을 고운사로 보냈고, 그것에서는 주력수행을 주로 배웠고 그 후 금강산 표훈사 등으로 옮겨 운수행각을 하면서 경전 공부와 참선을 함께 할 수 있는 기회를 갖고자 했다.

> 어떤 사람이 말하되, 나는 '이뭣고'가 무자 화두보다 못한 줄로 알았습니다.
> 용성이 말하되, 다시는 그런 삿된 견해를 내지 말라. 좋고 나쁜 것은 사람에게 있지 화두법에는 없는 법이다. 내가 40여 년 전에 선지식을 찾아 사방으로 다닐 때 그 행색은 떨어진 옷을 입고 걸식을 하였지만, 충분히 만족했다. 푸른 하늘 아래 나는 학과 같이 흰 구름으로 세상을 두루 다니니, 청풍명월이 모두 나의 집이었다.[19)]

우리 불교의 전통 공부법은 강백(講伯)을 찾아 주요 경전을 공부하는 것과 선지식을 찾아 법거량을 하며 간화선을 익히는 방법으로 나뉘어 있었고, 용성 또한 이 과정을 스승의 안내를 받아가면서 충실히 이행했음을 확인할 수 있는 기록이다. 그는 선지식을 찾아 사방으로 운수행각을 떠났고 곳곳에서 핵심경전을 공부하면서 보내다가, 드디어 1900년 세상에 지도자로서의 모습을 드러내기 시작했다. 20세기의 시작을 알리는 그 해에 경허가 주석했던 천장암에 들렀다가 겨울에는 송광사로 발길을 옮겼다.[20)]

조선 시대를 상징하는 전통적 지식인은 선비와 선사이다. 비록 신분은 양반과 천민으로 극명한 차이를 보였지만, 그들은 지배층의 언어인 한문을 해독할 수 있는 능력을 공유하고 있었다. 그 능력을 바탕으로 삼아 자신만의 철학을 특정한 개념틀을 토대로 삼아 전개할 수 있는 철학함 역량과 시(詩)를 쓰고 일상적으로 활용할 수 있는 시적 능력도 갖추었다. 신분을 뛰어넘은 추사 김정희와 백파 사이의 긴밀한 교류나, 조선를 상징하는 선비 중 하나인 남명 조식이 이름을 알 수 없는 어떤 승려에게 준 시에 담겨 있는 교류는 모두 이런 배경에서 가능한 것이었다.21)

공부 과정을 통해 조선 후기 전통적 지식인으로 성장한 용성은 기본적으로는 불교적 인식틀을 가지고 세상을 바라보았을 것이다.

> 내가 비록 노쇠하고 눈이 어둡거니와 만약 경전을 번역하지 않으면 다만 중생의 안목이요 복전인 경전이 아주 없어져 버릴까 걱정되어 금강, 능엄, 원각경 등 세 경전을 번역하고 해석을 붙였다. 또『심조만유론』등을 저술하여 2만 권을 세상에 유포하였다. 그러나 내가 신경쇠약에 걸려 가끔씩 활동하는 까닭에 부득이 역경을 그만두고, 별전을 보다 정묘롭게 닦기 위해 활구참선만일결사회를 결성하니 그때 나이가 예순둘이었다. …… 내 가만히 생각해 보니 우리 부처님은 계로 스승을 삼으라고 하셨는데, 선(禪)과 율(律)을 함께 수행하는 규범을 제정한다는 것이 무엇보다 힘들었다. 왜냐하면 너무나 엄격하기 때문이다.22)

이 인용을 통해 확인할 수 있는 전통지식인으로서 용성이 불교를 바라보는 관점은 계를 스승으로 삼으라는 붓다의 가르침을 토대로 '선과 율을 함께 수행하는 것'에 초점이 맞춰져 있었다는 사실이다. 선과 율을 주축으로 삼아 주력수행과 같은 다른 수행법도 포용하고자 했던 용성은 종교로서 불교를 배경으로 삼은 종교지도자로 자신을 인식하면서, 불교도들이 한문의 벽을 넘어설 수 있도록 한글경전을 만들거나 번역하는 일을 삶의 중심 과제로 삼았다. 용성의 역경 원력은 그 이후의 한국불교사에서 한글대장경을 만드는 데까지 확장된 것으로 높이 평가받고 있다.

4
유기적 지식인으로서 용성의 실천과 지도력

4.1 유기적 지식인으로서 용성의 실천

그람시가 전통적 지식인과 대비시키면서 유기적 지식인이라는 개념을 사용할 때 가장 중점을 둔 것은 '새로운 계급이 드러내는 새로운 사회적 유형의 활동을 수행하는 것'이었다.[23] 마르크스주의를 배경으로 삼고 있는 그의 논의에 비판적으로 접근하는 것을 전제로 이 유기적 지식인의 역할을 다시 규정해 볼 수 있다. 그것은 '새로운 사회의 도래를 선지적으로 자각하면서 그 새로움에 맞는 유형의 활동을 수행하는 것' 정도가 될 것이다.

조선이 무너지고 대한제국과 일제강점기로 이어지는 격동의 시대를 살아낸 용성은 그런 역할을 수행해 낸 대표적인 유기적 지식인이라고 평가받기에 부족함이 없다. 그는 먼저 불교계 내부에서 전통적 지식인으로 자리잡는 데 필요한 교육과 수행을 제도적으로 미비한 상황 속에서도 충실히 이수하고자 했고, 그 결과 선과 율, 경전 공부를 겸비한 선지식으로 자리잡을 수 있었다. 그러나 전통적 지식인으로만 살아가기에는 당시 상황이 격동적으로 변화하고 있었고, 용성은 이런 변화를 놓치지 않는 수준을 넘어서서 보다 적극적으로 수용하고자 하는 노력을 통해 '유기적 지식인으로서의 자격'도 갖추기 시작했다.

요즘 조선의 승려로서 아내를 거느리고 고기를 먹는 자가 사원을 장악하고 관리하고 있으므로, 수행하는 납자들이나 나이가 높은 납자들은 자연히 뒷전이 되어 눈물을 흘리며 방황하고 있습니다. 이들 수 천명의 대중이 어디에 안주하여야 하겠습니까?24)

일제 식민지 정책을 통해 승려의 대처육식이 급속도로 확장되고 있었을 뿐만 아니라, 대처승들이 전국의 사찰을 장악하는 방향으로 상황이 악화되면서 독신으로 청정수행을 하던 비구, 비구니 중심의 한국 불교 전통 또한 급속도로 무너지는 와중에 나온 고육책으로 용성은 총독부에 건의서를 두 차례에 걸쳐 보내 시정을 요구했다. 이 실천행은 전통적 지식인으로서 용성의 시대 상황에 관한 적극적 인식과 대응으로 해석될 수 있지만, 다른 한편 그것이 식민정책과 긴밀히 연관되어 있다는 점에서 유기적 지식인으로서 인식과 실천으로 이어지는 연결점이기도 했다는 해석도 가능하다.

전통적 지식인으로서 용성은 당시 사회의 불교에 대한 편견과 근거없는 비방에도 적극적으로 대처하는 모습을 보였다. 그 대표적인 것이 불교를 멸종주의로 보거나 독선과 적멸의 도에 불과하다고 하는 비방에 대한 적극적인 대응이다.

불교의 바다에는 출가와 재가의 구별이 있으니 출가자는 세간의 업을 제거하고 오직 도업만을 닦는다. 그러나 재가자는 일체 세간의 법이 그대로 불법(佛法)이니 불법과 세간법을 하나로 이루어 거기에서 뜻대로 자재한다. 그러므로 불교가 멸종주의요 독선주의하는 말은 옳지 못하다. … 부처의 도는 평등주의이지 차별주의가 아니고, 겸선주의(兼善主義)이지 독선주의가 아니다. … 이른바 적멸이라고 하는 것도 망심(妄心)이 적멸하는 것을 말함

이지 진심묘용(眞心妙用)이 없는 것을 말함이 아니라.[25]

    무아(無我)로 상징되는 불교의 자기인식에 따르면, 자신과 타자는 분리될 수 없는 연기적 관계망 속에 있다, 이 인식틀은 전통적 지식인과 유기적 지식인 사이의 관계에 적용해 보면 불이(不二)의 관계로 규정지을 수 있다. 즉, 하나도 아니고 둘도 아닌 관계 속에서 전통적 지식인이 유기적 지식인으로서도 스스로를 인식하면서 새로운 시대와 사회를 이끌어가는 실천을 하고자 노력하는 것이 바람직한 삶의 지향이라고 말할 수 있게 된다. 그람시의 구분에 있어서도 개념적인 구분과 함께, 전통적 지식인이 자신의 존재성이 신분적 형태로 규정되어 있다는 생각을 떨쳐버리고 교육을 통해 새로운 사회에 맞는 정체성을 형성할 수 있도록 도움으로써 두 유형의 지식인 사이의 연계성을 동시에 강조하고 있다.

    조선 후기를 대표하는 제도종교이자 공식적으로는 천대받는 신분에 속했던 불교 승려로서 용성은 교육과 수행을 통해 종교지도자라는 위상을 확보하는 것으로 전통적 지식인으로서 위상을 부여받았다. 그러나 일제에 의한 침탈이라는 외적 상황이 자신이 속한 불교계에 대처육식으로 상징되는 극심한 혼란을 불러오는 상황으로 전개되자 그 새로운 상황에 맞는 현실 인식과 함께 실천적 대안을 찾기 시작함으로써 유기적 지식인으로서의 위상도 확보하게 된다. 그것이 사회 전반으로 확장된 대표적인 사례가 3·1 독립선언서에 불교계 대표로 참여해 자주독립을 외친 것이고, 다시 그것은 선농일치(禪農一致)와 경전 한글화 운동 같은 불교계 내부의 실천으로 순환되면서 유기적 특성을 부각시키게 되었다는 분석이 가능하다.[26] 그런 점에서 용성은 유기적 지식인이자 동시에 전통적 지식인이기도 했다. 즉, 그는 전통으로부터 시작해서 자신이 살고 있는 구체적 현실을 걸림없이 넘나드는 지식인으로서의 위상과 역할을 보여주었다는 평가가 가능하다. 그런 걸림없음의 지향은 일제 강점기가 채 끝나기 전인 1940년에 적멸에 들 때까지 지속되었고, 이런 굳건함은 삼일 독립선언서에 이름을 올린 일부 사람들의 변절과 대비되면서 오늘 이 땅의 지식인이 어떻게 살아야 하는지에 관한 지침이 되기에 손색이 없다.

4.2 우리 시대 지식인의 위상과 새로운 과제

용성의 시대와 우리 시대는 다르다. 1900년을 기점으로 불교계 지도자로서 본격적인 행보를 보였던 용성은 그 후 40년에 걸쳐 불교 지도자라는 전통적 지식인으로서 역할과 함께, 독립선언에 앞장선 실천적인 민족지도자라는 유기적 지식인의 역할을 동시에 해내고자 했다. 그 역할에 대한 평가는 다를 수 있지만, 최소한 불교계 내부에서 청정승가 전통을 지켜내는 데 중요한 역할을 했고 30년 이상 이어진 식민통치의 엄혹함 속에서도 죽음에 이를 때까지 실천으로 저항했던 그의 독립투사로서의 역할은 누구나 인정할 수밖에 없다.

설렘과 불안감을 동시에 보이면서 이른바 밀레니엄(millennium)으로 시작된 21세기는 자본주의 기반의 세계화를 근간으로 삼아 출발했지만, 곧바로 다음 해인 2001년 수천 명이 사망했을 뿐만 아니라 그 비극적 광경은 세계인들이 생중계를 통해 지켜보아야 하는 비극으로 전개되었다. 2025년 현재를 기점으로 보면 20세기의 두 번에 걸친 세계대전은 피해가고 있지만, 수년에 걸쳐 지속되고 있는 우크라이나와 러시아 전쟁, 좀처럼 휴전협정에 이르지 못하고 있는 팔레스타인과 이스라엘 전쟁, 서로에 대한 비방을 담은 쓰레기를 지속적으로 주고받고 있는 남북한 긴장으로 상징되는 고통의 한가운데 있다. 그것에 더해

20세기 자본주의의 세계적인 확장으로 인한 기후위기로 일상화된 폭염과 폭우가 우리 자신은 물론 아이들의 미래를 어둡게 예측할 수밖에 없는 암울한 그림자로 짙게 드리우고 있다.

　세계화를 전제로 삼아 전개되고 있는 시대 상황 속에서 우리는 한국인이자 세계시민으로서 살아갈 수밖에 없다. 우리가 맞고 있는 총체적인 위기는 곧 세계인들의 그것이기도 하고, 역으로 아프리카 사람들이 기후위기로 맞고 있는 기아와 질병의 고통은 우리 자신과도 연결되어 있는 것일 수밖에 없다. 그럼에도 다른 한편 우리는 우리고, 그들은 그들이다. 앞서 살펴본 것처럼, 불교의 자기인식은 얼핏 모순적으로 보이는 이런 상황을 있는 그대로 인식할 수 있는 좋은 틀이 될 수 있다. 즉, 불이(不二)의 관점은 그들과 우리가 하나도 아니지만, 그렇다고 해서 온전히 분리된 둘일 수도 없는 상황을 제대로 바라볼 수 있는 인식틀이 될 수 있다는 의미이다. 이런 인식틀은 당연히 나 자신으로서의 삶과 한국인으로서의 삶 사이의 관계에도 적용된다. 우리는 그런 불이의 관점을 토대로 전통적 지식인과 유기적 지식인 사이를 걸림없이 넘나든 모형 중 하나로 용성을 살펴보고자 했고, 이제 남은 과제는 그런 용성의 모형을 우리 자신과 어떻게 연결지을 수 있는가 하는 문제이다.

　우리 시대가 용성의 시대와 차별화되는 가장 큰 지점은 우리 시대는 시민사회를 근간으로 전개되고 있다는 사실이다. 민주주의와 자본주의라는 두 이념축을 토대로 형성된 시민사회를 우리는 용성이 적멸에 든 20세기 중반 이후의 역사 속에서 민주화와 산업화라는 과제를 성공적으로 수행해냄으로써 우리의 것으로 만들 수 있었다. 시민사회에서 지식인은 전통적 지식인과는 달리 지식인이기 이전에 똑같은 시민이라는 위상을 부여받는다. 즉, 그는 시민이자 지식인일 뿐이다.

시민들 사이의 관계는 수평적인 관계이고, 다만 그가 맡는 역할에 따라 일정한 전문성과 도덕성에 기반한 권위를 제한적으로 인정받을 수 있다.

세계적으로도 매우 높은 대학 진학률을 지니게 된 우리는 최소한 고등학교 학력 이상의 교육을 받을 수 있게 되었고, 그 결과 시민 모두가 지식인이 될 수 있는 여건을 갖추게도 되었다. 지식인이 되는 첫 번째 통로는 교육이기 때문이다. 그러나 이런 외적 여건은 지식인이 되기 위한 필요조건일 뿐이다. 충분조건은 시민이자 지식인으로서의 자기인식 능력과 그것에 기반한 실천력이다. 그 실천력이 우리 시민지식인에게 요구되는 지도력 또는 리더십이다. 우리 사회에서 그런 지도력을 제대로 발휘하는 지도자를 쉽게 찾아볼 수 없다는 비극적인 현실은 외적 풍요와 내적 빈곤이라는 정신적인 황폐화는 물론, 우리 사회 전반의 위약성을 불러오는 주된 원인으로 작동하고 있기도 하다. 어떻게 해야 이 위기를 극복할 수 있을지를 고민하면서 한 세기 전 지도자인 용성에게서 배울 수 있는 것은 무엇일까?

첫 번째는 자신과 사회, 세계를 분리시키지 않고 바라볼 수 있는 불이(不二)의 자기인식틀이다. 고립성과 이기성을 강조하는 개인주의를 기반으로 정착한 근대 서구의 시민사회는 정치적으로 개인의 인권과 자유를 확장했고, 경제적으로는 경쟁을 통한 외적 풍요를 확보하는 데 획기적인 기여를 했다. 이 근대화 과정에 뒤늦게 합류했으면서도 압축성장의 성공적인 역사를 쓴 우리는 최소한 두 가지 핵심적인 삶의 요건을 그 대가로 내놓아야 했다. 하나는 전통이고, 다른 하나는 균형잡힌 정체성이다. 이 둘은 서로 긴밀하게 연결되면서 우리 한국인의 삶을 끊임없이 위협하고 있다. 용성의 시대도 우리 시대 못지않게 개화(開化)와 쇄국(鎖國), 식민지화와 독립 사이의 긴장과 갈등으로 점철된 시대였고, 그는 전통적 지식인으로서 위상을 먼저 확보하는 데 전력한 이후에는 불교계와 사회 사이의 불이성에 주목하면서 유기적 지식인으로서의 위상도 확보하는 데 성공했다. 그 출발점이 자신과 사회를 제대로 바라볼 수 있는 여실지견의 지혜였고, 그것은 우리 시대의 시민지식인에게 더 절실한 것이 되고 있다.

두 번째는 이런 자기인식을 토대로 삼아 어떤 실천을 할 수 있고 또 해야 하는가에 관한 지침을 들 수 있다. 그는 불교계 내부와 외부 사이의 긴밀한 연결을 있는 그대로 인식하면서 내부적으로는 청정비구로서의 수행을 전제로 삼아 불교계의 자립과 청정승가 전통의 회복을 위해 진력했다. 그와 함께 외부적으로는 민족과 국가의 독립을 위한 실천을 하고자 했고 그런 실천행(實踐行)을 자신의 삶이 끝날 때까지 지속했다. 이 시대의 시민이자 지식인으로서 우리는 그럼 어떤 실천을 통해 자신과 사회의 미래를 확보해 낼 수 있을까? 열린 화두에 속하는 이런 물음으로부터 자유로울 수 있는 사람은 없다. 그람시의 적절한 주목과 같이 우리 모두가 시민이면서 지식인이 될 수 있고 또 되어야 하는 외적 요건을 갖추고 있기 때문이고, 우리 이외에 그 미래를 책임질 수 있는 주체가 따로 있지 않기 때문이다.

우리는 먼저 스스로의 삶은 물론 우리가 시민사회의 주인이라는 사실에 관한 자각을 토대로 이 시대와 사회의 과제를 적극적으로 인수하고자 하는 태도를 가질 것을 요청받고 있다. 그렇지 않을 경우 기후위기와 핵무기와 핵발전소 위기 등으로 미래를 보장받을 수 없고, 자신의 문제를 받아들이지 못하는 문제로 인한 불안과 우울로 인해 일상을 제대로 유지하기조차 힘들어질 수 있다. 그런 각자의 인식과 실천이 다시 시민들 사이의 불이적 관계망을 토대로 시민연대(市民連帶)로 확장될 수 있을 때라야 우리 미래에 대한 희망을 품을 수 있다.

나오는 말

　우리 시대와 사회의 주인공은 시민이다. 그 시민은 타고난 신분에 따르지 않고, 권리로 주어지는 교육과 스스로의 노력을 통해 삶과 사회의 주인공으로 살아간다. 시민이 주인공인 시민사회에서는 모든 시민이 교육을 통해 지식인이 될 수 있고, 그 지식인은 신분 등으로 인해 지배층으로서 위상과 역할을 확보할 수 있었던 전통적 지식인과는 다른 차원에서 존재한다. 지식인의 유형을 이런 전통적 지식인과 함께 그 시대의 변화를 적극적으로 인식하고 이끌어갈 수 있는 역량을 갖춘 유기적 지식인으로 나누어 제시한 안토니오 그람시는 시민 모두가 유기적인 지식인이 되는 사회를 꿈꾸었다.

　우리가 함께 주목한 20세기 전반부를 상징하는 지식인 용성진종은 불교를 기반으로 하는 전통적 지식인에서 출발해서 변화하는 상황에 적극적으로 대처하면서 독립운동에 힘쓴 유기적 지식인이기도 했다. 전통적 지식인이자 유기적 지식인이었던 용성은 자신과 타자를 하나도 아니고 둘도 아닌 관계로 파악하는 불이론(不二論)과 무아론(無我論)을 인식틀로 삼아 실천행으로 연결시키고자 했고, 이런 노력은 불교계 내부는 물론 20세기 전반부 한국사회의 정신적 건강성을 지켜내는 토대가 되었다는 평가를 받을 만하다.

　21세기 한국시민을 전제로 하는 리더십 논의는 시민들 사이의 수평적 관계를 전제로 해야 하지만, 다른 한편 그 시민들이 자신과 사회의 미래를 결정짓는 주체이기도 하다는 사실도 함께 고려하면서 전개되어야 한다. 바로 이 지점에서 우리는 모든 시민이 지식인이 될 수 있고 또 되어야 한다는 당위적 명제와 마주하게 된다. 이때의 지식인은 유기적 지식인이다. 그런데 이 유기적 지식인은 역사적으로 단절된 인간상이 아니기 때문에 어떤 식으로든 전통의존적인 속성을 지닐 수밖에 없는데, 우리 20세기 시민과 지식인 논의는 바로 이 지점을 잊거나 의도적으로 거부하는 형태를 취함으로써 21세기 현재의 담론에 심각한 결함을 남기고 있다. 그것은 바로 나 자신이자 한국인, 세계인이라는 다중정체성을 제대로 감당해 내지 못해 공허한 보편에 매몰되는 세계시민이나 국수적 애국주의에 매몰되는 한국인, 더 나아가 고립되고 이기적인 개인이라는 정체성에만 집중하는 한계이다.

충분하고도 남을 정도의 외적 풍요와 자유를 확보하게 된 21세기 한국시민과 시민사회는 그럼에도 여전히 자신과 사회를 있는 그대로 인식하는 데서 심한 어려움을 겪고 있다. 이런 어려움은 자신의 삶은 물론 함께 어우러져 살아가고 있는 우리 사회의 고통을 가중시키는 방향으로 작동하고 있다. 그 고리를 끊어내기 위한 출발점은 전통의존적인 존재로서 자기 자신을 타자와의 불이성을 전제로 바라볼 수 있는 시각을 확보하는 것이고, 그 출발점을 토대로 삼아 보다 나은 미래를 향한 한국시민들 사이의 연대 가능성을 열어가는 실천으로 확장해 갈 수 있을 것이다. 시민의 리더십에 관한 논의가 바로 이 맥락 속에서 이루어질 때라야 비로소 이념적 적절성과 온전한 실천성을 확보할 수 있게 될 것이다.

*이 글은 학술 논문적 성격을 강화하여 아래 학술지에 다음과 같은 제목으로 발표되었음을 밝혀 둔다: 박병기(2024.12), 「용성진종의 자기인식에 기반한 걸림없음의 리더십」, 『대각사상』 42집, 대각사상연구원.

"헛된 생각이 일어나거든 가만히 두고 그것을 없애려고 하지 말라. 망상을 없애려고 하면 더 일어나는 법이다. 비유컨대 소가 달아날 때 소고삐를 단단히 잡아당기면 소가 사람을 향해 달려오는 것과 같아서, 그냥 놓아두고 화두(話頭)만 들어 깊이 생각하면 망상은 스스로 없어지기 마련이다."

– 용성, 『각해일륜』

 읽을거리 & 볼거리

- 백도수 옮김(2024), 『초전법륜경』, 활성 해설·감수, 고요한소리.
  붓다의 가르침이 처음 펼쳐진 경전으로, 원전인 팔리어에 충실한 번역과 함께 치밀한 검토과정을 통해 가독성까지 확보하고 있어 읽기 쉬울 뿐만 아니라 불교의 핵심 가르침을 확인할 수 있다.

- 한병철(2023), 『서사의 위기』, 최지수 옮김, 다산초당.
  디지털 사회에서 정체성 위기에 처한 현대인들의 정신적 고통을 서사의 위기라는 개념을 중심으로 명쾌하게 분석한 책이다. 그 위기를 제대로 인식할 수 있게 되면 온전한 서사, 즉 삶의 이야기도 회복할 수 있다는 대안까지 담고 있다.

- 조너선 하이트(2024), 『불안세대』, 이충호 옮김, 웅진지식하우스.

놀이기반 아동기에서 스마트폰 기반 아동기로 전환하는 과정에서 맞이하게 된 반갑지 않은 손님으로 불안과 우울증을 부각시키고 있다. 어떻게 하면 이런 전반적인 위기에서 벗어날 수 있는지를 도덕심리학자아자 사회심리학자 답게 실증적 결과와 상상력을 함께 제시하면서 읽기 쉽게 제안하고 있어 권하고 싶은 책이다. 21세기 한국시민의 정체성 위기를 분석하는 데 도움을 받을 수 있을 것으로 기대한다.

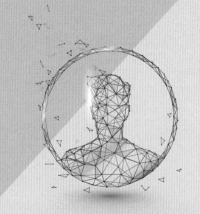

Self-knowledge and
Leaderspirit

PART

2

서양의 자기인식과 리더스피릿

V 소크라테스의 변론에서의 설득의 원리와 파레시아의 리더십

장영란

소크라테스는 아테네 법정에서 자신의 삶의 기술과 철학을 '진실에의 용기'를 가지고 설득했다. 실제로 아테네 법정에서는 표결에서 실패한 것처럼 보이지만 현대에 이르러서는 진정한 의미로 승자가 되었다고 할 수 있다. 이러한 의미에서 소크라테스의 리더십은 바로 '진실'에 의한 자기 돌봄과 타자 돌봄에 있으며 이를 진정성의 리더십으로 명명한다. 먼저 아리스토텔레스가 『수사학』에서 제시한 설득의 원리로서의 에토스의 중요성을 통해 소크라테스에 대한 편견이 아테네 법정의 판결에 미친 영향력을 평가할 필요가 있다. 수사학에서는 화자의 성품은 청중을 설득하는 데 직접적이고 결정적인 역할을 한다. 최초의 고발자들의 비방과 편견이 아테네시민들의 소크라테스의 에토스에 대한 판단에 많은 영향을 미쳤기 때문에 소크라테스의 변론은 결과를 바꿀 정도로 파괴력을 발휘할 수 없었다. 다음으로 플라톤의 『변론』에서 소크라테스는 처음부터 끝까지 그가 진실이라고 생각하는 것을 말하고자 했다. 그래서 그는 자신의 말을 통해 죽음의 위험에 빠질 수 있다는 것을 충분히 인지할 수 있었지만 두려움 없이 아테네시민들에게 진실을 말하려고 했다. 플라톤의 소크라테스가 서양철학에서 진정한 리더로서 인정받은 것은 철학적 담론뿐만 아니라 철학적 실천 때문이다. 그는 죽음의 위험에서도 자신의 영혼뿐만 아니라 타자의 영혼을 돌보야 한다는 의무를 가졌기 때문에 진실을 말할 용기를 가졌다. 그렇기 때문에 아테네 법정에서 사형선고를 받고 죽었던 그가 인류에게 진정한 리더가 될 수 있었던 것이다.

소크라테스의 변론은 실패했는가?

플라톤은 『변론』에서 소크라테스가 유죄판결을 받고 사형선고를 받게 된 과정에 대해 논의하고 있다. 플라톤은 왜 『변론』을 작성했을까? 사랑하던 소크라테스의 마지막 순간을 기억에 남기기 위해서일까? 플라톤은 소크라테스가 아테네 법정에서 변론을 할 때만 해도 참석했던 것으로 나온다.[1] 그러나 마지막 날 감옥에서 소크라테스가 독배를 마실 때는 다른 제자들은 모두 몰려와 슬퍼하는데 플라톤은 진작 병이 나서 함께하지 못했다. 플라톤 자신이 "플라톤은 아팠다"고 전한다.[2] 플라톤은 소크라테스가 아테네 법정에서 어떻게 변론에 실패했는지를 보여주려 했을까? 그것도 아니라면 도대체 소크라테스의 아테네 법정에서 무엇을 보여주려 했을까? 플라톤이 단순히 소크라테스의 법정 연설이 실패한 사실을 역사적으로 회상하기 위해 『변론』을 쓴 것은 아니다. 그렇다면 소크라테스가 아테네 사람들을 설득하려는 것이 무엇인지를 살펴볼 필요가 있다.

사실 플라톤의 『변론』에서 소크라테스는 아테네 법정에서 승리하기 위해 연설하고 있는 것으로 보이지 않는다. 플라톤은 사실 『변론』의 첫 부분부터 소크라테스의 실패에 대해 충분한 암시를 주고 있다. 소크라테스가 소피스트라는 주장을 유포하여 아테네인들이 오랫동안 편견을 가졌다는 사실로 시작하고 있기 때문이다. 일반적으로 사람들의 편견은 쉽게 변하지 않는다. 더욱이 소크라테스에 대한 편견은 다양한 방식으로 오랫동안 지속되어 왔다. 그러므로 이러한 편견을 단기간에 없애기는 어렵다. 플라톤은 『변론』 첫 부분에서 바로 이 점에 주목했다. 소크라테스는 이미 죽었지만 소크라테스가 죽을 수밖에 없는 이유를 어떻게 설명할 것인가에 대한 고민은 플라톤의 몫이었다. 기본적으로 플라톤이 소크라테스의 죽음의 원인을 아테네인들의 뿌리 깊은 편견에 두고 있기 때문에 화두로 삼았다고 판단된다.

우리는 사람들에게 특정한 생각을 심어주기란 쉽지 않으며 제거하기도 쉽지 않다는 것을 안다. 우리 안에 자연스럽게 뿌리를 박은 편견은 스스로 영양분을 공급하며 자라나기 때문이다. 인간은 이성을 가졌기 때문에 스스로 생각하고 판단하고 선택한다고 믿는다. 그렇지만 모든 사람이 모든 대상에 대해 숙고하고 판단할 수는 없다. 우리의 직접적인 사유의 대상 범위에 들지 못하고 주변에 밀려있던 사유의 대상은 유사한 사유 내용들이 지속적으로 들어오면 자연스럽게 사유 주체의 자식인 양 뿌리 내린다. 그러면 사유 주체는 그것이 아직 검토되지 않은 개념이라 인식하지 못한다. 그것이 편견의 근원으로 나타난다. 편견은 무서운 속도로 뿌리를 내리기 때문에 한순간에 뿌리 뽑기는 어려운 것이다.

이 글은 아리스토텔레스가 『수사학』에서 강조한 설득의 원리로서 에토스에 대한 논의를 기반으로 소크라테스의 변론이 실패로 돌아간 원인을 검토하고자 한다. 필자는 플라톤의 『변론』에서 소크라테스가 유죄판결을 받으면서 변론이 실패로 돌아간 것처럼 보이지만, 실제로 소크라테스의 파레시아를 통해 오히려 변론이 성공한 것이라고 주장하고자 한다. 소크라테스는 아테네 법정에서 자신의 삶의 기술과 철학을 '진실에의 용기'를 가지고 설득했다. 실제로 아테네 법정에서는 표결에서 실패한 것처럼 보이지만 현대에 이르러서는 진정한 의미로 승자가 되었다고 할 수 있다. 이러한 의미에서 소크라테스의 리더십은 바로 '진실'에 의한 자기 돌봄과 타자 돌봄에 있으며 이를 진정성의 리더십으로 명명한다. 그리하여 다음과 같이 두 가지 측면에서 설명을 하고자 한다.

첫째, 아리스토텔레스가 『수사학』에서 제시한 설득의 원리로서의 에토스의 중요성과 편견의 문제에 대해 검토하고자 한다. 소크라테스의 에토스와 관련된 내용에 중점을 두고 분석하려 하며, 로고스와 관련된 논박에 대한 분석은 심층적으로 다루지 않는다. 이러한 목적을 위해 플라톤의 『변론』에서 소크라테스의 에토스가 가장 잘 드러나는 부분들을 선택하여 분석할 것이다. 특히 수사학에서 화자의 성품은 화자의 실제 성품 자체보다는 청중이 생각하는 화자의 성품, 즉 '화자의 성품으로 보이는 것'이 중요하다. 그것이 청중을 설득하는 데 직접적이고 결정적인 역할을 하기 때문이다. 최초의 고발자들의 비방과 편견이 아테네시민들의 에토스에 대한 소크라테스의 판단에 많은 영향을 미쳤기 때문에 소크라테스의 변론은 결과를 바꿀 정도로 파괴력을 발휘할 수 없었다. 둘째, 플라톤의 『변론』에서 소크라테스는 처음부터 끝까지 그가 진실이라고 생각하는 것을 말하고자 했다. 그래서 그는 자신의 말을 통해 죽음의 위험에 빠질 수 있다는 것을 충분히 인지할 수 있었지만 두려움 없이 아테네 시민들에게 진실을 말하려고 했다. 소크라테스의 진실에의 용기를 푸코의 파레시아 개념을 통해 분석하고 소크라테스가 보여주는 진정성의 리더십이 무엇인가를 밝히고자 한다.

설득의 원리로서의 에토스와 편견의 문제

아리스토텔레스는 설득의 기본적인 세 요소를 '에토스ethos', '파토스pathos', '로고스logos'로 말한다. 기본적으로 에토스는 화자의 성품이고, 파토스는 청중의 정념이며, 로고스는 어떤 것을 증명하거나 증명하려 하는 말 자체를 말한다.3) 아리스토텔레스는 에토스를 가장 믿을 만한 설득 수단으로 여긴다. "설득은 연설logos을 할 때 성품을 통해 이루어지는데, 성품이 화자를 신뢰할 만하게 만든다. 우리는 모든 주제에 대해 훌륭한 사람들epieikesi을 더 많이 믿고 더 빨리 믿기 때문이다. 또 정확하지 않아서 어느 쪽도 믿지 않는 경우에는 그들을 전적으로 신뢰하기 때문이다."4) 사실 우리는 누가 말하는가에 따라 어떤 때는 처음부터 믿으며 듣기도 하지만, 또 어떤 때는 거의 믿지 않으며 듣기도 한다. 화자가 훌륭하거나 좋은 사람이라 생각하면 청중은 처음부터 화자의 말을 믿기 시작하기 때문에 설득하기 쉽다. 하지만 화자가 훌륭하지 않거나 좋지 않은 사람 또는 나쁜 사람이라고 생각하면, 청중은 처음부터 화자의 말을 믿지 않기 때문에 설득하기가 어렵다. 그렇기 때문에 설득을 시작할 때 에토스는 화자가 청중을 설득하는 데 중요한 관건이 된다. 처음부터 화자의 말을 받아들일 생각이 없는 사람을 설득하는 것은 쉽지 않고 나중에 동의하게 되더라도 이미 너무 늦을 수 있다.

그러므로 우리가 누군가를 설득하기 위해서는 다른 사람들에게 신뢰할 만한 사람으로 보이는 것이 중요하다. 여기서 우리가 고려해 보아야 할 문제가 있다. 첫째, 연설가가 실제로 신뢰할 만한 사람이어야 하는 것인지와 관련된다. 둘째, 연설가가 실제로는 신뢰할 만한 사람인지와 상관없이 신뢰할 만한 사람으로 보여야 하는 것인지와 관련된다. 연설가가 정말 신뢰할 만한 사람인지 아닌지도 중요하다. 하지만 정말 믿을 만한 사람일지라도 믿을 만하게 보이지 않을 수도 있다. 그렇다면 아무리 참된 말이나 좋은 말을 하더라도 설득하기 어려울 것이다. 그렇다면 아리스토텔레스는 어떤 사람을 신뢰할 만한 사람이라고 생각하는가?

　아리스토텔레스는 실천적 지혜, 덕, 호의 등을 가진 사람을 간단히 '훌륭한' 또는 '좋은' 사람이라 말한다. "화자가 신뢰할 만한 사람으로 보이는 데에는 세 가지 원인이 있다. 실천적 지혜phronesis, 덕arete 과 호의eunoia 등이다."5) 그런데 아리스토텔레스는 특별히 수사학과 관련하여 좋은 성품으로 보이는 데 필요한 요소들로 덕, 실천적 지혜, 호의를 제시하는가? 아리스토텔레스 자신이 직접 대답하고 있지는 않지만 의도는 분명하다. 여기서 제시하는 세 가지 중 실천적 지혜와 덕은 『니코마코스 윤리학』에서 영혼의 두 종류의 덕, 즉 지성의 덕과 성품의 덕이다. 실천적 지혜는 '지성의 덕' 중에서 우리의 삶과 가장 밀접한 능력과 관련된다. 덕은 여기서 특별히 성품의 덕을 가리킨다.6) 아리스토텔레스의 입장에서 좋은 성품을 가진 사람으로 보이는 데 특별히 지성의 덕의 일종인 실천적 지혜를 포함한 것은 분명하다. 성품의 덕이 영혼의 비이성적 부분의 덕이긴 하지만 지성의 덕과 분리 불가분하게 작동하기 때문이다. 우리는 논리적으로 영혼의 능력을 구분하여 설명하기는 하지만 실제로는 영혼의 능력은 유기적으로 작동한다.

　아리스토텔레스는 근본적으로 좋은 연설가가 되기 위해서는 좋은 사람이 되어야 한다고 말하는 것이다. 지성의 덕과 성품의 덕을 탁월하게 발휘하는 사람이 바로 좋은 사람이기 때문이다. 그런데 문제는 아무리 좋은 성품을 가지더라도 좋은 성품으로 보이지 않는 경우이다. 소크라테스의 경우가 좋은 사례이다. 소크라테스가 좋은 사람이긴 하지만 좋은 사람으로 보이지 않았던 것이 분명하다. 그것은 소크라테스 자신이 누구에게 어떻게 보이는지에 대해 별로 관심을 갖지 않았기 때문이기도 하지만, 누군가 소크라테스에 대한 비방을 적극적으로 해 왔기 때문이기도 하다. 플라톤은 『변론』 첫 장면에서 당시 대다수의 아테네인들이 가진 소크라테스에 관한 지독한 편견을 보여주고 있다.[7] 아테네 법정에서 소크라테스의 첫마디는 바로 사람들의 거짓말과 편견에 대한 것이었다.[8] 그는 사람들이 자신에 대해 말하는 가장 놀라운 거짓말이 있다고 화두를 던진다. 그것은 바로 소크라테스가 말을 엄청 잘하기 때문에 속아 넘어가지 않도록 조심해야 한다는 것이다.

최초의 고발자들은 소크라테스가 영리하게 말하는 사람이라고 한다.[9] 그러나 소크라테스는 자신이 진실을 말하는 사람이라고 주장한다.[10] 소크라테스가 자신이 영리하게 말하지 않는다고 부인할 때 이미 영리함을 사용하고 있다고 할 수 있다. 그렇기 때문에 그가 영리함 자체를 부인하는 것은 거짓이 될 수 있다.[11] 그런데 소크라테스는 여기서 영리함 자체를 문제 삼기보다는 영리하게 말해서 '속일' 수 있다는 주장을 문제 삼는 것이다. 그래서 그는 자신이 진실을 말하는 사람이라고 강조한다. 만약 소크라테스가 '말을 잘한다'는 것이 진실aletheia을 말하는 것이라면 맞지만, 단지 수사학자들이나 소피스트처럼 온갖 미사여구를 동원해 화려하게 연설하는 것을 기대한다면 틀렸다는 것이다. 소크라테스는 "그들은 거의 또는 전혀 진실을 말하지 않지만, 나에게서는 진실만을 들을 것이다"라고 말한다.[12] 그는 거짓을 말하는 사람과 진실을 말하는 사람을 대비시켜 자신이 믿을 만한 사람이라고 역설하는 것으로 보인다.

소크라테스는 이러한 연설을 자신에게서 들을 일은 없을 것이라 말하며 자신은 항상 그때그때 생각나는 말을 되는대로 한다고 말한다. 그러면서 소크라테스 자신은 항상 올바르다고 믿는 것을 말하기 때문이라고 말한다.[13] 여기서 소크라테스는 아테네 법정에 모인 사람들에게 기존의 자신에 대한 선입견에 사로잡히지 말고, 자신의 '말'에만 주목해 달라고 부탁한다.

지금 나는 여러분에게 올바른dikaion 것이라 생각되는 요청을 하려 합니다. 여러분이 내가 말하는 방식이 더 나쁜지, 더 좋은지에 신경 쓰지 말고, 내가 올바르게 말하는지 그렇지 않은지만 검토하고skopein 집중해pro－sechein 주세요. 이것이 바로 재판관의 덕이며, 연설가rhetoros의 덕은 진실 aletheia을 말하는 것이기 때문입니다(*Apologia*, 18a.).

소크라테스는 청중의 편견이 화자의 말을 올바르게 판단하지 못하게 할 수 있기 때문에 이러한 부탁을 하였다. 그렇지만 화자의 말에만 주목해 달라고 해도 청중은 여전히 선입견을 떨치기 쉽지 않다. 그래서 소크라테스는 본격적으로 고발문에 대해 반박하기 전에 자신에 대한 편견이 어떻게 생겨났는지를 자세히 설명한다. 그것은 청중이 자신에 대해 갖고 있는 선입견을 덜어내기 위한 목적이라 볼 수 있다. 소크라테스는 아뉘토스(Anytos), 멜레토스(Meletos), 뤼콘(Lykon)이 아테네 법정에 자신을 고발하기 전에 이미 자신을 고발한 최초의 사람들이 있다고 생각했다. 소크라테스는 이들이야말로 직접 자신을 고소한 아뉘토스와 그 일행보다 더 두려운 존재라고 말한다. 왜냐하면 그들은 숫자도 많을 뿐만 아니라 기나긴 시간 동안 진실이 아닌 거짓으로 다른 사람들을 설득해 왔기 때문이다.[14] 소크라테스 입장에서는 당연히 지금 고발문을 작성하여 고발한 사람들보다 다수의 익명의 고발자들이 훨씬 두려울 수밖에 없다.[15] 플라톤은 소크라테스의 재판을 통해 '편견'의 위험성을 충분히 인지할 수 있었던 것으로 보인다.

우리가 인간이라는 사실에 편견의 뿌리가 있다. 우리는 인간이기 때문에 가지는 특수한 방식의 감각이나 사유의 성향을 띨 수밖에 없다. 플라톤은 『국가』 7권에서 동굴의 비유를 통해 인간 존재의 원초적 조건을 말한다. 인간은 누구나 동굴 안에 결박되어 있는 존재이다. 인간이 가진 본성적 취약성은 세계를 올바로 인식하는 데 제한을 갖게 만든다. 플라톤은 인간이란 존재 자체가 가질 수밖에 없는 제한적 인식과 관련된 보편적인 편견을 말한다. 그러나 이와 달리 베이컨은 "인간이 각자 자신만의 동굴을 가지고 있다"고 한다.[16] 동굴은 자연의 빛을 왜곡시켜 받아들이게 마련이다. 그래서 각 사람은 자신의 경험을 통해 독자적이고 개별적인 편견을 형성하게 된다. 가령 그가 어떤 교육을 받았고 어떤 가족이나 동료 등과 관계를 맺었으며 어떤 종류의 책을 읽고 어떤 스승이나 위인의 영향을 받았는가 등 삶의 다양한 환경에 따라 다른 이해를 하고 다른 생각을 형성해 왔을 수 있다. 이것이 우리의 감정이나 사유 습관을 결정하여 우리의 편견을 형성할 가능성이 높다.

그런데 인간이라면 가질 수밖에 없는 보편적 편견과 각 개인이 삶의 경험을 통해 독자적으로 형성하게 되는 개별적 편견 외에도 타자에 의해 만들어진 악의적 편견이 있다. 플라톤은 『변론』에서 소크라테스에 대한 악의적 편견과 비방이 어떻게 생겨났는지를 상세하게 설명하고 있다. 그것이 소크라테스의 유죄판결에 중대한 원인이 되었기 때문이다. 소크라테스는 자신이 비난받는 이유가 자신이 소피스트들과 다른 지식을 가지고 있기 때문이라고 한다. 소크라테스는 가장 지혜로운 사람이라는 유명한 델포이 신탁이 의미하는 것을 이해하기 위해 가장 지혜로운 사람들을 찾아다녔다. 그렇지만 결국 그는 다른 사람들과 달리 자신이 최소한 아무 것도 모른다는 사실만은 안다는 점에서 가장 지혜로운 사람이라는 사실을 인정하게 된다.[17]

소크라테스는 이러한 지혜를 '인간적 지혜'anthropine sophia라고 말한다.[18] 인간에게 속하지 않는 그 이상의 지혜는 신적 지혜이다. 여기서 플라톤은 지혜를 두 가지 종류, 즉 우리가 가질 수 없는 신적 지혜와 우리가 가질 수 있는 인간의 지혜로 구분하고 있다. 신적 지혜는 누구도 가질 수 없는 지혜이며, 인간적 지혜는 누구나 가질 수는 있지만 아무나 갖는 것은 아니다. 신적 지혜에 비해 인간적 지혜는 별로 가치가 없다고 하겠다. 하지만 그렇다고 인간적 지혜 자체가 가치가 없는 것은 아니다. 인간적 지혜를 통해 진정한 의미의 진리를 향해 한 걸음 나아갈 수 있기 때문이다.[19] 소크라테스 자신은 신적 지혜를 알지 못하며 혹시 누구라도 안다고 한다면 그는 거짓말을 하는 것이라고 단언한다.[20] 소크라테스의 지혜는 인식론적 절제를 보여준다.[21] 그렇지만 소크라테스는 델포이 신탁의 의미를 깨달아 가는 과정에서 자신에게 논박elenchos을 당했던 사람들로부터 증오와 원한을 받게 되면서 악의적인 비방과 편견이 생겼다고 판단했다. 소크라테스가 도입부에서 최초의 고발자의 고발 내용이 생겨난 원인을 장황하게 설명하고 있는 이유는 바로 지금부터 변론하려는 소크라테스의 에토스에 대한 부정적 평가 때문이라 할 수 있다. 소크라테스의 에토스를 전복시키지 못한다면 아테네 법정에서 승리는 결코 장담할 수 없기 때문이다.

소크라테스의 파레시아와 '진실'의 문제

플라톤의 『변론』에서 소크라테스는 법정 연설의 첫마디부터 '진실' 또는 '진리' 문제에 초점을 맞추고 있다. 그는 도입부에서 고발인들 때문에 자기 자신이 누구인지조차 잊어버릴 지경이 되었다고 말한다. 왜냐하면 그들이 자신도 넘어갈 정도로 설득력 있게 자신에 대해 말하기 때문이다. 그럼에도 그들이 주장한 것들 가운데 진실은 아무것도 없다는 사실이다.[22] 무엇보다도 가장 놀라운 거짓말은 '소크라테스는 말하는 데 영리한 사람이다'라는 것이다. 아테네 법정에서 고발자들은 청중에게 소크라테스가 영리한 사람이니 조심해야 한다고 경고한다. 그렇지만 소크라테스는 자신이 영리하거나 능란한 사람이 아니라고 반박한다. 여기서 고발자들이 말하는 '영리한 사람'은 소피스트와 같은 종류의 사람을 가리킨다. 그들은 참이나 거짓에 상관없이 재판에서 승리를 목적으로 한다. 만약 소크라테스가 자신이 영리한 사람이라는 것을 인정한다면 그가 소피스트라는 것에 동의하는 것이 되기 때문이다.

소크라테스는 오히려 자기 자신을 '진실을 말하는 사람'이라고 주장한다. 소크라테스는 고발자들에 대해 "이 사람들은 거의 또는 전혀 진실alethes을 말하지 않았지만, 내게서는 전부 진실만 들을 것입니다"라고 말한다.[23] 소크라테스는 고발인들의 '말을 잘한다'는 주장과 달리 자신이 "미사여구로 멋들어지게 꾸미거나 질서있게 배열한 말이 아니라, 그저 단어가 떠오르는 대로 두서없이 하는 말"을 들을 것이라고 말한다. 여기서도 소크라테스는 자신이 말만 잘하는 소피스트와 다르다는 것을 강조하고 있는 것이다. 그는 자신이 말하는 것이 "정의롭다"고 믿기 때문이라고 말한다.[24]

플라톤은 도입부에서 소크라테스를 통해 시종일관 진실과 거짓을 대비시키고 있다. 소크라테스는 아테네 법정에서 처음부터 끝까지 진실을 말하겠다고 맹세하고 있다. 그것은 자기 자신과의 관계에서의 진실을 말한다. 그는 솔직하게 자신의 마음속에 있는 진실을 드러내 보인다. 그런데 그것은 청중의 마음을 아주 불편하게 만들 수 있다. 때로는 그가 청중의 파토스에 대해서는 전혀 신경 쓰지 않는 것인지 혹은 신경을 쓰는지 의구심을 품게 만든다. 소크라테스는 법정 연설의 도입부를 자신의 결백을 항변하거나 자비를 간청하는 것으로 끝맺고 있지 않다. 그는 청중들에게 법정 연설에 필요한 요청을 한다. 먼저 소크라테스는 자신의 말하는 방식이나 습관 등에 대해 먼저 청중들에게 너무 놀라워하거나 소란을 벌이지 않도록 양해를 구한다.25) 이것은 사람들이 말하는 방식이나 태도 등에 대해 얼마든지 가질 수 있는 선입견이나 편견 등을 갖지 말아 달라는 당부이기도 하다. 실제로 소크라테스는 일상적으로 대화할 때 문답법이나 논박술elenchos 등을 구사했었다. 그런데 소크라테스에게 논박을 당한 상대방은 수치심을 느끼게 되고 소크라테스에 대해 상반된 태도를 보인다. 어떤 사람들은 소크라테스에 대해 원한을 갖고 비난을 일삼게 되고, 다른 사람들은 자신의 무지를 깨닫게 되고 진리를 향한 새로운 목표를 갖게 된다.26) 그래서 소크라테스는 자신에게 익숙한 말하는 방식에 대해 미리 청중들에게 양해를 구한 것이다.

다음으로 소크라테스는 청중에게 자신이 "올바른 말을 하는지, 또는 그렇지 않은지만 살펴보고 그것에만 주의를 기울여 달라"고 요청한다.27) 소크라테스는 이것이 "재판관의 덕arete"이라고 한다. 즉, 재판관은 무엇이 옳고 무엇이 옳지 않은지에만 주의해야 한다는 것이다. 그렇다면 연설가의 덕은 무엇인가? 연설가는 어떻게 하면 법정에서 승리할지, 또는 소크라테스에 따르면 "진실을 말하는 것"이라고 한다.28) 소크라테스는 법정에서 처음부터 거짓이 아닌 진실을 말하는 것이 일종의 덕이며 의무라고 말한다. 소크라테스의 요청은 청중들에게 자신에 대한 선입견이나 편견이 아닌 자신의 로고스에만 집중해 달라는 것이었다.29) 그렇지만 청중들은 최초의 고발자들과 법정 고발장에 나타난 소크라테스에 대한 기존의 선입견과 편견을 완전히 떨쳐내지 못했다. 그러나 이것은 소크라테스가 이미 예상한 결과였다.

소크라테스는 "여러분이 오랜 시간 동안 들은 이 비방을 이렇게 짧은 시간 동안 제거하도록 시도해 보겠다"고 하지만, 자신은 "그것이 어려운 일이라 생각하며, 또 그것이 어떤 성격의 일이라는 것을 전혀 눈치채지 못한 것도 아니다"라고 말한다.30) 소크라테스의 에토스에 대한 평판은 오랜 기간에 걸쳐 만들어졌기 때문에 법정에서 단 몇 시간 만에 없애버리는 데는 한계가 있다. 그는 자신에 대한 아테네인들의 비방이 일어난 원인들에 대해 상대적으로 제한된 효과만 얻을 수밖에 없었다. 소크라테스는 자신이 비난을 받게 된 가장 근본적인 원인이 바로 델포이 신탁이라고 생각했다. "소크라테스가 가장 현명하다"라는 델포이의 신탁에 대해 의심이 있을 수도 있다고 생각한 소크라테스는 델포이의 신 아폴론을 증인으로 내세운다.31) 당시 소크라테스는 자신이 생각하는 현명한 사람들을 찾아다니며 대화하면서 여러 사람들에게 미움을 받게 되어 비방을 당하는 현재에 이르렀다는 것이다.

소크라테스는 실제로 아테네 법정에 아뉘토스와 멜레토스 및 뤼콘이 제출한 공식 법정고발문에 대해 로고스를 사용하여 심도 있게 분석하여 명확하게 논증한다.32) 그렇지만 소크라테스는 자신이 '부정의'하다는 법정고발문을 반박하는 데 많은 논의가 필요하지 않다고 말했는데 실제로 상대적으로 짧게 반박된 것으로 보인다. 그럼에도 불구하고 소크라테스 자신이 유죄판결을 받게 된다면 그것은 "멜레토스도 아뉘토스도 아니고, 많은 사람들의 비방과 시기"라고 주장한다.33) 즉, 아테네 법정에서 변론에 실패하게 되는 실질적인 이유로 그는 사람들의 비방과 시기라고 판단하고 있다. 소크라테스는 1차 판결이 나오기 전에 이미 '죽음'에 대한 주제로 넘어갔다. 그는 지금 죽을 위험에 처해있지만 그보다 더 중요한 일이 있다고 한다.

소크라테스는 1차 판결 전에 상당한 시간을 할애하여 청중들을 설득하기 위해 최선을 다했다. 그는 자신의 임무에 대해 확고한 신념을 가지고 말하지만, 청중에 따라 오해를 불러일으킬 수도 있는 자신이 '신의 선물'이라는 말을 한다. 그러나 그는 자신이 신의 명령에 따라 아테네인들에게 진정으로 좋은 것, 즉 최선의 상태에 있도록 "영혼을 돌보는 것"을 하도록 설득하는 일을 하기 때문이라고 한다.[34] 소크라테스는 자신이 아테네 법정에서 변론을 하는 진짜 목적에 대해 다음과 같이 말한다.

> 아테네인 여러분, 지금 나는 나 자신을 위해서 변론하고 있는 것이 결코 아닙니다. 어떤 사람은 그렇게 생각할 수도 있습니다. 그러나 나는 여러분을 위해서 변론하고 있습니다. 여러분이 나에게 유죄 표를 던져서 신이 여러분에게 준 선물에 대해 잘못하지 않도록 말입니다(Apologia, 30d).

실제로 법정 고발문에 대한 반론은 소크라테스의 혐의를 벗기는 데 어느 정도 도움이 되었지만, 완전히 해소된 것은 아닌 것으로 보인다. 소크라테스는 1차 판결에서 자신도 놀랄 만큼 근소한 차이로 유죄 판결을 받기 때문이다.[35]

그런데 소크라테스는 1차 판결 후에는 자신이 하고 싶은 이야기들을 지나치게 솔직하게 쏟아냈다. 아테네 시민들이 반감을 가질 수도 있는 '약'이지만 '독'pharmakon인 말들을 솔직하게 뱉어낸 것이다.[36] 그가 살고자 했다면 더욱 신중하게 말해야 했지만 너무나 거침없이 솔직하게 말해버렸다. 소크라테스 자신은 신의 명령에 따라 아테네인들에게 가장 좋은 일을 해왔기 때문에 자신에게 적절한 보상은 "중앙 청사에서 식사를 대접받는 일"이라고 한다.[37] 올림피아 경기의 승리자가 아테네인들을 행복해 보이도록 만들었다면, 소크라테스 자신은 진정으로 그들을 행복하게 만들었기 때문이라고 주장한다. 1차 판결이 끝난 후 소크라테스의 말을 보면 의도적으로 청중의 파토스를 고려하지 않는 것을 알 수 있다. 그는 2차 판결 전까지 아주 짧은 시간 동안 아주 많은 청중들에게 부정적인 인상을 주어 최악의 결과를 얻게 된다.[38]

소크라테스는 자신이 아무런 죄가 없다고 주장했지만 1차 유죄판결을 받은 후 비교적 가벼운 처벌을 받기 위해 설득하려 하지 않고, 오히려 청중들의 파토스와 상관없이 어떻게 사는 것이 가장 좋은 것인지를 설득하는 데 집중하며 독설도 서슴지 않았다. 소크라테스는 아테네 시민들이 자신의 변론을 어떻게 받아들일 것인지 전혀 눈치채지 못할 사람이 아니었다. 그는 죄를 벗기 위해 청중들에게 듣기 좋은 '달콤한 말들'을 하거나 '통곡과 비탄'을 통해 호소할 수도 있었다.[39] 그렇지만 소크라테스는 살아남기 위해 자신답지 않은 일을 하려 하지 않았다. 그는 그런 식으로 살아남느니, 차라리 죽는 것이 낫다고 판단했다.[40] 그는 오히려 자신이 옳다고 생각한 것을 솔직하고 진실하게 말하는 방법을 선택했다. 이것이 "소크라테스가 재판에서 진 이유이고, 아테네 시민들이 이성을 잃은 이유다. 그는 죽음의 위험을 무릅쓰고 진실을 말하려 했고, 아테네 시민들은 죽음을 통해 진실을 외면하려 한 것이다."[41] 소크라테스는 마지막까지 자신의 변론을 후회하지 않았다.

지금도 저는 제 변론을 후회하지 않습니다. 오히려 저는 다른 사람들처럼 변론해서 살기보다 차라리 지금처럼 변론하고 죽기를 선택하겠습니다. 그것은 죽음을 피하기보다 악을 피하는 것이 훨씬 더 어렵기 때문입니다 (*Apologia*, 38e − 39a.).

소크라테스는 자신이 진실을 말하고 죽는 것이 거짓을 말하고 사는 것보다 낫다고 생각했기 때문에 죽는 것을 두려워하지 않았다. 우리가 무엇이 정의로운 것인지 알면서도 정의롭지 않게 행동하는 것은 잘못이며, 무엇이 진실인지 알면서도 진실을 말하지 않는 것은 잘못이다. 따라서 소크라테스는 악이 아닌 '선'을, 불의가 아닌 '정의'를, 거짓이 아닌 '진실'을 선택한 것을 후회하지 않았다.

소크라테스의 파레시아와 진정성의 리더십

플라톤의 『변론』에서 소크라테스는 아테네 법정에 고발문들에 대해 자신을 변론하고 있는 것처럼 보이지만, 엄밀히 말하자면 자신만을 위해 변론하는 것으로는 보이지 않는다. 더욱이 소크라테스의 변론은 궁극적으로 무죄판결을 목표로 하는 것처럼 보이지도 않는다. 처음부터 소크라테스는 자신에 대한 편견들의 원인을 상당히 비중있게 설명하지만 법정 연설을 하는 짧은 시간 동안 편견이 사라질 것이라 생각지 않았다. 그렇다고 그가 변론을 포기하거나 단념한 것은 아니다.

아테네 사람들이여, [이제] 나는 변론을 해야 합니다. 여러분이 오랜 시간 동안 들어온 비방을 이렇게 짧은 시간 동안 여러분에게서 제거해 보고자 합니다. 이것이 여러분에게도 제게도 더 좋은 일이라면 그렇게 될 수 있기를 바랍니다. 또 내가 변론하는 가운데 내게도 더 많은 것이 있기를 바랍니다. 그러나 나는 이것이 어려운 일이라 생각하며, 어떤 종류의 일인지를 아주 모르는 것도 아닙니다. 그렇지만 신께서 좋아하시는 대로 이루어지기를 바라며, 나는 법에 복종하여 나를 변론해야 합니다(Apologia, 18e-19a).

소크라테스는 아테네 법정에서 변론하는 것을 당연한 의무로 생각한다. 그는 무엇보다도 자신에 대한 편견을 제거하는 데 최선을 다할 것이라고 말했다. 그리고 그것이 자신뿐만 아니라 아테네 시민들에도 좋은 일이 되기를 바란다고 한다. 그가 무죄판결을 받게 되면 자신에게 좋은 일이며 아테네 시민들도 자신들의 영혼을 돌보는 사람을 잃지 않게 되어 그들에게도 좋은 일이 되기 때문이다. 그럼에도 소크라테스는 이것이 "어려운 일"이라고 생각했으며, 그렇지만 그는 자신은 포기하지 않고 "법에 복종하여" 자신을 변론할 것이라고 했다. 여기서도 소크라테스가 자신의 변론을 결코 소홀히 하지 않으리라는 결단을 찾아볼 수 있다. 소크라테스는 최선을 다해 자신을 변론했으며, 단지 유죄판결을 받았다고 소극적이었다고 평가할 수 없다. 단지 그가 '무엇에 최선을 다했는지'를 확인할 필요가 있다.

소크라테스는 자신이 처음부터 끝까지 '진실'을 말한다는 것을 강조하였다. 그런데 『변론』에서 실제로 그가 말하려는 진실은 무엇인가?[42] 필자는 『변론』에서의 소크라테스의 파레시아가 두 가지 측면으로 구분될 수 있다고 생각한다. 첫째, 『변론』 전반부(17a–27e)에서 소크라테스의 파레시아의 주요 목적은 '자신에 대한 진실'을 밝히는 데 있다. 소크라테스는 최초의 고발자들의 고발문과 법정 접수문 및 법정 고발문에 이르기까지 자신에 대한 오랜 편견들에서 비롯된 고발 내용들에 대해 변론을 했다. 그는 최초의 고발자들로부터 법정고발인들까지 수많은 사람들이 오랜 시간 동안 가졌던 편견들을 아주 짧은 시간 동안 깨기 위해 노력했다. 실제로 플라톤은 공식적인 법정 고발문의 내용에 대한 반박과 비교해도 상당한 분량을 차지하는 내용을 소크라테스에 대한 편견의 원인을 설명하는 데 배정했다.[43]

둘째, 『변론』 중후반부(28a–42a)에서 소크라테스의 파레시아의 주요 목적은 '타자에 대한 진실'을 밝히는 데 있다. 그러나 그것은 '자신에 대한 진실'과 교차하면서 강화되고 있다. 소크라테스는 지금 그 자신을 위해 변론하는 것이 아니라 다른 사람들을 위해 변론하고 있다고 주장하고 있다.[44] 즉, 자신의 변론을 듣고 있는 다른 사람들, 여기서는 아테네 시민들을 위해 변론한다는 것이다. 그는 1차 판결 이후에 훨씬 더 강하게 파레시아를 실천하고 있다. 소크라테스는 아테네 시민들에게 그들이 숨기고 있는 진실을 드러내 말한다. 그는 가장 위대한 도시이며 가장 유명한 지혜와 힘을 가진 아테네라는 도시에 살면서 부끄럽지 않냐고 반문한다. 아테네 시민들이 돈이나 명예를 돌보면서 가장 중요한 영혼을 돌보지를 않는다는 것이다. 소크라테스는 돈에서 덕이 나오는 것이 아니라 덕에서 돈과 그 외 좋은 것들이 나온다고 한다.[45] 그는 아테네 시민들에게 각자 "자기 자신을 돌보라"epimeleis ㅡthai heautou고 주장한다. 아테네 시민들이 자기 자신을 돌보는 것에 주의를 기울이도록 만들고자 했다. 그리하여 그는 '자기 돌봄의 스승'으로 등극한다.[46]

이것이 소크라테스가 말하려는 타자에 대한 진실이다. 그것은 자기인식을 기반으로 한다. 델포이 신탁에서 자기인식, 즉 '자기 자신을 알라'gnothi seauton를 체현한다. 그가 '가장 현명하다'고 말하는 델포이 신탁의 의미를 이해하기 위해 자신보다 현명한 사람을 찾아 대화하다가, 결국 '자신은 아무것도 모른다'는 사실을 알게 된다. 그러나 다른 사람들은 그들이 아무것도 모른다는 사실조차 모른다는 점에서 소크라테스는 자신이 다른 사람들보다 현명하다는 델포이 신탁의 의미를 알게 된다. 소크라테스는 자신에게 주어진 신의 명령을 따르기 위해 다른 사람들을 찾아다니며 파레시아를 실천한다. 이것은 자기 자신의 영혼을 돌보는 일이면서도 다른 사람의 영혼을 돌보는 일이기도

하다. 그는 자신의 일이나 집안일 등을 내팽개쳐 가면서 신의 명령을 따라 다른 사람의 영혼을 돌보는 데 전념했다. 소크라테스는 자신이 자기인식과 자기 돌봄을 도와줄 신의 선물이라 말하고 있다. 따라서 그는 자신에게 벌을 주기보다는 오히려 상을 줘야 한다고 말한다.[47] 여기서 푸코가 말하는 '타자에 대한 진실'은 소크라테스가 죽음의 위험에도 불구하고 아테네 시민들에게 건네고 있다. 그것은 그들에게 가장 중요한 것, 즉 '자기 자신을 돌보라는 것'이다.

소크라테스의 파레시아는 진실에의 용기이다. 진실을 말하는 것은 위험을 감수하거나 위협과 맞서는 것일 뿐만 아니라 의무이기도 하다. 누구도 진실을 말하는 사람에게 진실을 말하라고 강요하지는 않지만, 그는 그렇게 하는 것을 의무라고 느끼기 때문이다. 소크라테스는 죽음의 위험 앞에서 자신이 생각하는 것이 '진실'이라 생각하기 때문에 아테네 시민들에게는 질책이라 생각되는 말들을 '솔직'하게 쏟아냈다. 그것은 아테네 법정에서 그의 운명에 대해 결정권을 가진 시민들에게 직접적으로 공격하는 '비판'이었다. 그렇지만 그는 그것이 진실이라 믿기 때문에 '위험'을 감수했다. 더욱이 그것이야말로 아테네 시민들이 진정으로 좋은 삶을 살아갈 수 있도록 해준다고 믿기 때문에 자신이 해야 할 '의무'라고 생각했다.[48] 플라톤의 소크라테스가 서양 철학에서 진정한 리더로서 인정받은 것은 철학적 담론뿐만 아니라 철학적 실천 때문이다. 그는 죽음을 눈앞에 두고 자신의 영혼뿐만 아니라 타자의 영혼을 돌보아야 한다는 의무를 가졌기 때문에 진실을 말할 용기를 가졌다. 그렇기 때문에 아테네 법정에서 사형선고를 받고 죽었던 그가 인류에게 진정한 리더가 될 수 있었던 것이다.

"지금도 저는 제 변론을 후회하지 않습니다. 오히려 저는 다른 사람들처럼 변론해서 살기보다 차라리 지금처럼 변론하고 죽기를 선택하겠습니다 … 그것은 죽음을 피하기보다 악을 피하는 것이 훨씬 더 어렵기 때문입니다."

― *Apologia*, 38e-39a.

 읽을거리 & 볼거리 ───────── ◎

• 플라톤(2020), 『소크라테스의 변명』, 강철웅 옮김, 아카넷.
 플라톤의 대화편들 가운데 가장 널리 알려진 작품이자 플라톤 철학의 출발점이라 불리는 『소크라테스의 변명』은 플라톤 작품 가운데 소크라테스의 이름이 제목에 들어 있는 유일한 작품이며 소크라테스의 연설을 생생하게 직접 화법으로 전달하는 중량감 있는 작품이다.

• 미셸 푸코(2018), 『담론과 진실 : 파레시아』, 오트르망 옮김, 동녘.
 푸코의 미공개 선집 두 번째 권인 『담론과 진실』은 1982년 5월 18일에 그르노블대학교에 진행한 미셸 푸코의 강연 <파레시아>와 1983년 10월, 11월에 캘리포니아대학교 버클리캠퍼스에서 진행한 강연 <담론과 진실>을 미공개된 푸코의 원고와 함께 싣고 있다.

• 미셸 푸코(2024), 『자기 자신에 대한 진실 말하기』, 오트르망, 심세광, 전혜리 옮김, 동녘.

이 책은 푸코의 후기 사유를 이해하는 데 중요한 길라잡이이자 그 자체로 중요한 유산인 <미셸 푸코 미공개 선집>의 네 번째 책으로, 1982년 토론토 빅토리아대학교에서 푸코가 행한 연속 강연과 세미나의 내용을 중심으로 한다.

VI 반면교사의 인간형 알키비아데스

장지원

이 글에서는 고대 아테네의 유명인 알키비아데스를 반면교사의 차원에서 검토했다. 고대 아테네 전성기의 대표적 정치인이었던 알키비아데스는 당대 시민들의 선망을 받았던 롤 모델(role-model)이었다. 하지만 개인적으로는 자신의 능력을 과시하기 위한 무모한 활동으로 사회적 물의를 일으켰고, 정치인으로는 스파르타와의 전쟁에서 무리한 시칠리아 원정을 추진하다 아테네의 위기를 초래했고 이후에도 지속적인 이적행위로 아테네 패전의 원흉이 되었다.

아테네의 부모들이 이상적인 인간상으로 생각했던 인물의 극적인 타락은 알키비아데스를 통해 우리가 자아와 세계의 측면에서 어떠한 삶을 살 것인지를 다시금 고민하게 한다. 자기인식과 리더십 역량을 갖추는 과정에서는 위인에 대한 흠모와 존경뿐 아니라 악인에 대한 면밀한 분석과 평가가 뒤따라야 한다는 점에서 반면교사의 관점과 방법을 점검해 본다. 교사론을 넘어서서 반면교사론의 정립을 통해 리더십 함양의 계기를 크게 높일 수 있을 것으로 기대해 본다.

플라톤의 대화편 『라케스』에 등장하는 리시마코스와 멜레시아스의 일화와 『국가』에 등장하는 기게스의 반지를 조명하며 당대 아테네가 선망했던 생활방식과 교육을 검토한다. 아테네 폴리스가 알키비아데스를 선망했던 사회적 분위기를 조망하면서 우리가 살고 있는 현시대와 사회의 도덕적 경향을 검토해 본다. 뒤이어 『향연』에 등장하는 알키비아데스와 소크라테스의 관계에 나타난 그의 한계를 조명한다. 만취상태로 연회장에 난입해 소크라테스에 대한 감정을 숨

김없이 토로하는 알키비아데스의 모습에서 소크라테스를 독차지하겠다는 탐욕과 오만이 여과없이 드러나고 있다. 타자에 대한 최소한의 이해와 공감도 없이 모든 행위의 판단을 철저히 자기중심적으로 해온 알키비아데스는 『펠로폰네소스 전쟁사』에서 확인할 수 있듯 공적인 정치행위 속에서조차 자신의 이익과 명예를 극대화하는 데 여념이 없었다. 인간본성의 동일함에 초점을 맞추고 있는 투키디데스의 접근방식과 전형(paradeigma)을 고려하고 있는 플라톤의 입장은 선후관계나 서술방식에서는 차이가 있지만, 궁극적으로는 가장 훌륭한 인간형과 폴리스에 대한 입장이라는 점에서 독자들은 알키비아데스에 대한 반면교사로 두 작품을 해석하는 것이 가능해진다.

알키비아데스의 사례는 우리가 앞으로 어떤 방식으로 자기 자신을 이해하고 세계와의 관계에서 리더십을 발휘해야 할지를 모색하게 한다. 덕과 덕목을 특정하고 그 덕목에 맞춘 삶을 통해 덕을 발현하는 것은 철학적인 인식에서는 수순에 맞지만, 일상생활의 차원에서는 결코 쉬운 일이 아니다. 덕을 직관할 수 있어야 덕목을 특정할 수 있기 마련인데, 보통의 사람들도 상당한 수준의 지혜를 갖추고 있지만, 그 자신들이 일상생활에서 자연스럽게 치우쳐지기 마련이기 때문에 보편적 수준의 덕을 발휘하기란 사실상 불가능하다. 그 점에서 반면교사적인 방식으로 자아와 세계에 대한 우리의 인식을 새롭게 정립하는 방식을 고민해 볼 수 있다.

들어가는 말

역사에서 페리클레스의 황금기로 불리는 50년의 시대는 정치, 경제, 문화, 예술 각 측면에서 아테네 사회가 최고의 전성기를 누렸던 시기로 평가된다. 하지만 스파르타와의 펠로폰네소스 전쟁 이후 아테네는 급속도로 몰락하게 된다. 무리한 전쟁을 지속하기 위한 경제적·사회적 소모와 패전에 따른 패권국 지위의 상실 등의 사회적 혼란이 극심했다. 펠로폰네소스 전쟁은 철학과 역사에도 적잖은 영향을 남긴다. 플라톤은 전쟁 이후 정치적 혼란과 소크라테스의 사형 집행을 경험하며 '정의로운 것은 철학을 통해 알아낼 수 있는 것'이라며 철학에 매진하게 되었고[1], 투키디데스는 '이 전쟁이 과거의 어떤 전쟁보다 기록해 둘 가치가 있는 전쟁'임을 직감하며 전쟁과 관련된 사실들을 관찰하고 기록하였다.[2]

아테네의 최전성기와 몰락을 동시에 겪었던 플라톤과 투키디데스는 접근 방식은 상이하지만 모두 당대에 대한 문제 인식과 대책 마련을 촉구하고 있다. 플라톤은 '철학자가 권좌에 오르거나 권력자들이 철학을 하기 전에는 인류에게 재앙이 그치지 않을 것'이라고 우려하며 『국가』를 비롯한 많은 저작에서 자신의 문제의식을 표출한다.[3] 투키디데스는 '그리스 도시들이 겪은 고통은 사람의 본성이 변하지 않는 한 언제나 되풀이 될 것'이라고 지적하며[4], 당대 상황을 기술하고 후대인들을 설득하고 있다.

흥미로운 점은 이들 둘의 저작에서 모두 알키비아데스(Alkibiades, BCE 450-404)라는 인물이 등장한다는 점이다. 알키비아데스는 당시 아테네를 대표하는 유명인사로 시민들에게 동경의 대상이 되었던 동시에 정치적으로도 많은 논란을 쌓았던 정치인이었다. 특히 "아테네의 젊은이들을 타락시키고 국가가 믿는 신을 믿지 않았다"는 소크라테스의 죄목에 해당하는 젊은이가 바로 알키비아데스라는 사실은 그가 지니고 있는 사회적 영향력을 짐작하게 한다.

교육의 질은 교사의 질을 넘지 못한다는 말이 있어 우리는 좋은 교사를 고민하고 좋은 교육자가 인격의 형성에 절대적이라고 생각하는 경향이 있다. 좋은 표현이지만, 그만큼의 좋은 교사가 많지 않은 것도 현실이다. 오히려 좋은 교사보다 더 많고 쉽게 접할 수 있는 반면교사들을 찾아내 그들에 대해 세심하게 분석하고 평가하면서 우리의 자기인식과 리더십 역량을 강화하는 것이 적절한 방법일 수 있다. 본고에서 플라톤이나 투키디데스 같은 역사적 거물들 대신 알키비아데스라는 악당에 대해 검토하는 것도 바로 이러한 취지를 반영한 것이다.

이 글에서는 반면교사를 위한 관점과 방법에 대해 고민하면서 알키비아데스와 같은 인간형이 탄생하고 부각되는 아테네 사회의 양상에 대해 고찰한다. 정의와 도덕에는 무감각한 채 자식의 사회적 성공을 위해 사교육에만 연연하는 당시 아테네의 사회적 분위기를 『라케스』와 『국가』를 통해 조명하고 그 사회가 가장 선망했던 인물인 알키비아데스에 대한 분석의 예비작업을 수행한다.5) 4장은 플라톤의 『향연』을 중심으로, 5장에서는 투키디데스의 『펠로폰네소스 전쟁사』를 중심으로 이들의 알키비아데스 서술을 검토하며 알키비아데스의 행위의 이면을 분석해 반면교사의 지침으로 활용하고자 한다.

반면교사의 교육 탐색

역사 속의 많은 인물들을 보면서 우리는 선망하거나 그들을 본받아 위인이 되어야겠다고 생각하기도 하지만 그렇지 않은 경우도 많다. 성인군자의 반열에 올라선 사람들을 대상으로 롤 모델을 삼는 것은 자칫 허황된 목표일 수도 있기 때문이다. 다수의 사람들은 위인들의 모습을 보면서 위인들의 비범한 생애와 탁월한 역량에 주목한 나머지 그렇지 못한 자기 자신을 비교하며 오히려 퇴보하는 경우도 적지 않기 때문이다.

역사 속의 악당들을 검토하는 것은 위인들에 대한 숭배와는 다르다. 지금의 시선으로 악행들을 분석해 보는 것은 쉽고 재밌기 때문이다. 자괴감에 빠질 일도 없고 굳이 거창한 삶의 목표를 세워야 할 필요도 없다. 자연법적 차원에서 고찰한다면, 사람이 이렇게 살아야 한다보다 훨씬 쉬운 접근은 이렇게 살아서는 안 된다는 접근이다. 직관주의적 윤리설의 입장에서 보더라도 사람이 어떤 행위가 옳은지 그른지는 쉽게 파악할 수 있기 때문이다. '사람을 죽이면 안 된다. 다른 사람의 물건을 뺏으면 안 된다'의 주가 되는 행위들은 다름 아닌 악당들의 행동이기 때문에 우리는 분노할 수 있고 그들보다 나은 삶을 살 수 있는 각성의 계기로 삼을 수 있다.

반면교사를 어떻게 할 것인가. 내면에서 끓어오르는 감정에 조용히 귀를 기울이면서 문제의식을 키워가는 것이 우선이다. 때문에 반면교사는 일견 감정적 반발처럼 보이지만, 자아의 내면적 공간에서 이루어지는 활동이기도 하다. 반면교사를 하겠다고 나서기 위해서는 무엇이 필요한가? 비판적 사고력을 중요하게 평가하지만, 사실은 대등의식이 더욱 중요하다. 비판은 표면적 현상에 불과하고 본질적인 것은 그 비판의 의도에 있다. 통상적인 차원의 비판은 비판보다 비난에 가깝고 '내가 해도 그것보다 더 잘하겠다'는 식의 조롱에 가깝다. 반면 누구나 대등하다는 주체적 인식에서 출발하는 비판은 사물의 이치나 본질에 따라 더 나은 삶을 살겠다는 의지의 반영이라는 점에서 비난과 조롱을 넘어선 대안의 모색으로 이어진다.

분명한 원칙과 의지가 결여된 상태에서 시작하는 반면교사는 자칫하면 부정의 옹호로 이어지는 한계를 낳고 만다. 저들이 잘못되었으니 저들에 대한 비판만을 찾아가면 충분한 대안을 만들 수 있다는 것은 일차원적인 생각이다. 반면교사는 이상적인 삶의 상황에 대한 진지한 고찰을 필요로 한다. 플라톤이 『국가』와 『법률』을 통해서 수립하고자 했던 최선과 차선의 국가가 실제로는 '아테네 사회의 몰락'이라는 부정적 상황에 대한 대응방안이었다는 점이 좋은 사례이다. 하지만, 반면교사의 인간형을 고찰하는 것은 내가 거인의 어깨 위에 올라서 세상을 잘 이해한다는 사고방식, 이른바 거인론, 영재론, 천재론에 입각한 사고와는 구별된다. 거인을 운운하지 않고 내가 자연의 일부이자, 자연과 대등한 존재로서 자본, 정치, 학식의 권위에 연연하지 않고, 강자라고 불리는 사람들의 위선과 탐욕, 오만을 직시하는 데 있다.

반면교사가 왜 의의가 있는가? 다른 어떠한 외부적 윤리가 아닌 자연과 자연법적 윤리를 지니고 있어 강자의 약점과 약자의 강점을 정확하게 파악할 수 있었기 때문이다. 자아를 토대로 판단하는 데 있어 외부적인 권위 등 시선을 투사하지 않고, 누구나 납득하고 공감할 수 있는 일상 속의 사물들에서 윤리적 토대를 구성했기 때문이다. 반면교사의 교육학은 대등의 교육학이고 교사처럼 완벽을 기하는 자의 모방이 아닌 반면교사를 보면서 내 자신 안에 들어있는 창조주권을 발산해 새로운 교육과 자기인식, 그리고 리더십의 체계를 만들어가기 위한 노력을 촉구한다.

알키비아데스를 선망하던 아테네 사회
: 『라케스』와 『국가』를 통한 시대 조명

　　반면교사의 인간형 알키비아데스에 대해 고찰하기 위해서는 우선 당대 아테네의 사회적 분위기를 고찰할 필요가 있다. 당대 아테네인들이 자신의 삶에서 무엇을 고민했는지를 확인해 보면 그들에게 알키비아데스가 어떤 존재였는지를 역으로 짐작할 수 있기 때문이다. 플라톤의 대화편 『라케스』에서는 리시마코스와 멜레시아스부터 시작해 아테네인들이 당시 자식들의 교육을 위해 무엇을 준비했는지를 확인할 수 있다. 교육을 통해 이들이 의도했던 바를 확인하면 자연스럽게 아테네 부모들이 선망했던 인간형을 고찰할 수 있다는 점에서 『라케스』는 중요한 정보를 제공하고 있다. 플라톤의 주요 저작 중 하나인 『국가』 1권과 2권에서 등장하는 기게스의 반지는 아테네인들이 지니고 있었던 윤리적 태도를 보여준다. 아테네인들이 자신들의 삶에 대해 가지고 있었던 태도는 그들의 집단적 심성의 반영이라는 점에서 민회에서 이루어진 의사결정 전반의 이면을 확인할 수 있게 한다. 이 두 대화편을 고찰해 보면, 왜 알키비아데스가 아테네 사회에서 선망의 대상이었는지, 그리고 아테네가 왜 알키비아데스를 제대로 단죄하지 못한 채 몰락하게 되었는지를 확인할 수 있다.

　　대화편 『라케스』를 먼저 살펴보자. 대화의 출발점은 자식 교육에 대한 견해 차이에서 비롯된다(178b). 리시마코스와 멜레시아스는 자식들을 가장 훌륭하게 키우고 싶어한다. 그러나 어떻게 키워야만 훌륭한 사람이 될지에 대해서는 확실한 지식을 갖지 못했기 때문에 이들이 할 수 있는 것은 아버지로서 최대한 그들에게 마음 쓰는 것이다.

여기서 '마음 씀'은 희랍어 동사 에피멜레오마이(epimeleomai)의 변화형을 해석한 것으로(박종현, 2006: 150) 마음 쓰다, 돌보다, 보살피다, 신경쓰다, 관리하다의 의미이다. 변화형인 에피멜레테스(epimeletes)는 일의 책임을 맡은 사람, 군대의 지휘관을 뜻하는 단어이기도 하다 (Liddell & Scott, 1909: 255–256). 모든 부모들이 그렇듯, 리시마코스와 멜레시아스는 아이들을 잘 보살펴서(therapeuō) 그들이 가장 훌륭한 사람으로 자라나는 것이 이들의 주요 관심이다(*Laches*, 179b). 그러나 '마음 쓰다'라는 단어의 의미를 보다 적극적으로 해석해 보면 두 아버지는 앞으로 장성하게 될 아이들의 교육에 개입하여 이들을 당시 아테네 사회에서 요구하는 훌륭한 군인이자 시민으로 키우려는 목표를 가지고 있던 것으로 이해된다. 마음 씀을 통해 실제로 이들이 의도하는 것은 아래와 같다.

> 만약에 이들이 자신들에 대해 소홀히 하고 우리가 하는 말을 따르지 않는다면, 명성 없는(akleēs) 사람들이 되겠지만, 만약에 자신들에 대해 마음을 쓰게 될 경우에는, 아마도 자신들의 할아버지가 이룬 이름값을 하는 사람들로 될 것이라고 말하면서 말입니다. 그래서 이들은 시키는 대로 따를 것이라 말합니다. 그렇게 되어 우리는 이 문제를 곧 이들이 무엇을 배우거나 행함으로써 최대한 훌륭한 사람들로 되겠는지를 생각하고 있습니다 (*Laches*, 179d).

리시마코스와 멜레시아스의 부친은 아리스테이데스와 투키디데스로 아테네의 역사에 크게 이름을 떨친 인물이다. 아리스테이데스는 데미스토클레스의 정적이자 도편추방제와 관련된 일화로 유명한 아테네의 정치가였고, 역사가 투키디데스와 동명이인인 투키티데스 역시 장군으로 활약하며 신망이 높았던 인물이었다. 고대 아테네인들은 할아버지의 이름을 손자가 쓰는 풍습이 있었는데, 이름값을 하는 사람이라는 표현에는 자식들이 할아버지와 같이 명성을 떨치는 사람이 되기를 바라는 마음이 담겨 있는 것이다. 물론 여기서 말하는 명성 없음(akleēs)은 다른 사람들이 알아주지 못하는 것, 명예롭지 못한 것, 볼 면목이 없음을 뜻하는 단어이다(Liddell and Scott, 1909). 그리고 이 명성은 내가 만들 수 있는 것이 아니라 사회 공동체에서 규정되는 것임을 감안하면 근본적으로 다른 사람들에 의한 평판(doxa)임이 분명해진다. 할아버지의 이름을 딴 아들들도 아버지의 바람, 즉 사회에서 명망을 떨치기를 희망하고 자식들 또한 그러한 삶을 살기를 희망한다. 그 점에서 리시마코스와 멜레시아스의 고민은 자식들의 명망을 높일 수 있는 학문과 공적 활동을 준비하는 것에 있다.

리시마코스와 멜레시아스에게 학문과 공적 활동이라는 두 단어가 가지는 의미는 분명하다. 두 아버지들에게 배움이란 이들이 훌륭한 명성을 얻을 수 있는 지식의 습득을 의미한다. 이를 위해 아버지들이 관심을 가질 만한 것은 당시 훌륭한 시민의 기본을 익히기 위한 교과인 문학과 소피스트의 설득술이었다. 『국가』에서 플라톤은 문학에 능한 사람을 가리켜 교양 있는 사람이라고 부를 만큼(Politeia, 349d) 문학은 당시 아테네 시민이라면 꼭 배워야 할 중요한 교육 내용이었다. 또한 소피스트의 기술로 대표되는 설득술도 반드시 배워야 할 학문이었다. 당시 고대 그리스인들에게 사회적 성공을 가져다 줄 수 있는 학문 중 필수적인 것이 설득술이었기 때문이다. 정치에 입문하기 위해서는 민회에서 시민들을 설득할 수 있는 기술이 필요했고, 많은 시민들이 이미 프로타고라스, 고르기아스, 이소크라테스로 대표되는 소피스트들에게 설득술과 수사술을 배웠음은 잘 알려져 있다. 그러나 리시마코스와 멜레시아스의 자식들은 군 복무를 막 앞두고 있었던 청년들로 추정된다. 따라서 이들에게 당장 필요한 것은 군에서 자신의 생명을 지키고 명성을 떨칠 수 있도록 하는 능력을 쌓는 것이었다.

고대 아테네에서 남자가 시민이 된다는 것은 특히 군사적 차원에서 공동체를 방어하고, 정치적 측면에서 전체 구성원이 참여하는 의사결정 행위에 적극적으로 참여하고 행사하는 것을 의미했다(Mossé, 1993: 59). 따라서 이들이 훌륭한 시민으로 이름을 떨치기 위해서는 군사적 능력의 함양이 꼭 필요했다. 『아테네 정치제도사』에서 아리스토텔레스는 "군 복무를 하기 위한 자격은 매우 엄격했으며, 자신들의 출생을 속이고 군대를 가는 자들도 있었다"고 할 만큼 아테네에서 군복무는 시민의 권리이자 아테네 사회에서 인정받기 위해서는 반드시 통과해야하는 과정이었다(Athenaion politeia XLII, 1-5). 이러한 맥락을 감안하면 리시마코스와 멜레시아스가 생각했던 자식들을 위한 활동은 아테네 시민으로서 군복무라는 공적 활동에 참여해 이들이 충분한 공적을 쌓는 데 도움이 될 만한 기술을 선행학습 시키는 것이었다.

『라케스』에 등장하는 교육에 대한 입장은 지극히 평범하고 오늘날 학부모들이 드러내는 교육에 대한 열망을 연상시킨다. 두 아버지는 자식들이 입신양명과 같이 사회적인 성공을 얻기를 바라고 있고, 이를 위해 당시 군인들에게 필요한 것으로 회자되는 무장전투 교육에 관심을 가지고 있다(Laches, 179d). 무장전투에 연연하는 이유는 아테네 사회에서 훌륭한 군인이 되어야만 시민의 입지를 다질 수 있고, 이를 발판으로 하여 정계에서 활동할 수 있기 때문이었다. 따라서 리시마코스와 멜레시아스는 아들들이 군인으로 성공하도록 마음 쓰고 있다. 그러나 이들은 자신들의 교육방식에 대한 확신이 부족한 상태였으며, 당시 아테네에서 사회적으로 성공한 사람들의 의견을 구하고 싶어했다. 이러한 연유에서 니키아스와 라케스라는 장군이 등장하고, 교육의 전문가를 자처하는 소크라테스가 이후 대화에 참여하게 된다.

플라톤의 대표저작인 『국가』 2권에서는 1권에서 제기된 정의(dikaiosynē)에 대한 논쟁을 토대로 본격적인 플라톤의 정의론이 등장하기 시작한다. 논의의 출발점은 글라우콘이 제기하는 기게스(Gyges)의 이야기이다. 이 설화는 헤로도토스의 『역사』와 플라톤의 『국가』 두 곳에서 등장하는데 『역사』에서 기게스는 리디아의 국왕 칸타울레스의 명령에 따랐다가 발각되어 생사의 기로에서 어쩔 수 없는 선택을 한 반면, 『국가』에서의 기게스는 우연히 발견한 반지를 자발적 의도에 따라 비윤리적으로 활용한다는 점에서 차이가 있다. 반지를 돌리면 투명인간으로 변하게 된다는 초능력은 『국가』에서만 발견할 수 있는 내용으로 윤리적 행위와 타자의 시선을 결부시키면서, 양심에 따른 정의로운 삶의 효용에 대해 문제 제기한다.

리디아의 왕 칸타울레스는 자신의 아내를 자랑하고 싶은 일종의 성적 도착 상태에 빠져 시종 기게스에게 침실 안에 들어가 자신과 아내를 엿볼 것을 명령한다. 하지만 기게스에게 모욕을 느낀 아내는 다음날 아침 기게스를 불러 자신을 모욕한 남편 대신 자신의 남편이 되거나 자결할 것을 명령했다. 기게스는 칸타울레스를 죽이고 왕이 되는 길을 선택했다(*Historia*, I, 8-13).

기게스는 투명인간으로 자신을 만들어주는 절대적 권능을 지닌 반지를 우연히 발견하게 된다. 반지의 신통력을 확인하자 양치기였던 기게스는 왕의 전령을 자처하고는 왕비와 동침하고 왕을 죽인 후 스스로 왕이 된다. 그는 이제 나쁜 일을 하더라도 자신의 악함을 감추고 선해보일 수 있는 능력을 갖게 되었다(*Politeia*, 359d – 360c).

헤로도토스가 『역사』에서 서술한 기게스 이야기에서는 윤리적 행위에 대한 책임이 주를 이루고 있다. 강자인 칸타울레스가 성적 도착에 빠져 기게스와 왕비를 부당하게 모욕했고, 약자인 왕비와 기게스는 반발을 일으킨다. 살인을 저지른 것을 부당하다고 지적할 수 있지만, 왕비와 기게스에게 다른 선택의 여지는 없다는 점을 감안해야 한다. 기게스가 새로운 왕이 되었다는 사실에 대한 가치판단은 하지 않았다. 기게스의 왕위 등극은 기게스에게 대단한 능력이 있어서 이루어진 것이 아니다. 기게스가 선정을 베풀었다는 이야기 자체가 성립할 수 없는 이유이기도 하다.

반면 『국가』에서 기게스에서는 우연히 절대적 능력을 지닌 반지를 얻게 된다. 자신의 노력을 통해 얻은 결과가 아님에도 얻은 행운에 대해 아무런 불안감이나 부담을 느끼지도 않는다. 양치기인 기게스는 망설임 없이 부귀영화의 최정점인 왕을 겨냥한다. 기게스의 행위는 나쁜 일을 했음에도 불구하고 그에 대한 처벌의 대상이 되지 않아 도덕적 정의를 유명무실하게 한다. 그 점에서 기게스 영웅설화는 『일과 날』에서 문제 삼았던 페르세스의 오만에 대한 헤시오도스의 경고와도 거리가 있다. 페르세스는 계략으로 헤시오도스의 유산을 강탈했고, 재판관들을 매수하여 이를 정당화한다. 격분한 헤시오도스는 『일과 날』에 페르세스의 악행을 기록해 도덕적 정의가 무너진 당대 현실을 고발하고 후대에 전승한다. 반면 『국가』의 기게스는 부당한 짓을 저지르고도 발각되지 않으면 아무 문제가 없다는 통념을 정당화시키고 있다.

　나아가 『국가』 2권에서 플라톤과 상대하는 글라우콘과 아데이만 토스는 기게스의 주장을 이어받아 정의로운 사람이지만 누명을 쓰고 사형집행을 기다리는 경우와 불의한 사람임에도 사회 속에서 부와 명예를 누리는 사람을 비교하며 정의로운 삶에 대해 답변해야 하는 플라톤을 고민에 빠트린다. 사실 『국가』 2권의 내용을 단순한 사고실험으로만 간주할 것은 아니다. 이미 펠로폰네소스 전쟁 시기에 보여주었던 미틸레네와 멜로스에 대한 민회의 처분에서 보여주듯 아테네의 윤리적 판단 기준은 철저히 자신들의 이익에 기초해 이루어졌고, 그에 대한 타국의 반발이나 피해 등에 대해서는 가혹한 처사로 일관했기 때문이다. 당대 아테네 시대의 도덕률의 양상을 보여주는 것이기도 하다. 아테네가 도덕적 심판관의 역할을 자처하는 태도의 이면에는 물론 막강한 해군력이 자리하고 있었기 때문이다.

　그 점을 고려하면 『국가』에서 플라톤이 기게스의 이야기를 수록하고 있는 것을 가볍게 볼 것은 아니다. '정의는 강자의 이익', '강자의 약자 지배는 자연의 이치'라고 하는 소피스트적 윤리관이 이미 만연해 있었고, 친구는 이롭게 적들은 해롭게 한다는 친소관계에 따른 윤리적 관점이 당연한 것으로 여겨져 왔던 것이 아테네 사회의 실상이었다. 이러한 아테네 사회는 모든 것을 마음대로 하면서도 그 자신은 아무런 피해를 입지 않는 존재에 대한 선망을 여과없이 드러내는데 그가 바로 알키비아데스였다.

4

플라톤의 알키비아데스: 훌륭함에 대한 무지와 오만

『제7서한』을 비롯한 다양한 저술에서 오랫동안 플라톤이 지적해왔던 것처럼 그의 관심은 철학자를 왕으로 만들거나 왕을 철학자로 만드는 것을 통한 가장 훌륭한 이상국가(kallipolis)의 건설이자 이를 통한 시민 모두의 행복에 있음은 비교적 잘 알려져 있다.6) 이는 아카데메이아의 설립 이후 두드러지는데 많은 아카데메이아 출신 플라톤의 제자들은 각지에서 폴리스의 건설과 운영에 대한 자문을 요청받았던 것으로 전해진다.7) 플라톤 그 자신이 『제7서한』에서 디온과의 관계를 언급하고 훌륭한 철학자의 자질과 방향에 대해 고민하는 과정은 그가 철학을 하는 이유와 목적을 가늠할 수 있다는 점에서 의미 있다.

그러한 차원에서 플라톤의 많은 저작들에 등장하는 훌륭한 개인이 지녀야 할 핵심적 요소에 대한 고민은 『국가』에 등장하는 철학자의 자질(physis)에 대한 논의에서 반영된다. "만약 그들이 이러한 방향으로 가기 시작한다면, 이러한 재능에서 도시에 가장 이득이 되는 자도 해가 되는 자도 나타날 것이다. 국가는 매우 도덕적이자 공동체적 저작임에도 불구하고 이 훌륭함을 소유할 수 있는 인물은 그 자체로는 윤리와 무관한 것처럼 보인다.8) 여러 면에서 '큰 나라 출신에 부유하고 명문태생이자 잘생기고 키가 큰 미남'은 알키비아데스를 연상시킨다.9) 그러나 이 미남은 '지성(nous)'을 갖추지 못한 채 젠체하는 마음과 공허한 자만심으로 충만해 있을 수 있음을 플라톤은 경계한다.10)

플라톤은 철학자의 자질뿐만 아니라 그 자질을 살리는 교육이 중요하다고 평가한다. 그는 자질과 맞지 않는 교육이 지속될 경우 이들은 단순히 잠재력을 다 발휘하지 못하는 차원이 아닌 더 나쁜 방향으로 치닫게 된다고 주장한다.[11] 재능을 갖춘 모든 씨앗이 적절한 영양, 계절, 장소를 제공받지 못하게 되면 그 씨앗은 결핍되고 더 나쁜 상태에 빠지게 되며, 자질이 최선이더라도 양육이 그에 미치지 못하면 그 자질은 평범한 상태보다 더 못한 수준으로 전락하기 때문이다. 플라톤이 『국가』에서 수호자 교육에 역점을 두고, 『법률』에서도 교육의 문제에 주목하는 데는 이러한 문제의식이 반영되어 있다. 특히 『제7서한』에서 확인되듯 철학적 재능을 갖춘 디온(Dion)에 지속적으로 관심을 보였고, 그가 세운 아카데메이아에서 꾸준히 인재들을 배출했던 것은 그의 폴리스 이론, 철학자, 교육 간의 관계를 잘 보여준다. 훌륭한 통치자를 양성하기 위해 매진했던 그의 노력은 『알키비아데스 1』과 『향연』에 등장하는 탁월한 자질을 가진 알키비아데스와 교사인 소크라테스의 관계를 연상시킨다.

여러 문헌에서 확인되듯, 알키비아데스는 고대 아테네에서 가장 유명한 인물이었다. 부유한 환경과 준수한 외모 등으로 큰 인기를 누렸으며, 아테네 최고 명문가였던 알크마이온가의 후손이자 페리클레스가 후견인이었던 그의 환경은 부러움의 대상이었다. 이러한 좋은 여건은 그가 당대 아테네에서 누릴 수 있는 최고의 교육환경에서 양육되었음을 예상하게 한다. 페리클레스와 교류했던 프로타고라스와 고르기아스 등의 소피스트와 아낙사고라스 같은 자연철학자 그리고 많은 비난을 샀지만 지적으로 탁월하다고 인정받았던 아스파시아 등이 모두 페리클레스를 통해 알키비아데스와 교류할 수 있었던 환경이라는 점에서 알키비아데스 주변의 지적 토양은 매우 훌륭했음을 가늠하게 한다.[12]

하지만 알키비아데스의 성품에는 문제가 있었다. 오만하고 자기중심적이었던 그는 승부욕과 경쟁심이 매우 강했을 뿐만 아니라 자신의 잘못을 인정할 줄 모르는 유형의 인간이었다. 더 나아가 자신의 행위를 합리화하는 데 능했고, 자기 때문에 피해를 본 다른 사람들의 감정은 아랑곳하지 않았다는 점에서 문제가 있었다. 특히 그는 경쟁심과 승부욕이 두드러졌으며 승리를 위해 기존 관습이나 질서를 무시하고 멋대로 행동하기를 일삼았다. 레슬링 도중 이빨을 사용하면서도 '사자처럼'이라고 자신의 반칙 행위를 정당화하거나 달려오는 수레 앞에 드러누워 급정거를 강요하는 행동은 단순한 장난으로 보기엔 지나치며 그의 성격이 자기 본위, 자기중심적이었음을 시사한다.13) 기원전 416년 올림피아 경기에서 7대의 전차를 동원해 1, 2, 4등을 차지했다는 일화는 승리에 집착하는 알키비아데스의 성품에 대한 전거가 된다.

여러 측면에서 알키비아데스의 행동은 오만과 궤를 같이 한다. 고의적인 모욕적 행동인 오만은 고대 그리스에서 문제시 되는 대표적인 행위 중 하나였다. 아리스토텔레스의 『수사학』에 따르면 오만은 '그것을 통해 단지 내가 즐겁기 위해 다른 사람들에게 모욕이 될 만한 행위를 하는 것'이다.14) 헤시오도스의 『일과 날』 이래 오만은 타인에 대한 모욕과 이를 통한 자신의 물질적, 정신적인 쾌감과 이익을 극도로 추구한다는 점에서 자연스럽게 기존 법도 및 규범의 파괴와 타자의 권리 침해로 연결된다. 필요에 의해 구성된 소규모 공동체인 폴리스15) 생활을 위해서는 필연적으로 폴리스의 유지와 시민의 공존을 위한 전제조건인 관습의 준수가 요구된다.16) 그리고 이러한 관습과 법률은 신의 권위를 통해 보호되고 계승되어 왔다.17) 이처럼 공동체의 관습이 자연스러운 신적 질서로 존중되어 온 공간에서 관습의 위배는 타자에 대한 직·간접적 모욕을 의미하였으며, 신에 의한 징벌의 대상이 되었다.18)

알키비아데스의 경쟁적·대결중심의 사고방식 자체가 아테네인들에게 불편한 것은 아니었다. 고대 아테네인들은 경쟁에 매우 익숙한 인물들이었으며 디오니소스 축제의 비극과 희극 역시 경연(agon) 방식으로 상연될 정도로 일상생활 속에서 경쟁을 당연하게 여겼기 때문이다.[19] 하지만 알키비아데스의 경우 그 방식에 문제가 있었다. 올림픽에서 우승하기 위해 7대의 전차를 동원하는 그의 태도는 우승의 확률을 높인다는 점에서는 일견 합리적이지만, 공정한 기회의 보장과 참여라는 올림픽의 관습과 질서의 약화로 이어졌다는 점에서 문제가 되는 것이었다. 그런 면에서 알키비아데스는 무절제의 사례이기도 하며[20], 무엇이 좋음인지에 대한 인식과는 별개로 행동하는 존재로 평가된다. 경쟁에서의 승리를 통해 자신의 우월함과 잘남을 증명하려고 시도했던 알키비아데스의 모습은 경쟁이 고대 그리스인들에게 자연스러운 가치라는 점에서 그리스인다웠지만, 그 방식은 극단적이었다. 알키비아데스는 승리 지향적이지만, 승리에 대한 과도한 집착은 규칙을 위배한 승리를 생각하게 되기 때문이었다. 고대 희랍이 극심한 경쟁 사회였음을 감안하더라도 과도했던 이러한 알키비아데스의 태도는 사회적 강자라는 자신의 내적 자산과 외적 환경을 십분 활용한 결과였다는 점에서 당대 아테네 대중들의 윤리관과 그 맥을 같이 한다.

플라톤이 『향연』에서 알키비아데스를 등장시키고 소크라테스와 그를 대비시키는 과정은, 알키비아데스가 그가 주장하는 철학적 자질을 갖춘 훌륭한 인재인 동시에 알키비아데스의 태도가 소크라테스 본인이 극복해야 했던 고르기아스의 칼리클레스와 트라시마코스의 주장을 연상시키기 때문이다. 소크라테스와 플라톤이 소피스트들의 교육에 대해 가장 심각하게 반박한 것은 그들이 목표로 하는 아테네가 사실상 도덕과 윤리를 무시하고 있다는 점이었다.[21] 플라톤은 고르기아스와 같은 회의주의자의 비판을 논파했지만 그들의 현세적 사고를 완전히 불식시켰다고 보기에는 한계가 있었다.[22] 분명한 것은 플라톤이 자신의 사상을 전달하기 위해서는 명확한 이상형을 필요로 하고 실제 『국가』와 『정치가』 등에서는 이상형을 제시했지만[23], 그 전형 역시 시민들의 이해에는 효과적이지 못했다는 점이다. 그런 차원에서 플라톤에게 알키비아데스는 시민들에게 가장 훌륭한(aristos) 인물로 여겨질 정도로 선망의 대상이었던 만큼, 그가 알키비아데스를 등장인물로 사용한 것은 설득력을 위한 극적 장치로 해석된다.

소크라테스가 알키비아데스와 공식적인 사제 관계를 맺은 것은 아니었지만 알키비아데스와 교유(synousia)하며 많은 논의를 주고받았던 것으로 보인다.[24] 양자의 관계에 대해 플루타르코스는 소크라테스가 "알키비아데스의 부와 명예 때문에 그가 화려한 꽃처럼 시들어 버릴 가능성을 염려"하고, 알키비아데스를 변화시키기 위해 노력했던 것으로 기술하고 있다.[25] 플라톤 역시 『향연』과 『알키비아데스 1』[26]에서 그에 대해 자세히 언급하고 있다. 그러나 소크라테스의 뜻과는 달리 크세노폰은 '알키비아데스는 소크라테스와 같은 절제하는 삶을 사느니 죽음을 선택할 것'이라고 주장하며, 알키비아데스는 소크라테스로 인해 타락하였다는 세간의 평가와는 달리 소크라테스가 지닌 훌륭함을 탐했던 인물로 평가한다.[27]

알키비아데스가 주목했던 소크라테스의 능력은 연설능력이었다. 그는 소크라테스의 연설능력에 대해 "페리클레스보다 훨씬 탁월했고 더 흥분될 정도"라고 평가한다.[28] 실제로 소크라테스에 대한 당대 대중들의 인식을 반영하는 아리스토파네스의 『구름』에 등장하는 궤변론자 소크라테스의 모습은 탁월한 정치적 선동능력을 갖춘 소피스트의 모습이다.[29] 당대 고대 그리스의 정치인들이 연설기술을 강조했던 점을 고려하면, 알키비아데스가 소크라테스와 교류하게 된 것은 크세노

폰의 주장처럼 소크라테스의 능력 때문으로 해석할 수 있다.[30] 하지만 플라톤은 자신의 아름다움과 소크라테스의 연설기술 간에 황금과 청동만큼의 격차가 있다는 알키비아데스의 판단을 비판하고[31], 사랑에 대한 견해를 논파하며 알키비아데스의 무지를 밝혀낸다.

서로의 필요에 의해 가치의 교환이 이루어지는 것을 감안한다면 소크라테스와 알키비아데스 사이에는 거래가 성립하기 어렵다. 소크라테스가 알키비아데스에 대해 관심을 보였던 것은 그의 훌륭한 자질 때문이다. 플라톤은 좋은 재능을 갖고 있는 알키비아데스가 타락하지 않도록 그를 교육하려고 시도했던 소크라테스의 시도를 대화편을 통해 묘사하고 있다. 반면 알키비아데스는 자신의 정치적 성공을 위해 소크라테스의 연설 기술을 필요로 할 뿐이다. 절제로 단련된 소크라테스에게 자신의 아름다움을 선물하며 그의 연설기술을 취득하려 하지만, 소크라테스는 진리에 대한 사랑과 좋은 재능을 가진 청년의 교육 차원에서 알키비아데스와 교류하고 있을 뿐, 그의 아름다움에 대해서는 큰 관심이 없다. 소크라테스는 알키비아데스의 자질을 사랑하지만, 소크라테스가 원하는 알키비아데스는 연설기술 때문에 무절제한 삶을 사는 알키비아데스가 아니다. 따라서 양자의 교환은 이루어지지 않는다. 알키비아데스의 판단은 일방적이고 자기중심적인 자기애(narcissism)의 결과물이었다.

서로가 서로에게 최선의 존재가 되기 위해 기울이는 노력은 자연스럽게 교육과도 적잖은 관련성을 맺게 된다.[32] 『향연』에서 에라스테스의 역할을 해야 하는 소크라테스는 열정과 성의를 가지고 소년을 자신의 이상을 따르는 훌륭한 인물로 만들려고 노력했다. 반면 사랑받기를 갈망하는 알키비아데스는 성인에게 가치 있어 보이기 위해 최선을 다해야 한다. 이들의 열망은 결과적으로 서로의 발전을 위한 촉매제가 될 수 있었다. 결론적으로 희랍 동성애는 아직 성숙하지 않은 그리고 완전한 성장을 위해서 지도와 가르침을 필요로 하는 소년에 대한 사랑이었으며, 이는 그 소년을 보다 완전하게 만들어 가려는 의지의 반영이었다. 반면 『향연』에서 알키비아데스와 소크라테스의 관계는 달라진다. 알키비아데스는 소크라테스의 수사술을 얻기 위해 자신의 매력을 드러내고 있는 반면, 소크라테스는 알키비아데스의 외모가 아닌 철학적 자질에 주목하고 있기 때문이다. 성인은 충분한 자제력을 갖춰야 성인이라 할 수 있었지만, 알키비아데스는 스스로 소크라테스를 유혹하고 있다는 점에서 정치적 지도자에게 요구되는 윤리적 덕목과 책임감 측면에서 부족한 존재임을 자인한다.

플라톤의 관점에서 접근한다면 정치 활동을 지향했던 알키비아데스는 소크라테스의 연설 대신 절제와 용기의 덕목을 구현하는 생활방식을 따를 필요가 있었다. 알키비아데스가 탐내야 할 소크라테스의 덕목은 연설기술이 아니라 그의 기질과 생활방식에 있었다.[33] 플라톤은 알키비아데스의 시선으로 소크라테스의 훌륭함을 조명하면서 독자들이 알키비아데스와 소크라테스를 비교할 수 있도록 한다. 인간이 가장 본능적으로 움직이게 되는 전쟁터에서도 소크라테스의 절제와 용기는 흔들림 없었다. 알키비아데스와는 달리 소크라테스는 부상당하지 않은 채 전투력을 보존하고 있었지만, 소크라테스는 공격 대신 퇴각에만 골몰하고 있었으며, 이는 소크라테스가 알키비아데스처럼 전과를 올리기 위해 오만하지 않았음을 시사한다.[34] 그러나 결론적으로 알키비아데스는 소크라테스를 따르지 않았으며, 알키비아데스의 떠들썩한 등장과 대조되는 갑작스러운 퇴장은 소크라테스의 노력이 성공적이지 못했음을 시사한다.

『향연』에서 묘사되는 알키비아데스는 그의 훌륭함을 부러워했던 대중들의 인식과는 달리 그 역시 결핍을 인식하고, 그 결핍을 극복하기 위해 갈망했던 존재로 보인다. 당시 대중들이 완벽해지기 위해 알키비아데스가 소유하고 있던 집안, 부, 외모 등 세속적 가치에 주목했다면, 알키비아데스는 페리클레스보다 뛰어난 소크라테스의 연설기술을 필요로 했다. 하지만 그는 청동을 위해 황금을 버리는 무지함을 드러낸다. 연설능력에 대한 그의 집착은 결국 자기 자신을 소크라테스에게 바치는 자기 모욕의 모순적 행동도 마다하지 않게 되었다. 소크라테스가 무지한 자를 자처했지만 실제로는 가장 아테네에서 지혜로운 인물이었다면, 알키비아데스는 아테네에서 가장 훌륭한 자에서 가장 수치스러운 인물로 전락하였다. 플라톤은 알키비아데스의 고백을 통해 알키비아데스가 겉으로만 완벽함을 추구하는 존재였을 뿐 그의 자아를 위해서는 사실상 아무런 돌봄과 보살핌이 이루어지지 않았음을 고백한다. 따라서 설령 알키비아데스가 소크라테스와 통정하여 연설기술을 확보했다고 하더라도 알키비아데스의 훌륭함은 완성될 수 없다. 그는 자신의 혼을 돌봐야 한다는 인식에 도달하지 못하고 있으며, 완벽함에 대한 그의 자기애적 욕구는 자신의 배경과 외모, 능력이라는 평판을 통해 완성된 외면적 가치에 기반하고 있기 때문이다. 따라서 소크라테스는 중요한 것은 연설기술과 같은 외적 가치가 아닌 내면적 가치의 지향을 통한 자기인식임을 제안한다.

『향연』에 반영된 플라톤의 의도는 알키비아데스같이 당대 최고의 재능을 갖춘 인물 역시 그 자질에 걸맞은 교육을 통해 진리에 대한 갈망과 올바른 방향 추구가 이루어져야 하며 그렇지 않을 때 나타나는 참혹한 결과를 반면교사의 형태로 제시하는 데 있었다. 결과는 참담한 결과로 이어짐을 반면교사의 형태로 제시하는 데 있었다. 소크라테스는 알키비아데스와 교유하며 말과 행동을 통해 그의 변화를 추구했다. 하지만 알키비아데스의 이후 행보들은 과거와 크게 달라지지 않은 것으로 보이며 펠로폰네소스 전쟁 속에서 나타난 그의 행보는 다양한 관점에서 설명할 수 있지만 모두 소크라테스의 삶과는 거리가 멀었다는 데서 공통적이다. 삶에 대한 내적 원칙이 결여된 알키비아데스의 오만은 야망을 달성하기 위한 탐욕(pleonexia)에 치중되어 있었으며35), 알키비아데스가 소크라테스의 가르침에서 체득하지 못한 혼의 보살핌과 올바른 생활방식은 향후 그의 정치적 성공을 가로막는 요인으로 기능하게 되었다. 알키비아데스라는 가장 뛰어난 인물의 실패와 몰락을 통해 플라톤은 소크라테스의 방식이 타당하였음을 시사하고36), 젊은이를 타락시켰다는 아뉘토스의 고발과 아테네인들의 판결과는 달리 실제 알키비아데스의 타락은 소크라테스의 방식을 이해하지 못하고 그의 조언을 수용하지 않았기 때문에 나타난 결과임을 주장한다.

5

투키디데스의 알키비아데스: 공적 리더십의 결여

플라톤이 『향연』에서 아직 교육이 완성되지 않은 알키비아데스의 모습을 자신의 입을 빌어 조명하면서 고대 희랍의 교육부족의 상황에 대해서 서술하고 있다면, 투키디데스는 주로 알키비아데스의 정치적 활동을 조명하고 있다. 투키디데스가 전제하고 있는 역사서술의 목적은 후대인에게 교훈이 되도록 한다는 데 있는데37), 형식과 방법에서는 플라톤과 차이가 크지만 교술적(didactic) 성격이 분명하다는 점에서는 양자가 유사한 경향을 보인다.

투키디데스는 인간의 본성에 따라 다음에도 비슷한 일이 일어날 수 있을 것으로 예견하고 다음 세대를 위한 유용한 지침이 되도록 전쟁을 중심으로 한 실제 사건의 역사를 기록하였다.[38] 『펠로폰네소스 전쟁사』는 권력의 변증법이고 고삐 풀린 아테네 제국의 역사이며 오만과 몰락의 역사이다. 투키디데스는 아테네를 통해 그리스의 오만과 몰락의 이야기를 사실적으로 그려내고 있으며[39], 이러한 그의 서술의 곳곳에서 알키비아데스가 등장하고 있다. 제국주의라는 새로운 이데올로기 대결 속에서 투키디데스는 전통적 노모스와 정의가 준수되기를 염원하고 있으며[40], 이러한 관점에서 알키비아데스는 자신의 주장을 위한 사료로 활용되고 있다.

아테네 시민이자 명문 귀족계층 출신인 알키비아데스에게 정치참여 및 적극적 정치활동은 필연적인 과정이었으며, 그는 군을 지휘하고 정치에 참여할 수 있는 최저 연령 때부터 정치에 깊숙하게 관여하여 아테네 정계를 주도하기 시작했다. 기원전 420년 봄에 장군으로 선출되기 이전 그의 공적은 기병대로 몇몇 전투에 참여했고, 소크라테스의 양보로 델리온에서 수상했던 정도에 지나지 않았다. 특별하지 않은 경험과 공적에도 장군으로 선출된 데는 그의 출신배경과 인기, 그리고 전차경주 등으로 대중들에게 각인된 인상 등이 반영된 것으로 보인다. 이후 사료에 기록된 알키비아데스의 정치적 활약상은 스파르타와의 평화협상 상황에서 그가 보여준 모순적 행보에서 분명히 확인된다. 스파르타와의 대결 구도를 추진했던 알키비아데스는 라케다이몬 사절단이 전쟁을 막기 위해 모든 쟁점에 합의할 수 있는 전권을 위임받아 온 것을 알게 되고, 사절단과 이면 합의한 후 아테네 시민들에게는 스파르타 사절단과의 이면합의 사실을 공개하며 아테네 시민과 스파르타 사절단 모두를 기만했다.[41]

알키비아데스의 문제는 공적 지위에 걸맞은 책임감 있는 식견과 태도를 갖추지 못했다는 데 있었다. 모든 공적 상황에 대한 그의 접근 방식은 자신의 가치를 극대화하는 데 있었으며, 이를 통해 타인들이 자신의 잘남과 훌륭함을 인정하도록 하는 데 모든 활동의 목표가 맞춰져 있었다. 이러한 그의 행보는 결국 많은 사회적 문제를 야기하게 되었다. 정치 참여 이전에는 그의 행동에 대해서도 대중들의 호의적 태도를 반영한 관대한 처분 덕분에 여러 기행에도 불구하고 사회적으로 큰 물의를 일으키지는 않았다. 하지만 정치참여 이후에는 아테네 시민들의 지도자답게 시민들을 위한 최선의 결과 도출을 모색해야 하는데 알키비아데스는 아테네 시민들의 행복과 자신의 행복을 구별하지 못하면서 아테네인들에게 막대한 손해를 끼치게 되었다.

이러한 그의 자기애적 태도는 시칠리아 원정 여부를 놓고 니키아스와 벌이는 연설에서 극명하게 표출된다.[42] 니키아스는 알키비아데스가 전차경주와 같은 사치에 필요한 이익을 얻기 위해 시칠리아 원정을 가는 것이라고 지적하며 그의 의도가 사적 쾌락이라는 불순한 데 있음을 지적한다. 하지만 이러한 지적에 대해 알키비아데스는 전차경주 우승을 통해 아테네의 명예가 올라갔다고 주장하며 자신의 승리가 아테네 전체에 이득이라고 강변한다. 자신의 전차 경주 승리가 아테네의 위엄과 우월성을 증명하는 데 기여한 만큼 사적 활동만이 아닌 공적 활동의 일부로 포함되어야 한다는 논리이다. 그는 더 나아가 많은 정치인들이 당대에는 인기 없으나 그의 사후에 존숭되는 것처럼 자신의 활동 역시 아테네의 행복에 기여하며 이후에 충분히 보장과 보상을 받게 될 것이라고 주장한다.[43] 하지만 알키비아데스의 행동은 철저히 개인의 경쟁에 따른 결과물일 뿐 아테네 시민들의 명예와 행복과는 무관하다는 점에서 그는 자신의 행동을 과대포장하고 그것의 의의를 확대해석하고 있다.

행위의 공적 차원과 사적 차원을 구분하지 않는 그의 태도가 지적 능력의 부족에 따른 결과물로 판단하기는 어렵다. 알키비아데스는 이후 스파르타와 페르시아 망명 시기에는 그들에게 가장 중요한 정보를 제공하며 상대의 약점을 정확하게 공격하는 데 크게 공헌했기 때문이다. 지적능력 자체에는 부족함이 없었지만, 그 능력의 활용 방식이 아테네의 미래가 아닌 개인의 이득을 위한 방향으로 이어졌다는 점이 문제였다. 망명 초기에 그가 스파르타와 페르시아의 티사페르네스(Tissaphernes)에게 정확한 정보를 제공한 것은 그 시기에 자신의 지위를 공고히 하는 데 첩보 제공이 절실히 필요했기 때문이었으며, 이후 자신의 지위가 어느 정도 안정된 이후에는, 쾌락에 탐닉하고 오만방자했던 자신의 관습적인 기질과 생활방식을 되풀이했다. 이러한 행보는 유력 정치인이 갖추어야 하는 가식 차원에서의 공공성조차 갖추지 못한 태도였다고 평가할 수 있다. 철저하게 자신의 이익을 위해 타자의 이익을 희생시키고, 아테네인과 스파르타, 그리고 페르시아를 도탄에 빠트렸다는 점에서 알키비아데스는 리더를 자처했으나 리더로서의 자격과 소양은 전혀 갖추지 못한 인물이었다.

　시칠리아 원정 당시 그가 보여준 호전적 태도 역시 그가 정치가로서 가치 판단의 기준을 알키비아데스 개인의 명예와 이익으로 간주했음을 보여준다. 원정 과정에서 아테네 대군이 교착 상태에 빠졌을 때 알키비아데스는 니키아스와 달리 "이런 대군을 이끌고 출정했다 아무것도 이루지 못한 채 빈손으로 철군하는 것은 창피한 일"이라고 주장하며 시칠리아 내 다른 도시에 도움을 청하여 시칠리아를 내란 상태로 만들고 아테네의 우군을 확보할 것을 제안한다.44) 알키비아데스는 철군에 대해 '창피(aischros)'로 표현하는데, 이 의미는 충분한 성과를 이루지 못한 귀환은 창피한 일이라는 경쟁과 성과중심의 사고방식, 그리고 창피함을 불러일으키는 비교 대상을 전제하고 있다. 반면 정치인 알키비아데스의 활동은 아테네 시민의 대표자라는 공인의 선택이며, 그 선택의 책임은 대표자뿐만 아니라 공동체 구성원 전체가 감당해야 하는 만큼 알키비아데스 본인의 종래 생활방식으로 정치에 참여하는 것은 지극히 위험하고 부당한 일이었다. 전차경주의 우승을 위해 7대의 전차를 동원하는 것이 개인에게는 합리적인 선택이지만 타인들에게는 무모한 일이었던 것처럼 시칠리아 원정 역시 마찬가지였다. 알키비아데스는 실제로는 사적인 이익에 따라 주요 정치적 결정을 내리고 있었다.

정치인 알키비아데스의 문제는 그가 공적 행위와 사적 행위를 구분하지 못했던 측면도 있지만, 그가 정치인으로서 가져야 할 올바른 정치에 대한 이상형의 부재 역시 큰 문제였다. 알키비아데스의 정치적 판단은 자신의 이상에 기초한 현실사회의 진단과 처방의 형태와는 거리가 멀었으며, 자신의 개인적인 감정과 이익에 따르거나, 지극히 관습적이고 전통적인 차원에 의존하거나, 혹은 대중들의 기호와 선택에 따라 표류하게 되는데, 이는 그의 정치적 판단이 임기응변의 차원에서 이루어진 것임을 의미하며 올바른 이상과는 무관했음을 의미한다.

시칠리아 원정을 극력 주장하는 알키비아데스의 연설은 대중들을 선동하겠다는 목적 때문에 허황된 수사로 일관하고 있는 반면 근거는 충분치 않다. 명확한 약속이나 전망 없이 시라쿠사에서 내부 조력자와 이탈자가 생겨날 것으로 판단하고 있으며, "전쟁이 이곳에서의 우리 힘을 증강시켜준다고 확신하고 출항하자"는 주장은 어떻게 보더라도 타당하다고 평가할 수 없다.45) "시칠리아로 항해하는 것을 보면 펠로폰네소스인들이 기가 꺾일 것이며, 헬라스의 패권을 쥐게 될 것"이라는 수사는 민회의 합리적인 의사결정을 위해 정확한 정보를 제공해야 할 정치인의 공적 책무성을 망각한 선전선동이다. 더 나아가 그는 시칠리아 원정의 필요성으로 당시 아테네인들이 지속적으로 해 왔던 관습의 유지를 제시한다. "아테네인의 본성이 그렇기 때문에 우리는 지금까지 이와 같은 방식으로 살아왔고, 또 성과를 내 왔다. 앞으로도 그러한 방식을 추구할 수밖에 없으며, 그것이 당연한 방식"이라며 원정의 당위성을 역설한다.[46]

알키비아데스는 정치 참여에 대한 욕구는 매우 강했지만 그 이유는 정치참여를 통해 자신이 더 큰 부와 명예를 누리기 위한 것이었으며 장차 자신이 책임을 지고 운영해야 할 폴리스와 통치자에 대한 이상형을 갖고 있지 않았다. 알키비아데스는 자신이 처한 모든 정치적 상황에 아무런 원칙 없이 자신의 이익과 대중의 인기를 기준으로 대응하였다. 사적인 차원에서 알키비아데스의 삶은 매우 인기 있었지만 그의 인기는 어디까지나 개인 알키비아데스가 갖고 있는 외모, 집안, 배경 등에서 나타난 부러움이었던 것이지 공인 알키비아데스의 정치적 행위에 대한 인기 및 지지와는 다르다. 그가 사적 영역에서 살아왔던 것처럼 멋있는 삶을 살고 있지만 정치인으로서 시민들의 진정한 행복을 위한 방향, 아테네 폴리스의 운영원칙, 펠로폰네소스 전쟁의 타개책, 평화 유지의 방안 등 당시 가장 중요하고 절실한 공적 과제들에 대해서는 철저히 대결중심의 사고로 일관하고 있다.

알키비아데스에게 폴리스, 그리고 정치란 자신의 내적 탐욕(pleonexia)과 오만(hybris)을 달성하고 확인받는 수단이자 공간에 불과했다. 폴리스가 그가 원하는 행위를 제약하려고 나서거나 그의 신변 및 지위를 침해하는 경우 폴리스는 그에게 아무런 의미 없는 공간이었다. 스파르타에 망명하기 전까지는 스파르타에 적대적 대응방법으로 일관했다. 스파르타와의 화친을 주장해 온 니키아스는 자신의 정적이므로 그와 대조되는 주장을 펴야만 자신의 존재가치가 부각되기 때문이었다. 페르시아 역시 스파르타와 동일한 위상의 공간이었다. 아테네는 자신의 명성과 찬사를 구현해 주는 공간이라는 점에서 그는 아테네로의 귀환을 늘 꿈꿨지만, 그렇지 못한 아테네는 더 이상 아테네가 아니었다. 친구가 아니면 적이라는 폴레마르코스의 인식을, 그리고 그 판단기준은 어디까지나 자기 자신이라는 소피스트적 태도의 반영이었다.

알키비아데스에게 스파르타는 억울한 누명을 쓴 애국자가 재기하기 위한 공간이었으며, 페르시아행 역시 그 자신이 아테네인들에게 포장했던 것처럼 아테네의 어려운 전황을 타개하기 위한 차원이 아닌 신변 안전 도모와 아테네로의 귀환을 위한 발판에 불과했다. 그런 차원에서 접근한다면 자연스럽게 알키비아데스의 삶에서 폴리스라는 공적 공간은 정치지도자들의 일반적 이해방식과 차이가 있다. 그에게 폴리스는 공적 가치질서가 구현되는 공간이 아닌 개인의 사적 욕망이 실현되는 장에 불과한 것이었다. 그가 아테네로 지속적으로 복귀를 꿈꾸어왔던 것 역시 아테네야말로 자신의 훌륭함을 가장 확실하게 구현하고 완성할 수 있으며, 동시에 자신의 훌륭함이 가장 두드러지게 조명되는 공간이기 때문이다. 자연스럽게 알키비아데스에게 공적인 활동은 두 가지로 수렴될 수밖에 없다. 한 가지는 자신의 이익을 극대화하는 것이며, 다른 한 가지는 자신의 명예를 극대화시키기 위해 반드시 자신을 지지하도록 대중의 환심을 충분히 사는 것이다. 알키비아데스가 결국 평판에 의존했던 인물이고 그 평판은 "알키비아데스 본인의 역량과 알키비아데스에 대한 대중의 호감도"라는 상관관계로 정리되는 만큼 알키비아데스의 지속적인 배신은 그 자신을 위해서는 매우 합리적인 판단이었다.

하지만 알키비아데스는 당시 폴리스가 단순한 지리적 공간이 아닌 시민들과의 상호관계 속에서 구성된 공간적 특질을 지니고 있었다는 점을 간과했다. '개인의 사적 욕구를 위한 폴리스 시민들의 모욕'으로 요약되는 알키비아데스의 정치 행위는 청소년기까지 그가 행했던 기행과는 달리 그에 대한 적대적 시선이 급증하는 결과를 낳게 되었다. 어린 청소년기의 사적 행위는 치기로 간주하여 용서해 줄 수도 있는 일이었지만, 알키비아데스의 탐욕과 오만으로 인한 희생자가 늘어나면서 그에 대한 대중의 호감도는 크게 악화되었다. 항상 대중들의 호의와 환대를 갈망했고 대중들의 평판에 누구보다도 예민했으면서도 알키비아데스는 자신의 선택으로 대중들이 입게 될 물질적 정신적 상처에는 무지했고 시민들과의 관계 형성에도 실패하였다.

자신의 생존과 처세를 위해 아테네의 적국이었던 스파르타와 페르시아 등에도 각종 비밀정보를 여과 없이 공개하고 허풍과 이간질을 일삼는 알키비아데스의 태도는 리더십이 결여된 지도자의 모습을 보여준다. 냉정한 자기인식이 결여되어 있었던 알키비아데스의 자기중심적 사고는 그의 삶 전반에 걸쳐 지속되고 있다. 일방적이고 오만한 자기애는 다른 사람들의 분노와 불만을 자극하였으며, 그의 반대파들이 "그를 공격하려는 의지가 너무나 강했기 때문에 항상 압도적이고 특출한 승리만을 요구받았다. 유일하게 안전을 보장해 줄 수 있는 시민의 인기를 유지하기 위해서는 불가능한 것을 약속해야 했고 다른 정치인들이라면 선택하지 않았을 위험을 감수하게 만들어 아테네를 재난에 빠트리게 되었다."[47] 결국 탐욕과 오만을 지향하는 알키비아데스의 기질과 생활방식이 자신을 항상 위험에 빠트렸고 모험적인 선택의 강요로 이어져 그것이 아테네를 더 이상 감당할 수 없는 치명적인 나락으로 떨어트렸음을 확인하게 된다. 알키비아데스는 마지막 순간까지도 자신의 욕망이 완성되는 공간인 아테네로의 복귀를 희망했으나, 한때 탁월함으로 아테네 시민들의 이상향이었던 그는 더 이상 대중들의 지지를 얻지 못한 채 역사 속에서 사라진다. 이러한 전 과정은 결국 알키비아데스라는 한 인물의 성장과 쇠락이 모두 그의 기질과 생활방식의 결과물임을 상징적으로 보여준다.

나오는 말

이 글에서는 고대 아테네의 인물 알키비아데스에 대한 플라톤과 투키디데스의 접근방식에 주목하고 이들의 알키비아데스에 대한 접근방식이 근본적으로 반면교사의 전형으로 알키비아데스를 서술하고 이를 매개로 시민들의 변화와 각성을 촉구하는 데 있음을 밝히고자 한다. 페리클레스를 후견인으로 두고 아테네에서 가장 호사스러운 생활을 할 수 있었던 알키비아데스는 오만한 기행과 정치적 활동으로 많은 사람들에게 적잖은 영향을 끼쳤다. 그러나 동시에 알키비아데스는 아테네인들에게 가장 사랑받았던 인물로 그가 갖고 있는 매력은 아테네인들이 선호하던 가치를 두루 갖고 있는 인물이라는 점에서 선망의 대상이었다. 이처럼 여러 측면에서 당대 모든 시민들에게 잘 알려져 있던 알키비아데스를 재해석하는 작업을 통해 플라톤과 투키디데스는 모두 시민들의 변화와 각성을 추구하려고 했던 것으로 보인다.

플라톤의 『라케스』와 『국가』 2권의 내용들을 통해 아테네 사회가 지니고 있었던 교육과 윤리적 가치관을 확인할 수 있다. 『라케스』의 리시마코스와 멜레시아스가 자식 교육에 대해 드러냈던 활동의 이면은 아테네 사회 전반에 만연해 있던 가치관을 반영하고 있다. 정의로운 삶이 중요한 것이 아니라 다른 사람들에게 과시할 수 있는 삶이 훨씬 가치 있고 의미 있는 삶이었으며, 이를 위해서는 우선 아테네에서 강조되었던 군사적 능력에 대한 지속적인 선행학습을 통한 경쟁에서의 승리가 우선시되었다. 정의로운 삶이 중요한 것이 아니라 기게스가 그랬던 것처럼 "처벌받지 않으면 그만", "나만 아니면 돼"와 같은 인식이 아테네인들의 일상생활에서 광범위하게 공유되었던 경향이었고, 알키비아데스는 그러한 인식 속에서 아테네를 대표하는 엄친아로 자리잡을 수 있었다.

알키비아데스에 대한 플라톤의 해석은 『향연』과 『알키비아데스 1』을 중심으로 등장한다. 알키비아데스는 소크라테스의 수사술을 선망하고 이를 자신의 아름다움과 교환하려고 시도한다. 하지만 알키비아데스는 소크라테스에 대한 구애에도 그의 수사술을 얻는 데 실패하였으며 이는 자신의 아름다움과 훌륭함으로 모든 것을 다 얻을 수 있다는 오만의 좌절을 시사한다. 『향연』에서 알키비아데스는 자신의 시선으로 절제를 함양하는 소크라테스의 모습을 조명하면서 스스로와 대비시킨다. 플라톤의 서술을 통해 알키비아데스와 소크라테스의 차이는 선명하게 부각된다. 알키비아데스는 실제로는 성인으로서 지녀야 할 절제력을 결여한 채 정치적 성취에만 골몰하는 문제적 인간이었음을 확인하게 된다.

투키디데스의 『펠로폰네소스 전쟁사』에서는 대체로 공적 차원의 알키비아데스를 조명하고 있다. 알키비아데스는 공과 사를 구분하지 못했고 자기 스스로를 영웅화하기 위해 공무에 해당하는 다양한 외교적 행위 등에 대해서도 시민들을 기만하였으며, 아테네와 스파르타, 페르시아 등에서 각 나라를 배신하는 등 개인의 영웅적 행위를 이유로 폴리스를 떠나는 등의 일들이 반복되었다. 알키비아데스는 개별적 자질만을 놓고 볼 때는 우수한 인재였지만, 그의 반복되는 실책은 근본적으로 폴리스가 아닌 개인, 다시 말해 자기 자신의 가치를 높이고 영웅과 동일시했던 그의 생활방식과 관련되어 있었다. 투키디데스는 다양한 인물들의 모습을 조명하며 시민들에게 인간의 보편성을 고려한 행위를 권유하고 있는데, 그런 점에서 알키비아데스는 투키디데스가 제안하고 있는 대표적인 반면교사의 인간형이다.

개인으로서 탁월했던 알키비아데스의 몰락과 죽음은 당대 아테네를 비롯한 시민들에게도 충격적인 사건이었다 할 수 있다. 알키비아데스를 소재로 한 플라톤과 투키디데스의 서술은 그 방식의 측면에서는 차이가 있으나, 양자 모두 자질에 걸맞은 적절한 교양과 지성의 부재가 낳은 인간형의 쇠락을 조명하고, 이를 통해 시민들이 지향하는 가치관과 생활방식에 대한 변화를 제안하고 있다는 점에서 공통적인 측면을 확인할 수 있다. 누구나 선망하는 자질을 지녔던 알키비아데스의 쇠락은 자기인식의 중요성과 공적인 차원의 리더십 함양이라는 중요한 과제를 남기고 있다.

*이 글은 다음의 논문을 수정 · 보완하였음을 밝혀둔다: 장지원(2024), 「반면교사의 인간형 알키비아데스」, 『동서철학연구』 114, 한국동서철학회.

"아테네인 여러분, 나는 누구 못지않게 장군이 될 권리가 있으며 나야말로 그럴 자격이 있다고 생각합니다. 내가 비난받고 있는 일들이 내 선조들과 나 자신에게는 명예를, 우리 도시에게는 이익을 가져오기 때문입니다."

－「알키비아데스의 민회에서의 연설」, 투키디데스,
『펠로폰네소스 전쟁사』 VI. 16.1.

"사실을 알아내기란 힘든 일이다. 왜냐하면 각각의 사건의 증인이 어느 한쪽을 편들거나 또는 정확히 기억하지 못해 같은 사건을 두고 다른 말을 하기 때문이다. 내가 기술한 역사에는 설화가 없어서 듣기에는 재미가 없을 것이다. 그러나 과거사에 관해 그리고 인간의 본성에 따라 언젠가는 비슷한 형태로 반복될 미래사에 관해 명확한 진실을 알고 싶어하는 사람은 내 역사 기술을 유용하게 여길 것이며, 나는 그것으로 만족한다. 이 책은 대중의 취미에 영합하여 일회용 들을 거리로 쓴 것이 아니라 영구 장서용으로 쓴 것이기 때문이다."

－ "역사 서술에 대한 투키디데스의 견해", 투키디데스,
『펠로폰네소스 전쟁사』 I. 22.3.

"인간관계에서 정의란 힘이 대등할 때나 통하는 것이지, 실제로 강자는 할 수 있는 것을 관철하고, 약자는 거기에 순응해야 한다는 것 쯤은 여러분도 우리 못지 않게 아실 텐데요."

－「중립국 멜로스를 공격하기 전 항복을 종용하는 아테네 사절단의 말」,
투키디데스, 『펠로폰네소스 전쟁사』 V. 89.

"나랏일이든 개인 생활이든 간에 모름지기 정의로운 것 모두는 철학을 통해 알아낼 수 있다."

－ "철학의 역할에 대한 플라톤의 견해", 플라톤, 『제7서한』 326a－b.

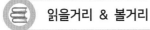

읽을거리 & 볼거리

- 게오르그 카이저(2019), 『구원받은 알키비아데스』, 김충남 역, 지만지.
  독일의 극작가 게오르그 카이저가 지은 희곡작품이다. 전쟁에 참여한 소크
  라테스가 낙오해 있다 알키비아데스를 구출하는 내용을 희곡으로 만들었다.
  육체를 대표하는 알키비아데스와 정신을 대표하는 소크라테스를 교차시켜
  양자의 관계와 비중에 대한 관객들의 사고를 유발하는 작품이다.

- 플라톤(2020), 『향연』, 강철웅 옮김, 아카넷.
  한국에서 번역된 플라톤 대화편 중에서 가장 많이 번역된 『향연』은 그 자
  체로도 읽는 재미가 있는 대화편이다. 사랑(eros)의 본질에 대한 당대 아테
  네인들의 의견이 개진되고, 소크라테스의 입을 빌어 여사제 디오티마가 묘
  사한 사랑에 대한 입장이 표명된다. 알키비아데스가 난입해 소크라테스에
  대한 애정을 고백하며 이야기는 파국을 향한다.

- 남문희(2011), 『전쟁의 역사1 – 그리스의 전쟁』, 휴머니스트.
  고대 그리스의 전쟁을 쉽게 설명한 학습만화서적이다. 고대 그리스의 중장
  보병과 전투 양상들을 파악할 수 있어 당대 전쟁에 대한 상상을 가능하게
  한다. 단순한 전투장면을 넘어서 전쟁이 고대 그리스 사회 전반에서 차지하
  는 비중을 가늠할 수 있는 책이다.

VII

로마 격동기를 이끈 리더들에 대한 플루타르코스의 시선

김 헌

플루타르코스는 지중해 세계의 역사적 인물들, 특히 그리스와 로마의 위대한 인물들을 서로 비교하며 다루면서, 리더가 갖추어야 할 덕목이 무엇인지를 탐구했다. 이 글은 그 가운데 로마가 공화정에서 제국으로 넘어가는 격동기에 활동했던 세 사람의 이야기를 소개한다. (1) 로마의 영토를 북서쪽으로 획기적으로 확장하며 로마제국과 황제의 꿈을 꾸었던 카이사르, 그리고 (2) 카이사르, 크라수스와 함께 제1차 삼두정치 체제를 이끌었지만, 마지막 패권을 놓고 카이사르와 경쟁했던 폼페이우스, (3) 카이사르의 부관으로 활동하다가 카이사르 암살 이후 옥타비아누스, 레피두스와 함께 제2차 삼두정치 체제를 이끌다가 옥타비아누스와 최종 대결을 벌였던 안토니우스. 이 역사적 혼란기의 최종 승자는 로마제국의 최초 황제가 된 옥타비아누스(아우구스투스)이지만, 플루타르코스는 그에 관해서는 침묵한다. 오히려 플루타르코스는 승승장구하다가 마지막에 몰락한 세 인물의 성공과 실패의 과정을 서술하며 그 원인을 밝히려고 한다. 성공을 이루는 일만큼이나 실패를 피하는 길을 아는 것이 중요함을 시사하는 것 같다.

플루타르코스에게서 배우는 리더십

미국의 인기 TV 드라마 시리즈 '왕좌의 게임'의 작가인 극작가 조지 마틴(George R. R. Martin)은 이런 말을 했다. "그 누구도 자신의 이야기에서 악당은 아니다. 우리는 모두 우리 자신의 이야기에서 영웅이다(Nobody is a villain in their own story. We're all the heroes of our own stories)." 우리가 삶을 살아가는 것을, 우리가 소설가나 극작가가 되어 우리의 이야기를 쓰는 것에 비유했는데, 여기서 영웅(hero)은 주인공이라고 새길 수도 있다. 아무리 보잘것없어 보이는 사람이나 악당도 그 사람의 삶에서는 그가 주연이고 영웅이며, 다른 모든 사람은 스쳐가는 조연에 불과할 테니까. 아무리 위대한 사람이라도 내 삶의 이야기 속으로 들어오면, 주인공이 될 수 없는 법이다. 이런 사실을 깊게 깨닫는다면, 내 삶과 나의 존재에 대한 자신감과 자부심을 가지고 살아갈 수 있을 것이다.

더 나아가, 내가 내 삶의 주인공이듯, 다른 사람도, 그가 잘났건 못났건, 훌륭해 보이건 그렇지 않건, 그 사람의 삶에서 그가 가장 소중한 주인공이라는 사실을 함께 깨닫는다면, 우리는 다른 사람을 고유한 가치로 존중하면서 훌륭한 인간관계를 맺어나갈 수 있을 것이다.

한편, 소설가 홀리 블랙(Holly Black)은 "모든 영웅은 자신의 이야기의 악당이다(Every hero is the villain of his own story)"라고 했고, 영화제작자로 이름을 높인 알렉스 오르는 "우리는 모두 다른 누군가의 이야기 속에서 악당이다(We're all a Villain in someone else's story)"라는 말을 했다. 영웅이 되고자 했지만, 이기적인 욕망에 사로잡혀 독선적인 태도로 다른 사람을 무시하고 고압적인 자세로 행동한다면, 그는 자기

의도와는 달리 악당이 될 수도 있다는 말이다. 또한 우리가 아무리 선의적으로 노력해도 완벽하게 영웅이 될 수는 없고, 어떤 측면에서, 또는 어떤 사람에 대해서는 의도적이든 그렇지 않든, 어느 정도는 악당으로 평가될 수 있는 것이 우리의 삶이라는 말이다.

그렇다면 어떻게 해야 나의 삶을 주도적으로 이끌어 나가는 영웅이면서 동시에 다른 사람들과도 성공적인 관계를 유지하고, 실패를 줄이며 성공의 가능성을 높여 나갈 수 있을까? 이 질문에 대한 대답을 '플루타르코스의 영웅전'에서 찾으면 좋을 것 같다. 이 저서는 세상에 나온 이후, 고대 로마제국의 리더십에 지침이 되었고, 그 이후 근대 르네상스에 새롭게 조명되면서 지식인들과 지도자들의 필독서로 주목을 받았다.

정치철학의 새로운 지평을 열었던 『군주론』의 저자 마키아벨리도 플루타르코스에 열광했다. 급변하는 정치 현실 속에서 어떻게 권력을 획득하고 유지할 것인가 고민하던 마키아벨리에게 플루타르코스의 저술은 정치적 인식의 획기적 전환을 이룰 수 있도록 결정적인 자극제가 되었다. 그 밖에도 『플루타르코스의 영웅전』은 많은 작가들과 사상가들에게 새로운 시대를 선도할 영감을 주었고, 나폴레옹과 처칠과 같은 역대급 지도자들도 플루타르코스의 애독자였다. 그것은 비단 역사에 획을 그은 영웅들이나 영웅적 삶을 동경하는 사람들에게만 유효한 것은 아니다. 자신의 삶에서 주인공으로서 자신의 삶을 성공적으로 이끌어나가기 위해 꼭 필요한 교훈과 지혜를 갈구하는 사람들 모두에게 유익한 책이다.

플루타르코스는 서기 46년경에 델피 동쪽의 카이로네이아에서 태어나 74년의 삶을 살았던 그리스 출신의 철학자이다. 그는 20세에 아테네로 가서 플라톤이 세웠던 학교 아카데미아에서 공부했다. 그리고 지중해 여러 지역을 돌아다니며 견문을 넓혔다. 철학자이면서도 델피의 아폴론 신전의 사제 역할도 수행한 종교적인 경건함도 갖춘 사람이었다. 그래서 그의 저술에는 철학자로서의 합리적인 면모와 사제로서의 종교적 특징이 어우러져 나타나며, 그의 학식과 함께 다양한 경험이 풍부하게 깔려 있다. 당시 그리스는 로마제국의 지배를 받고 있었는데, 그는 자신의 고향 도시와 그리스를 위한 외교 활동도 활발히 하였다. 그의 탁월한 활동을 본 로마의 유력자들도 그의 학식과 통찰력과 인격을 존중하여 배움을 청하기 일쑤였다.

그런 역사적 배경 때문에 플루타르코스는 그리스의 위대한 인물들을 염두에 두면서도, 그에 비교될 수 있는 로마의 위대한 인물들을 함께 다루었다. 우리에게는 『플루타르코스 영웅전』이라는 제목이 익숙하지만, 플루타르코스가 붙인 제목은 탁월한 행적을 남긴 사람들의 『삶의 비교』이다. 지금까지 우리에게 전해지는 플루타르코스의 '인물 비교 열전'의 주인공은 모두 50명이며, 이들 가운데 23쌍은 그리스 인물과 로마 인물이 짝으로 묶여 서로 비교되며 기술되고, 나머지 네 명은 단독으로 소개된다. 16세기 프랑스의 가톨릭 주교였던 아미요는 플루타르코스의 문체와 정신을 살려 한니발과 스키피오를 추가했다.

『삶의 비교』라는 원제목에 걸맞게 플루타르코스는 한 인물의 영웅적인 면모에만 초점을 맞추지 않고, 동시에 그 인물의 약점과 실수, 파멸을 동시에 보여주며, 그가 악당으로 평가될 수 있는 측면도 적나라하게 보여준다. 뛰어난 지도자도 불완전한 인간이기에 두 가지 상반된 측면을 가지고 있음을 균형 있게 보여주려고 한 것이다. 이른바 '영웅'의 이야기라기보다는 그렇게 평가될 수 있는 사람의 '삶의 이야기'라고 할 수 있다. 실제로 그는 "나는 역사를 쓰는 것이 아니라 (영웅적 인물들의) 삶을 쓰는 것이다"라며, 인물들의 탁월한 미덕(aretē)뿐만 아니라 악덕(kakia)까지 보여줄 것이며, "그 영혼의 징표들 안으로 들어가 그를 통해 각 사람의 삶을 그려낼 것"이라고 한다. 사람이 살아가면서 바깥으로 드러나는 모든 행적들이 결국 그 사람 안에 깃든 영혼의 미덕과 악덕에서 비롯된 것이며, 우리의 마음을 어떻게 빚어내는가에 우리 삶의 모습이 달려있다는 뜻이다.

인물들의 다양한 측면을 면밀하게 관찰하면서, 플루타르코스의 통찰을 따라 우리들의 삶에서 성공에 다가갈 수 있는 비결과 함께 실수와 실패를 줄일 수 있는 방법도 찾아나가면 좋겠다. 그가 저술을 남긴 이후 지금까지 서양인들에게는 물론, 전세계인들에게 리더십의 위대한 교사로서 평가받는 플루타르코스의 이야기를 통해 독자 여러분 자신의 삶을 훌륭하게 '리드'해 나가며, 동시에 여러분이 속한 공동체 안에서 다른 구성원들을 잘 리드해 나가는 지혜를 얻길 바란다. 이 글에서는 로마가 공화정에서 제국으로 넘어가기 직전의 격동기에 활약한 세 인물(카이사르(BC 100-44), 폼페이우스(BC 106-48), 안토니우스(BC 83-30))에 초점을 맞추려고 한다. 두 차례에 걸친 삼두정치체제와 내전의 최종 승자는 옥타비아누스(BC 63-AD 14)로, 아우구스투스라는 이름으로 황제가 되어 로마제국을 건설했지만, 플루타르코스는 그에 관해 따로 책을 쓰지 않았다. 오히려 그의 시선은 실패한 인물들에게 향했다.

카이사르의 성공과 실패

2.1 "주사위는 던져졌다"

위대한 로마의 정복자로 이름을 높인 카이사르는 예상과는 달리, 몸이 가냘팠고, 피부는 희고 여렸으며, 늘 두통에 시달렸고 평생 간질을 앓았다. 그러나 그는 자신의 허약함을 핑계 삼아 나약하게 주저앉거나, 편안하게 살려고 하지 않았다. 오히려 힘든 행군, 검소한 식사, 계속되는 야영, 인고를 거치는 군대 생활을 자신의 허약함을 치료하는 약이라고 생각하고 적극적으로 자신을 강하게 단련시켜 나갔다. 육체적인 약점을 강인한 정신력으로 극복해 나간 입지전적인 인물이었다. 특히 결정적인 순간에 보여준 그의 용기와 결단력은 감탄을 자아내곤 한다.

큰 성취를 이룬 사람이라면 누구에게나 인생을 모두 걸고, 마치 목숨을 걸듯이 뭔가를 결단하고 실행해야 하는 절체절명의 순간이 있었을 것이다. 로마의 영웅 카이사르에게 그런 고뇌와 결단의 순간은 언제였을까? 그것은 아마 기원전 49년 1월 10일, 북이탈리아 루비콘 강가에서였을 것이다. 그때 그는 절박한 감정과 아찔하고 떨리는 순간의 결단을 단 세 단어로 표현했다. "Alea iacta est!(주사위는 던져졌다!)"

카이사르가 본격적으로 로마 정치계에 두각을 나타낸 것은 기원전 59년, 41세에 집정관에 선출이 되면서부터였다. 물론 그 이전부터 그는 정치적 입지를 차근차근 다져나갔고, 기원전 60년에는 당대 최고의 군인으로 꼽히는 폼페이우스와 로마 최고 부자였던 크라수스와 함께 제1차 삼두정치체제를 이루면서 로마의 실력자로 인정받게 되었다.

집정관을 마친 기원전 58년, 카이사르는 관례에 따라 로마(도성) 바깥으로 나가 갈리아 총독이 되었고, 여러 전쟁을 치르면서 로마의 영토를 획기적으로 확장했다. 8년 동안 8백 개의 도시, 3백 개의 부족을 정복했으며, 대략 3백만 명과 싸워 1백만 정도를 죽이고, 그 이상을 포로로 잡았다. 플루타르코스는 이렇게 평가했다.

전쟁을 치른 지역의 험준함이라는 점에서, 정복한 지역의 광활함이라는 점에서, 깨뜨린 적군의 수와 막강함이라는 점에서, 가장 야만적이고 배은망덕한 부족들을 설득했다는 점에서, 포로들에게 보여준 이성과 따뜻함이라는 점에서, 병사들에게 준 선물과 호의라는 점에서, 가장 많은 전쟁을 치르고 가장 많은 적군을 죽였다는 점에서 카이사르는 타의 추종을 불허했다.

카이사르가 갈리아 지역을 평정한 이후에는 로마인 최초로 라인 강을 넘어 게르만인들을 공략하기도 했다. 또한 군대를 이끌고 바다 건너 브리타니아(영국)까지 갔다. 이렇게 카이사르의 군사적 업적이 점점 커지자, 로마에서는 카이사르를 견제하는 세력이 뭉치고 점점 커지기 시작했다. 특히 폼페이우스가 그랬다. 카이사르는 폼페이우스를 자기 곁에 두려고 딸을 주며 사위로 삼았지만, 딸이 아이를 낳다가 죽자, 결혼 관계로 맺어졌던 카이사르와 폼페이우스 사이에 금이 갔다. 마침내 삼두정치체제와 결혼으로 다져졌던 친분은 끝나고 오로지 권력을 향한 사생결단의 치열한 경쟁만이 남게 되었다.

삼두정치체제의 일원이었던 크라수스가 기원전 53년에 메소포타미아지역에서 파르티아인들과 전투를 치르다가 죽자, 폼페이우스와 카이사르가 본격적으로 경쟁하게 되었다. 특히 카이사르의 독주를 견제하던 원로원은 폼페이우스를 앞세워 카이사르를 제거하려고 했고,

원로원의 지지를 받는 폼페이우스는 그 여세를 몰아 카이사르를 제거하고 최고의 실력자가 되고 싶었다. 기원전 49년 마침내 원로원은 카이사르에게 군대를 해산하고 로마로 돌아오라는 명령을 내렸다. 당시 카이사르의 주력 부대는 대부분 알프스 북쪽에 있었고, 그는 겨우 3백이 안 되는 기병과 5천 명의 병사만을 이끌고 로마로 들어가는 경계선인 루비콘강 강가에 있었다.

속주의 총독은 임기를 마치고 로마로 들어올 때, 군대를 동반하면 안 되었다. 그것은 로마공화정에 대한 군사적인 반란과 정치적 반역으로 여겨졌다. 따라서 갈리아 총독의 임기를 마친 카이사르도 원로원의 명령에 따라 로마로 들어가려면 자신의 군대를 강 북쪽에 놓고 홀로 경계선인 루비콘강을 건너야만 했다. 그러나 그렇게 로마로 들어간다면 폼페이우스와 원로원의 반 카이사르 무리가 그를 죽일 게 뻔했다. 그렇다고 로마 복귀 명령을 어길 수도 없었다. 그것 역시 반역으로 여겨질 판이었다. 모든 것을 포기하고 해외를 떠돌며 망명자의 생활을 할 것인가, 아니면 명령에 따라 홀로 루비콘강을 건너가 폼페이우스의 손에 죽느냐, 아니면 군대를 이끌고 로마로 진격할 것인가? '죽느냐, 사느냐'의 기로에서 카이사르의 고뇌는 깊어만 갔다.

이 문제를 놓고 혼자서 고민하고 측근들과 깊이 논의하던 카이사르는 모든 계산을 버리고 자신을 미래에 내던지는 듯한 격정에 휩싸여, 절망적인 운명을 돌파하려는 각오를 다지듯, 이렇게 말했다. "주사위는 던져졌다." 사실 카이사르에게는 다른 선택의 여지가 없었다. 살기 위해서는 정면 돌파가 생존을 위한 가장 유력한 유일한 해법이었다. 결단의 용기가 필요했고, 카이사르는 그것이 있었다. 그는 군대를 이끌고 루비콘강을 건너 그 남쪽에 있던 도시 아리미눔을 점령하고 로마로 신속하게 진격했다. 꾸물거리면 적의 반격에 속절없이 당할 수밖에 없다고 판단했는데, 그 판단은 적중했다. 기세등등하던 폼페이우스와 원로원 위원들, 집정관들은 카이사르에게 대항하기는커녕, 모두 겁을 먹고 로마를 떠났던 것이다.

과감한 결정으로 신속하고 대담하게 행동한 카이사르는 피 한 방울 안 흘리고 60일 만에 로마와 이탈리아반도 전체의 지배자가 되었다. 결과는 카이사르에게도 뜻밖의 것이었다. 백전노장의 폼페이우스는 당시 카이사르의 비교도 안 될 만큼 훨씬 더 큰 군대를 거느렸기 때문에, 카이사르가 감히 반란을 획책할 것이라는 예상을 하지 못했다. 카이사르가 항복하면 그를 제거하고 자신은 등극할 것이라고만 생각하고 있다가, 결사적으로 덤벼드는 카이사르에게 겁을 먹고 달아났던 것이다.

카이사르는 완전한 승리를 위해 폼페이우스를 추격했다. 먼저 폼페이우스의 최대 근거지였던 스페인을 제압하는 조처를 한 후, 폼페이우스가 있는 곳으로 곧장 서둘러 갔다. 카이사르는 이오니아해를 건너 지금의 알바니아에 있는 항구도시 오리쿰과 아폴로니아를 점령하고, 폼페이우스와 맞서려고 했다. 그런데 군대가 자신을 따라 일사불란하게 신속히 움직이지 않고 브룬디시움에서 지체하자, 중무장한 적군이 지키는데도, 카이사르는 정체를 숨긴 채 작은 배를 타고 아우스강을 따라 바다로 나가려고 했다. 그러나 상황이 그를 도와주지 않았다. 강물이 역류와 소용돌이에 휘말려 배가 강어귀로 다시 밀려갔던 것이다. 더 이상 바다를 향해 앞으로 나아가는 것이 어렵다고 판단한 선장과 선원들에게 카이사르는 자신의 정체를 드러내며, 선장의 손을 잡고 이렇게 말했다. "여보게 친구, 겁내지 말고 용기를 내게. 그대는 지금 이 배에 카이사르와 그의 운명을 싣고 있다네." 그러자 선장과 선원은 다시 힘을 얻고 바다로 나가려는 시도를 했다. 비록 이 시도는 끝내 성공을 거두지 못했지만, 목숨을 걸고 솔선수범해서 사지를 마다하지 않고 나서는 카이사르의 불굴의 의지를 잘 보여준다.

살아가다 보면 뜻하지 않은 배신을 당하고, 절체절명의 위기에 봉착하고, 재앙을 입을 때도 있다. 그러나 그 어떤 상황과 순간에도 돌파구는 있기 마련이다. 그때 좌절하고 절망한다면 결코 해결책을 찾을 수 없을 것이다. 정신 똑바로 차리고 용기 있게 도전한다면 문제를 돌파해 나갈 수 있다. 위기에 순간에서 과감한 결단과 용기 있는 행동으로 문제를 해결해 나간 카이사르의 모습을 떠올린다면 힘이 될 것이다.

2.2 "왔노라, 보았노라, 이겼노라"

카이사르가 파르마쿠사 섬 부근에서 해적들에게 납치되었을 때 이야기이다. 해적들은 성질이 매우 사나워 살인도 예사로 아는 자들이었다. 그들이 카이사르의 몸값으로 20 탈란톤을 요구하자 카이사르는 웃으며 말했다.

그대들은 그대들이 납치한 사람이 어떤 사람인 줄 모르는군. 20 탈란톤 이라니. 날 풀어준다면 50 탈란톤을 주겠다.

20 탈란톤은 당시 4천 300명의 병력을 모을 수 있는 거액이었으니, 카이사르의 배포가 얼마나 컸는지 알 수 있다. 당시 그의 나이는 불과 24세였다. 그는 사람들을 보내 여러 도시에서 돈을 받아오도록 하고, 자신은 해적 소굴에 남았다. 그곳에 잡혀 있던 38일 동안 카이사르는 해적들을 오히려 자신의 경호원처럼 부려 먹었다. 몸값이 도착하자 해적 소굴에서 풀려난 카이사르는 선원들을 모아 배를 타고 항

구를 떠나 해적들을 거의 다 잡아 페르가몬의 감옥에 가두었다. 그리고 얼마 후, 감옥에 가두어 둔 해적들을 모두 꺼내 나무에 못 박아 죽였다. 절체절명의 위기 상황에서도 두려움에 떨지 않고 대담하게 돌파해 나가는 행동은 정말 놀라운 일이다.

기원전 49년, 카이사르는 "주사위는 던져졌다"며 군대를 이끌고 망설임 없이 루비콘강을 건너 로마로 진격했다. 그때 이런 말을 했다. "인간이 살다 보면 무너질 수 있다. 그러나 그것은 오직 한 번이어야 한다." 폼페이우스는 사생결단의 독기를 품고 덤벼드는 카이사르의 돌진에 겁을 먹고 이탈리아반도 남쪽으로 도주하더니, 그리스 땅으로 넘어갔다. 카이사르는 고삐를 늦추지 않고 적을 추격했다. 기원전 48년, 마침내 파르살로스 평원에서 카이사르와 폼페이우스는 숙명의 일전을 벌이게 된다. 폼페이우스는 기병이 7천, 보병이 4만 5천이었지만, 카이사르는 기병 1천에 보병 2만 2천이었다. 전력이 월등히 우세했던 폼페이우스는 자신만만했다. 그는 카이사르가 있는 오른쪽을 타격하기 위해 직접 왼쪽 날개를 맡아 기병을 지휘했다.

그러나 카이사르는 객관적인 전략의 약세를 극복할 창의적인 전략을 짜낸다. 병사들에게 적의 얼굴과 눈을 노리고 공격하라고 지시했던 것이다. 별것 아닌 것 같았지만, 엄청난 효과를 발휘했다. 폼페이우스의 병사들은 변칙적인 공격에 겁을 먹고 주춤하더니, 이내 혼란에 빠져 후퇴하기 시작했다. 전세가 예상치 못한 방향으로 불리하게 흘러가자 깜짝 놀란 폼페이우스는 전의를 잃고 두려움에 사로잡혔다. 목숨을 걸고 싸우기보다는 목숨이라도 건지겠다는 조급함에 그는 일반 병사의 복장으로 변장하고 비굴하게 전투 현장을 빠져나갔다.

불리한 조건의 전투를 승리로 이끈 것도 놀라웠지만, 승리 후에 적을 대하는 카이사르의 태도는 더욱더 감탄스러웠다. 이 전투는 같은 로마인들 사이의 전투였음을 잊지 않은 카이사르는 포로로 잡힌 적을 처단하기보다는 관대하게 대하며 자신의 군단에 편입시켰다. 그중에는 나중에 카이사르에게 칼을 겨눈 브루투스도 있었다. 결과적으로는 이런 관대함이 카이사르에 치명적인 결정타로 돌아왔지만, 그 당시 카이사르는 아군은 물론 적군에게도 가장 관대하고 강력한 지도자로 존경을 받았다. 그는 적군의 목숨을 살려주고 자기편으로 삼은 것이 전쟁의 승리에서 얻은 가장 크고 아름다운 소득이었다고 말하기까지 했다.

전투에서 패한 폼페이우스는 군사적 동맹을 맺은 프톨레마이오스 12세의 도움을 기대하고 이집트로 달아났다. 하지만 폼페이우스에게 재기의 기회는 없었다. 동맹은 낭만적인 의리로 유지되는 것이 아니라 엄연한 힘에 의해 지속되는 것임을 이 사건은 여실히 보여준다. 로마의 패권이 카이사르에게 넘어갔음을 직시한 프톨레마이오스 왕가는 폼페이우스를 돕기보다는 카이사르의 환심을 사는 데 마음을 두었다. 프톨레마이오스 12세의 아들인 프톨레마이오스 13세와 포테이노스 등의 측근들은 폼페이우스의 목을 잘라 카이사르에게 바쳤고, 남동생과 권력을 놓고 경쟁하던 클레오파트라 7세는 카이사르를 자신의 편으로 삼아 이집트의 실권을 쥐기 위해 필사의 노력을 했다. 카이사르에게 아들까지 낳아준 클레오파트라는 카이사르의 도움으로 마침내 이집트의 권력을 잡는 데 성공하게 된다. 이집트의 권력 투쟁과 내전을 정리하고 이집트의 권력자들을 자기편으로 만드는 데 성공한 카이사르는 시리아로 건너가 파르타케스의 군대를 섬멸한 후, 로마로 돌아가 독재관의 자리에 오르게 된다. 이 과정에서 카이사르는 아주 유명한 말을 남겼다. "Veni, Vidi, Vici!(왔노라, 보았노라, 이겼노라!)"

로마공화정에서 최고의 지도자는 원로원을 대표하는 두 명의 집정관이었지만, 위기의 상황이 되면 한 명을 독재관으로 임명하여 전권을 맡긴다. 내전의 위기에서 독재관이 된 카이사르는 마지막 전쟁에서 스페인에 근거를 둔 폼페이우스의 아들을 비롯한 그 잔여 세력을 완전히 척결했다. 그리고도 독재관의 자리에서 내려오지 않고, 독재관 임기를 종신으로 공표했다. 로마공화정을 무력화시키고 절대권력의 황제가 되어 로마를 제국으로 새롭게 태어나게 하려는 정치적 행보였다. 이로써 카이사르는 인생의 정점에서 찬란한 승리의 빛을 뿜어낸다. 그의 성공의 비결은 무엇일까? 여러 가지가 있겠지만, 플루타르코스의 서술을 기반으로 크게 두 가지를 꼽을 수 있다.

첫째, 위기의 상황에서 보여준 결단력과 용기, 그리고 망설이지 않고 신속하게 행동으로 옮기는 실천력이 가장 중요한 성공의 비결이었다. 젊은 시절, 해적들에게 납치되었을 때에도, 정적들에게 위협당할 때에도, 그는 절망하는 대신 돌파구를 찾는 데에 전력을 다했고, 결단이 서면 거침없이 실천해 나갔다. 형세 판단에 뛰어난 지혜도 주목할 만하지만, 결단력과 실천력이 없다면 그것이 무슨 소용이겠는가?

둘째, 승리 후에 패자에게 보여준 정중함과 관대함도 성공의 비결로 꼽을 수 있다. 카이사르는 전쟁이 끝난 뒤에는 적을 품어 안을 줄 아는 사람이었다. 적군이 저항하지 않으면 늘 그들을 존중하고 영예롭게 해주었다. 그런 태도와 행동이 적도 그의 친구와 동지로 돌려놓고, 그의 힘을 더욱더 크게 만드는 요인이 되었다.

물론 그의 두 가지 장점은 양날의 칼처럼 그를 몰락하게 만드는 원인이 되기도 했다. 과감하게 밀어붙이다가 반대파의 극단적인 저항에 부딪혔고, 관대함은 내부의 적을 품고 키우는 독이 되기도 했다. 그의 장점을 본받되, 그것이 갖는 독성을 유념한다면, 카이사르처럼 성공하면서도, 카이사르처럼 몰락하는 길을 피할 수 있는 지혜를 얻고, 중요한 계기마다 "왔노라, 보았노라, 이겼노라"라는 만족과 보람,

자부심을 계속 이어나갈 수 있지 않을까?

2.3 "갑작스러운 죽음이 가장 멋지다"

카이사르가 죽기 전날 밤, 그는 평소대로 긴 의자에 눕듯이 앉아 결재 서류들을 검토하고 있었다. 사람들과의 대화에서 불쑥 "어떤 죽음이 가장 좋을까?"라는 물음이 던져졌다. 그러자, 카이사르가 이렇게 말했다. "갑작스러운 죽음이 가장 멋지지." 그날 밤, 그의 아내는 카이사르가 시신이 되어 누워있는 모습을 보고 통곡하는 꿈을 꾸었다고 한다. 그 말을 들은 카이사르도 움찔했다. 그의 아내는 예정된 회의에 가지 말아야 한다고 강력하게 말렸고, 카이사르도 그러기로 결심했다. 그러나 카이사르의 제거 음모에 가담했던 공화정파의 데키무스 브루투스, 우리가 아는 브루투스와는 다른 사람인데, 그가 황급히 와서 카이사르를 자극했다.

> 당신이 오늘 원로원에 참석하지 않는다면, 원로원은 당신을 겁쟁이라고 무시할 것이며, 제멋대로 사람을 오라 가라 하는 독재자라고 비난할 것입니다. 그러니 원로원에 나가십시오. 다른 날 회의를 하고 싶다면, 그렇게 하자고 직접 말씀하십시오.[1]

자존심이 강했던 카이사르는 결국 원로원 회의에 참석했다. 회의장에 들어서자, 카스카라는 사람이 단검으로 카이사르의 목을 겨누고 달려들었다. 카이사르는 돌아서서 카스카의 칼을 잡고 놓지 않았다. 다른 이들이 한꺼번에 그에게 덤벼들었다. 카이사르는 정적들로 둘러싸여 얼굴과 몸을 향해 수많은 칼이 날아오는 것을 두 눈 부릅뜨고 쳐다보았다. 그때, 브루투스가 카이사르의 사타구니를 찔렀다. 카이사르는 다른 사람들의 공격에는 저항했지만, 브루투스마저 칼을 든 것을 보고는 겉옷을 머리에 덮어쓰고 주저앉았다고 한다. 가장 믿었던 심복에게 당한 것이 가장 참담했던 것이다. 그는 스물세 번이나 칼에 찔렸다. 카이사르는 마치 자신의 운명을 예고한 것처럼 "갑작스러운 죽음"을 맞았다. 56세의 나이였다.

사실 그에게는 예전부터 죽음이 닥치리라는 예감과 징후가 있었다. 그가 로마의 내전을 수습하고 평화를 이루자 그의 지지자들이 그를 왕이라고 부를 때, 그 장면을 본 민중은 몹시 당황했다. 카이사르의 위대한 공적에는 경의를 표했지만, 그의 독재 가능성에 대해서는 반대하고 경계했기 때문이다. 카이사르는 자신의 야망이 반대자들과 부딪힌다면, '갑작스러운 죽음'도 각오해야 한다고 생각했을 것이다. 결국 그는 자신의 독재 가능성을 예의주시하던 공화정파 사람들에게, 특히 브루투스 일파에게 죽임을 당했다. 이렇게 그가 평생에 걸쳐 꿈꾸던 로마제국과 황제의 야망이 물거품이 되고 말았다. 피할 수도 있었던, 그의 몰락, 그의 '갑작스러운 죽음'의 원인은 무엇이었을까?

첫째, 자기 신념에 대한 지나친 확신과 자기 능력에 대한 과도한 자신감 때문이었다. 그가 과거의 성취로부터 자기 능력에 대한 믿음을 갖는 것은 나쁘지 않았지만, 반대파, 즉 공화정파의 힘을 과소평가했던 것은 큰 문제였다. 기원전 509년, 왕정을 무너뜨리고 공화정을 세운 후, 500년 가까이 그 전통을 지켜온 사람들은 원로원의 핵심 구성원으로서 귀족층을 이루며 로마의 주류였다. 카이사르는 이들을 존중하기보다는 힘을 꺾으려고만 했고, 원로원은 그에게 무시당한다는 모멸감과 정치적 위기의식을 갖게 되었다. 카이사르의 힘이 강해질수록, 공화정파의 적대감이 더 커졌고, 그들은 카이사르와 타협점을 찾기보다는 극단적인 선택을 할 수밖에 없었다. 카이사르의 자신감은 그의 갑작스러운 죽음을 자초했던 것이다.

둘째, 브루투스에 대한 무한 신뢰도 문제였다. 브루투스는 처음부터 제국의 야망을 품은 카이사르에 적대적이었다. 카이사르가 폼페이우스와 결전을 벌일 때, 브루투스는 폼페이우스 편이었다. 그런데 카이사르가 승리했을 때, 브루투스의 탁월한 능력을 눈여겨보고 그를 살려주었다. 은혜를 베풀면, 브루투스가 감사하며 자기 편이 되리라는 기대와 믿음이 있었다. 하지만 그것은 너무나 순진한 신뢰였다. 브루투스는 카이사르를 은인으로 생각했지만, 공화주의자로서의 정치적 이념을 포기하면서까지 카이사르의 편이 되지는 않았다. 셰익스피어의 명대사가 브루투스의 심정을 잘 대변해 준다. "내가 카이사르를 덜 사랑했던 것이 아니다. 내가 로마를 더 사랑했던 것이다(Not that I loved Caesar less, but that I loved Rome more)." 카이사르를 암살하는 장면에서 카이사르의 배신감은 아주 인상적으로 표현된다. "브루투스, 너마저!" 우리는 누군가에게 은인이 되면, 그가 나에게 충성하리라 쉽게 믿곤 한다. 그러나 은혜를 베풀더라도 상대를 전적으로 믿는 것이 얼마나 위험한 일인가를 카이사르가 잘 보여주었다.

셋째, 카이사르가 공명심과 명예심이 너무 강했고 그만큼 조심성이 적었던 것도 몰락의 결정적 원인이었다. 아내가 불길한 꿈을 이유로 원로원에 나가지 말라고 했고, 카이사르도 그렇게 결심했지만, 막판에 자존심을 내세우다가 반대파에 대한 경계심을 풀고 원로원으로 향하였다가 끔찍하게 암살당했다. 자존심과 명예심은 리더에게, 아니 모든 사람에게 필요한 중요한 미덕이긴 하지만, 적절한 선에서 조절되지 않으면 허영심과 무모함으로 부풀어 올라 몰락의 원인이 될 수 있다.

카이사르의 탁월한 리더십은 서양의 역사에서 기념비적이었다. 그의 정치적 구상은 로마제국의 기틀이 되었고, 그의 양아들이자 후계자인 아우구스투스에 의해 마침내 실현되었다. 그 후, 서기 395년에 로마가 둘로 갈라져 476년 서로마제국이, 1453년 동로마제국이 멸망할 때까지 지속된 로마제국은 카이사르의 원대한 꿈의 성취라고 해도 과언이 아니다. 특히 '카이사르'는 원래 그의 가문 이름이며 그를 지칭하는 고유명사였지만, 로마가 제국이 된 이후 멸망하기까지, 그리고 그 이후에도 여러 제국의 최고 권력자를 지칭하는 일반명사로 사용되었다. 신성로마제국과 오스트리아제국, 독일제국에서 황제를 부를 때 쓰는 '카이저(Kaiser)'도, 러시아 제국에서 황제를 부르던 '차르(Tsar)'도, 오스만 제국의 술탄을 지칭하는 '카이세르(Kayser)'도 모두 그의 이름 카이사르에서 온 것이다. 그야말로 카이사르는 광대한 지역을 다스리는 최고지도자의 상징적 존재이다.

그러나 정작 카이사르 본인은 황제로서 로마제국을 통치하지는 못했다. 그가 로마공화정의 정치적 관례와 틀을 깨고 '독재관(Dictator)'에 등극한 후, 그 임기를 종신으로 하려는 정치적 시도를 강력하게 밀고 나갔지만, 그것이 결국 자신을 겨누는 칼이 되었다. 오랜 기간의 피나는 노력으로 쌓아 올린 공적이 앞서 짚어본 이유로 한순간에 무너지고 말았던 것이다. 독자 여러분이 지금까지 거둔 자신만의 성공을 지키고, 더 높은 성공을 이루고 싶다면, 카이사르의 마지막 순간을 꼭 기억할 필요가 있다.

'위대한' 폼페이우스의 몰락

3.1 "사람들은 지는 해보다는 떠오르는 해를 더 존경합니다"

로마의 패권을 놓고 카이사르의 최대의 경쟁자는 그보다 6년 연상이었던 폼페이우스였다. 그의 전체 이름은 그나이우스 폼페이우스 마그누스(Gnaius Pompeius Magnus)인데, 뒤에 붙은 '마그누스'는 그의 별칭에 해당하며, "위대한 폼페이우스"라는 뜻을 이룬다. 이름에서 짐작할 수 있듯이, 폼페이우스는 당대 최고의 영향력을 행사하던 일인자였다. 하지만 카이사르와의 대결에서 패배하면서 순식간에 몰락했다. 그는 왜 패배했을까? 왜 제일인자의 자리를 지키지 못하고, 이인자에게 밀렸던 것일까? 플루타르코스는 다소 안타까운 눈으로 그를 바라보는 것 같다.

그는 로마가 공화정에서 제국으로 넘어가던 시기에 황제가 될 수 있었던 가장 유력한 인물로 보였지만 그의 시작은 다소 미미했다. 그는 로마 출신도 아니었다. 기원전 106년 9월 29일 피케눔에서 태어났다. 피케눔은 로마에서 북동쪽으로 약 3시간가량 자동차로 갈 수 있는 거리다. 대략 250km 정도 되는 거리다.

그의 아버지는 그나이우스 폼페이우스 스트라보였다. 스트라보는 뛰어난 장군으로 이름을 날렸지만, 사람들에게는 인기가 없었다. 탁월한 군인이었지만, 호전적인 기질은 로마인들의 두려움과 혐오를 일으켰다. 그가 벼락을 맞고 죽자, 불만에 가득했던 사람들은 화장대에 올려진 그의 시신을 끌어내 모욕했을 정도였다. 그래서 아버지는 아들 폼페이우스의 출세에 큰 도움이 되지는 못했다. 폼페이우스의 성장과 출세는 자신의 힘에 의한 것이었다. 폼페이우스는 아버지와 많이 달랐다. 온갖 운명의 굴곡이 있었지만, 끝내 권력을 쟁취했고 영화를 누렸으며, 말년에 역경에 빠지긴 했어도, 매 순간 그는 민중의 호감과 헌신적인 지원을 받았다. 플루타르코스는 이렇게 말했다.

폼페이우스에게 어려움을 호소한 사람들은 모두 도움을 받았다. 그는 늘 온화한 표정을 지었다. 남을 도울 때는 전혀 교만하지 않았고, 남의 도움을 받을 때는 품위를 잃지 않았다.

게다가 그의 외모는 출중했다. 젊은 시절부터 그의 잘생긴 풍모는 민중의 호감을 샀고, 외모에 대한 호감 때문에 그는 다른 사람들 앞에서 말을 꺼내기에 앞서 좋은 인상을 주었으며, 웅변 실력도 대단했다. 그는 뛰어난 장군이었던 아버지를 따라 어렸을 때부터 전쟁터에 나가 전사로서의 경험을 풍부하게 쌓았고 탁월한 실전 능력과 용맹함과 침착함을 갖추게 되었다. 그러나 아버지가 죽자, 그는 공금 횡령죄로 재판에 회부되기까지 했다. 아마도 아버지의 탐욕스러웠던 행동들이 그에 대한 오해로 불거졌던 것 같다. 하지만 그는 재판정에서 나이답지 않게 당당하고 침착한 모습을 보여주었고, 논리적인 언변과 신뢰감을 주는 태도로 마침내 자신의 무죄를 입증하고 풀려났다.
당시 판사였던 안티스티우스는 그의 모습에 반하여 자기 딸 안티스티아와 그를 결혼시켜 사위로 삼았다. 그는 이후에 당시 로마에서 상당한 영향력을 행사하던 실력자인 킨나의 진영에 가담했지만, 킨나에게 위협을 느끼고 빠져나와 고향 피케눔으로 물러났다. 그곳에서 세력을 키운 뒤, 킨나 다음으로 위세를 떨쳤던 카르보 세력을 제압한 폼페이우스는 소아시아에서 로마로 복귀한 대장군(Imperator) 술라 진영에 가담했다. 술라는 폼페이우스의 업적을 치하하며 그를 또한 '대장군'이라고 불렀다. 그러나 폼페이우스는 그런 엄청난 대접을 받고도 교만하지 않았다.

하지만 그는 술라의 강압에 못 이겨 그의 성격에 맞지 않는 일을 하게 된다. 폼페이우스가 맘에 쏙 든 술라는 그에게 현재 아내인 안티스티아와 이혼하고 자기 의붓딸인 아이밀리아와 결혼하라고 압력을 가했다. 그런데 아이밀리아는 처녀가 아니었다. 이미 남편도 있었고, 자식들과 함께 잘 살고 있었다. 술라는 자신의 권력을 강화하기 위해 의붓딸의 가정도, 폼페이우스의 가정도 모두 깨뜨리고 폼페이우스를 사위로 삼은 것이다. 폼페이우스는 남편이 딸린 유부녀와 결혼하기 위해서 조강지처인 안티스티아를 불명예스럽게 쫓아내야 한다는 것은 사람이 할 짓이 아니라고 생각했다. 그러나 폼페이우스는 최고 권력자 술라의 서슬퍼런 강압을 이겨내지 못하고, 사람으로서 할 짓이 아닌 그 짓을 하고 말았다.

왜 반인륜적인 압박을 폼페이우스는 이겨내지 못했을까? 그도 역시 권력지향적인 인물이었던 것일까? 의문과 아쉬움을 참을 수 없는 일인데, 그 결과는 불행의 연속이었다. 첫 장인이었던 안티스티우스는 폼페이우스의 출세와 성공을 위해 술라의 편에 섰다가, 정쟁 가운데 술라의 정적들에게 피살되었고, 그 충격으로 안티스티우스의 아내, 즉 폼페이우스의 장모는 자살했다. 그리고 술라의 딸이자 폼페이우스의 새로운 아내 아이밀리아는 폼페이우스와 결혼할 당시 전 남편과의 사이에서 임신이 된 상태였는데, 결혼한 후에 그 아이를 낳다가 죽었다. 그때 폼페이우스는 20대 초반이었다. 폼페이우스는 술라의 지시를 거부하고 자신의 뜻을 고집하기에는 너무 어렸고, 술라의 위세는 너무나 대단했다고 폼페이우스를 이해해 줄 수 있을까? 공적으로 큰일을 이루기 위해 사적인 영역, 특히 가정에서의 충실함이란 덕목은 뒤로 밀릴 수도 있는 것인가?

어쨌든 술라와 한층 가까워진 폼페이우스는 성공 가도를 달린다. 그는 술라의 권력에 반발하며 일어난 소아시아의 반란을 제압하는 일에 투입되었다. 폼페이우스는 술라의 기대에 부응했다. 싸우는 족족 승리를 엄청난 승리를 거둔 폼페이우스의 용맹스럽고 충직한 태도에 감동한 술라는 그를 환영하는 자리에서 "위대한(Magnus) 장군"이라고 불렀고, 그 이후로 "위대한"은 폼페이우스를 부르는 별칭이 되었다.

술라와 원로원의 명에 따라 군사적 원정을 성공적으로 마치고 나서 그는 자신감과 성취감에 충만했다. 그는 대담하게 자신의 개선식을 열어달라고 요구했다. 술라는 거부했다. 집정관이나 법정관만이 개선식을 치를 수 있는데, 원로원 위원조차도 아닌 폼페이우스는 개선식을 치를 자격이 없다는 이유에서였다. 그런데도 폼페이우스가 계속 개선식을 요구한다면 그 야심을 꺾어놓을 것이라고 위협을 가했다. 그러나 폼페이우스는 굽히지 않고 이렇게 말했다. "세상 사람들은 지는 해보다는 뜨는 해를 더 존경합니다." 천하의 술라를 '지는 해'로 비유하고, 새파란 자신을 '뜨는 해'로 비유하다니, 배포가 대단하다. 목숨을 걸고 전쟁에서 승리했으니 개선식의 명예로 보상을 받고 싶다는 패기도 대단하다.

결국 술라는 폼페이우스의 당당함에 깜짝 놀라며 "폼페이우스에게 개선식을 치러 줘라"라고 크게 두 번이나 소리쳤다. 원로원 의원도 아닌 스물네 살의 젊은이가 개선식을 치른 것은 카르타고군을 물리쳤던 스키피오도 하지 못했던 일이었다. 그 후에 이베리아반도의 세르토리우스를 제압하고 스파르타쿠스의 반란을 진압했고, 기원전 71년에 두 번째 개선식을 치렀다. 그리고 기원전 70년에는 36세의 나이로 후에 삼두정치체제의 일원이 될 대부호 크라수스와 함께 집정관이 되었다. 그리고 67년 지중해에서 해적들을 소탕하며 연이어 수많은 전공을 세웠다. 플루타르코스는 그의 개선식에서 로마시민들이 얼마나 열광적으로 환호했는지, 만약 그때 폼페이우스가 결단하여 공화정을 뒤엎고 로마를 제국으로 만들고 황제가 되려고 했다면, 그가 해산했던 군대의 도움을 받을 필요도 없었을 것이라고 논평했다.

폼페이우스의 개선식은 너무도 거창해서 이틀이 걸렸음에도 제대로 하려면 시간이 더 필요했을 정도였다고 한다. 준비된 것 가운데 남은 것만으로도 개선식을 한 번 더 치를 수 있을 정도로 엄청났다는 것이다. 개선식에서는 그가 정복한 나라의 이름을 적은 명패가 먼저 들어왔는데, 천 개가 넘는 지역이 정복됐고, 9백 개의 도시를 함락되었음을 알리고 있었다. 그는 8백 척의 해적선을 나포했고 39개 도시를 새롭게 건설했다. 그가 거둬들인 세수와 포로들의 행렬도 엄청났다. 그들 중에는 여러 지역의 왕과 왕자들도 포함돼 있었다. 승전기도 많아, 폼페이우스와 그의 막료들이 이긴 전투의 수와 같았다. 그러나 로마 역사에서 일찍이 없었던 장관은 그가 세 개의 대륙에서 승전을 거뒀다는 점이다. 세 번의 원정에서 그는 처음에 남쪽 아프리카의 리비아를, 두 번째로는 북쪽의 유럽을, 세 번째로는 서쪽의 아시아를 정복하였는데, 이로써 그는 세 번의 전쟁에서 온 세계를 정복한 것이다. 이 정도면 그리스 마케도니아의 알렉산드로스 대왕에 버금가는 업적이라고 할 수 있고, 정말로 카이사르가 아니라 폼페이우스가 로마의 황제가 되어도 이상한 것이 없어 보인다.

이런 공적을 쌓을 수 있었던 이유 중에 하나는 로마가 폼페이우스에게 절대적인 권한을 부여했기 때문인데, 그 내용을 보면 거의 그를 황제로 옹립한 것이나 마찬가지였다. 당시 대중에게 인기가 높았던 호민관 만리우스는 로마의 통치권을 폼페이우스 한 사람에게 맡기는 것과 다름없는 법안을 제출했고, 폼페이우스에게 그렇게 많은 권력을 줌으로써 독재자를 옹립하는 것이 아닌가 생각했던 귀족들은 만리우스의 법안을 부결시키려고 했다. 그러나 만리우스가 제출한 법은 끝내 통과되었다. 이 소식을 들은 폼페이우스는 "아, 내 일은 도무지 끝날 줄을 모르는구나. 이토록 전쟁에서 벗어나지 못한 채, 사람들의 질투를 받으며 살아가느니, 차라리 이름 없는 백성으로 태어나 아내와 더불어 시골에 묻혀 남은 인생을 살고 싶구나" 하고 능청을 떨었다. 이렇게 잘나가던 폼페이우스가 어떻게 하다가 카이사르에게 무너졌는지, 정말 그의 몰락과 그 원인이 궁금하지 않을 수 없다.

3.2 "그대는 나의 병사가 아니었는가?"

앞서 보았듯이, 폼페이우스가 로마와 동방에서 거둔 승리는 엄청났다. 그가 로마의 동쪽에서 승승장구하는 동안, 카이사르는 로마의 서쪽에서 그에 버금갈 만한 성과를 거두었다. 이 두 사람이 당대 로마 최고의 부자 크라수스와 손을 잡으면서, 기원전 60년 제1차 삼두정치가 시작되었다. 카이사르는 당대 일인자였던 폼페이우스와의 결속을 굳히며 자신의 입지를 다지기 위해 딸 율리아를 폼페이우스와 결혼시켰다. 그러나 율리아가 죽고, 크라수스가 파르티아 원정에서 전사하자, 폼페이우스와 카이사르는 로마를 두고 싸우는 적이 되고 말았다. 둘이 사이좋게 로마를 동서로 나누어 다스리며 협력하는 정치적 타협도 가능했을 법한데, '하늘 아래 두 개의 태양은 없다'라는 격언이 이 두 사람에게 잘 적용되는 것 같다.

사실 로마공화정은 두 집정관이 협력하고 견제하면서 500년 가까이 이어져 왔는데, 두 사람이 로마의 동서에서 역사적인 업적을 세우면서 자존심과 욕망이 치솟자, 협력의 정신은 사라지고 경쟁은 필연적인 것이 되고 말았다. 로마에 안착한 폼페이우스는 갈리아에서 오랫동안 전쟁을 치른 카이사르보다 경쟁에서 훨씬 더 유리해 보였다. 폼페이우스는 자신만만했고 여유가 있던 반면, 카이사르는 초조했고 점점 궁지로 몰렸다. 카이사르를 경계하던 원로원은 무장해제하고 로마로 복귀하라는 지시를 내렸다. 하지만 카이사르는 이 절체절명의 위기를 단호한 결단으로 뚫고 나갔다. 앞서 살펴보았듯이 "주사위는 던져졌다"며 루비콘강을 건너 로마로 진격한 것이다.

카이사르의 반란에 로마는 혼란에 빠졌고, 깜짝 놀란 폼페이우스는 카이사르와 정면으로 맞서 사태를 해결하기보다는 로마와 이탈리아를 떠나 훗날을 도모했다. 그러나 그 판단은 지금껏 모든 전투에서 승리를 거두고 실패한 적이 없었던 폼페이우스의 거의 유일한 실수였다. 그는 카이사르가 엄청난 규모의 병력을 이끌고 로마로 진격했다고 믿었지만, 착각이었다. 사실 폼페이우스가 로마에서 거느리고 있던 군대만으로도 충분히 카이사르를 막아내고 제압할 수 있었던 판이다. 판세를 정확하게 확인하지 않고 성급하게 단정한 탓에 카이사르를 충분히 제압할 수 있는 적기를 놓친 폼페이우스가 좀 더 많은 병력을 모을 수 있을 곳, 동방의 그리스로 몸을 피했던 것이다.

폼페이우스가 서둘러 도망가자, 카이사르는 피 한 방울 흘리지 않고 이탈리아반도를 순식간에 정복한 후, 고삐를 늦추지 않고 그리스 땅으로 폼페이우스를 추격했다. 이때 카이사르는 아주 위험한 순간을 맞이하게 된다. 카이사르의 추격 속도가 너무 빨라 후속 군대가 오지 않은 상태에서 카이사르는 신속하게 결판을 지으려고 폼페이우스의 방어선을 공격했다가, 크게 패했다. 이때 폼페이우스가 강력하게 밀어붙였다면, 카이사르는 그곳에서 끝장날 수도 있었다. 하지만 폼페이우스는 카이사르의 진영까지 밀어붙이는 대신, 자신의 전열을 정비하는 데에 시간을 허비했다. 카이사르는 죽을 고비를 넘긴 뒤에 이렇게 말했다. "만약 폼페이우스 진영에 승리할 줄 아는 장군이 있었다면, 나는 끝장났을 것이다." 지나친 신중함이 결정적인 악수가 된 셈이다.

폼페이우스의 막료들은 전쟁을 빨리 결정짓자고 했지만, 폼페이우스는 전쟁을 서두르는 데에 두려움을 느꼈다. 카이사르와의 타협도 거부했다. 애초에 카이사르는 서로 군대를 해산하고 우호 조약을 맺고 함께 로마로 돌아가자고 제안했지만, 폼페이우스는 그것을 카이사르의 함정이라고 생각했다. 전열을 가다듬고 싸우면 결국 승리할 거라는 자신감에 카이사르의 제안을 거부했다. 플루타르코스는 이것을 매우 아쉬워한다. 결국 두 사람이 기원전 48년 8월 9일, 그리스 아테네 북쪽 파르살로스 평원에서 최후의 일전을 벌이게 된다. 그 장면을 서술하면서, 플루타르코스는 로마 내부의 내전으로 두 사람이 피를 흘리는 싸움을 하기보다는 둘이 힘을 합해 로마의 영토를 늘려나가는 데에 전력했다면 얼마나 좋았을까, 아쉬움을 표현했다.

두 사람은 서로 싸우려고 했고, 그것도 조국을 지키려는 영광스러운 열정 때문이 아니라, 경쟁심과 욕망 때문이었다. 그날에 이르기까지 불패의 장군으로 불렸던 폼페이우스와 카이사르가 그렇게 싸우는 장면은 참으로 개탄스러운 일이었다.

어쨌든 이 전투에서 폼페이우스의 병력이 더 우세했다. 카이사르의 군대가 2만 2천이었지만, 폼페이우스의 군대는 그 두 배가 넘었다. 하지만 카이사르는 창으로 기병의 얼굴을 노리는 독특한 작전을 구사하며, 병력의 열세를 극복하고 폼페이우스에게 압승을 거두었다. 폼페이우스는 34년 동안 모든 전쟁에서 승리했지만, 단 한 번의 패배로 모든 것을 잃게 될 상황이 되자, 만감이 교차했을 것이다. 그는 한 어부의 초라한 오두막에서 밤을 보내고 아침이 되자 작은 배를 얻어 탔고, 이어 커다란 상선으로 갈아탄 후, 레스보스섬의 미틸레네로 갔다. 그곳에는 폼페이우스의 아내, 카이사르의 누이인 율리아가 죽은 후, 다시 맞이한 새 아내 코르넬리아와 아들이 기다리고 있었다.

그곳에서 폼페이우스는 막료들과 함께 훗날을 기약하며 재기의 작전을 세우는 회의를 했다. 그때까지만 해도 폼페이우스가 카이사르에게 반격할 가능성이 남아 있었다. 지금의 튀르키예의 여러 지역에는 폼페이우스의 지지 세력이 여전히 있었다. 그가 그곳에 도착하자 병사들이 몰려들었고, 원로원 의원 60명이 둘러쌌다. 따지고 보면, 폼페이우스가 전투에서 큰 실수를 저지르지는 않았다. 그는 예전처럼 잘 싸웠다. 다만 카이사르가 그보다 훨씬 더 좋은, 창의적인 전략으로 싸웠기 때문에 패배했을 뿐이다. 폼페이우스는 동방에서 지지 세력이 확고했다. 반격의 여지는 충분했다. 그는 반격의 거점을 타진하다가 이집트를 선택했다. 프톨레마이오스 12세와 그는 군사적 동맹관계에 있었기 때문이다. 그 계획만 잘 된다면, 폼페이우스에게는 전세를 역전시킬 반격의 기회가 될 수 있었다.

그러나 그의 선택은 결정적인 악수였다. 애초에 폼페이우스와 동맹을 맺었던 프톨레마이오스 12세는 죽었고, 이어진 권력 집단은 폼페이우스를 혈맹으로 생각하지 않았기 때문이다. 이집트로 가기 위해 폼페이우스는 시리아에서 온 군선에 올라탔다. 폼페이우스는 프톨레마이오스 13세에게 사절을 보냈다. 이집트로 갈 테니 도와달라고 요청했다. 프톨레마이오스는 어떻게 해야 할지 안절부절했지만, 어린 그를 대신해 이집트의 전권을 쥐고 있던 환관 포테이누스는 중신회의를 소집해 대책을 논의했다. 이집트 해안까지 와 있던 폼페이우스는 상륙하지 못한 채, 그 회의의 결과를 배 안에서 기다려야만 했다.

회의에서는 의견이 분분했다. 폼페이우스를 받아들이고 의리를 지켜야 한다는 사람들도 있었지만, 폼페이우스를 받아들이면 안 된다고 주장하는 사람들의 의견이 팽팽히 맞섰다. 그러자 연설가 태오도토스가 나서 연설을 시작했다.

우리가 패주한 폼페이우스를 받아들이면 승리자 카이사르의 원수가 될 것이며, 폼페이우스가 이집트에 들어온다면 우리의 상전 노릇을 할 것입니다. 그런데 폼페이우스를 거절한다면 그는 자기를 몰아냈다고 이집트인들을 원망할 것이며, 어쨌든 카이사르는 그를 추격하러 여기까지 올 것입니다. 이집트가 전란에 휩싸이는 것은 피할 수 없게 되지요. 따라서 최선의 방법은 그를 죽이는 것입니다. 그러면 카이사르는 기뻐할 것이며, 우리는 폼페이우스를 두려워하지 않아도 됩니다. 죽은 자는 물어뜯으려고 달려들지 않습니다.

회의에 참석한 이집트인들은 그 말에 모두 수긍했다. 아킬라스라는 자가 그 일을 맡았고, 지난날 폼페이우스의 군무위원이었던 셉티미우스와 백인대장이었던 살비우스와 종 서너 명이 그와 동행했다. 그들은 작은 배를 타고 폼페이우스의 배로 다가갔다. 그들은 폼페이우스를 육지로 모시겠다며, 폼페이우스를 끌어당겼다. 작은 어선에는 폼페이우스의 막료였던 사람들이 폼페이우스와 함께 있었다. 그는 셉티미우스에게 말했다.

내가 잘못 보지 않았다면, 그대는 나의 병사가 아니었던가?

하지만 그는 더 이상 그의 편이 아니었고, 그 배에 그의 편은 하나도 없었다. 배가 이집트 해안에 닿자, 폼페이우스가 일어섰고, 그 순간 셉티미우스가 등 뒤에서 달려들어 그를 칼로 찔렀다. 그 다음에는 실비우스가, 그 다음에는 아킬라스가 그를 찔렀다. 폼페이우스는 두 손에 잡은 겉옷으로 얼굴을 가리고, 자기 삶의 무의미함에 대해 아무 말이나 행동도 못하고 깊고 고통스러운 신음만 흘렸다. "위대한 폼페이우스"는 그렇게, 참혹하고 어이없게 쉰아홉의 나이로 일생을 마쳤다. 그날이 바로 생일 다음 날이었다.

위대한 장점을 살리지 못한 안토니우스

4.1 "그는 장래가 촉망되는 젊은이였다"

기원전 44년 3월 15일, 500년 가까이 이어온 공화정을 사수하려는 브루투스와 카시우스 일파는 카이사르를 제거할 치밀한 계획을 세워놓고 원로원 회의장 앞에서 초조하게 그를 기다리고 있었다. 죽음을 예견하지 못한 채, 회의장으로 들어서던 카이사르의 곁에는 대장군 안토니우스가 있었다. 카이사르는 그를 "전쟁에서 아주 효율적이며 용감하며 리더십이 있는 장군이다"라고 평가했다. 공화정파 무리는 회의장 입구에서 갑자기 안토니우스에게 다가가 긴급한 일로 면담이 필요하다며 카이사르로부터 떼어냈다. 그리고 잠시 후, 암살자들은 카이사르를 난도질했다. 숱한 전투에서 카이사르를 돕고 지켜왔던 안토니우스도 그 순간만은 아무 일도 할 수가 없었다. 일단 자신부터 살고 볼 일이었다.

안토니우스는 노예로 변장하여 현장을 빠져나가 간신히 목숨을 건졌다. 이후 공화정파의 동태를 파악하던 그는 카이사르의 추도 연설에서 선혈이 낭자한 카이사르의 옷을 들고 대중 앞에서 암살자들은 악당이며 용서받을 수 없는 살인자라고 외쳤다. 민중은 공화정파의 잔혹한 암살에 대해 분노했고, 암살자들은 로마를 떠날 수밖에 없었다. 안토니우스는 카이사르의 후계자로서 민중파를 대표하며 사건을 수습하는 총책임을 맡았다. 판세를 정확하게 읽고 과감하게 행동하는 안토니우스의 정치적 감각은 그를 성공하게 만드는 힘이 되었다.

안토니우스는 기원전 83년 로마에서 태어났다. 용모도 준수하고 기품이 있었다. 플루타르코스는 안토니우스에 관해 이런 말을 전한다. "그는 장래가 촉망되는 젊은이였다고 한다." 그의 어머니 율리아가 카이사르 가문 출신이었으니 태생부터 카이사르와 인연이 있었지만, 두 사람의 정치적 관계는 기원전 54년 무렵에 본격적으로 시작된 것 같다. 안토니우스는 갈리아 원정 중인 카이사르를 만났고, 로마로 복귀하여 평민을 대표하는 호민관으로 선출되자 카이사르를 위해 일했다. 당시 로마에는 귀족파와 민중파가 서로 경쟁했는데, 폼페이우스가 귀족파를 대표한 반면, 카이사르는 민중파의 대표자였다. 한 번 보스를 선택하면 그를 위해 충성하는 일관된 태도가 안토니우스를 성공으로 이끄는 또 다른 원동력이었다.

폼페이우스가 원로원과 함께 카이사르를 제거하려고 할 때, 안토니우스는 목숨을 걸고 루비콘강을 건너가 카이사르에 합류했고, 카이사르가 군대를 이끌고 루비콘강을 건너 로마와 이탈리아를 정복할 때, 안토니우스는 그 곁에서 헌신적으로 역할을 다했다. 로마의 패권을 건 카이사르와 폼페이우스의 내전이 확산하자, 안토니우스는 카이사르의 오른팔 같은 존재로 급부상했다. 카이사르가 스페인에 있던 폼페이우스의 군대를 공격했을 때, 그는 레피두스에게 로마를 맡기는 한편, 안토니우스에게는 군대와 이탈리아반도 전체를 맡겼을 정도였다. 카사이르는 안토니우스에게 비난이 쏟아질 때도 그를 두둔했다. "안토니우스는 전쟁터에서 효율적이며 용감하고 리더십이 있는 장군이었다." 카이사르의 평가는 정확했다.

카이사르가 스페인에서 승리하고 폼페이우스 추격에 전념할 때도 안토니우스는 신속하게 지원군을 결성하며 카이사르와 합류했다. 파르살로스 전투에 이르기까지 안토니우스는 큰 활약을 보여주었다. 카이사르 군이 대승을 거두고, 폼페이우스는 이집트의 알렉산드리아로 도주했다. 이로써 안토니우스는 카이사르에 버금가는 명성을 얻었다. 카이사르는 안토니우스를 인정했다. 카이사르가 직접 폼페이우스를 추격할 때에는 안토니우스를 기병대장으로 임명한 후 로마로 보냈는데, 그것은 안토니우스가 카이사르 다음 권력자이며, 카이사르가 부재중인 로마에서는 최고의 권력자임을 의미하는 것이었다.

그러나 안토니우스(BC 83-30)에게도 위기의 순간은 있었다. 카이사르가 죽고, 그의 법적 후계자인 옥타비아누스(BC 63-AD 14)가 로마로 돌아오자, 안토니우스의 위상은 흔들렸고, 키케로가 안토니우스를 비판하고 나서자, 안토니우스는 곤경에 처한다. 게다가 카이사르의 심복이었던 레피두스는 안토니우스를 외면했다. 하지만 안토니우스는 이 위기를 정면으로 돌파했다. 레피두스(BC 89-12)의 진영으로 들어가 연설을 시작했고, 탁월하고 설득력 있는 언변으로 군사들을 자기편으로 돌려놓았다. 그리고 마침내 레피두스까지 자신의 편으로 만들었다. 사람들의 마음을 움직이는 그의 웅변 실력은 위기 때마다 그에게 새로운 기회를 주는 힘이 되었던 것이다.

레피두스와 힘을 합친 안토니우스는 대군을 이끌고 이탈리아로

들어갔다. 위협을 느낀 옥타비아누스는 키케로와의 관계를 끊고 안토니우스에게 협상을 제안했고, 이렇게 해서 카이사르의 측근 세 사람은 제2차 삼두정치를 시작하게 된다. 그들은 각자의 정적들을 제거한 뒤, 그들의 공동의 주군이었던 카이사르를 죽인 브루투스와 카시우스 세력을 공동의 적으로 삼아 전쟁을 감행한다. 그때 안토니우스가 가장 눈부신 활약을 보였다. 옥타비아누스는 브루투스와 맞서 고전 끝에 패배하지만, 안토니우스는 도처에서 승리를 거두고 마침내 브루투스와 카시우스의 세력을 완전히 제압했다.

궁지에 몰렸던 안토니우스가 새롭게 도약하여, 결국 자신의 시대를 여는 것만 같았다. 여기까지 안토니우스는 많은 점에서 타고난 본성의 장점을 성공으로 연결시키며 실패와 위기를 극복해 나간 훌륭한 리더로 보인다. 그렇게 안토니우스는 로마의 일인자로 부각되었다. 그 성공의 비결이 무엇일까?

첫째, 안토니우스는 카이사르를 믿고 따를 보스를 정한 후에는 그에게 절대적인 충성과 의리를 보여주었다. 이런 태도는 카이사르에게 신뢰감을 심어주었고, 카이사르는 안토니우스가 실패하고 위기에 빠졌을 때에도 재기의 기회를 주었다. 그리고 안토니우스는 그 기회를 놓치지 않았다.

둘째는 판세를 읽어내는 정확한 판단력이다. 그 힘은 카이사르가 죽은 후에도 그로 하여금 위기의 상황을 뚫고 나갈 수 있게 해주었고, 고비 때마다 그는 과감하게 행동함으로써 상황의 주도권을 잡고 자신의 뜻을 펼쳐낼 수 있었다.

셋째, 그는 탁월한 실천력뿐만 아니라, 진심을 다하는 용기 있는 웅변으로 사람들의 마음을 휘어잡은 수사학적 능력을 갖추고 있었다. 그것은 부단한 노력 끝에 얻은 것이었다. 이런 안토니우스의 장점에 주목한다면, 우리는 실패를 줄이고 성공으로 나아갈 수 있을 길을 찾을 수 있을 것이다.

4.2 "큰 본성은 큰 덕과 함께 악도 크게 낳는다"

카이사르의 죽음 이후 로마는 다시 세 명의 실력자들이 이끄는 제2차 삼두정치 체제가 시작되었고, 최후의 승자를 겨루는 내전에 휩싸였다. 마지막 대결은 안토니우스와 옥타비아누스가 벌인다. 둘은 로마를 둘로 나눠 지배하는데, 옥타비아누스가 서방을 차지한 반면, 안토니우스는 동부를 차지했다. 초반의 기세는 안토니우스가 잡은 것처럼 보였다. 그는 장래가 촉망되는 젊은이로 로마인들의 기대를 한 몸에 받았고, 여러 군사 원정을 통해 눈부신 활약을 펼쳐, 카이사르에 버금가는 명성을 누렸다.

안토니우스는 타고난 본성의 탁월성 덕택에 많은 장점을 가졌지만, 옥타비아누스에게 패배하였고 비참한 최후를 맞이한다. 그것은 그의 젊은 시절부터 불거졌던 단점 때문이라고 할 수 있는데, 그 단점이 그의 많은 장점을 능가했다. 그의 활약이 대단했고, 많은 찬사가 쏟아졌을 때도 많은 사람들의 비난이 그를 행해 빗발쳤다. 플루타르코스는 안토니우스가 "큰 본성은 큰 덕과 함께 악도 크게 낳는다"는 플라톤의 말이 진실임을 분명하게 보여주었다고 말했다. 안토니우스에게는 장점도 많았지만, 단점도 장점 못지 않게 많았고, 단점이 그의 장점을 잠식하는 바람에 결국 큰일을 이루지 못하고, 비참하게 몰락했다는 말로 해석된다.

안토니우스의 단점은 이렇게 표현된다. "그는 쉽게 욕정에 사로잡혔고, 술을 좋아했으며, 전쟁을 즐겼고, 지나치게 베풀고, 낭비벽이 심했으며, 오만하고 무례했다." 그 무엇보다도 그는 쾌락주의적 생활 태도에 절제력이 없었다고 한다. 그에게는 쿠리오라는 친구가 있었는데, 그와의 우정이 안토니우스를 정치적으로 성장하게 했지만, 또 그를 망치게 한 원인이기도 했다. 쿠리오와 사귀면서 안토니우스는 주색에 빠졌고, 그로 인해 무절제한 쾌락주의가 그의 인생 전반을 지배하며 성공과 발전의 순간마다 그의 발목을 잡았다는 것이 플루타르코스의 분석이다.

종종 그의 약점은 그의 장점이 되기도 했다. 그의 쾌락주의적 행동은 많은 사람들을 즐겁게 했고 호감을 사게 해주었다. 놀고 즐기기 좋아하는 것이 인간의 강한 본성인 한, 그는 많은 사람들의 환영을 받았던 것이다. 낭비벽은 종종 통이 큰 관대함과 아낌없이 베푸는 후함으로 받아들여지면서 대중의 인기를 얻는 원인이 되었고, 그가 권력을 획득하는 데에 든든한 밑천이 되기도 했지만, 그를 경제적으로 곤란하게 만드는 일이 한두 번이 아니었다.

전쟁의 승리로 얻은 전리품을 병사들과 아낌없이 나누는 것은 분명 장군의 미덕이라고 할 수는 있을 것이다. 그러나 그 풍요를 성적 쾌락과 음주가무의 향락으로 허비할 때, 그것이 아무리 병사들과 함께 하는 것이라 해도, 그것은 비난의 대상이 되고 파멸을 부르게 된다. 안토니우스가 그랬다. 그는 사람들로부터 잠깐의 환심은 샀지만, 지속적인 비난을 피할 수 없었고, 더 크게 발전할 수 있는 기회를 허망하게 날려버리곤 했다. 탁월한 재능과 노력, 상황에 따른 행운으로 인해 성공한다 하더라도 그 성취를 더 큰 발전과 성공으로 연결시키지 못한다면, 결국 정체되거나 심한 경우 모든 것을 잃고 말 것임을 안토니우스가 분명하게 보여준다.

안토니우스의 준수하고 기품 있는 용모는 분명 큰 장점이었다. 많은 사람들이 그의 외모 때문에 지나친 신뢰감을 갖곤 했다. 하지만 그 장점이 연애 문제와 얽히자, 헤어 나올 수 없는 수렁으로 그를 빠뜨리곤 했다. 젊은 시절부터 보여주었던 그의 여성 편력과 쾌락주의적 삶의 방식의 절정에 클레오파트라가 있었다. 그녀는 그리스 혈통 프톨레마이오스 왕가의 여왕으로서 이집트의 지배자였다. 그녀는 지적이고 매력적이었으며, 정치적으로도 야망과 재능을 갖춘 탁월한 여인이었다. 내부적으로 형제들과의 권력 투쟁에 휩싸이고 외부적으로도 여러 나라에 위협을 느낀 클레오파트라는 자신의 정권과 이집트의 안정을 위해 로마와의 연합을 끊임없이 모색하였다.

그녀는 수단과 방법을 가리지 않고 로마의 실력자와 결합하기를 노력한 결과, 일찍이 카이사르와 관계를 맺고 아들까지 낳았다. 그러나 뜻밖에 카이사르가 암살당하자, 그녀는 새로운 파트너를 찾았다. 로마의 동쪽을 지배하던 안토니우스와의 연합을 꾀했다. 그의 여성 편력과 쾌락주의적 생활 태도를 파악한 클레오파트라는 화려하고 흥겨운 만찬을 준비하고 안토니우스를 초대한 뒤, 그를 완전히 사로잡았다. 그녀는 신화 속 미의 여신 아프로디테처럼 치장하고, 안토니우스를 포도주의 신 디오니소스로 만든 뒤, 분위기에 흠뻑 취하게 만들고, 이어 자신에게 푹 빠지게 만들었던 것이다.

안토니우스는 그때부터 합리적인 판단을 하지 못했던 것 같다. 로마의 동방 진출에 가장 큰 걸림돌이었던 파르티아 왕국과의 전쟁을 벌일 때도 승리에 대한 집념보다는 클레오파트라에 대한 집착으로 일을 그르쳤다. 때가 되기도 전에 전쟁을 개시하고 모든 일을 뒤죽박죽으로 처리했다. 그때의 안토니우스를 플루타르코스는 이렇게 표현했다. "그는 제정신이 아니었다. 마치 약물에 중독되거나 마법에 걸린 것처럼 언제나 클레오파트라 쪽만 바라보고 있었다." 사적인 감정에 휘둘려 공적 책임과 임무를 망각한 안토니우스는 더 이상 로마의 지도자가 아니라, 한 여인의 노예에 불과했다.

옥타비아누스는 자신보다 스무살이나 많고 화려한 전투 경력을 가진 안토니우스와의 싸움보다는 연대를 하는 것이 유리하다고 판단하여, 여동생 옥타비아를 그와 결혼시켰다. 그러나 안토니우스는 클레오파트라 때문에 옥타비아를 버렸고, 이에 분노한 옥타비아누스와의 전쟁을 마다하지 않았다. 두 사람은 결국 기원전 31년 그리스의 악티움 해전에서 맞붙었다. 전반적인 병력은 안토니우스와 클레오파트라의 연합군이 우세했지만, 애초부터 싸울 의지가 없던 클레오파트라가 전투 중에 무리하게 도주하자, 충격을 받은 안토니우스는 전의를 상실했고, 군대를 버리고 전쟁터를 떠나 클레오파트라를 따라갔다. 안토니우스가 제대로만 싸웠다면 장담할 수 없었던 승리를 옥타비아누스는 손쉽게 차지했고, 그 승리를 계기로 옥타비아누스는 '고귀한 자'라는 뜻의 아우구스투스라 불리며 로마제국의 황제로 등극한다.

반면 어이없이 전쟁을 포기하고 달아난 안토니우스는 자살로 삶을 마감한다. 그래도 사랑하던 클레오파트라의 품에서 죽었으니, 그의 말대로 행복한 사람이라고 할 수 있을까? 안토니우스를 잃은 뒤, 나라도 잃게 될 위기에 처한 클레오파트라도 안토니우스의 뒤를 따라 자살했다. 인류 역사상 최대의 로맨스라고 해도 과언이 아닐 두 사람의 비극적 종말을 보면서, 지도자가 사적 감정을 어떻게 다스려야 하며, 큰일을 위해 일시적 쾌락을 절제하는 일이 얼마나 중요한 것인지를 깊이 생각해 본다. 그러나 그것은 대단한 직책의 사람들에게만 해당되는 교훈은 아니다. 우리 모두가 성공적인 삶을 살고, 실패를 줄여나가기 위한 지침이 될 것이다.

영혼을 깨우는 명문장

"첫째, 카이사르는 병사들에게 아낌없이 재산과 명예를 주었으며, 자신의 사치나 일신의 평안을 위해 전리품을 차지하지 않았다. 그는 용맹한 병사들에게 상을 주고자 조심스럽게 재산을 모았으며, 재산은 그것을 받을 만한 가치가 있는 사람에게 주는 것보다 더 훌륭한 분배는 없다고 생각했다. 둘째, 카이사르는 기꺼이 위험한 상황에 뛰어들었으며, 고생을 마다하지 않았다. 그의 야심이 어떤지를 아는 병사들은 카이사르가 위험을 즐기는 것을 보고서도 놀라지 않았다. 그러나 그가 견딜 수 있는 정도를 넘어 고난의 길을 가는 것을 보면서 병사들은 놀라지 않을 수 없었다."

— 플루타르코스(2021), 『영웅전』, 「카이사르」, 제17장,

신복룡 옮김, 을유문화사.

"폼페이우스는 온갖 운명의 굴곡을 겪으면서도 권력을 잡아 영화를 누렸던 초창기에도, 또한 그와 반대로 역경에 빠졌던 말년에도 언제나 민중의 헌신과 호감을 얻었다. 이는 어떤 정치가에게도 없었던 일이다. [중략] 로마인들이 폼페이우스를 그토록 사랑한 이유는 한둘이 아니다. 이를테면 겸손함, 절제된 생활방식, 탁월한 전술, 설득력 있는 웅변, 믿음직한 성품, 사교술 등이다. 그에게 어려움을 호소했다가 거절당한 사람이 없었다. 또한 그는 늘 온화한 표정이었다. 이러한 미덕 말고도 그는 남을 도울 때도 전혀 교만하지 않았고, 남의 도움을 받을 때에도 품위를 잃지 않았다."

— 플루타르코스(2021), 『영웅전』, 「폼페이우스」, 제1장,

신복룡 옮김, 을유문화사.

"부상자들은 즐거운 표정의 얼굴로 안토니우스의 손을 잡으며 말했다. "원수(元帥)시여, 저희 걱정은 하지 말고, 가서 원수님 자신이나 잘 돌보세요. 원수님이 건강하시다면 저희는 안전한 겁니다." 이렇듯, 당시에는 용맹과 인내력과 기백에서 안토니우스보다 탁월한 군대를 모은 장군은 아무도 없었던 것 같다. 아니, 안토니우스의 군사들이 장군인 안토니우스에게 품고 있던 존경심, 복종심, 호의, 그리고 명망 있는 자든 명망 없는 자든, 장수든 졸병이든, 그들 모두가 자신의 목숨과 안전보다는 안토니우스가 베푸는 명예와 호의를 더 선호하는 마음가짐은 고대 로마인들도 능가할 수 없는 것이었다. 그럴 만한 이유는 안토니우스가 좋은 가문에서 태어났다는 것, 말을 잘한다는 것, 성격이 소탈하다는 것, 남에게 베풀기를 좋아하고 선심을 잘 쓴다는 것, 오락할 때나 교제할 때 재치가 있다는 것 등이다. 그래서 이번 경우에도 안토니우스는 불행을 당한 자들과 노고와 고통을 함께하고 그들의 요구를 무엇이든 들어줌으로써 병들고 부상 당한 자들이 건장한 자들보다 더 헌신적으로 자신에게 봉사하게 만들었다."

– 플루타르코스(2021), 『영웅전』, 「안토니우스」, 제43장,

신복룡 옮김, 을유문화사.

- 플루타르코스(2010), 『플루타르코스 영웅전』, 천병희 옮김, 도서출판 숲.
이 책은 독문학자이자 그리스로마고전 전문 번역가인 천병희의 발췌 번역으로 그리스의 뤼쿠르고스, 솔론, 테미스토클레스, 페리클레스, 알렉산드로스, 로마의 마르쿠스 카토, 티베리우스 그락쿠스, 가이우스 그락쿠스, 카이사르, 안토니우스의 삶이 담겨 있다. 그리스어 원전을 번역한 노력이 높이 평가될 수 있다.

- 플루타르코스(2021), 『플루타르코스 영웅전』, 신복룡 옮김, 을유문화사.
이 책은 정치외교학자인 신복룡의 번역으로 영역본과 일역본, 프랑스어 번역을 참조한 중역본으로 그리스어 원문과 단어와 표현에서 여러 가지 차이는 있지만, 전체 내용과 맥락을 이해하는 데에는 큰 문제는 없으며, 가독성에서 장점이 있다. 또한 정치적인 시각에서 플루타르코스와 그 인물들의 의도와 흐름을 잘 파악한 것으로 보인다. 그리스어 원본에는 없는 내용 가운데 프랑스어 번역을 출판한 프랑스 주교 아미요가 덧붙인 '한니발 전'과 '스키피오 전' 등이 추가로 번역되었다.

- 플루타르코스(2013), 『두 정치연설가의 생애 – 데모스테네스와 키케로, 민주와 공화를 웅변하다』, 김헌 옮김, 한길사.
이 책은 서양고전학자 김헌의 그리스어 원전 번역이다. 필립포스와 알렉산드로스가 활약하던 시기, 반마케도니아 노선을 유지하며 아테네의 자유와 민주정을 지키려고 했던 데모스테네스와 카이사르, 안토니우스 등 로마를 제국화하려는 정치인들에 맞서 로마공화정을 지키려고 했던 키케로의 일생을 다룬 책이다.

- 셰익스피어(2019), 『줄리어스 시저』, 박우수 옮김, Huine.

이 책은 셰익스피어의 상상력으로 되살아난 줄리어스 시저의 내면과 야망, 고뇌를 즐길 수 있도록 도와준다.

VIII

막달라 마리아 전승에 나타난 여성리더십과 영성
- 대니얼 골먼(Daniel Goleman)의 감성지능의 관점에서

양정호

이 글은 막달라 마리아에 대한 전통적인 부정적 이미지를 재고하고, 그녀의 여성적 리더십을 자기인식의 관점에서 고찰하였다. 막달라 마리아와 베다니의 마리아가 동일인물이었다는 전승을 바탕으로, 베드로와 막달라 마리아의 행적을 비교하였다. 이러한 비교를 통해 전승에 나타난 마리아의 리더십을 대니얼 골먼이 제시한 감성지능의 주요 요소—자기인식, 자기 제어, 동기 부여, 공감 능력, 사회적 기술—에 비추어 살펴보았다. 특히 그녀는 자신의 감정을 정확히 인식하고 효과적으로 관리하는 능력과 함께, 타인의 감정 상태를 예리하게 파악하고 이에 적절히 대응하는 능력을 겸비했음을 확인할 수 있었다.

들어가는 말

성서에 등장하는 여성의 이름 가운데 '마리아'는 가장 흔한 이름들 가운데 하나이다. 아기 예수를 출산한 어머니가 마리아였고(마 1:16), 예수의 죽음을 목격했던 여성들 가운데 막달라 마리아와 야고보와 요셉의 어머니 마리아가 있었다(마 27:56). 무덤까지 따라갔던 사람들 가운데 막달라 마리아와 다른 마리아가 있었는데(마 27:61), 바로 이 막달라 마리아와 다른 마리아는 부활의 첫번째 증인들이었다(28:1-10). 복음서에 의하면, 마리아라 이름하는 여성들이 적어도 4명 이상이었다는 사실을 알 수 있다. 이 마리아들 가운데 특히 막달라 마리아는 십자가 죽음의 증인인 동시에 부활의 첫 번째 증인으로 등장한다.

막달라 마리아 만큼 중요한 여성이 마태복음 26장, 마가복음 14장, 그리고 요한복음 11-12장에 등장한다. 베다니 나병환자 시몬의 집에서 있었던 일을 기록한 이야기 가운데 등장하는 인물로, 매우 귀한 향유 한 옥합을 가지고 나아와서 식사하시는 예수의 머리에 부은 사건의 주인공이다. 마태복음과 마가복음에는 "한 여자"로 표현되어 있고, 요한복음 11장에는 "나사로의 동생 마리아"로 언급되어 있다. 이러한 복음서의 진술을 종합해보면 예수의 머리에 향유를 부은 여인은 베다니의 마리아로 나사로의 여동생이었다. 요한복음에는 분명히 이름이 언급되어 있는데, 마태복음과 마가복음에는 "한 여자"라고만 언급되어 있는 것을 이상히 여긴 학자가 있다.

『크리스챤 기원의 여성 신학적 재건』[1]에서 엘리자베스 쉬슬러 피오렌자(Elisabeth Schüssler Fiorenza)는 "내가 진실로 너희에게 이르노니 온 천하에 어디서든지 복음이 전파되는 곳에서 이 여자가 행한 일도 말하여 그를 기억하리라"2)는 예수님의 말씀이 지켜지지 않았음을 지적하고, 중요한 행위로 칭찬받은 여인의 이름조차 언급되지 않은 이유에 의문을 제기한다.3) 피오렌자는 여성의 역할이 복음의 핵심적인 부분이었음에도 불구하고, 일부 복음서에서 그녀의 이름이 생략된 것은 당시의 사회적, 문화적 맥락에서 여성의 지위와 역할에 대한 복잡한 태도를 반영한다고 주장함으로써 초기 기독교 공동체에서 여성의 역할과 그들의 공헌이 어떻게 기록되고 기억되었는지에 대한 중요한 통찰을 제공한다.4)

그런데, 성경에 등장하는 두 주요 마리아, 즉 막달라 마리아와 베다니의 마리아가 동일 인물이라는 주장은 역사적으로 여러 차례 제기되었다. 성경과 전승에서는 두 사람이 구별되는 것처럼 보인기도 하지만, 종종 혼동되기도 하고 어떤 전승과 연구에서는 동일 인물로 여기기도 한다. 두 사람이 동일한 인물인지 다른 인물인지의 문제에 관해서는 역사적 사실 관계를 증명하기 어려운 문제인 것처럼 보인다. 따라서 이 글에서는 두 사람이 동일한 인물이라는 가설을 전제로 하여 막달라 마리아의 전승에 나타나는 여성 리더십과 여성적 영성을 대니얼 골먼(Daniel Goleman)의 감성지능(EQ)이라는 관점에서 살펴보고자 한다. 이를 위하여 감성지능의 5가지 요소인 자기인식, 자기 제어, 동기, 공감, 사회적 기술 등이 어떠한 모습으로 나타나는지를 살펴볼 것이다. 첫 번째 부분에서는 복음서에 나타난 막달라 마리아의 이미지를 베드로 시몬의 이미지와 비교하며, 두 번째 부분에서는 초기 나그함마디 문서에 나타난 막달라 마리아의 이미지를 소개하고자 한다.

복음서에 나타난 막달라 마리아

"막달라 마리아"라는 이름은 마태복음에 3차례(27:56, 27:61, 28:1), 마가복음에 4차례(15:40, 15:47, 16:1, 16:9), 누가복음에 2차례(8:2, 24:10), 그리고 요한복음에 3차례(19:25, 20:1, 20:18) 총 12차례 언급된다. 각각의 이야기는 십자가 죽음의 증인(마태복음 27:56; 27:61, 마가복음 15:40; 15:47, 요한복음 19:25), 부활의 증인(마태복음 28:1, 마가복음 16:9, 누가복음 24:10, 요한복음 20:1; 20:18), 예수님의 사역 후원(마가복음 16:1), 그리고 막달라 마리아의 과거에 대한 언급에(누가복음 8:2) 초점이 맞추어져 있다.

마태복음과 마가복음은 막달라 마리아를 예수 그리스도의 십자가 죽음과 부활의 핵심 목격자이자 후원자로 강조한다. 그녀는 예수 그리스도의 십자가 처형 현장에 있었는데, 이는 베드로를 비롯한 남성 제자들이 "예수를 모른다"고 부인하며 도망쳐 처형 현장에 없었던 것과 대조된다. 막달라 마리아는 야고보의 어머니 마리아와 함께 예수께 바를 향품을 준비해 무덤으로 가져갔다가 빈 무덤을 발견했고, 부활하신 예수님을 처음 목격한 인물로 기록되었다. 또한 그녀는 부활의 소식을 남성 사도들에게 전하는 중요한 역할을 수행했다. 누가복음은 그녀가 과거에 일곱 귀신에 시달리다 예수님에 의해 치유받은 경험을 언급하며, 그 사건 이후 그녀가 헌신적인 제자가 되었음을 보여준다. 이는 예수님과의 만남이 그녀의 삶에 근본적인 변화를 가져왔음을 시사한다. 이러한 경험과 헌신은 마리아를 예수님의 가장 충실한 추종자 중 한 명으로 자리매김하게 했다. 요한복음은 그녀를 부활하신 예수님을 처음 만난 인물로 설명한다. 각 복음서가 막달라 마리아의 이야기를 조금씩 다른 관점에서 서술하지만, 이 기록들을 종합해 보면 그녀가 예수 그리스도의 사역에서 핵심적인 역할을 했음을 알 수 있다.

막달라 마리아가 예수님의 사역에서 핵심적인 역할을 수행한 중요한 인물로 평가되는 이유는 예수님의 십자가 죽음과 부활의 주요 증인으로서, 부활의 소식을 전파하는 중추적인 역할을 담당했기 때문이다. 정리하자면, 막달라 마리아는 예수님의 사역, 십자가 죽음, 그리고 부활 과정에서 중요한 역할을 수행했다. 그녀의 증언과 헌신은 초기 기독교 공동체의 형성과 복음 전파에 상당한 영향을 미쳤을 것으로 추정되는데, 이는 마리아가 단순한 제자를 넘어서 예수 그리스도의 특별한 가르침을 받은 '사도'들 중에서도 독특한 위치를 차지했음을 짐작케 한다. 왜냐하면, 예수 그리스도의 제자 중 '사도'의 자격 요건은 사도행전 1장 21-22절에서 명확히 언급되고 있다. 이 구절에 따르면, 사도는 예수님의 부활을 목격한 자들 중에서 선택되어야 한다고 명시하고 있기 때문이다.

> 그러므로 요한의 세례로부터 시작하여 우리 가운데서 올려져 가신 날까지 주 예수께서 우리 가운데 출입하실 때에 항상 우리와 함께 다니던 사람 중에 하나를 세워 우리와 더불어 예수의 부활하심을 증언할 사람이 되게 하여야 하리라 하거늘[5]

이 성경 구절은 사도의 자격 요건으로 예수님의 공생애 기간 동안 그와 동행했으며, 예수님의 부활을 직접 목격한 자여야 한다는 점을 강조하고 있는데, 흥미롭게도 "십자가의 죽음을 목격한 사람"이라는 조건은 빠져있다. 요한복음에 의하면, 한 사람을 제외하고는 남성 제자들 가운데 십자가 사건을 직접 목격한 사람은 없었기 때문이다.

예수의 십자가 곁에는 그 어머니와 이모와 글로바의 아내 마리아와 막달라 마리아가 섰는지라. 예수께서 자기의 어머니와 사랑하시는 제자가 곁에 서 있는 것을 보시고 자기 어머니께 말씀하시되 여자여 보소서 아들이니이다 하시고 또 그 제자에게 이르시되 보라 네 어머니라 하신대 그때부터 그 제자가 자기 집에 모시니라.6)

복음서에 나타난 막달라 마리아의 행적을 베드로 시몬과 비교함으로써 막달라 마리아의 자기인식과 정체성 형성을 엿볼 수 있어서 아래 [표 1]로 정리하였다.

표 1 베드로 시몬과 막달라 마리아 비교
(베다니의 마리아와 막달라 마리아가 동일인물이라는 전제)

1	이름	시몬	마리아	차이
2	별칭	베드로 (반석)	막달라 (망대, 탑)	기초 vs 건축물
3	그리스도에 대한 고백의 표현	"이르시되 너희는 나를 누구라 하느냐? 시몬 베드로가 대답하여 이르되" (마태복음 16:15-16)	"예수께서 베다니 나병환자 시몬의 집에서 식사하실 때에 한 여자가 매우 값진 향유 곧 순전한 나드 한 옥합을 가지고 와서 그 옥합을 깨뜨려 예수의 머리에 부으니" (마가복음 14:3)	질문에 대한 대답의 말로 vs 향유를 머리에 붓는 행동으로
4	표현의 의미	질문에 모범답안을 제시함으로써 예수를 그리스도로 인정	머리에 기름을 부음으로써 예수를 그리스도로 되게 함	인정 vs 만듦
5	칭찬으로 얻은 약속	"이 반석 위에 내 교회를 세우리니 음부의 권세가 이기지 못하리라 / 천국 열쇠를 네게	"온 천하에 어디서든지 복음이 전파되는 곳에는 이 여자가 행한 일도 말하여 그를 기억하리라" (마가복음 14:9)	교회 vs 복음

		주리니 네가 땅에서 무엇이든지 매면 하늘에서도 매일 것이요 네가 땅에서 무엇이든지 풀면 하늘에서도 풀리리라 하시니" (마태복음 16:18-19)		천국열쇠 vs 기억
6	십자가 사건	예수를 모른다고 부인하고서 현장에 없었음. "그가 저주하며 맹세하여 이르되 나는 그 사람을 알지 못하노라 하더라." (마태복음 26:74)	현장에 있었음. "멀리서 바라보는 여자들도 있었는데 그중에 막달라 마리아와 또 작은 야고보와 요세의 어머니 마리아와 또 살로메가 있었으니 이들은 예수께서 갈릴리에 계실 때에 따르며 섬기던 자들이요 또 이외에 예수와 함께 예루살렘에 올라온 여자들도 많이 있었더라" (마가복음 15:40-41)	부인 vs 증인
7	부활 사건	막달라 마리아의 말을 처음에 믿지 못하다가 나중에 부활하신 예수를 보고서 믿음. "그들은 예수께서 살아나셨다는 것과 마리아에게 보이셨다는 것을 듣고도 믿지 아니하니라." (마가복음 16:11)	천사의 말을 믿고 제자들에게 가다가 부활하신 주님을 만남, 부활의 첫 번째 증인 "예수께서 안식 후 첫날 이른 아침에 살아나신 후 전에 일곱 귀신을 쫓아내어 주신 막달라 마리아에게 먼저 보이시니" (마가복음 16:9)	믿음 없음 vs 믿음 부활의 증인 vs 부활의 첫 번째 증인

마리아의 행적을 통해 그녀의 리더십을 설명하기에 앞서, 자기인식과 정체성이라는 핵심 개념에 대해 상세히 살펴보고자 한다. 이는 마리아의 행동과 결정을 이해하는 데 중요한 기반이 될 것이다. 현대

감성지능 이론의 선구자인 대니얼 골먼에 따르면, 탁월한 리더의 핵심 덕목 중 하나는 감성지능이다. 골먼은 감성지능을 다섯 가지 주요 요소로 구분하여 설명하는데, 이는 자기인식, 자기 제어, 동기부여, 공감 능력, 그리고 사회적 기술이다. 이 중에서도 자기인식은 모든 감성지능의 기초가 되는 요소로 간주된다.[7]

자기인식(self-awareness)은 단순히 자신의 감정, 생각, 행동을 인지하는 것을 넘어서는 복잡한 개념이다. 이는 자신의 내면 상태를 지속적으로 모니터링하고, 그 상태가 자신의 행동과 타인에게 미치는 영향을 이해하는 능력을 포함한다. 자기인식은 자신에 대한 객관적이고 비판적인 평가, 그리고 깊이 있는 자기 이해를 수반한다. 자기인식이 뛰어난 개인은 자신의 강점과 약점을 명확히 파악할 수 있을 뿐만 아니라, 그러한 이해를 바탕으로 더 현명하고 효과적인 결정을 내릴 수 있다. 이는 개인의 성장과 리더십 발전에 있어 핵심적인 요소이다. 한편, 정체성(identity)은 '누구인가'에 대한 근본적인 질문과 관련이 있다. 이는 단순히 자신을 어떤 집단이나 개념과 동일시하는 것을 넘어서, 자신의 본질적 가치, 신념, 목표, 그리고 삶의 방향성을 정의하는 복잡한 과정이다. 정체성은 동사 'identify'와 밀접하게 연관되어 있으며, 자신을 누구와 혹은 무엇과 동일시하는지, 그리고 그 동일시를 통해 어떤 의미를 찾는지의 문제로 확장하여 이해할 수 있다.

기독교적 맥락에서 덕성은 단순한 도덕적 규범을 넘어서는 개념으로, 기독교 영성의 근본적인 토대를 형성한다. 마리아가 보여준 깊은 공감 능력과 그리스도와의 동일시는 감성의 신학과 학문적 영성이라는 복합적인 틀 안에서 가장 적절하게 해석될 수 있다. 여기서 감성은 단순한 감정의 표현을 넘어서는 개념으로, 덕성의 실천적 측면과 밀접하게 연결되어 있다. 이는 결국 개인의 삶의 방식 전반에 영향을 미치는 요소가 된다. 덕성은 단순히 도덕적 규범을 따르는 것이 아니라, 최고의 선을 추구하며 도덕적 탁월성을 체화하는 사고방식과 생활양식으로 이해되어야 한다. 이러한 관점에서 볼 때, 마리아의 행동은 단순한 윤리적 선택을 넘어서는 깊은 영성의 표현으로 해석될 수 있다.

덕성에 대한 현대적 해석을 제시한 로버트 M. 아담스(Robert Merri-hew Adams)는 그의 저서 『덕성의 이론』에서 덕성을 "최고의 선이라는 이상적 상태를 지속적으로 추구하며, 그 과정에서 도덕적, 영적 탁월성을 구현하는 것"[8]으로 정의한다. 이러한 정의는 덕성이 단순한 도덕적 행위의 반복이 아니라, 지속적인 내적 성장과 영적 발전의 과정임을 시사한다. 한편, 감성과 삶의 방식의 연관성에 대해 깊이 있는 통찰을 제공한 로버트 C. 솔로몬(Robert C. Solomon)은 "우리는 우리의 감정들 안에서, 그리고 그것들을 통해 살아간다"[9]고 주장하며, 감성이 단순한 심리적 상태를 넘어서 우리의 존재 방식 자체를 규정하는 핵심 요소임을 강조한다. 이러한 관점은 마리아의 행동을 이해하는 데 있어 그녀의 감성적 반응과 영적 성숙도의 밀접한 관계를 고려해야 함을 시사한다.

따라서 마리아의 신학적 개념과 리더십을 온전히 이해하기 위해서는 전통적인 "메타피직스(metaphysics)" 또는 종교철학적 접근법을 넘어서, 감성과 영성의 상호작용을 다루는 "메타이모션(meta-emotion)"의 관점까지 포괄하는 통합적 접근이 필요하다. 이러한 접근법은 존 M. 고트만(John M. Gottman)과 그의 동료들이 제시한 연구에서 그 이론적 기반을 찾을 수 있다. 그들은 가족 내에서의 감정 소통 방식과 그것이 개인의 정서적, 영적 발달에 미치는 영향을 연구하였다.[10] 이러한 연구 결과는 마리아의 영적 성장과 리더십 발현 과정을 이해하는 데 있어 그녀의 감정적 경험과 영적 실천의 상호작용을 고려해야 함을 시사한다.

마리아의 그리스도와의 동일시 개념은 단순한 종교적 신념의 표현을 넘어서, 덕성과 감성이 복합적으로 작용하는 그리스도교 신앙의 총체적 삶의 경험으로 해석되어야 한다. 마리아의 행동에 나타난 정체성, 자기인식, 그리고 영성은 서로 밀접하게 연관되어 있으며, 이들의 상호작용은 그녀의 리더십과 영적 성숙도를 형성하는 핵심 요소로 작용한다. 마리아와 베드로의 대조적인 예를 통해 우리는 진정한 그리스도인의 정체성에 대해 깊이 있게 고찰할 수 있다. 자신을 그리스도와 동일시한다는 것은 단순히 종교적 소속감을 넘어서, 그리스도의 가르침과 삶의 방식을 자신의 것으로 내면화하고 실천하는 것을 의미한다. 정체성은 개인이 자신을 어떻게 정의하고 이해하는지를 나타내는 복합적인 개념으로, 개인의 가치관, 신념 체계, 삶의 경험, 사회적 역할 등 다양한 요소들의 상호작용을 통해 형성된다. 이러한 자기인식과 정체성의 개념을 바탕으로 적어도 복음서에 나타난 베드로와 마리아의 행적을 비교 분석해 보면, 각 상황에서 누가 더 성숙한 판단을 내렸는지, 누가 더 그리스도의 가르침에 부합하는 리더십을 발휘했는지를 짐작할 수 있다. 이러한 분석은 단순한 개인 간의 비교를 넘어서, 그리스도인으로서의 진정한 정체성과 리더십의 본질에 대한 깊이 있는 통찰을 제공할 것이다.

베드로와 마리아의 구체적인 역할 행동을 비교해 보자. 십자가 사건에서, 예수 그리스도의 수난과 죽음 앞에 막달라 마리아는 그 고통을 자신의 것과 동일시하며 깊이 공감했다. 이는 대니얼 골먼이 주장하는 감성지능의 5가지 요소 중 하나인 "공감(Empathy)"—다른 사람의 감정을 이해하고 공감하는 능력—을 보여준다. 마리아의 이러한 "동일시"는 그리스도와의 관계 속에서 그리스도인으로서의 정체성(identity)

을 확립했음을 드러낸다. 반면, 베드로는 그리스도와 자신을 동일시하지 못하고 그의 고통을 외면하며, 심지어 그를 모른다고 부인하고 십자가 죽음의 현장에 함께하지 않았다.

마리아는 그리스도인이라는 분명한 "자기인식"을 바탕으로, 예수님을 그리스도로 인정하고 그의 역할을 확인하려는 "동기"에서 그의 머리에 향유를 부었다. 이는 그리스도를 그리스도되게 하는 상징적 행위였다. 정체성과 자기인식은 이처럼 구체적인 행동을 통해 표현된다. 마리아가 보여준 역할 행동은 자기희생적이며 타인을 세워주는 모습이었다.

외경에 나타난 막달라 마리아

베다니의 마리아와 막달라 마리아가 동일인물이라는 전제로 복음서에 나타난 막달라 마리아의 이미지를 새롭게 재구성해 보았다. 이렇게 한 이유는 복음서에 나타난 막달라 마리아의 이미지가 역사적으로 크게 왜곡되었기 때문이다. 이에 대해서 양재훈은 다음과 같이 지적하고 있다.

오늘날 대부분의 사람들이 이해하는 막달라 마리아는 전직 매춘부의 이미지였고, 이런 현상은 중세시대부터 이미 널리 퍼져 있었다. 그녀는 성적으로 무척 매력 있는 여인으로 그려지고 있으며, 그녀의 성적 매력은 종종 사람들이 경계해야 하는 위험한 것으로 나타난다. 때로 주님의 은혜로 이런 성적인 방탕함에서 벗어나 내핍 생활을 하며 평생토록 회개하는 여인으로도 그려진다. 물론 죽는 날까지 그렇게 살았어도 타락의 딱지는 결코 그녀에게서 떨어지지 않는다. 그녀는 나쁘게 그려지면 전직 매춘부요, 좋게 그려진다 하더라도 그런 죄악을 회개하는 모델로 그려진다. 그 어떤 경우에서도 그녀는 성적으로 문란한 요부의 이미지는 끝까지 간직한다.11)

정경으로 분류된 네 복음서를 종합해 보면, 막달라 마리아는 예수를 그리스도와 하나님의 아들로 고백한 중요한 인물이다. 그녀는 십자가의 증인이자 부활의 첫 번째 목격자로서 큰 의미를 지니며, 예수의 머리에 향유를 부은 여인으로도 알려져 있다. 이러한 중요한 역할에도 불구하고, 역사적으로 베드로와 같은 남성 제자들에 비해 그녀의 역할이 과소평가되어 왔다는 점은 주목할 만하다. 특히 그레고리오 대교황이 591년에 행한 복음서 설교12)에서 막달라 마리아와 베다니의 마리아를 동일시하고 마리아를 창녀로 언급한 이후 현대에 이르기까지 막달라 마리아의 이미지가 왜곡되어 전해져 왔다는 사실은 우리에게 그녀의 모습을 새로운 관점에서 재조명해야 할 필요성을 제기한다.

한편, 정경 외의 초기 기독교 문서들, 즉 외경에서는 막달라 마리아를 정경 복음서와는 다소 다른 시각에서 묘사하고 있어 주목받고 있다. 이러한 외경의 내용을 살펴보기에 앞서, 외경 자체에 대한 이해가 선행되어야 한다. 외경은 초대 기독교의 다양한 모습과 당시의 종교·사회적 현상을 반영하는 귀중한 자료로, 주로 2-3세기에 걸쳐 기록되었다. 이 문서들은 당시 기독교의 다양한 사상과 실천을 보여주는 중요한 역사적 증거이다. 예를 들어, "집회서"와 같은 대표적인 외경은 아우구스티누스와 오리게네스 같은 영향력 있는 교부들의 저작에도 인용되어 있어, 초기 기독교 사상 형성에 일정 부분 영향을 미쳤음을 알 수 있다. 따라서 외경이 초기 기독교 문헌으로서 지니는 가치를 간과해서는 안 된다.

외경 중에서도 특히 주목받는 것은 고대 이집트어인 콥트어로 기록된 문서들로, 이들은 현재 『나그함마디 문서』로 널리 알려져 있다. 이 『나그함마디 문서』 중에는 마리아 복음서가 포함되어 있어 막달라 마리아에 대한 새로운 시각을 제공한다. "마리아 복음서"는 2세기경에 저술된 것으로 추정되며, 현재까지 발견된 사본은 총 세 개이다. 이 중 하나는 5세기경의 콥트어 판본이고, 나머지 두 개는 3세기경에 제작된 그리스어 판본이다. 원래 19페이지로 구성되었던 "마리아 복음서"는 안타깝게도 첫 1-6페이지와 중간의 11-14페이지 등 총 아홉 페이지가 유실되어 완전한 형태로 전해지지 않고 있다. 그러나 남아있는 일곱 번째 페이지의 내용을 통해 유실된 앞부분에는 부활하신 예수와 제자들 간의 대화가 담겨 있었을 것으로 추정된다. 특히 주목할 만한 점은 9-10페이지와 17-19페이지에서 막달라 마리아가 중심인물로 등장한다는 것이다.13)

이제 『나그함마디 문서』에 포함된 "마리아 복음서"에 묘사된 마리아의 이미지를 구체적으로 살펴보기 위해, 관련 내용을 직접 인용하여 분석해 보고자 한다. 이를 통해 정경 복음서와는 다른 관점에서 막달라 마리아를 이해하고, 그녀의 역할과 중요성에 대해 새로운 시각을 얻을 수 있을 것이다.

하지만 그들은 슬퍼했다. 그들은 크게 울며 말했다. "우리가 어떻게 이방인들에게 가서 인자의 나라의 복음을 전할 수 있겠습니까? 그들이 그분도 아끼지 않았는데, 어떻게 우리를 아끼겠습니까?" 그때 마리아가 일어나 그들 모두에게 인사하고 형제들에게 말했다. "울지 마시고 슬퍼하지 마세요. 그리고 우유부단하지 마세요. 그분의 은혜가 여러분과 온전히 함께하며 여러분을 보호할 것입니다. 오히려 그분의 위대함을 찬양합시다. 그분이 우리를 준비시키고 우리를 온전한 사람으로 만드셨기 때문입니다." 마리아가 이렇게 말하자, 그들의 마음을 선한 쪽으로 돌렸고, 그들은 [구주]의 말씀을 토론하기 시작했다. 베드로가 마리아에게 말했다. "자매여, 우리는 구주께서 당신을 다른 여자들보다 더 사랑하셨다는 것을 압니다. 구주의 말씀 중 당신이 기억하는 것, 당신은 알지만 우리는 모르고 듣지 못한 것을 우리에게 말해주시오." 마리아가 대답하여 말했다. "여러분에게 숨겨진 것을 내가 선포하겠습니다." 그리고 그녀는 그들에게 이 말을 하기 시작했다. "나는 환상 속에서 주님을 보았고 그분께 말씀드렸습니다. '주님, 오늘 환상 속에서 당신을 보았습니다.' 그분이 대답하시며 말씀하셨습니다. '네가 나를 보고도 흔들리지 않았으니 복이 있도다. 마음이 있는 곳에 보물이 있느니라.' 내가 그분께 말씀드렸습니다. '주님, 이제 환상을 보는 자가 <영혼을 통해> 보는 것입니까, <아니면> 영을 통해 보는 것입니까?' 구주께서 대답하시며 말씀하셨습니다. '그는 영혼으로도 영으로도 보지 않고, 둘 사이에 있는 마음으로 보나니'"[14]

위 인용문의 내용은 부활하신 예수님께서 제자들에게 복음을 전파하라는 명령을 내리고 떠나신 후의 장면을 상세히 묘사하고 있으며, 특히 베드로와 마리아 사이의 중요한 대화를 포함하고 있다. 이 장면에서 특별히 주목해야 할 점은 예수님의 지시에 대한 남성 제자들의 반응과 마리아의 반응 사이의 뚜렷한 대조이다. 남성 제자들은 예수님의 말씀을 전해 듣고 난 후 두려움에 휩싸이고 동요하며 우유부단한 태도를 보이는 반면, 마리아는 오히려 제자들에게 슬퍼하지 말고 용기를 내라며 적극적으로 독려하는 모습을 보인다. 마리아의 이러한 격려의 말 이후, 사람들의 마음이 긍정적인 방향으로 전환되었고, 그들은 구주 예수 그리스도의 말씀에 대해 진지하게 논의하고 대화를 나누기 시작했다.

이 부분은 리더십의 관점에서 매우 중요한 메시지를 전달하고 있다. 마리아가 제자들에게 격려와 위로의 말을 전하기 전과 후의 상황 변화를 명확히 관찰할 수 있기 때문이다. 저명한 리더십 전문가인 존 C. 맥스웰(John C. Maxwell)이 그의 저서 『리더십의 법칙 2.0(Developing the Leader within You 2.0)』에서 "리더십은 영향력"[15)이라고 강조한 것처럼, 마리아의 영향력으로 인해 전체적인 분위기가 변화하고 사람들의 마음이 긍정적인 방향으로 전환된 것은 그녀의 탁월한 리더십을 잘 보여주는 예라고 할 수 있다.

이 장면에서 마리아가 효과적인 리더십을 발휘할 수 있었던 주요 요인은 감정지능의 5가지 핵심 요소 중 특히 '자기 제어'와 '사회적 기술'과 밀접하게 연관되어 있다. 막달라 마리아 역시 인간으로서 두려움을 느끼지 않았을 리 없다. 그러나 그녀가 자신의 두려움과 슬픔의 감정을 효과적으로 제어할 수 있었던 것은 과거의 경험과 미래에 대한 기대에 기반한 굳건한 믿음 때문이었음을 추측할 수 있다. 지금까지 "그분의 은혜가 온전히 함께하며 보호해 주셨다"는 과거의 경험과, 앞으로도 계속해서 "그분의 은혜가 온전히 함께하며 보호해 주실 것"이라는 미래에 대한 확신에 근거한 믿음이 그녀의 행동의 원동력이 되었다. 또한 "그분이 우리를 준비시키고 우리를 온전한 사람으로 만드셨다"는 예수님과 함께했던 소중한 기억들이 "그분의 위대함을 찬양"하게 만든 것이다.

마리아는 이러한 강력한 '자기 제어'를 바탕으로 다음과 같은 영향력 있는 말로 제자들을 격려했다. "울지 마시고 슬퍼하지 마세요. 그리고 우유부단한 태도를 보이지 마세요. 그분의 은혜가 여러분과 온전히 함께하며 여러분을 보호하실 것입니다. 오히려 우리는 그분의 위대함을 찬양해야 합니다. 그분이 우리를 이 사명을 위해 준비시키시고 우리를 온전한 사람으로 만드셨기 때문입니다." 이러한 마리아의 말은 단순한 위로의 차원을 넘어서, 제자들의 마음을 근본적으로 변화시키는 강력한 영향력을 발휘했다.

더불어, 이 인용문에서 감정지능의 5가지 요소와 관련하여 특별히 주목할 만한 또 다른 부분은 마리아가 보여준 뛰어난 '사회적 기술'이다. 사회적 기술이란, 깊은 신뢰를 바탕으로 긍정적이고 건설적인 인간관계를 형성하고 유지하는 능력을 의미한다. 본문에서 마리아와 예수님 사이의 특별한 관계가 묘사된 부분은 마리아의 탁월한 사회적 기술을 잘 보여주는 예라고 할 수 있다. 이러한 깊은 신뢰 관계를 바탕으로, 마리아는 다른 제자들에게도 긍정적인 영향을 미칠 수 있었던 것이다.

나오는 말

이 글은 막달라 마리아에 대한 전통적인 부정적 이미지를 재고하고, 그녀의 여성적 리더십을 조명하고자 하였다. 막달라 마리아와 베다니의 마리아가 동일인물이었다는 전승을 바탕으로, 베드로와 막달라 마리아의 행적을 비교하였다. 이러한 비교를 통해 마리아의 리더십이 가진 특징을 대니얼 골먼이 제시한 감성지능의 주요 요소—자기인식, 자기 제어, 동기 부여, 공감 능력, 사회적 기술—에 비추어 살펴보았다. 특히 그녀는 자신의 감정을 정확히 인식하고 효과적으로 관리하는 능력과 함께, 타인의 감정 상태를 예리하게 파악하고 이에 적절히 대응하는 능력을 겸비했음을 확인할 수 있었다.

마리아의 리더십은 베드로와의 대조적인 비교, 그리고『나그함마디 문서』에 포함된 "마리아 복음서"의 내용을 살펴보면 더욱 선명하게 드러난다. 그녀는 단순히 말로만이 아닌, 구체적인 행동을 통해 그리스도를 증거했으며, 십자가의 고통에 깊이 동참함으로써 그리스도와 자신을 완전히 동일시하는 모습을 보였다. 극도의 두려움과 불확실성이 지배하는 상황 속에서도, 마리아는 흔들림 없는 믿음으로 제자들에게 희망과 용기를 불어넣었다. 이러한 그녀의 행동은 예수님과의 깊고 친밀한 관계, 그리고 그로부터 비롯된 강인한 믿음에 근거한 것으로 해석된다.

마리아가 보여준 리더십 스타일은 현대의 리더십 이론 중 로버트 그린리프가 제시한 '서번트 리더십' 개념과 놀라운 유사성을 보인다. 이 리더십 모델은 타인을 섬기고 그들의 성장과 발전을 돕는 데 주안점을 둔다. 마리아는 자신의 지위나 권력을 과시하기보다는, 제자들의 내면에 자리잡은 두려움을 깊이 이해하고 그들을 따뜻하게 격려함으로써 공동체 전체의 영적, 정서적 성장을 이끌어냈다. 이는 진정한 리더의 모습이 무엇인지를 명확히 보여주는 사례라 할 수 있다.

마리아의 이러한 리더십은 단순히 개인적 자질의 차원을 넘어, 전체 공동체에 광범위하고 긍정적인 변화를 불러일으켰다. 그녀의 따뜻한 격려와 흔들리지 않는 믿음의 모범을 통해, 제자들은 점차 자신들을 짓누르던 두려움을 극복하고 예수님의 가르침에 대해 더욱 진지하고 열정적으로 토론하기 시작했다. 이는 진정한 리더의 영향력이 얼마나 큰 변화와 성장을 촉진할 수 있는지를 생생하게 보여주는 증거라 할 수 있다.

결론적으로, 복음서와 외경에 묘사된 마리아의 모습은 효과적이고 영향력 있는 리더십의 본질을 명확히 보여준다. 그녀의 리더십은 단순히 명령을 내리거나 지시하는 것에 그치지 않았다. 오히려 공동체 구성원 각자의 감정과 필요를 깊이 이해하고, 그들에게 희망찬 비전을 제시하며, 함께 성장하고 발전할 수 있도록 끊임없이 격려하고 지원하는 것에 초점을 맞추었다. 이러한 포용적이고 섬김의 자세를 바탕으로 한 리더십은 시대와 상황을 초월하여, 오늘날의 다양한 조직과 공동체에서도 여전히 중요하고 가치 있는 모델로 인정받고 있다. 마리아의 리더십 사례는 현대 사회의 리더들에게 깊은 통찰과 영감을 제공하며, 진정한 리더십의 본질이 무엇인지에 대한 근본적인 질문을 던진다.

*이 글은 "양정호(2024.12), 「막달라 마리아 전승에 나타난 여성리더십: 대니얼 골먼의 감성지능의 관점에서」, 『한국신학논총』 23, pp.31-65."를 재구성한 것이다.

영혼을 깨우는 명문장

"나는 막달라 마리아를 비롯하여 그리스도를 사랑했던 사람들과 함께 고난의 현장에 있으면서 나를 위해 당하신 주님의 고난을 내 눈으로 보며, 그분을 사랑하던 사람들처럼 그분과 함께 고난당하기를 원했습니다."

— 노르위치의 줄리안, 『사랑의 계시』, 장문텍스트 1장.

 ## 읽을거리 & 볼거리

- 대니얼 골먼(2008), 『EQ, 감성지능』, 한창호 옮김, 웅진하우스.
  이 책은 IQ보다 EQ가 더 중요하며, 지금은 전문지식의 많고 적음보다 나와 상대방의 감정을 얼마나 잘 조율할 수 있는가가 중요한 때라고 역설한다.

- 존 맥스웰(2019), 『리더십의 법칙 2.0』, 정성묵 옮김, 비전과리더십.
  이 책은 좋은 리더가 되기 위한 기본적인 원칙들을 담고 있다. 리더십의 여정을 처음 사람 혹은 다른 리더들을 훈련시키는 일에 종사하는 사람들에게 도움을 줄 책이다.

- 이규호 옮김(2022), 이정순 감수, 『나그함마디 문서』, 동연출판사.
  이 책은 초기 기독교 사상의 양대 뿌리 중 하나인 영지주의(Gnosticism) 사상의 진본으로서 국제적으로 공인을 받고 1970년에 이집트 문화부와 유네스코가 사본의 형태로 출판하기 시작했다.

IX

'영국의 별' 헨리 5세의 자기인식과 리더스피릿
- 셰익스피어의 『헨리 5세』를 중심으로

서영식

헨리 5세는 백년전쟁의 한 장면인 아쟁쿠르 전투에서 병력과 자원의 심각한 열세에도 불구하고 프랑스를 상대로 대승을 거둠으로써 영웅의 반열에 올랐으며, 나아가 역사 속의 영국 국왕 중에서 가장 돋보이는 리더십을 선보인 인물이다. 그는 왕 중에서 거의 유일하게 민중 출신 병사들의 기층문화와 어법을 이해하고 그들과 허심탄회하게 대화할 수 있는 지도자였다. 또한 그는 가장 치열한 전투 현장에서 최후의 순간까지 부하들과 함께 싸움으로써 노블레스 오블리주가 무엇인지 몸으로 보여준 지도자였다. 나아가 그는 장기적인 관점에서 자신이 이끄는 조직의 구성원이 진정으로 원하는 바가 무엇인지 깨닫고 그것을 공유비전으로 형상화하여 제시할 수 있는 능력을 갖추고 있었다.

셰익스피어는 헨리 5세를 '영국의 별'로 칭송한 바 있는데, 사실 그는 그렇게 불릴 만한 인물이었다. 그는 역사의 흐름 속에서 영국이 국가적인 재난 상황(disaster)에 빠질 때마다 새롭게 소환되어 영국인이 선택해야 할 결단의 방향을 마치 밤하늘의 별(aster)처럼 안내하였다. 나아가 그는 거대한 적 앞에서도 두려워하지 않고 맞서 싸울 수 있는 용기의 근원이 되었으며, 영국인의 뇌리에 '섬광과 같은 승리의 기억'으로 자리매김하였다.

이 글에서는 아쟁쿠르 전투를 묘사한 『헨리 5세』를 중심으로 주인공이 선보인 리더로서의 판단과 행동을 자기인식과 리더스피릿 차원에서 조망할 것이다. 독자들은 헨리 5세의 경우를 통해 리더란 태어나는 것도 아니고 만들어지는 것도 아니며, 끊임없는 자기성찰과 고난의 경험, 즉 '리더십 자기 수업'(leadership self-lesson)을 바탕으로 스스로 형성해 가는 존재임을 확인하게 될 것이다.

들어가는 말

헨리 5세(Henry V, 1386-1422)는 셰익스피어(William Shakespeare, 1564-1616)가 "영국의 별"(This star of England)로 칭송한 인물이다.1) 주지하듯이 그는 백년전쟁(1337-1453)의 한 장면인 아쟁쿠르 전투(Agincourt, 1415.10.25)에서 병력과 자원의 심각한 열세에도 불구하고 프랑스를 상대로 대승을 거둠으로써 영웅의 반열에 오른 것으로 역사에 새겨져 있다. 이 글에서는 아쟁쿠르 전투를 묘사한 『헨리 5세』를 중심으로 주인공이 선보인 리더로서의 판단과 행동을 자기인식과 리더스피릿2) 차원에서 조망하고자 한다. 또한 이 과정에서 서구 정치사상의 다양한 스펙트럼을 통해 작품에 대한 분석을 시도할 것이다.3)

일반적으로 그리스를 중심으로 한 서양 고대의 비극은 "운명극"으로, 이와 대비하여 르네상스 시기의 비극은 "성격극"으로 묘사되곤 한다. 그리고 셰익스피어의 비극 작품은 비평가들 사이에서 르네상스 성격극의 전형으로 평가된다. 그런데 이러한 방식의 성격 규정과는 차별화된 시각에서 그의 작품이 지닌 특성을 이해할 수도 있다. 즉, 셰익스피어의 희곡에 내포된 주요 특징 중 하나는, 고대나 중세의 문학 작품과 달리 주인공을 포함한 등장인물이 "천상의 신적인 존재나 무오류의 전설적 영웅이 아니며, 비록 일반인보다는 훨씬 우월한 사회적 지위를 차지하고 있더라도 성격상으로나 인격적 차원에서는 사실상 일반인과 별반 다르지 않은 평범하고 나약한 인간에 불과하다는 점을 다양한 방식으로 보여주고 있다"4)는 점이다. 특히 왕과 귀족을 중심으로 전개되는 권력투쟁을 묘사한 작품들을 일별해 보면, 대개 주인공인 "리더들이 어떤 방법으로 궁극의 목표에 도달하였으며, 또한 명확하게 승리를 쟁취했던 인물들이 왜 실패와 굴욕의 나락으로 떨어지게 되는지 인상적으로 묘사함으로써 성공한 리더 위주의 기존 문학 담론과는 분명 차별화된 리더십론"5)이 전개되고 있다. 따라서 독자들은 "한때 정상에 우뚝 섰으나 반복된 실수나 판단 착오로 인해 나락에 떨어지는 영웅 혹은 가치관과 세계관의 근본적인 문제점 때문에 결국 실패하는 리더의 말과 행동으로부터 더 많은 것을 배울 수 있으며, 정치권력의 속성과 관련해서 더 큰 교훈"6)을 얻게 되는 것이다. 이처럼 셰익스피어의 작품은 정치지도자의 성공보다는 실패 사례에 더욱 주목하고, 나아가 이를 매개로 인간의 본성과 욕망을 심층적으로 해부하고 있다. 그런데 이러한 작가의 서술 경향과 대척점에 놓인 작품이 하나 존재한다. 그것은 셰익스피어가 랭커스터 가문(House of Lancaster)의 창업 과정을 묘사한 까닭에 이른바 '랭커스터 4부작'(Lancaster Tetralogy) 내지 '헨리아드'(The Henriad)로 일컬어진 일련의 역사극의 대미를 장식하는 『헨리 5세』이다.7)

작품의 특징과 시대적 배경

셰익스피어가 작품활동 전반기(1598–1599)에 집필한 『헨리 5세』는 여러 가지 면에서 그의 문학세계에서 독특한 위치를 차지하는 것으로 평가받을 만하다. 우선 이 작품은 셰익스피어의 무수한 희곡에 나오는 최상위 권력자(왕) 중에서 집권과 통치에 성공함으로써 권력을 강화한 거의 유일한 인물이 등장하는 저술이며, 동시에 리더는 조직이나 집단을 이끄는 과정에서 어떻게 말하고 행동해야만 성공할 수 있는가를 명시적으로 보여주는 작품이기 때문이다.8)

역사적으로 알려진 바와 같이, 『헨리 5세』가 초연된 1599년 봄에서 여름 사이는 엘리자베스 여왕(Elizabeth I, 1533-1603)의 총신(寵臣) 에섹스 백작(Earl of Essex)이 반란을 일으킨 아일랜드를 무력으로 진압하러 출정한 시기에 속한다.9) 그런데 큰 어려움 없이 단기간에 끝날 것으로 기대했던 아일랜드 원정은 장기전으로 치달음으로써 지배계층의 국가 운영에 큰 부담으로 작용하게 된다. 더불어 어느덧 노년기에 접어든 '처녀 여왕'(Virgin Queen)의 후사 문제로 인해 잉글랜드 사회는 전반적으로 음울한 분위기에 잠기게 된다. 이러한 상황 속에서 지도자의 리더십과 병사들의 전우애를 바탕으로 기적 같은 승리를 거둔 아쟁쿠르 전투를 묘사한 『헨리 5세』는, 전쟁 등 국가에 위기 상황이 발생했을 경우 예외 없이 동원되어야 하는 민중들의 애국심을 고취하고, 미래에 대한 음울한 전망을 걷어냄으로써 사회적 분위기를 쇄신하기 위해 창작된 일종의 선전극으로 평가받고 있다.

　『헨리 5세』는 셰익스피어의 모든 작품을 통틀어서 유일하게 엘리자베스 여왕이 제시한 대영제국의 이상을 대변하는 프로파간다 성격의 작품으로 간주되기도 한다. 헨리 5세의 리더십과 리더스피릿에 관한 이후의 논의 과정에서 상세히 소개하겠지만, 아쟁쿠르 전투에서는 잉글랜드 출신 병사뿐만 아니라 역사적 견지에서 볼 때 아직 완전히 정복되지 않은 지역, 즉 스코틀랜드, 아일랜드, 웨일즈에서 온 병사들이 등장하여 사소한 대립에도 불구하고 잉글랜드 왕 헨리 5세에게 충성을 맹세하고 전투에서 목숨을 걸고 싸우는 상황이 묘사된다. 잉글랜드에 의한 영국 전체의 지배가 정당화되는 것이다. 또한 이들 각기 다른 지역 출신의 병사들이 공동의 적 프랑스를 굴복시키기 위해 바다를 건너 원정을 떠나는 장면은, 셰익스피어가 작품활동을 전개하던 당시 변방의 섬나라에서 탈피하여 새롭게 해양 강국을 지향했던 영국의

정치적 상황과 맞물려 있다.10)

　이러한 작품의 특별한 성격과 역사적 배경으로 인해『헨리 5세』는 영미권에서 국가적 재난이나 위기 상황이 발생했을 경우, 국민에게 용기와 희생을 요구하기 위해 가장 먼저 소환되는 작품으로 활용되어 왔다. 대표적인 예로 2차 세계대전이 발발하여 영국이 큰 위기에 직면하자 전시 정부의 수장 윈스턴 처칠(Winston Leonard Spencer-Churchill, 1874-1965)은 이 작품을 국민의 사기진작에 활용하도록 지시하였고, 이에 당대 최고의 셰익스피어 전문 배우였던 로렌스 올리비에(Laurence Kerr Olivier, 1907-1989) 주연의 영화가 제작되어 전란으로 실의에 빠진 영국과 연합국 국민들 사이에서 큰 호응을 받았다. 또한 9·11 테러(September 11 attacks, 2001) 발생 당시 알카에다 테러리스트들과 대결한 조지 부시(George Walker Bush, 1946-) 당시 미국 대통령은 헨리 5세에 비유되며 정치적으로 큰 성공을 거두는 계기를 마련하였다. 그리고 2차 세계대전 당시 연합국의 가장 크고 성공적인 작전으로 기록된 노르망디 상륙작전을 배경으로 미군 공수부대의 활약상을 묘사한 스필버그(Steven Allan Spielberg, 1946-) 감독의 미드 '밴드 오브 브라더스'(Band of Brothers, 2011)의 타이틀은 헨리 5세가 아쟁쿠르 전투 당일 아침에 병사들 앞에서 행한 연설11)에서 사용한 표현에서 유래한다.12)

　전통적인 해석에 반해『헨리 5세』에서는 당시 영국 사회 전반의 분열 양상이 다양한 방식으로 암시되고 있다는 해석도 존재한다. 즉, 20세기 이후 셰익스피어의 시대극을 이해하고 해석하는 방식은 크게 '역사주의'(Historicism)와 '신역사주의'(New-Historicism)로 양분되어 있다. 2차 대전 이후 등장한 역사주의의 관점에서 볼 때, 셰익스피어의 시대극은 "영국 르네상스 시대의 통일된 세계상"을 반영하는 것이며, 따라서 이것은 동시대를 살았던 사람들이 지녔던 일종의 "집단의식"

과 연결된다. 이에 반해 20세기 후반부인 1970년대 말부터 등장한 신역사주의에 따르면, "문학 텍스트는 당대의 역사적 · 정치적 상황"을 배경으로 해석되어야 마땅하다. 즉, 우리가 셰익스피어의 시대극을 독해할 때는 한편으로 작가가 당대 지배 세력의 후원과 검열을 동시에 받았으며, 사실상 그들의 통치 이데올로기 생산(튜더 왕조 신화)과 정치적인 이익에 이바지하였다는 점을 기억해야 한다. 나아가 역사주의의 단선적인 시각과 달리 실제 역사는 "지배층 대 피지배층의 갈등과 충돌의 양상"으로 전개되기 마련이다. 따라서 셰익스피어의 시대극에서도 지배 세력이나 주류문화에 대한 저항으로서의 '전복'(subversion)과 이를 저지하고 기존 권력을 유지하려는 '봉쇄'(containment)가 다양한 형태로 묘사된다. 또한 신역사주의에 따르면 다양한 패턴의 권력투쟁 과정에서 절대적인 권위를 과시했던 중세 왕권이 서서히 약화되는 모습도 드러난다. 이러한 상황은 그동안 주로 프로파간다 성격의 작품으로 해석되었던 『헨리 5세』에서도 예외가 아니라는 것이다.13)

헨리 5세의 자기인식과 리더스피릿

3.1 마키아벨리즘

정치지도자가 온전히 충성의 대상이 되는 경우는 몇몇 정치 사상서에 등장하는 이상일 뿐 현실에서는 거의 존재하지 않는다. 오히려 동서고금의 정치 무대에 등장했던 인물들은 각자의 이익이나 이해관계에 따라 신뢰와 의심 그리고 충성과 반역을 손바닥 뒤집듯 시전하였으며, 또한 자신의 정치적 선택을 정당화하기 위해 기존의 입장과 상반된 주장이나 행동도 마다하지 않았다. 세상사가 대개 그렇지만 특히 정치의 영역에서는 자신 이외에 누구도 믿을 수 없는 것이다. 셰익스피어의 수많은 정치희곡(political power play)에서는 이에 대한 통찰을 바탕으로 플롯이 전개되고 있으며, 『헨리 5세』에서도 상황은 마찬가지이다.

작품에서 다채롭게 묘사된 헨리 5세의 지도자로서의 면모를 정치 용어를 빌려 표현한다면, 그것은 우선 철저한 '마키아벨리스트'일 것이다.14) 주지하듯이 셰익스피어의 작품은 마키아벨리의 현실주의 정치 사상에서 적지 않은 영향을 받은 것으로 알려져 있다.15) 마키아벨리는 르네상스라는 시대적 상황을 고려하더라도 상당히 다양한 장르에서 활동하며 평생 집필활동을 이어갔지만, 그가 동시대의 독서 대중에게 주목의 대상이 되었고 또한 사상의 역사 속에 분명하게 이름을 남긴 것은 무엇보다 『군주론』 덕분이다. 그리고 마키아벨리스트라는 부정적인 표현 역시 일차적으로는 이 저술에서 묘사되는 정치공학(political engineering)16)을 과감하게 실천할 수 있는 성향의 인물에게 부여되는 것이다. 그렇다면 영국의 정치지도자 중에서 가장 대중적인 관심과 존경을 받는 인물군에 포함되어 있으며 최고의 전쟁 영웅이기도 한 헨리 5세가 플라톤의 '철인왕'(philosopher king)이 아니라, 마키아벨리스트로 묘사되어야 했던 까닭은 무엇인가? 사실 이 물음에 대한 대답은 작품의 전개 과정에 고스란히 녹아있다고 말해도 과언이 아니다.

외형상 잉글랜드의 군주이며 최고 권력자인 헨리 5세를 둘러싼 정치판의 실제 상황은 상상 이상으로 냉혹하였다. 국가를 지탱하는 주요 구성원이라 할 수 있는 교회와 귀족과 평민은 외견상으로는 충성을 맹세하고 있으나 이들은 한순간에 지도자를 배신할 수 있는 성향과 잠재력을 지닌 세력이었다. 또한 이들이 적극적인 반란이나 배신행위는 자제하더라도, 대부분의 판단과 행동은 사실상 자기 이익을 극대화하는 방향으로 진행된다. 극 중에 묘사된 몇 가지 장면을 살펴보자.

극의 시작(1막 1−2장)과 더불어 등장하는 영국국교회(church of England)의 최고위급 지도자들(캔터베리(Canterbury) 대주교와 일리(Ely)의 주교)은 헨리 5세가 은밀히 추진하고 있는 프랑스와의 전쟁 계획과 그에 따른 비용 부담 압박에 대해 불만을 드러낸다. 그렇지만 다른 한편 이들은 왕이 민심 회복 차원에서 추진하는 새 법안, 즉 교회의 영지 중 일부를 수용하여 노약자 보호시설을 설치한다는 내용의 포고령을 폐기하도록 설득하여 교회의 재산을 최대한 보존하기를 원한다. 나아가 교회 지도자들은 전쟁이 발발하게 되면 정국이 혼란에 빠질 것이고 그런 상황에서는 오랜 세월 동안 진행된 교회의 엄청난 재산축적으로 인한 민중의 반감을 애국적 신앙심을 내세워 무마할 수 있으며 동시에 전쟁 정국에서 국론의 분열을 막는 역할을 자임함으로써 교회의 영향력을 유지할 수 있다는 계산 아래 이른바 '살리크 계승법'(Salic law of succession)을 소환하여 프랑스와의 전쟁 개시에 정당성을 부여하는 그럴듯한 연설을 장황하게 시연하고 더불어 왕의 전쟁 비용 분담 요구에도 흔쾌히 동의한다.17) 이러한 교회의 속마음을 간파한 헨리 5세 역시 전쟁의 대의명분을 수장 캔터베리 대주교에게 떠넘기기를 주저하지 않을 뿐만 아니라, 스코틀랜드의 잠재적인 위협18)을 구실로 캔터베리 대주교가 부담을 공언한 전쟁 비용보다 더 큰 액수의 재물을 국가에 헌납할 것을 거리낌 없이 요구한다.

교회와 더불어 정치권력의 양대 축인 귀족 세력도 겉과 속이 다르기는 매한가지이다. 귀족 세력의 본심을 보여주는 가장 극적인 장면은 헨리 5세가 프랑스와의 전쟁을 선포하고 준비에 박차를 가하는 와중에 일부 귀족들이 적국과 내통하여 왕을 살해하려는 음모를 꾸민

사실이 들통나는 2막 2장에 나온다. 케임브리지 백작 리처드, 마샴의 헨리 스크루프 경, 토머스 그레이 경 세 사람이 반역자들인데, 헨리 5세의 입장에서 특히 경악스러운 것은 이들이 어린 시절부터 그와 가장 친밀하고 우호적인 관계를 유지했던 인물들이기 때문이다. 음모를 미리 간파한 왕은 주도면밀하게 범행 모의자들의 죄과를 폭로함과 동시에 이들이 자신의 반역에 대해 어떠한 자비도 베풀 수 없는 상황에 빠지도록 유도하여 무자비하게 처형해 버린다.

특이하게도 헨리 5세는 여타의 영국 왕들과 달리 왕좌에 오르기 전인 왕자 시절을 저잣거리의 민중들과 함께 보낸 인물이다. 셰익스피어는 이 사실을 『헨리 5세』와 더불어 헨리아드를 구성하는 작품인 『헨리 4세 I』와 『헨리 4세 II』에서 비교적 상세하게 묘사하고 있는데, 이때 만나서 함께 세월을 보냈던 인물 중 일부가 『헨리 5세』에 다시 등장한다. 바돌프, 님, 피스톨이 그들이다. 이들은 왕자와 함께 보낸 시간을 그리워하는 동시에 세월의 덧없음을 한탄한다. 또한 즉위 이후 자신들을 완벽하게 잊은 듯이 보이는 옛 친구(헨리 5세)의 처신을 원망하기도 한다. 그렇지만 이들은 왕이 프랑스를 향해 전쟁을 선포했다는 소식을 듣고서는 참전하여 어떤 식으로든 물질적으로 이익을 보겠다는 생각을 노골적으로 드러내거나(피스톨, 2.1.112), 프랑스의 하플뢰르 성 전투 중에 보인 나약하고 비겁한 언행으로 인해 종군한 소년병의 비웃음을 사거나(피스톨과 바돌프와 님, 3.2.1–50), 전장에서 군인의 용맹을 과시하기보다는 교회의 성물을 훔치다가 발각되어 교수형에 처해진다(바돌프와 님, 3.6.1–110, 4.5.62). 이처럼 교회 지도자나 귀족과 달리 헨리 5세와 짧지 않은 시간을 함께 보냈으며, 또한 언뜻 보기에 그의 속마음을 가장 잘 이해할 것 같은 민중들 역시 주군의 안위나 국가의 장래보다는 자신의 현실적인 이익에만 골몰하는 모습을 보인다. 이러한 민중의 성향을 잘 알고 있는 헨리 5세는 즉위와 동시에 한때 자신의 정신적인 대부였던 폴스타프를 비롯해서 옛 지기들과의 관계를 깨끗이 정리한다.[19] 심지어 그는 전장에서 옛 친구인 바돌프와 님이 범죄(절도)를 저질렀다는 보고를 받자, 일벌백계 차원에서 처형할 것을 주저 없이 명령한다(3.6.105-110).

지금까지 간략히 살펴본 바와 같이, 작품 전체를 통틀어 진심으로 헨리 5세 편에 서는 개인이나 정치세력은 전혀 등장하지 않는다. 이러한 현실 상황은 그가 권력의 유지와 강화를 위해 마키아벨리즘의 관점에서 판단하고 행동하도록 자극제 역할을 한 것으로 볼 수 있다. 또한 이것은 헨리 5세가 당시 영국과 프랑스 양국 간의 국력이나 국제정세로 볼 때 성공보다는 실패의 확률이 훨씬 높은 전쟁을 도박처럼 선택한 이유이기도 하다.[20]

주지하듯이 막스 베버(Max Weber, 1864-1920)는 『직업으로서의 정치』(Politik als Beruf)에서, 정치권력이 정당화될 수 있는 권위(근거)를 세 가지 차원에서 제시한 바 있다. 첫 번째는 전통적인 권위로서 가족, 종족, 종교적 전통에 뿌리를 두고 있는데, 군주제에서 왕권이 세습되거나 원로원에서 연장자들이 통치하는 경우를 들 수 있다. 두 번째는 비범한 개인의 천부적인 자질에 기반한 권위이며, 종교 지도자, 예언자, 무속인, 혼란기 정치·사회지도자의 활동에서 찾을 수 있다. 세 번째는 법적·합리적 권위로서 법률과 제도를 바탕으로 정당성을 확보하는데, 현대 민주주의 국가의 정부·관료조직이나 기업의 경영진에서 확인할 수 있다. 그런데 현실에서는 누군가가 셋 중의 한가지 권위에 의존하여 통치자로 등극했더라도, 지속해서 그리고 성공적으로 리더 역할을 행하기 위해서는 나머지 권위들을 추가로 확보하여 최상의 권력 효과를 도출해야만 한다. 어떤 유형의 권위라도 그것 하나만으로

수많은 모순을 내포한 현실 권력의 정당성을 완벽하게 입증할 수는 없기 때문이다.[21]

헨리 5세는 선대 왕 헨리 4세의 장남으로서 전통적인 권위를 바탕으로 왕권을 획득한 경우이다. 그런데 그의 아버지는 사촌 형제인 리처드 2세(Richard II, 1367-1400)의 왕위를 사실상 찬탈하였기 때문에 재위 기간 내내 왕권의 정통성 시비에 휘말려 있었으며, 비교적 젊은 나이에 왕위를 이어받은 아들 역시 선대의 행적으로부터 완전히 자유로울 수는 없었다. 다시 말해 헨리 5세는 역모꾼의 아들이자 국왕의 단순한 후계자라는 역사적 사실을 극복하고 스스로 정치적 입지를 공고히 해야 하는 다급한 처지에 놓여 있던 것이다.[22]

이미 왕자 시절부터 다양한 현실 경험을 바탕으로 사람의 마음을 읽을 줄 알았고 따라서 비교적 젊은 나이에도 처세에 능했던 헨리 5세는 자신의 통치 능력을 극적으로 과시함으로써 왕권의 정통성을 확보하고자 하였으며, 그것을 위한 가장 확실한 길은 전쟁에서의 승리라는 점을 간파하고 있었다. 극 중에서 헨리 5세는 살리크 법에 명시된 프랑스 왕위 계승권 확보를 위해 부득이하게 전쟁을 개시해야 한다는 식으로 주장하고 있으나, 정치적으로 볼 때 그에게는 프랑스 왕위 계승권 확보만큼이나 혹은 그 이상으로 전쟁의 승리와 국민의 환호가 절실히 요구되는 상황이었다.

나아가 전쟁 같은 국가의 중대사를 결정하는 과정에서 국민의 여론을 중시하는 현대 민주주의 정치체제와는 달리, 동서를 막론하고 근대 이전의 세계에서 전쟁 개시는 국가 지도자가 보여줄 수 있는 용기와 결단력의 증거였다. 또한 전쟁을 통한 영토 확장은 아무리 피해가 심하더라도 결과적으로 지도자의 정치적 성공으로 이어지는 경우가 적지 않았다. 따라서 헨리 5세는 오랫동안 국가적 차원에서 경쟁 관계를 형성해 왔으며 지리상 가장 근접해 있는 프랑스에 일부러 무리하게 여러 공작령(公爵領)의 인도를 요구하여 상대국 정부를 자극하면서도 사소한 구실로 전쟁 발생의 원인을 프랑스 루이 황태자(Louis the Dauphin)에게 전가하는 잔꾀를 부린다.[23] 그 밖에도 그는 극 중에서 정치적인 판단을 해야 하는 순간마다 거의 예외 없이 전형적인 마키아벨리스트의 모습을 연출하였다.

3.2 전쟁은 정치의 칼

헨리 5세는 단연코 중세 영국을 대표하는 전쟁 영웅이다. 셰익스피어는 이 사실을 강조하기 위해 『헨리 5세』의 서막(prologue)에서 그를 묘사할 때 "warlike Harry"나 "Mars" 같은 표현을 사용하였다. 특히 헨리 5세가 선보인 일련의 통치 행태는 클라우제비츠(Carl von Clausewitz, 1780-1831)가 제시했던 정치와 전쟁의 연관성 테제를 상기시킨다. 주지하듯이 그는 『전쟁론』(Vom Kriege)에서 전쟁을 "나의 의지를 실현하려고 적에게 복종을 요구하는 일련의 폭력행위"로 규정하였는데, 특히 "전쟁은 다른 수단(폭력)에 의한 정치의 연속"이라고 주장한 바 있다. 국가 간의 외교가 말로 하는 전쟁이라면, 전쟁은 본질상 총으로 하는 외교와 다르지 않다는 것이다.[24] 왜 그는 전쟁을 정치의 수단이자 연속으로 파악하였는가? 현상으로만 보면 극단적인 폭력과 광기가 발현되는 전쟁터에서 가장 중요한 역할은 직접 전투행위를 수행하는 군대의 지휘관과 병사들의 몫인 것처럼 보인다. 그렇지만 지휘관이 복잡하고 혼란한 전투 현장에서 최소한의 병력과 장비 손실을 통해 승리를 달성하는데 관심을 지니고 있다면, 본질적인 물음에 대한 대답, 즉 전쟁을 시작할 것인지 혹은 지속할 것인지 혹은 중단할 것인지 중단한다면 어떤 조건 아래서 종전을 이끌어야 하는지와 같이 전쟁 자체를 판단하고 결정하는 일은 군인이 아닌 최상위 정치지도자의 몫이 될 수밖에 없다. 따라서 정치가는 잔혹한 폭력으로 얼룩진 전쟁 상황에서 조차 냉철한 이성을 바탕으로 국익을 위해 최상의 선택을 내릴 수 있어야 한다.[25]

비록 헨리 5세는 극의 도입부에 등장한 프랑스 사신 앞에서 자신은 주변국을 향해 전쟁이나 해악을 일삼는 "폭군이 아니라 기독교 나라의 왕"(1.2.243)임을 주장하였지만, 사신을 알현하기 직전에 이미 전쟁을 결심하고는 측근들 앞에서 "프랑스가 짐의 것인 이상, 프랑스가 나를 경외하게 만들거나 아니면 산산이 부숴버리겠다"(1.2.225)고 서슴없이 외쳐댔으며, 원정길에서는 "전쟁의 깃발을 높이 올려라. 프랑스의 왕이 되지 못하면 영국의 왕도 안 할 것"(2.2.194)이라고 떠드는 등 상당히 이중적인 모습을 보였다. 나아가 헨리 5세는 전쟁을 결심하고 이것을 공표한 이후부터 전략적으로 프랑스 왕가와 군대를 마치 불구대천의 원수인 양 묘사함으로써 자신을 따르는 영국군 전체가 분노와 적개심을 가지고 원정에 임하기를 바라는 마음을 공개적으로 드러냈다.[26] 또한 왕은 매번 프랑스군과 맞서 싸우기 전 영국군 장병들이 군인으로 뿐만 아니라 혈통 상으로도 적보다 훨씬 우월함을 강조하며 용맹하고 과감하게 행동할 것을 촉구하였다.[27] 나아가 그는 아쟁쿠르 전투가 끝날 무렵에 더 이상 전투에 임하기는커녕 저항할 수도 없는 프랑스군 포로들을 그들과 직접 관련이 없는 구실[28]을 내세워 모두 처형하도록 명령하는 등 전장을 함께 누비는 영국군 병사들의 증오와 복수심에 코드를 맞추는 모습을 보이기도 했다.[29] 이러한 일련의 모습은 헨리 5세의 사고방식이 플라톤의 이상국가론을 배경으로 하는 '정치 형이상학'(political metaphysics)보다는 마키아벨리즘에 기초한 정치공학을 따르기 때문이라고 볼 수 있지만, 보다 근본적으로는 클라우제비츠의 통찰이 보여주듯이 그가 전쟁을 정치적 목적 달성을 위한 최적의 수단으로 확신하였기 때문이다. 따라서 헨리 5세는 최소한의 죄책감도 느끼지 않는 상태에서 자신이 본래 프랑스 왕가와 혈연으로 복잡하게 얽혀진 인물이라는 점, 그리고 영국과 이웃 프랑스 간에는 오랫동안 우호 관계가 존재해 왔다는 역사적 사실을 간단히 무시하고 전쟁 개시를 선포할 수 있었다. 결국 그는 자신의 정치적 목적을 위해 마음껏 칼을 휘두르고 싶어 하는 평화주의자의 모습을 보인 것이다.

3.3 헨리식 정전론

만약 우리가 헨리 5세를 단지 권력욕과 정치적 목적을 위해 전쟁을 도구로 사용하는 데 골몰했던 전쟁광으로만 국한해서 평가한다면, 그것은 피상적인 해석에 불과할 것이다. 이 작품의 서사(storytelling)를 좀 더 세밀히 살펴보면 그는 거칠게 전장을 누비는 전사(warrior)라는 표면적인 이미지 이외에도, 우리 현대인이 흔히 '정의로운 전쟁론'(bellum iustum)으로 명명하는 전쟁의 윤리적 원칙의 단면들을 제시하고 이를 스스로 준수하는 모습을 보이고 있기 때문이다. 그리고 이러한 모습은 서구 지성계의 오랜 전통과 맞닿아 있는 것으로 보인다.

플라톤(BC 428/7-348/7)은 대표작인 『국가』편 5권(469b-471c)에서 자신의 현실 체험을 바탕으로[30] 전쟁 중에 그리스인이 준수해야 할 일종의 '전시법'(jus in bello)을 제시하고 있다.[31] 전쟁이 종결된 후에 상대방과의 화해를 불가능하게 만드는 극단적인 행동은 반드시 피해야 한다는 것이 주요 골자이다.[32] 플라톤의 전시법 제안은 국가가 부정의를 당하지 않기 위해 어쩔 수 없이 전쟁을 벌일 경우에도 전투는 가능한 한 인간적인 방식으로 수행되어야 하며, 극단적인 대결 상황을 포함해서 어떤 경우에도 명백히 부당한 행위는 피해야 한다는 그의 근본 신념이 반영된 것이다.33) 플라톤의 전시법을 통해 확인할 수 있는 점은, 그가 전쟁은 상대방이 싸움의 원인이 된 불필요한 욕망을 절제하도록 만드는 현실적인 수단으로 활용되어야 하며, 또한 당장은 무기를 맞대고 대립하더라도 궁극적으로는 평화를 지향하는 방향으로 나아가야 한다고 생각했다는 사실이다. 개인과 사회 그리고 국가 간의 관계를 전제로 형성되고 유지되는 인간의 삶은 전쟁 후에도 계속되어야 하기 때문이다. 전쟁 수행의 최상위 주체인 통치자와 고급 지휘관은 이 사실을 통찰하고 전쟁 중에라도 적과의 대화와 타협을 염두에 두어야 한다.34)

『헨리 5세』에는 우리가 플라톤의 전시법 담론에 비추어 볼 때 '헨리식 정전론'이라고 부를 만한 전쟁 수행상의 원칙이 다수 등장하며, 이 장면들은 거의 예외 없이 헨리 5세의 긍정적인 리더십 발휘와 연관해서 묘사되고 있다. 우선 그는 프랑스 원정의 첫 경유지인 항구 도시 하플뢰르(Harfleur)에 도착한 후 전략상 주요 거점으로 지목된 성을 공략해야 하는 상황을 맞이하자, 잠시 위협성 공격을 감행한 후에 성주와 주민들에게 몰살을 모면하고 생명과 재산을 보존할 기회를 부여한다.35) 여기서 헨리 5세가 행한 항복 종용 연설에 포함된 과도한 수사적 표현으로 인해 눈살을 찌푸릴 독자가 있을 수도 있겠지만, 사실상 그는 전투행위를 통해 적수가 되지 못하는 성의 구성원들을 죽음의 구렁텅이로 몰아넣는 대신 적절한 수준의 위협을 통해 그들이 살아남을 방법을 제공한 것이다. 이처럼 헨리 5세는 상대국의 무고한 인명을 살상하거나 토지와 가옥을 초토화하지 않으면서도 성에 무혈입성함으로써 전투 목표 달성에 성공하였으며, 결과적으로 부전승(不戰勝)의 지혜를 발휘하였다고 말할 수 있다. 또한 왕은 하플뢰르 주민들이 항복에 동의하자, 성안으로 들어간 직후 부하 지휘관들에게 프랑스군의 역습에 대비하여 방어 태세를 철저히 하되, 시민들에게는 최대한 자비를 베풀 것을 숙부인 엑시터 공작에게 특별히 당부한다.36)

다른 한편 헨리 5세는 진군 과정에서 과거 젊은 시절을 함께 보냈던 몇몇 병사들(바돌프와 님)이 교회에서 성물을 훔치다가 발각되었다는 소식을 접하자, 추호의 망설임도 없이 이를 용서받을 수 없는 전쟁범죄로 규정하고 단호히 처벌할 것을 명령한다.37) 옛 친구들을 향한 헨리 5세의 태도는 언뜻 너무나 매정하고 비인간적으로 보이기도 한다. 그렇지만 전쟁을 이끄는 최고 지휘관은 무엇보다 전장에서 신상필벌을 명확히 해야만 군율을 유지하고 전투에서 소기의 성과를 거둘 수 있다는 평범한 진리를 되새겨 볼 때, 헨리 5세는 대단히 현실적이며 이성적인 안목을 바탕으로 공적인 선택을 한 것으로 해석할 수 있다.

나아가 헨리 5세의 프랑스 원정은 단순히 왕위 계승권을 확보하는 차원을 넘어서, 프랑스 공주 캐서린과의 혼인을 통해 그동안 만연해 있던 양국 간의 불화를 종식하고 새로운 평화의 시대를 열겠다는 포부가 담겨 있었음이 극 후반부(5막 2장)에서 드러난다.38) 물론 헨리 5세가 무력을 앞세워서 자신의 일차적인 정치적 목표(영국 내 왕권 확립)를 달성하고자 했음을 부인할 수는 없다. 그렇지만 이것은 왕이 정치적 장도(長途)에서 거쳐야 했던 하나의 과정이자 수단이었을 뿐이고, 궁극적으로는 영국과 프랑스 사이에 평화의 미래를 확립하려 한 것이다.39) 이러한 대의를 품었기에 헨리 5세는 치열한 전투 상황 속에도 적군에 대해서조차 기품 있고 배려하는 자세를 유지할 수 있었다.40) 이미 수천 년 전에 플라톤이 통찰했던 것처럼, 개인과 사회 그리고 국가 간의 관계를 전제로 형성되고 유지되는 인간의 삶은 전쟁 후에도 계속되어야 하며, 특히 지정학적으로 연결된 나라들이 당장은 분기탱

천하여 무기를 맞대고 싸우더라도 궁극적으로는 평화를 확립하는 방향으로 나아갈 수밖에 없다는 사실을 헨리 5세는 젊은 시절부터 깨달았던 것이다.

3.4 자기인식과 임파워먼트

『헨리 5세』에서 주인공의 리더스피릿이 가장 인상적이면서도 장엄하게 묘사된 장면으로는 아쟁쿠르 전투 당일 아침에 행한 연설(4.3.20–67)을 꼽을 수 있다. 흔히 '성 크리스핀 축일의 연설'(*St. Crispin's Day speech*)로 지칭되곤 하는 전투 개시 전 독려 연설에서 헨리 5세는 자신의 열정과 에너지를 온통 쏟아부으며 휘하 장병들의 영혼 속에 애국심과 전우애와 승리에의 확신을 불어넣고자 하였다.

> 헨리 왕: 누가 그런 걸 원하는가?
>
> 웨스모얼랜드 백작인가? 그렇지 않소, 백작.
>
> 우리가 죽을 운명이라면, 나라에 주는 손실은
>
> 우리만으로도 충분하고, 만약 살아남는다면
>
> 수가 적을수록 더 큰 명예를 차지할 수 있소.
>
> 제발 한 사람도 더 원하지 마시오.
>
> 맹세컨대 나는 황금을 탐내지 않소.
>
> 누가 내 돈으로 먹고 살더라도 상관하지 않소.
>
> 누가 내 옷을 입어도 괜찮고,
>
> 그런 외적인 것을 나는 원하지 않소.
>
> 그러나 만약 명예를 탐내는 것이 죄가 된다면
>
> 나는 이 세상에서 가장 죄 많은 사람이 될 것이오.
>
> 사촌, 정말로 영국에서 한 사람도 더 바라지 마시오.

짐은 구원받을 것이라는 희망이 있기에,

한 사람이라도 더 있어서

내게서 이토록 큰 명예를 나누어 갖도록 하고 싶지 않소.

오, 그러니까 한 사람도 더 바라지 마시오.

그보다는 웨스모얼랜드 백작, 부대 전체에 선포하시오.

이 싸움을 할 욕망이 없는 자는 떠나라고 말이오.

통행증도 만들어 줄 것이며,

여행에 필요한 경비도 지갑에 넣어 줄 것이오.

짐은 짐과 함께 죽기를 두려워하는 그런 자와

같이 죽기를 바라지 않소.

오늘은 성 크리스피안 제일이지.

오늘 살아남아서 무사히 고향에 돌아가는 자는

오늘의 일이 거론될 때마다 의기양양해서

크리스피안의 이름을 들을 때마다 분기할 것이오.

오늘 살아남아 노년을 맞이하는 자는

매년 이 축제일 전날 밤에 잔치를 베풀며

이웃들에게 말할 것이오.

"내일은 성 크리스핀의 제일이다"라고.

그리고는 소매를 걷고 상처를 보이면서

"이건 크리스피안 제일 때 입은 상처이다"라고 말하겠지.

노인이 되어 모든 걸 다 잊는다 해도

오늘 세운 무훈은 부풀려서 기억할 것이오.

그럴 때면 익숙하게 쓰이는 말처럼 입에 익은 우리,

해리왕, 베드포드, 엑시터, 워릭, 탈보트, 솔즈베리,

글로스터의 이름이

넘치는 술잔과 더불어 새로이 기억될 것이다.

이 이야기는 아비가 자식에게 전해줄 것이고
오늘부터 세상이 끝날 때까지
우리를 기억하지 않고는
성 크리스피안 제일을 지내지는 못할 것이다.
소수이나 행복한 소수인 우리는 형제로 뭉쳤으니
오늘 나와 함께 피를 흘리는 사람은
다 나의 형제이다. 아무리 천한 신분의 사람일지라도
그의 신분은 고귀해질 것이다.
지금 영국의 침상에 있는 귀족들은
이 자리에 함께 하지 못한 자신을 저주할 것이며,
우리가 성 크리스피안 제일에 싸운 것을 이야기할 때마다,
그들의 남자다움이 보잘 것 없다고 느낄 것이다.[41]

이날의 연설을 최후의 일전을 눈앞에 둔 한 영국군 총사령관이 전력의 열세에도 불구하고 승리를 바라는 마음에서 선보인 즉흥적 퍼포먼스 정도로 간주해서는 안 될 것이다. 헨리 5세의 연설은 가깝게는 전투 전날 지친 몸을 이끌고 신분을 숨긴 상태에서 밤새도록 병사들과 대화를 이어가며 전쟁과 국가에 관한 그들의 속마음을 파악한 후, 왕이 홀로 감당해야 할 고독과 책임감을 절감하며 가슴 깊은 곳에서 길러 올린 자기인식의 소산으로 보아야 할 것이다.[42] 나아가 좀 더 긴 호흡으로 되돌아보면 그가 왕자 시절부터 오랜 세월을 민중들과 함께 생활하면서 갖추게 된 지도자로서의 자신감, 즉 자신이 책임진 백성들의 언어와 의식과 생활 방식을 누구보다 잘 이해하고 있으며 진정으로 그들과 가치와 이익을 공유할 수 있다는 판단에서 나온 자기 확신의 표현으로 이해될 수도 있을 것이다.

사실 부하들로부터 절대적인 충성의 언어를 기대했던 헨리 5세가 밤을 지새우며 세 명의 병사43)와 나눈 토론 장면을 자세히 살펴보면, 대화는 군왕으로서는 단번에 수긍하기도 이해하기도 어려우나 기층민들의 본심(죽음에 대한 공포와 전쟁의 명분에 대한 회의와 왕을 포함한 지배층에 대한 불신)을 확실히 보여주는 내용들로 가득 채워져 있다. 특히 병사 윌리엄즈는 가장 강력한 어조로 다음과 같은 주장을 펼친다.44) 만약 국왕의 결정에 따라 개시된 전쟁의 명분이 옳지 않다면, 자신의 의지와 상관없이 오직 명령 때문에 전투에 참여한 병사가 잔혹한 살육을 자행하더라도 그에 대한 저주를 오직 혼자서 감당해서는 아니 될 것이며, 또한 이런 병사가 정황상 제대로 회개도 하지 못한 채 죽는다면 국왕은 그 책임으로부터도 자유롭지 못할 것이다.45) 그런데 밤새 울려 퍼진 비판의 목소리는 역설적으로 왕이 자신의 위치와 역할과 책임에 관해 근본적으로 다시 숙고하도록 만드는 계기를 제공한다.

　　헨리 5세는 처음에 사병들의 본심을 듣게 되자 이런저런 구실을 앞세우며 병사의 영육 간의 안위와 관련해서 왕에게는 책임을 물을 수 없다고 주장하였다. 자신은 어떤 식으로든 도덕적 책임을 지지 않겠다는 것이다. 또한 왕은 대화를 마친 후에 잠시 고독과 자기 연민에 빠진 채 피지배계층을 부러워하거나 원망하는 모습을 연출하기도 했다.46) 그러나 그는 시간의 흐름 속에서 평정심을 되찾게 되자 자신이 왕으로서 모든 책임을 떠맡아야 하는 위치에 있음을 명확히 인식하게 된다.47) 그리고 날이 밝은 후 장병들 앞에 선 헨리 5세는 전날 밤 책임회피와 자기연민으로 일관했던 모습에서 벗어나, 자신이 전투의 결과에 대해 무한책임을 지겠다는 각오를 내비친다. 더불어 그는 귀족과 병사를 포함해서 전체 구성원들과 승리의 과실을 공유하겠다는 내면의 다짐을 연설로 장쾌하게 표현함으로써, 부하들의 사기를 극대화하고 전력의 열세에도 불구하고 전투에서 크게 승리할 수 있는 발판을 마련한다.

일부의 해석과 달리, 왕이 신분을 숨긴 채 병사들과 진행한 야간 대화는 그가 "여태껏 느끼지 못했던 다른 세계의 여론을 들을 수 있는 각성의 기회"로 보기 어려우며, 또한 "상류사회와 하류사회가 만나는 최초의 공개 토론장"[48]이라는 판단도 사실과 거리가 멀다. 우선 헨리 5세는 왕의 신분을 철저히 숨긴 채 병사들을 만나고 대화했기 때문에 그들의 만남은 공개 토론의 조건을 전혀 충족시키지 못한다. 또한 그는 민중 출신의 병사들과 만나기 전에 그들과 같은 계층 사람들과 꽤 오랫동안 어울리며 나름대로 그들의 언어와 문화를 익힌 바 있다. 따라서 그가 이번 야간 토론을 통해 이전에는 알지도 경험하지도 못했던 타자들의 세계에 도달하고 심적으로도 변화의 계기를 마련했다는 식의 해석은 사실상 피상적이다. 오히려 야간 토론 과정에서 헨리 5세에게 충격적으로 느껴졌던 것은 아마도 병사들의 속마음이 그동안 자신이 파악한 민중들의 모습과 꽤 거리가 있다는 사실이었을 것이다. 즉, 이전까지 그는 폴스타프 무리와 어울리면서 기층 민중을 깊이 있게 이해한다고 자신하였으나, 그 모든 과정은 자신의 왕자 신분을 항상 의식해 온 주변 인물들이 만들어 낸 또 하나의 연극무대일 수도 있다는 점을 야간 토론을 통해 비로소 깨달았을 것이다.[49]

어찌 되었든 헨리 5세는 불신으로 채워진 민중들의 속마음이나 기회주의적인 태도와는 별개로, 모름지기 국가 공동체의 지도자라면 언제 어디서 무슨 일이 벌어지든 결과에 대해 무한히 책임지는 자세를 갖추고 있어야 하며, 나아가 리더라면 자신이 소유한 유무형의 자산을 팔로워들과 흔쾌히 나눌 줄 알아야 함을 토론 과정에서 새롭게 자각하게 되었다. 본래 정치의 영역에서 리더가 누리는 모든 명예와 권력은 이름도 얼굴도 모르는 무수한 팔로워들의 절대복종과 희생 위에서 형성되고 유지되는 것이기 때문이다. 그리고 전투 당일 장병들 앞에서 행한 왕의 연설에는 무엇보다 이 사실에 대한 통찰이 반영되어 있다.

현대 리더십 이론에 따르면 임파워먼트(empowerment) 리더십은 기존의 통제적이며 수직적인 리더십과 대비되는 새로운 차원의 개념인데, 특히 팔로워의 자기 주도와 내면적 동기 함양이 주요 기제이다.50) 여기서 임파워먼트는 두 가지 차원으로 구분할 수 있다. 첫 번째 관계적 관점에서는 리더가 팔로워에게 유무형의 권력이나 권한을 배분 또는 공유하는 과정으로 볼 수 있으며, 두 번째 동기부여의 관점에서는 리더가 팔로워에게 자율권이나 자신감을 부여하는 과정으로 이해할 수 있다. 특히 후자인 동기부여의 관점에서 볼 때, 임파워먼트는 리더가 팔로워의 내면에 간직된 '자기효능감'(self-efficacy)을 개발함으로써 과업의 성취를 위한 '동기부여'의 강도를 높이는 것을 의미한다. 단순히 팔로워에게 유무형의 권한을 위임하는 것이 아니라, 팔로워의 능력과 잠재력을 신뢰하고 이를 바탕으로 그들이 지닌 내면의 힘을 일깨우고 개발하도록 적극적으로 돕는 것이다. 팔로워의 관점에서는 스스로 '임파워먼트' 되었다, 즉 자신이 리더로부터 충분히 동기와 자극을 받았다고 느끼는 것이 중요하다.

이러한 차원에서 볼 때 헨리 5세의 연설은 임파워먼트 리더십이 현장에서 구현된 하나의 모범적인 예에 해당한다고 평가할 수 있다. 프랑스 원정을 개시한 이래 영국군 장병들은 하플뢰르 성 전투 등 여러 차례 싸움을 거치면서 육체적으로나 정신적으로 지친 상황에 놓여 있었다. 또한 프랑스군의 본진이 자신들보다 병력과 장비 면에서 훨씬 우세하다는 사실을 알고 있었기 때문에 사기 또한 바닥에 떨어진 상태였다. 이 상황에서 리더이자 총사령관인 헨리 5세가 해야 할 최우선 과제는 사기가 바닥에 떨어지고 죽음의 공포에 떨고 있는 병사들을 "가죽 끈에 매인 사냥개"(3.1.32)로 되돌려 놓아서 목전의 프랑스군을 향해 두려움 없이 질주하도록 만드는 것이었다. 따라서 왕은 무엇보다도 장병들이 적당히 긴장한 가운데 전투에 적극적으로 임할 수 있도록 싸움의 동기를 부여하는 일에 집중하였다. 그런데 그는 병사들에게 막연한 애국심이나 국가와 가족들을 위한 희생의 숭고함 같이 진부한 표현을 늘어놓는 대신에, 이번 전투에서 승리하면 영국군 용사는 모두 "나의 형제"(my brother)이자 "전우"(band of brothers)로서 획득한 이익을 분배적 정의[51]에 따라 나눌 수 있으며, 나아가 신분의 상승[52]도 불가능한 것이 아님을 암시하였다.[53]

　이처럼 파격적인 연설 내용은 헨리 5세가 오랜 세월 민중들과 함께 지내면서 서서히 의식하게 되었으며, 특히 전투 개시 직전 병사들과의 야간 토론을 통해서 다시금 깨닫게 된 사실에 기인하는 것으로 보인다. 이제는 왕 자신을 포함해서 누구도 더 이상 타고난 신분적 특권만을 내세움으로써 존엄과 가치를 평가받을 수 없는 세상이 도래하였음을, 즉 과거와 달리 오직 개인의 능력과 업적 그리고 고귀한 행동을 통해서만 각자의 가치를 인정받고 사회적 지위와 평판을 유지할 수 있다는 점을 통찰한 것이다.[54] 또한 헨리 5세의 연설은 그가 민중으로 구성된 병사들이 지금 여기서 가장 원하고 필요로 하는 것, 즉 영국의 새로운 시대정신은 바로 분배적 정의와 실질적 평등에 있음을 깨닫고 이를 새로운 비전으로 제시할 수 있는 순발력과 정치적 판단력을 갖추고 있음을 확실히 보여준 것이라고 말할 수 있다.

나오는 말

이제 『헨리 5세』의 주인공이 구현한 리더십의 면모를 다시 한번 되새겨 보자. 첫 번째, 그는 아마도 역사 속의 영국 국왕 중에서 거의 유일하게 민중 출신 병사들의 기층문화와 어법을 이해하고 그들과 허심탄회하게 대화할 수 있는 지도자였던 것 같다. 그는 오랜 세월에 걸친 노력을 통해 팔로워와 눈높이를 맞출 수 있게 된 리더였다(눈높이와 경청의 리더십). 두 번째, 그는 당시의 국가통치자들이 정치적 목적을 위해 백성들을 순식간에 전쟁터로 몰아넣고서는 상황이 불리해지면 자신과 측근들만 빠져나오는 관행을 떨쳐버렸다. 그는 가장 치열한 전투 현장에서 최후의 순간까지 부하들과 함께 싸움으로써 노블레스 오블리주가 무엇인지 몸으로 보여준 지도자였다(헌신과 신뢰의 리더십). 세 번째, 그는 장기적인 관점에서 자신이 이끄는 조직의 구성원이 진정으로 원하는 바가 무엇인지 깨닫고 그것을 공유비전으로 형상화하여 제시할 수 있는 능력을 갖추고 있었다. 즉, 자신이 이끄는 새로운 시대에는 혈통이나 가문이 아니라 각 개인의 능력과 업적에 따라 평가받을 수 있고 신분 상승도 가능하다고 공언함으로써 병사들이 자신의 임무에 대해 애정을 가지도록 만들었고, 나아가 평등한 동료들과 연대해야 하는 현실적인 이유를 제시하였다(비전과 연대의 리더십).

사실 헨리 5세는 플라톤의 이상국가론에서 묘사된 이성적이고 윤리적인 통치자와는 거리가 멀었다. 오히려 그는 최고 수준의 정치적 현실주의자로서 권력 획득과 정치적 목표를 위해 가능한 모든 수단을 사용할 수 있는 인물이었다. 전통적인 정치 형이상학자의 눈으로 보면, 현실에서 본받지 말아야 할 전쟁광이자 민중들에게 희생을 강요하는 독단적인 군주로 평가절하될 수도 있을 것이다. 그럼에도 헨리 5세는 동시에 영국의 별로 불릴 만한 인물이었다. 그는 역사의 흐름 속에서 영국이 국가적인 재난(disaster) 상황에 빠질 때마다 새롭게 소환되어 영국인이 선택해야 할 결단의 방향을 마치 밤하늘의 별(aster)처럼 안내하였다. 나아가 그는 거대한 적 앞에서도 두려워하지 않고 맞서 싸울 수 있는 용기의 근원이 되었으며, 영국인의 뇌리에 '섬광과 같은 승리의 기억'[55])으로 자리매김하였다.

그렇다면 셰익스피어는 왜 영국 역사에서 가장 성공한 왕의 범주에 포함된 헨리 5세를 이와 같은 방식으로 묘사한 것일까? 아마도 셰익스피어는 술수와 배신으로 점철된 정치 무대에서 성공한 지도자가 되기 위해서는 헨리 5세처럼 도덕적 감정을 억제하는 한이 있어도 현실적으로 사고하고 행동할 줄 알아야 하며, 그 와중에도 팔로워들에게 희망과 비전을 제시할 수 있어야 한다는 점을 역설하고 있는 것 같다. 나아가 그는 이 작품의 몇몇 주요 장면을 통해서, 왕권이 단지 혈통이나 세습 혹은 행운이 뒤따른 한두 번의 승리를 통해 확고하게 될 수 있다는 기존의 전통적인 사고방식에 강력하게 이의를 제기하였다.[56])

헨리 5세는 자신의 아버지 볼링브룩이 몰락시키고 죽음에 이르도록 만든, 한때 잉글랜드의 군왕이자 친척 어른이었던 리처드 2세의 비극을 자주 머릿속에 떠올렸다.[57]) 즉, 그는 단지 혈통 덕분에 왕이 되었다는 사실만으로 통치와 지배를 위한 조건이 모두 갖추어졌다고 생각하는 것이 얼마나 어리석고 위험한 태도인지 자신의 주변을 돌아보며 곱씹었으며, 성공한 통치자로 거듭나기 위해 어린 시절부터 부단히 노력하였다. 결국 정치의 영역에서 인정받고 통용될 수 있는 리더십은 결코 혈통을 통해 선천적으로 주어진다거나 인위적인 교육을 통해 갑자기 형성되는 것이 아니라, 헨리 5세의 경우처럼 끊임없는 자기성찰과 고난의 경험, 다시 말해서 '리더십 자기 수업'(leadership self-lesson)을 바탕으로 스스로 형성해 나가는 것임을 『헨리 5세』는 우리에게 예시적으로 보여주고 있다.[58]

*이 글은 필자의 다음의 글을 도서의 성격에 맞도록 수정한 것이다. 서영식(2024), 「'영국의 별' 헨리 5세의 자기인식과 리더스피릿」, 『범한철학』114.

영혼을 깨우는 명문장 ─────────── ◉

"만약 명예를 탐내는 것이 죄가 된다면 나는 이 세상에서 가장 죄 많은 사람이 될
것이오."

— 『헨리 5세』, 4막 3장.

"소수이나 행복한 소수인 우리는 형제로 뭉쳤으니(we band of brothers), 오늘
나와 함께 피를 흘리는 사람은 다 나의 형제이다. 아무리 천한 신분의 사람일지라
도 그의 신분은 고귀해질 것이다."

— 『헨리 5세』, 4막 3장.

"마음의 준비만 되어 있다면 모든 준비는 끝난 것이다."

— 『헨리 5세』, 4막 3장.

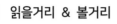

• 존 휘트니 · 티나 팩커(2003), 『리더십 3막 11장』, 송홍한 역, 씨앗을뿌리는사람.
이 책은 셰익스피어의 작품에서 묘사되는 권력의 속성을 사안별로 분석하
고 있다. 나아가 조직의 리더로서 권력을 유지하고 리더십을 발휘하기 위해
서는 어떤 방식으로 사고하고 행동해야 하는지 흥미롭게 묘사하고 있다.

• 폴 커리건(2000), 『셰익스피어 매니지먼트』, 유혜경 역, 지원미디어.
이 책은 셰익스피어의 다양한 작품들에서 묘사되는 인간관계와 주도권 다
툼의 양상을 흥미롭게 소개하고 있으며, 그 의미를 현대 경영이론의 관점에
서 분석하고 있다. 특히 저자는 셰익스피어가 경영과 지배에서 (조직과 이
성에 대비된) 개인과 감정의 역할을 이해할 것을 주문하고 있음을 강조한다.

• 『헨리 5세』, 영국, 1944.
로렌스 올리비에 감독이 연출하였으며, 또한 본인이 주역(헨리 5세)을 맡았
다. 2차 세계대전 당시 영국 전시내각 수상 윈스턴 처칠은 국민의 사기진작
과 애국심 고취를 위해 작품의 제작을 지시한 것으로 알려져 있다. 이 작품
은 개봉과 더불어 영국민들뿐만 아니라 전쟁에 지쳐 있던 연합국 국민에게
큰 감동과 희망의 메시지를 주었다.

• 『더 킹: 헨리 5세』, 영국, 2019.
데이비드 미쇼 감독이 연출하였으며, 티모시 샬라메가 헨리 5세 역을 맡았
다. 이 작품은 2019년 베니스 국제영화제에서 초청작(비경쟁 부문)으로 상
영되어 화제를 모았으며, 특히 영상미가 돋보이는 것으로 평가받았다.

X

상반된 두 과학자의 리더십
- 프리츠 하버와 라이너스 폴링

정영기

　역사 속 인물들의 삶을 살펴보면, 미래의 리더들이 나아가야 할 방향에 대해 소중한 통찰을 얻을 수 있다. 프리츠 하버와 라이너스 폴링의 경우를 보면, 리더가 어떤 선택을 하느냐에 따라 미래가 긍정적으로도, 부정적으로도 변화할 수 있다는 것을 알 수 있다. 하버는 자신의 분야에서 뛰어난 업적을 이루었지만, 단기적인 이익을 추구하고 윤리적인 문제를 외면한 결과 비극적인 결과를 초래했다. 반면, 폴링은 개인의 성과와 사회적 책임을 함께 실천하여 과학적인 성과뿐만 아니라 인류애를 통해 큰 영향력을 행사했다. 이는 리더의 성공이 단순히 개인의 성과에만 국한되는 것이 아니라, 사회 전체에 미치는 영향까지 고려해야 한다는 것을 의미한다. 즉, 리더는 자신의 능력을 어떻게 사용하느냐에 따라 역사에 긍정적인 영향을 미칠 수도 있고, 부정적인 영향을 미칠 수도 있다는 것이다.

들어가는 말: 자기인식과 셀프리더십

대부분의 과학자들은 발견과 혁신에 대한 열정을 바탕으로 자신의 업적과 연구에 깊이 몰두하고 집중한다. 과학자들의 성과는 지식을 발전시키고 기술을 개선하며 중요한 문제를 해결하는 경우가 많다. 그러나 과학자들의 노벨상 수상은 과학적 업적과 성과 그 이상의 의미를 지닌다. 노벨상은 수상자들이 사회 리더로서 중요한 역할을 수행할 수 있는 기회를 제공하며, 이는 공공 정책, 윤리 기준, 사회적 가치 형성에 영향을 미칠 수 있다. 그러나 과학자들의 리더십은 사회에 긍정적인 영향을 미칠 수 있지만, 항상 긍정적인 결과만을 가져오는 것은 아니다. 따라서 노벨상 수상 과학자들의 리더십을 면밀히 분석하고 성찰하는 것은 매우 중요하다.

이 글에서는 라이너스 폴링과 프리츠 하버의 상반된 리더십 스타일을 살펴보고, 리더십에서 자기인식과 윤리적 책임이 얼마나 중요한지를 살펴볼 것이다. 윤리적 원칙과 세계 평화에 헌신하는 폴링의 모습과 윤리적 고려를 무시하면서 과학적 성취에 집중하는 하버의 모습이 어떻게 상반되는지 살펴본다. 두 과학자의 성과와 유산을 분석하는 과정에서 우리는 리더십 연구의 소중한 지혜와 의미있는 통찰을 얻을 수 있을 것이다.

자기인식은 먼저 자신을 정확하게 파악하고 이해하는 것을 의미한다. 자신의 강점과 약점, 가치관, 동기, 감정 등을 객관적으로 바라보는 것이다. 셀프리더십은 개인이 스스로를 동기부여하고 목표를 설정하며 자기관리를 통해 성과를 달성하는 능력이다. 외부의 지시나 통제 없이 자기 주도적으로 목표를 설정하고, 계획을 수립하며, 실행하고, 평가하는 과정을 의미한다.

자기인식과 셀프리더십은 단순히 개인의 성장을 위한 것이 아니라, 조직의 성과 향상에도 기여하는 중요한 요소이다(Bracht, E. M. et al, 2021. 1-2). 리더들은 자기인식을 통해 자신의 강점을 발휘하고, 셀프리더십을 통해 팀원들을 이끌어 조직의 목표를 달성할 수 있다.

리더십 연구에서 자기인식과 셀프리더십이 강조되는 이유는, 리더가 먼저 자신을 알고, 스스로를 이끌어 나가는 능력이 곧 다른 사람들을 이끄는 데 필수적이기 때문이다. 자기인식은 셀프리더십의 기반이 된다. 자신을 정확하게 이해해야 비로소 스스로를 효과적으로 이끌어나갈 수 있기 때문이다. 셀프리더십을 통해 얻은 경험은 다시 자기인식을 심화시키는 선순환을 만들어 낸다. 자기인식과 셀프리더십, 두 가지를 갖춘 리더는 끊임없이 변화하는 환경 속에서도 조직을 성공적으로 이끌고, 구성원들의 성장을 돕는 역할을 할 수 있다.

리더십의 미묘한 차이를 설명하기 위해 라이너스 폴링(Linus Pauling)과 프리츠 하버(Fritz Haber)의 상반되는 사례를 살펴보자. 저명한 화학자이자 평화 운동가인 라이너스 폴링은 윤리적 책임과 자기인식에 대한 성찰을 통해 리더십의 모범을 보여준다. 핵 군축을 옹호하고 과학 지식을 인류의 발전을 위해 사용하려는 그의 노력은 그의 책임감 있는 리더십을 잘 보여준다. 폴링의 행동은 자기인식과 글로벌 이슈에 대한 윤리적 입장을 바탕으로 이루어졌으며, 리더십이 어떻게 긍정적인 변화의 힘이 될 수 있는지를 보여준다.

이와는 대조적으로, 저명한 화학자였던 프리츠 하버는 리더십의 다른 측면을 보여준다. 화학, 특히 하버-보쉬 공정은 농업에 혁명을 일으켰지만, 1차 세계대전 중 화학전에 관여하고 참여하면서 윤리적 의문을 불러일으켰다. 하버의 리더십에는 책임감 있는 리더십의 특징인 자기인식과 윤리적 책임감이 결여되어 있었다. 그의 행동은 과학적 업적에만 집중했으며, 균형감 있는 윤리적 의미를 고려하지 않았다 (Jane Essex, Laura Howes, 2014, 16-19). 하버는 자신의 연구에 대한 열정과 과학적 탐구심은 뛰어났지만, 자신의 연구가 미치는 사회적·윤리적 영향에 대한 깊은 성찰이 부족했기 때문에 결국 비판과 논란에 휩싸이고 말았다(Kaplan, L. 2024.).

프리츠 하버: 혁신적인 문제해결사

프리츠 하버(1868-1934)는 과학의 양면성을 극명하게 보여주는, 찬란한 업적과 어두운 그림자를 동시에 지닌 비운의 천재이다. 화학, 특히 암모니아 합성에 대한 그의 공헌은 농업과 산업에 깊고 지속적인 영향을 미쳤다. 그러나 제1차 세계대전 중 화학전에 관여한 그는 복잡하고 논쟁적인 유산을 남겼다. 그의 리더십 스타일과 공헌을 분석하면 윤리적 고려를 간과했을 때 드러나는 과학의 양면성에 대한 귀중한 교훈을 얻을 수 있다.

20세기 인류에게 빵을 선물한 과학자, 하버와 카를 보슈 이야기는 질소라는 원소의 중요성과 그 활용의 어려움에서 시작된다. 대기중 78%를 차지하는 질소는 강한 3중 결합으로 인해 생명체가 직접 활용하기 어려웠다. 하지만 농작물 성장에 필수적인 비료의 주성분으로서, 자연적인 질소 고정[1] 과정만으로는 부족하다. 인구 증가에 따른 식량 부족 문제를 해결하기 위해서는 대량의 비료 생산이 필수적이었다. 이를 위해 수소와 질소를 반응시켜 암모니아를 만들어야 하는데, 이 과정에서 높은 온도와 압력, 촉매가 필요했다.

하버는 1909년에 높은 압력과 오스뮴 촉매를 이용한 암모니아 합성법을 개발했다. 이 연구는 연구실 수준에서 이루어졌지만, 획기적인 가능성을 제시하며 바스프(BASF)[2]와의 협업을 시작하게 되었다. 카를 보슈는 하버의 연구 결과를 바탕으로 공장 규모의 생산 설비를 개발하였고, 1913년에는 하버-보쉬 공정을 통해 상업적으로 암모니아 생산에 성공했다. 효율적인 촉매 개발에는 알빈 미타슈[3]의 헌신적인 노력이 있었다.

하버-보쉬 공정(Haber-Bosch process)의 영향으로 합성 비료의 대량 생산이 가능해졌고, 이는 급격한 인구 증가에 따른 식량 부족 문제를 해결했다. 또한, 이 공정은 20세기 화학 산업 발전의 토대를 마련하며 다양한 화학 물질 생산에 활용되었다. 결국, 하버와 카를 보쉬(Carl Bosch)의 혁신적인 발견은 인류에게 빵을 선물하는 것과 같았으며, 하버-보쉬 공정은 식량 증산과 화학 산업 발전에 기여하며 20세기 과학 기술 발전에 중요한 역할을 했다.

농업에 대한 그의 공헌에도 불구하고 1차 세계대전 중 화학무기 개발과 배치에 참여하면서 하버의 유산은 심하게 훼손된다. 그는 1915년 제2차 이프레 전투에서 처음 사용된 염소 가스를 무기화하려는 노력을 주도하여 광범위한 파괴를 초래하고 현대 화학전의 시작을 알렸다. 이러한 참여는 그의 초기 연구와는 극명한 대조를 이루며 과학 연구의 이중적 성격을 보여준다. 그의 화학 혁신은 인류의 복지를 향상시킬 잠재력을 가지고 있었지만, 전쟁에 적용되면서 엄청난 고통과 윤리적 논란을 야기했다.

2.1 하버의 삶과 업적은 다음과 같은 의미를 시사한다.

• 과학의 양면성: 과학 기술은 인류에게 막대한 혜택을 가져다 주지만,

동시에 파괴적인 결과를 초래할 수 있다. 과학자는 자신의 연구가 가져올 수 있는 모든 가능성을 예측하고, 그에 따른 책임을 인지해야 한다.

•윤리적 고려의 중요성: 과학 연구는 단순히 지식을 추구하는 것을 넘어, 인류의 미래에 대한 책임감을 가지고 이루어져야 한다. 과학자는 자신의 연구가 사회에 미치는 영향을 깊이 고민하고, 윤리적인 판단을 내릴 수 있어야 한다.

•과학과 사회의 관계: 과학 기술의 발전은 사회와 밀접하게 연결되어 있으며, 과학자는 사회 구성원으로서 자신의 역할을 인식해야 한다. 과학 연구는 사회의 요구와 가치를 반영하고, 인류의 공동선에 기여해야 한다.

하버의 삶은 과학자의 역할과 책임에 대한 근본적인 질문을 던지며, 우리에게 끊임없이 성찰을 요구한다. 과학 기술의 발전이 인류에게 더 나은 미래를 가져다주기 위해서는, 과학자들의 윤리적 자각과 사회적 책임감이 더욱 강조되어야 할 것이다.

2.2 아내의 비극적 자살

하버의 삶은 획기적인 과학적 업적뿐만 아니라, 뛰어난 화학자였던 아내 클라라 임머바흐(Clara Immerwahr)의 비극적인 죽음으로 인해 더욱 복잡한 논란을 일으킨다. 클라라 임머바흐는 독일에서 화학 박사 학위를 취득한 최초의 여성 중 한 명이었으며, 남편의 화학 무기 개발에 대해 강한 반대를 표명해 왔다(Harris, H., 2006, 1605). 1915년 독일이 최초로 화학 무기를 사용한 직후, 그녀는 스스로 목숨을 끊었고, 이는 하버의 삶과 유산에 깊은 상처를 남겼다(Manchester, K. L. 2002, 65).

클라라는 과학이 인류를 해치는 도구로 전락하는 것을 용납할 수 없었다. 남편 하버의 화학무기 연구, 특히 염소 가스 개발은 그녀에게 있어 과학의 고귀한 목표를 짓밟는 행위였다. "과학은 인류를 위해 존재해야 한다"는 그녀의 신념과 하버의 연구 사이의 깊은 간극은 부부 사이에 극심한 갈등을 야기했다. 1915년 5월 2일, 독일군이 염소 가스를 처음으로 사용한 직후, 클라라는 남편의 권총으로 자신의 가슴에 총구를 겨누며 과학의 이름으로 저질러진 만행에 대한 침묵의 항의를 표했다.

클라라의 자살은 하버에게 깊은 상처를 남겼지만, 그의 과학자로서의 삶은 계속되었다. 장례식 직후에도 그는 화학무기 연구에 매진하며, 개인적인 비극에도 불구하고 과학적 진보에 대한 열정을 불태웠다. 하지만 그의 내면에는 평생 지울 수 없는 상처가 남았고, 과학의 양면성에 대한 고뇌는 그의 삶을 끊임없이 따라다녔다. 클라라의 죽음은 단순히 한 개인의 비극을 넘어, 전쟁이 과학자에게 요구하는 잔혹한 선택과 윤리적 책임에 대한 심각한 질문을 던졌다.

하버의 삶은 혁신과 비극, 영광과 고뇌가 뒤섞인 드라마이다. 그는 인류의 식량 문제 해결에 기여한 위대한 과학자이지만, 동시에 화학 무기 개발에 참여하며 인류에게 큰 상처를 입힌 인물이다. 하버의 삶은 과학 기술 발전이 가져올 수 있는 양면성과, 과학자에게 요구되는 무거운 책임을 여실히 보여준다.

하버의 삶은 과학 연구에 있어 윤리적 고려가 얼마나 중요한지를 보여준다. 암모니아 합성법 개발은 인류의 삶을 풍요롭게 만들었지만, 화학 무기 개발은 수많은 사람들에게 고통을 안겼다. 이는 과학 기술이 인류에게 혜택을 주는 동시에 해를 끼칠 수 있음을 의미하며, 과학자들은 자신의 연구가 가져올 결과에 대해 책임감을 가져야 한다.

하버의 삶은 단순히 한 과학자의 이야기를 넘어, 리더십과 자기 인식이라는 측면에서 우리에게 시사하는 바가 크다. 그의 삶은 혁신과 비극이라는 양면성을 동시에 보여주며, 리더가 가져야 할 윤리적 책임과 자기 성찰의 중요성을 강조한다. 우리는 하버의 성공과 실패를 통해 리더가 가져야 할 자질과 역할에 대해 깊이 생각해 볼 수 있다.

라이너스 폴링: 인도주의 과학자

라이너스 폴링(1901–1994)은 단순한 과학자를 넘어, 시대를 앞서 가는 비전을 가진 인물이었다. 그는 뛰어난 과학적 업적으로 노벨상을 수상하며 학계의 주목을 받았지만, 단순히 연구실에만 머물지 않았다.

그는 냉전 시대라는 격동기 속에서 핵무기의 위험성을 가장 먼저 경고하고, 평화를 위한 국제적인 운동을 주도했다. 그의 과학적 지식은 핵무기가 인류에게 가져올 재앙을 정확히 예측하고, 이를 대중에게 알리는 강력한 무기가 되었다.

하지만 그의 행동은 당시 사회에서 쉽게 받아들여지지 않았다. 핵무기 개발에 몰두하던 국가들과 그들의 이익을 대변하는 세력들은 폴링을 비난하고 압박했다. 그럼에도 불구하고 폴링은 자신의 신념을 굽히지 않고, 평화를 위한 목소리를 높였다. 그는 과학자로서의 탁월한 지식과 인도주의적인 정신을 결합하여, 전 세계 사람들에게 평화의 중요성을 일깨웠다.

폴링의 유산은 오늘날에도 여전히 유효하다. 그는 단순히 한 시대를 살았던 과학자가 아니라, 과학자가 사회에 어떤 책임을 가져야 하는지를 보여주는 모범이 되었다.

폴링은 화학과 생명과학 분야에서 엄청난 업적을 남긴 과학자이다. 특히, 화학 결합에 대한 연구는 1954년 노벨 화학상을 받을 정도로 뛰어났다. 폴링은 화학 결합에 대한 연구를 바탕으로 효소가 어떻게 작용하는지에 대한 새로운 이론을 제시했다. 효소는 우리 몸속에서 일어나는 화학 반응을 빠르게 돕는 단백질인데, 폴링은 효소가 특정한 물질에만 반응하는 이유를 '전이 상태(transition state)[4] 결합'이라는 개념으로 설명했다. 이는 마치 자물쇠와 열쇠처럼, 효소와 반응 물질이 완벽하게 맞아떨어져야 반응이 일어난다는 것을 의미한다.

폴링의 이론은 많은 실험 결과를 통해 뒷받침되었고, 지금도 효소 연구에 중요한 기반이 되고 있다. 물론, 시간이 지나면서 폴링의 이론도 보완되고 수정되었지만, 그의 연구는 효소의 작동 원리를 이해하는 데 큰 도움을 주었다.

뿐만 아니라, 폴링은 화학 결합에 대한 연구를 통해 분자 구조를 밝히는 데에도 큰 기여를 했다. 그의 연구는 단순히 화학 분야에만 국한되지 않고, 생명과학 분야에도 큰 영향을 미쳤다. 예를 들어, 폴링은 단백질의 구조를 연구하며 생명 현상을 분자 수준에서 이해하는 데 중요한 기반을 마련했다.

3.1 핵무기에 반대하는 윤리적 입장과 평화에 대한 옹호

2차 세계대전이 한창이던 1940년대, 미국 정부는 폴링에게 원자폭탄 개발에 참여해달라고 요청했다.[5] 당시 미국은 전쟁을 승리로 이끌기 위해 막대한 자원을 투입해 원자폭탄 개발에 박차를 가하고 있었다. 하지만 폴링은 이러한 제안을 단호하게 거절했다(Olmsted, K. S. 2007).

미국이 일본에 원자폭탄이 투하하고 전쟁에 승리하게 되자, 폴링은 핵무기의 위험성을 더욱 절실하게 느꼈다. 그는 과학자가 가진 지식을 인류의 파괴가 아닌 평화를 위해 사용해야 한다고 믿었기에, 반핵 운동에 앞장서게 된다.

하지만 그의 이러한 행동은 미국 정부로부터 좋지 않은 평가를 받았다. 미국 정부는 폴링을 반국가적인 인물로 몰아세우며 학회 참석을 금지하는 등 그의 활동을 제약했다(United States. Congress, 1962, 23646). 폴링은 과학자로서의 뛰어난 능력을 가지고 있었지만, 단순히 연구실에만 머물지 않고 인류의 미래를 위해 더 큰 책임감을 느꼈다. 그는 과학이 가져올 수 있는 파괴적인 힘을 직시하고, 평화를 위해 자신의 모든 것을 바쳤다.

1955년, 폴링은 아인슈타인 등 51명의 노벨상 수상자와 함께 전쟁 종식을 요구하는 청원에 앞장섰다. 1957년부터는 대기 중에서의 핵실험을 금지하는 청원에 과학자들을 동참시키고, 일반 대중에게 핵실험의 위험성을 알리는 활동에 집중했다. 그의 노력 끝에 1958년, 49개국에서 온 11,000명 이상의 과학자들이 서명한 청원서가 유엔에 제출되었다. 그는 『더 이상의 전쟁은 그만(No More War)』이라는 책에서 과학은 전쟁이 아닌 평화를 위해 사용되어야 한다고 강조했다.

3.2 정치적·사회적 반대에 맞선 리더십

폴링의 리더십은 냉전이라는 정치적으로 격렬한 분위기 속에서 특히 두드러졌다. 공산주의에 대한 공포가 만연하고 그로 인해 군축과 평화를 옹호하는 사람들이 의심을 받았지만 폴링은 자신의 신념을 굳건히 지켰다. 폴링의 리더십은 단순히 평화를 외친 것을 넘어, 과학적 사실을 바탕으로 대중과 정부를 설득하려는 노력에서 빛을 발했다. 핵무기 실험의 위험성을 과학적으로 증명하고, 이를 대중에게 알림으로써 반핵 운동을 이끌었다.

폴링은 단순히 뛰어난 과학자를 넘어, 인류애를 실천한 위대한 인물이었다. 그는 과학적 업적으로 노벨 화학상을, 그리고 평화를 위한 노력으로 노벨 평화상을 수상하며, 과학과 인류애를 모두 아우르는 삶을 살았다.

폴링의 연구는 후대 과학자들에게 큰 영감을 주었다. 과학자가 단순히 연구실에만 머물러 있던 것이 아니라, 자신의 연구가 사회에 어떤 영향을 미칠지 고민하고, 더 나아가 사회 문제 해결에 적극적으로 참여해야 한다는 것을 보여주었기 때문이다.

폴링의 삶은 과학자들에게 다음과 같은 질문을 던진다. '과학자는 어떤 책임을 가져야 하는가?', '과학적 지식은 어떻게 활용되어야 하는가?' 폴링은 자신의 답을 행동으로 보여주었다. 그는 과학적 명성을 이용하여 사회의 변화를 이끌었고, 많은 사람들에게 영감을 주었다.

결국, 폴링은 과학과 인류애를 잇는 다리가 되어준 위대한 인물이다. 그의 삶은 과학자들에게 단순히 지식을 추구하는 것을 넘어, 인류의 행복을 위해 노력해야 한다는 중요한 메시지를 전달해 주고 있다.

폴링의 노벨평화상 수상은 단순히 평화를 주장했기 때문만은 아니다. 냉전 시대 핵무기 확산에 대한 경고와 함께 과학적 근거를 제시하며 반핵 운동을 이끌었던 그의 헌신이 높이 평가된 것이다. 특히, 방사능의 위험성을 과학적으로 밝혀내고 이를 대중에게 알림으로써 평화 운동에 대한 국제적인 지지를 이끌어냈다는 점에서 그의 수상은 더욱 의미가 있다. 그의 평화 운동이 얼마나 체계적이고 광범위하게 진행되었는지, 그리고 국제 사회에 미친 영향력이 얼마나 컸는지를 살펴볼 필요가 있다.

폴링은 1947년 겨울과 1948년 봄 학기 동안 옥스퍼드 대학에서 강의하기 위해 영국으로 향했다. 그 여정 중에 그는 미국화학회(ACS) 회장으로 선출되었다는 소식을 들었다.[6] 이후 그는 옥스퍼드 대학에서 돌아와 5만여 명의 회원을 거느린 미국화학회의 수장직을 맡았다. 이 시기 폴링은 시민적 자유와 당시 학계에 퍼져 있던 반공산주의 문제를 피할 수 없었다.

폴링은 미국화학회의 회장으로서 학문적 자유와 시민적 자유를 지키기 위해 노력했다. 그는 반공산주의 캠페인이 학문적 자유를 심각하게 위협한다고 강하게 비판했다. 폴링은 과학자들이 자신의 연구와 사상에 대해 자유롭게 표현할 수 있어야 한다고 믿었고, 이를 적극적으로 옹호했다.

1950년대 미국에서는 매카시즘이 만연하여 많은 대학 교수와 과학자들이 공산주의자 또는 공산당 동조자라는 이유로 대학에서 쫓겨나는 상황이었다. 폴링은 이러한 상황에 대해 공개적으로 반대의 목소리를 냈다. 그는 매카시즘이 과학자들의 사상과 표현의 자유를 억압한다고 보았으며, 이에 맞서 싸우기 위해 다양한 활동을 펼쳤다.

폴링은 1950년대 초반 미국 정부가 요구한 충성 서약(Loyalty Oaths)[7]에 반대했다. 그는 과학자들이 충성 서약을 강요받는 것은 비합리적이며, 학문적 자유를 심각하게 침해하는 것이라고 주장했다. 폴링은 이러한 서약이 과학자들의 자유로운 연구와 창의성을 저해한다고 보았다.

라이너스 폴링은 1948년 10월 초 미국 육군과 해군으로부터 군부가 민간인에게 주는 최고의 훈장인 공로 훈장(Distinguished Service Medal)을 받았다.[8] 이 상은 그의 제2차 세계 대전 중의 과학적 공로를 인정받아 수여된 것이다.

폴링은 전쟁 중에 폭발물, 로켓 추진제, 인공 혈액 등의 연구를 통해 군사 작전에 크게 기여했다. 그는 또한 잠수함과 비행기의 산소 수준을 모니터링하는 장치를 발명했고, 갑작스러운 수혈이 필요한 전투 현장에서 사용될 수 있는 합성 혈장도 개발했다.[9]

특히, 폴링의 연구는 전시 및 전후 과학 발전에 큰 영향을 미쳤다. 그가 개발한 기술들은 군사적으로 중요한 용도로 사용되었고, 이는 그가 공로 훈장을 수여받게 된 주요 이유 중 하나였다. 이 훈장은 그의 뛰어난 과학적 성취와 국가에 대한 봉사를 기리기 위한 것이었다.[10]

폴링은 핵실험 반대 운동과 평화 운동에 기여한 공로로 1962년 노벨 평화상을 수상했다. 그는 이 상을 통해 전 세계적으로 핵실험 반대의 중요성을 알리고, 더 많은 사람들이 이 운동에 동참하도록 독려했다.

역사가 헨리 스틸 코매저(Henry Steele Commager)[11]는 뉴욕에서 열린 행사에서 라이너스 폴링과 다른 핵실험 반대 활동가들의 공로를 기리며 연설했다. 이 연설은 케네디 대통령이 부분적 핵실험 금지 조약(Partial Nuclear Test Ban Treaty)에 서명하도록 정치적 기류를 형성한 이들의 노력을 치하하는 내용이었다.[12]

코매저는 연설에서 폴링과 그의 동료들이 핵실험 반대 운동에서 보여준 헌신과 용기를 강조했다. 그는 이들이 과학적 증거와 윤리적 신념을 바탕으로 한 활동이 얼마나 중요한 역할을 했는지를 설명했다. 이 연설은 3천여 명의 청중 앞에서 이루어졌으며, 행사장의 분위기는 최고조에 달했다. 좌석이 부족하여 많은 사람들이 서서 연설을 들어야 했을 정도로 많은 인원이 참석했다.

코매저의 연설은 단순한 찬사가 아니라, 폴링과 다른 활동가들이 이룬 성과를 역사적 맥락에서 재조명하고, 그들의 노력이 결국 케네디 대통령의 결단을 이끌어 냈다는 점을 강조했다. 이 연설은 폴링과 그의 동료들이 얼마나 큰 영향을 미쳤는지를 대중에게 알리는 중요한 순간이었다.

성공적인 리더십의 시작: 자기인식

리더십 영역에서 자기인식은 개인의 성장뿐만 아니라 팀 역동성과 조직 성과 개선에 관한 것이기도 하다. 자기인식이 뛰어난 리더는 자신의 감정적 요인을 더 잘 인식하고 관리할 수 있는 능력을 갖추고 있어 반응적인 의사 결정 가능성이 줄어든다. 또한 팀원들과 공감하고, 그들의 관점을 이해하고, 지원적인 환경을 조성할 수 있다. 이러한 수준의 인식은 팀 내에서 신뢰와 존중을 촉진한다. 자신을 아는 리더가 성실성과 투명성을 바탕으로 리더십을 발휘할 가능성이 더 높기 때문이다. 궁극적으로 자기인식은 리더가 팀에 영감을 주고 동기를 부여하여 집단적 성공을 주도하고 조직 목표를 달성할 수 있도록 해준다.

하버의 경력은 리더십에 있어서 제한된 자기인식의 의미에 대한 설득력 있는 사례 연구를 제시한다. 화학, 특히 하버-보쉬 공정 개발에 대한 그의 중요한 공헌에도 불구하고 하버의 리더십은 윤리적 논쟁과 개인적인 비극으로 인해 손상되었다. 그는 과학적 성취에 대한 지나친 열정으로 인해 자신의 연구가 가져올 수 있는 다양한 영향을 간과하게 되었다. 이러한 좁은 관점으로 인해 그는 제1차 세계대전 중 화학무기 개발 및 배치에 참여하게 되었는데, 이는 파괴적인 영향을 초래하고 광범위한 윤리적 논쟁을 불러일으켰다. 자신의 결정이 도덕적으로 미칠 영향을 예측하지 못하는 하버의 무능력은 리더십에서 윤리적 성찰의 필요성을 극명하게 보여준다.

폴링의 자기인식은 개인적인 특성일 뿐만 아니라 다른 사람들에게 영감을 주고 집단적 행동을 동원하는 전략적 리더십 도구이기도 했다(Terziev, V., 2022.). 과학계와 일반 대중 모두의 우려 사항에 공감하는 그의 능력은 복잡한 문제를 접근 가능한 방식으로 전달하여 자신의 주장에 대한 광범위한 지원을 촉진하는 데 도움이 되었다. 정치적·사회적 반대에 직면하더라도 자신의 윤리적 원칙에 충실함으로써 폴링은 자기인식과 윤리적 책임에 기반을 둔 리더십이 의미 있고 지속적인 변화를 가져올 수 있음을 보여주었다. 그의 유산은 효과적인 리더십의 핵심 요소를 강조하는데, 이는 자신에 대한 깊은 이해와 인류의 최선의 이익을 위해 행동하겠다는 확고한 의지를 포함한다.

프리츠 하버와 라이너스 폴링의 리더십 사례를 통해, 우리는 자기인식이 리더의 영향력과 유산을 형성하는 데 얼마나 중요한 역할을 하는지 알 수 있다(Coffey, P., 2008, 6장, 9장). 하버는 자기인식의 부족이 어떻게 그의 업적을 그늘지게 했는지를 보여주며, 반대로 폴링은 자기인식과 윤리적 책임을 통합하여 어떻게 그의 유산을 강화했는지를 보여준다. 리더십 개발은 복잡하고 도전적인 과정이지만, 자기인식을 강화하는 전략과 도구를 통해 우리는 더 나은 리더를 양성할 수 있다. 이는 단순히 개인의 성공을 넘어서, 조직의 성공과 지속 가능한 발전을 위한 필수적인 요소이다.

자기인식을 함양하는 것은 의도적인 노력과 다양한 도구 및 기술의 사용이 필요한 지속적인 과정이다. 리더의 경우, 여정은 자기 성찰, 즉 자신의 생각, 행동, 동기를 성찰하기 위해 정기적으로 시간을 따로 떼어 두는 실천으로 시작한다. 일기를 쓰는 것은 리더들이 자신의 경험을 문서화하고 다양한 상황에 대한 반응을 분석할 수 있게 해주기 때문에 특히 효과적일 수 있다. 이러한 서면 기록은 행동 패턴과 감정적 요인에 대한 귀중한 통찰력을 제공하여 리더가 자신의 강점과 개선이 필요한 영역을 이해하는 데 도움이 된다.

자기인식을 개발하는 또 다른 강력한 기술은 다른 사람으로부터 피드백을 구하는 것이다(Goff, P. et al, 2014). 리더는 동료, 멘토 및 팀 구성원의 의견을 요청하여 그들의 행동과 결정에 대한 외부 관점을 얻을 수 있다. 이러한 피드백은 360도 평가와 같은 공식 메커니즘이나 비공식 대화 및 관찰을 통해 수집될 수 있다. 또한, 명상 및 호흡과 같은 마음챙김 수련은 리더가 내면의 경험과 감정 상태에 더 잘 적응하는 데 도움이 될 수 있다. 이러한 관행을 일상 생활에 적용함으로써 리더는 현재 상태를 유지하고 자신에 대한 균형 잡히고 객관적인 시각을 유지하는 능력을 향상시킬 수 있다.

리더십에서 자기인식을 실제로 적용하려면 자신의 가치와 열망에 부합하는 개인 개발 목표를 설정하는 것이 포함된다. 리더는 자기인식을 활용하여 개발하고 싶은 특정 기술이나 바꾸고 싶은 행동을 식별할 수 있다. 이러한 목표를 정기적으로 검토하고 조정하면 지속적인 성장과 새로운 과제에 대한 적응이 보장된다. 자기인식이 뛰어난 리더는 자신의 감정을 더 잘 관리하고 압박감 속에서도 침착함을 유지할 수 있어 의사 결정 능력이 향상되고 긍정적인 업무 환경이 조성된다. 자기인식에 대한 적극적인 접근 방식을 수용함으로써 리더는 궁극적으로 자신과 조직을 위해 더 나은 결과로 이어지는 진정성 있고 효과적인 리더십 스타일을 육성할 수 있다.

나오는 말: 하버와 폴링이 던지는 질문

하버와 폴링의 삶은 리더십의 두 가지 측면, 즉 성공과 실패를 동시에 보여준다. 하버는 자신의 분야에서 뛰어난 업적을 이루었지만, 그의 리더십은 인류에게 심각한 해를 끼쳤다. 반면, 폴링은 과학적인 성과뿐만 아니라 인류애를 실천하며 더 큰 영향력을 행사했다. 이는 리더의 성공이 단순히 개인의 성과에만 국한되는 것이 아니라, 사회 전체에 미치는 영향까지 고려해야 한다는 것을 의미한다. 즉, 리더는 자신의 능력을 어떻게 사용하느냐에 따라 역사에 긍정적인 영향을 미칠 수도 있고, 부정적인 영향을 미칠 수도 있다는 것이다.

리더의 선택은 단순히 개인의 성공뿐만 아니라, 조직과 사회 전체에 큰 영향을 미친다. 하버의 선택은 인류에게 큰 상처를 남겼고, 폴링의 선택은 많은 사람들에게 희망을 주었다. 이처럼 리더의 선택은 미래를 결정하는 중요한 요소이다. 리더는 조직의 성장을 위해 어떤 선택을 해야 할까? 개인의 이익을 우선시해야 할까, 아니면 사회 전체의 행복을 위해 희생해야 할까? 이는 모든 리더가 한 번쯤 고민해 봐야 할 질문이다. 하버와 폴링의 삶을 통해 우리는 리더의 선택이 얼마나 중요한지, 그리고 그 선택이 미래에 어떤 영향을 미치는지 깨달을 수 있다.

과거의 위대한 인물들의 삶을 연구하면 미래 리더십의 방향을 엿볼 수 있는 중요한 길잡이가 된다. 프리츠 하버와 라이너스 폴링의 경우를 보면, 리더가 어떤 선택을 하느냐에 따라 미래가 긍정적으로도, 부정적으로도 변화할 수 있다는 것을 알 수 있다. 하버는 단기적인 이익을 추구하고 윤리적인 문제를 외면한 결과 비극적인 결과를 초래했고, 폴링은 개인의 성과와 사회적 책임을 함께 실천하며 긍정적인 영향력을 미쳤다.

이러한 과거의 사례를 바탕으로 우리는 미래 리더십의 방향을 제시할 수 있다. 미래의 리더는 단순히 능력만 뛰어나거나 성과만 내는 것만으로는 부족하다. 변화하는 세상의 복잡한 문제를 해결하기 위해서는 윤리적인 가치관과 사회적 책임감을 갖추고, 장기적인 안목으로 미래를 설계하는 리더가 필요하다. 또한, 과거의 리더들이 남긴 업적에 안주하지 않고, 새로운 시대가 요구하는 리더십의 모습을 스스로 만들어 나가는 노력이 필요하다. 리더십은 한 사람의 힘만으로는 만들어지지 않는다. 독자 여러분 모두가 리더십에 대한 올바른 인식을 가지고 실천한다면, 더욱 나은 미래를 만들어 나갈 수 있다.

훌륭한 리더는 단순히 지식과 경험만을 갖춘 사람이 아니다. 자기 자신에 대한 깊은 이해와 끊임없는 성찰이야말로 진정한 리더십의 기반이 된다.

프리츠 하버와 라이너스 폴링은 역사적으로 뛰어난 업적을 남긴 과학자들이지만, 리더로서의 삶에서는 상반된 결과를 보여주었다. 하버는 뛰어난 지적 능력에도 불구하고, 자신의 연구가 가져올 장기적인 영향력에 대한 충분한 고민 없이 단기적인 성과에만 집중했다. 결과적으로 그의 연구는 인류에게 큰 피해를 입혔다. 반면 폴링은 과학적 성과뿐만 아니라 평화 운동에도 앞장서며 인류애를 실천했다. 그는 단순히 자신의 분야에만 국한되지 않고, 더 넓은 시각으로 세상을 바라보며 자신의 영향력을 긍정적인 방향으로 사용했다.

두 과학자의 사례는 자기인식이 리더십에 미치는 영향을 잘 보여준다. 하버가 자기인식의 부족으로 인해 비극적인 결과를 초래했다고 단정짓기는 어렵다. 당시 시대적 상황과 사회적 분위기 등 다양한 요인이 그의 선택에 영향을 미쳤을 것이다. 하지만 자신의 연구가 가질 수 있는 다양한 가능성에 대해 좀 더 깊이 고민하고, 윤리적인 측면을 고려했다면 결과는 달라졌을 수 있다.

자기 성찰은 단순히 자신의 단점을 찾아내는 것이 아니다. 자신의 강점을 최대한 활용하고, 약점을 보완하며, 가치관을 명확히 하는 과정이다. 이를 통해 우리는 리더로서 어떤 모습을 하고 싶은지, 어떤 가치를 추구할 것인지에 대한 명확한 비전을 가질 수 있다. 또한, 다른 사람들과의 관계를 개선하고, 팀을 효과적으로 이끌어 나가는 데에도 도움이 된다.

하버와 폴링의 이야기는 우리에게 중요한 교훈을 준다. 리더는 단순히 지식과 기술을 갖춘 사람이 아니라, 자신을 끊임없이 성찰하고 발전시키는 사람이어야 한다. 자기 성찰을 통해 우리는 더 나은 리더로 성장하고, 더 나은 세상을 만들어 나갈 수 있다.

프리츠 하버와 라이너스 폴링, 두 천재 과학자의 삶을 통해 우리는 리더십이라는 것이 단순히 지식이나 기술만을 의미하는 것이 아니라는 것을 알 수 있다. 리더는 자신의 능력을 어떻게 사용하고, 어떤 가치를 추구하느냐에 따라 역사에 전혀 다른 흔적을 남길 수 있다. 그렇다면 우리는 어떤 리더가 되어야 할까?

하버와 폴링의 삶은 우리에게 끊임없이 질문을 던진다. 과학적 성과만을 추구해야 하는가, 아니면 사회적 책임감을 가지고 인류를 위해 헌신해야 하는가? 개인의 이익을 우선시해야 하는가, 아니면 공동체의 발전을 위해 희생해야 하는가? 리더십은 명료한 정답이 없는, 끊임없이 고민해야 할 문제이다. 이러한 질문들은 우리 자신에게 던져야 할 질문이기도 하다. 나는 어떤 리더가 되고 싶은가? 어떤 가치를 추구하며 살아갈 것인가? 이러한 질문에 대한 답을 찾는 과정에서 우리는 진정한 리더십의 의미를 깨닫고, 자신만의 길을 개척해 나갈 수 있을 것이다.

"좋은 아이디어를 얻는 가장 좋은 방법은 많은 아이디어를 갖는 것이다."

– 라이너스 폴링

라이너스 폴링의 이 인용문은 혁신 추구에 있어 창의성과 인내의 중요성을 강조한다. 폴링은 수많은 아이디어를 창출하면 진정으로 훌륭한 아이디어를 찾을 가능성이 높아진다고 믿었다. 사소해 보이더라도 관습에 얽매이지 않는 아이디어가 문제해결의 중요한 돌파구로 이어질 수 있기에, 항상 열린 마음으로 대상에 접근하고 해결하려는 자세를 가져야 한다는 것이다.

리더십의 맥락에서 이러한 사고방식은 실험과 탐구가 가치 있게 여겨지는 환경을 조성한다. 이 철학을 수용하는 리더는 팀 내에서 지속적인 개선과 혁신의 문화를 장려한다. 그들은 모든 아이디어가 성공할 수는 없지만 아이디어화 과정 자체가 성장과 발전에 중요하다는 것을 이해한다. 폴링의 인용문은 리더들이 팀이 창의적으로 생각하고, 위험을 감수하고, 실패를 두려워하지 않도록 격려하고 영감을 준다. 가장 영향력 있는 솔루션은 시행착오를 통해 발견되는 경우가 적지 않다.

"평화의 시기에 인류에 봉사하고, 전쟁의 시기에 조국에 봉사하라."

– 프리츠 하버

프리츠 하버의 신조인 "평화의 시기에 인류에 봉사하고, 전쟁의 시기에 조국에 봉사하라"는 그의 공헌의 이중성과 과학자로서 그의 작업의 윤리적 복잡성을 요약하고 있다. 이 발언은 평화시든 전시든 시대적 맥락에 따라 과학자의 역할과 책임이 달라진다는 그의 믿음을 반영한다.

• 여인형(2013), 『공기로 빵을 만든다고요: 인류 굶주림의 해결사 프리츠 하버의 삶과 과학』, 생각의 힘.

이 책은 인류를 굶주림으로부터 해방시킨 위대한 과학자인 동시에 화학전을 앞장서서 지휘한 화학전의 시조 하버를 소개한다. 이처럼 하버는 자신의 업적과 행위가 극명하게 대비되어 논란의 대상이 되고 있는 과학자이다. 하버가 공기에서 만들어 낸 암모니아가 비료 또는 폭탄의 원료가 되듯이 하버의 업적과 전쟁 행위도 따로 분리해서 생각할 수 없는 것이다. 이 책은 이러한 하버의 생애를 돌아봄으로써 하버의 이중성에 대한 논란과 함께 그의 과학적 업적에 대해 살펴본다. 그리고 당시의 시대적 배경하에서 과학자에게 필요했던 자세와 윤리의식의 중요성을 생각해 보고, 그 선택의 몫은 사실상 그것을 이용하고 활용하는 인간에게 있으며, 과학 결과물이 아니라는 점을 강조한다. 지독히도 열정적이고 독일을 사랑했던 하버의 삶을 마치 한 편의 드라마를 보듯 글로 접할 수 있을 것이다.

• 다인 글(2021), 김정욱 그림/만화, 전국과학교사모임 감수, 『WHO? 사이언스: 라이너스 폴링』, 다산어린이.

세계적인 화학자 라이너스 폴링은 분자 구조를 밝혀내 과학의 발전에 크게 기여했다. 그는 어려운 집안 사정에도 불구하고 고등학교를 졸업한 후 기계 직공으로 일하며 학비를 모아 대학에서 화학을 공부했다. 그는 과학이 세상을 파괴하는 무기가 되어선 안 된다는 신념으로 반핵 운동에 앞장서 화학의 발전과 세계 평화를 위해 애썼다. 이러한 노력을 인정받아 노벨 화학상과 노벨 평화상을 받았다. 이 책에서는 라이너스 폴링의 삶과 성공의 비밀, 그리고 화학을 통해 본 세계를 만날 수 있다.

- 다큐멘터리 Linus Pauling — Conversations with History(라이너스 폴링—역사와의 대화) / 한국어 자막 가능(링크: https://www.youtube.com/watch?v=WHzG3nTA27M)

이 1983년 인터뷰에서 노벨상 수상자 라이너스 폴링이 UC 버클리의 해리 크라이슬러와 평화 운동에서 과학자의 역할에 대해 토론했다. UC 버클리의 해리 크라이슬러는 Conversations with History를 통해 다양한 주제로 다양한 인물들과 인터뷰를 진행했다. 그는 지난 30년 동안 버클리 국제학 연구소에서 근무하면서 465번의 인터뷰를 진행했다.

XI

J. 랑시에르의 '정치적 주체화'와 셀프리더십
– 민주시민의 정치성 복원에 대하여

송석랑

종래의 유력한 정치주체가 퇴락한 이래 사회적 결핍에 맞설 저항의 새 방향에 대한 숱한 논리가 제출되고 있다. 문제는 민주주의의 고유성을 감당하며 민주주의의 본래성을 재정립할 정치주체의 복원이다. 랑시에르는 "미학의 정치학"을 통해 이 문제에 대한 하나의 유력한 방도를 제시한다. 그가 주목한 것은 입법자[통치자]들이 만든 사회질서 내에서 어떤 권력의 공적 분배에서 제외된 사람들, "몫 없는 자들"이다. 이를 통해 이야기되는 그의 정치주체가 기꺼운 것은, 오늘날 회자하는 '정치의 종언'과 '정치의 회귀'에 내재된 탈정치의 논리를 돌파할 정치의 요체가 되기 때문이다. 통치의 제도와 질서에 따르는 동화의 조화가 아니라 "불일치의 논리"로서 "대립되는 것들에 참여"해 능동의 균열을 낼 실존의 역량을 갖는 이 정치주체는 정치의 고유성이 "권력의 행사가 아니라 자신의 특정한 행동으로 인해 현실화되는 하나의 행위양식"에 있음을 가리키며, 대의제나 계급의 환원성에 가려진 '시민의 정치성' 회복과 함께 본래의 민주주의, 즉 '하나의 정치체제'가 아닌 '정치체제자체'로서의 민주주의를 가능케 한다. 이 글은 시민의 그러한 정치성을 랑시에르가 말한 "정치적 주체화"를 통해 개관한 후, 이를 통해 '민주주의의 재정립'의 관건으로 지목된 '정치적 주체화'가 셀프리더십의 정치, 즉 사실은 억압의 기재였던 '리더의 지식' 내지 '지배담론의 질서' 밖에서 시민 각자가 리더를 요하지 않는 미시정치주체로서 해방을 꿈꾸고 또 각자가 그 꿈에 연대할 수 있는 '자기관리'(self management)의 민주정치와 다르지 않음을 규명할 것이다.

들어가는 말: 정치의 퇴락과 모색

　한 논자는 현대의 정치를 "아포리아의 정치"로 규정하며 다음처럼 진술한다. 즉, "오늘날 정치의 영역에서는 희망이 염세적 체념으로 대체된 것처럼 보인다. 이는 '유토피아적 조화'에 매인 정치적 상상력의 지배적 양태가 위기에 빠진 결과이며, 생산적인 방식으로 이 위기를 풀 수 없는 무능의 결과이다."[1] 이 진술은 근대적 주체로써 재(再)점유된 보편주의의 논리를 통해 사회적 갈등과 모순을 해소, 조화로운 미래사회를 꿈꾸며 제출되었던 일련의 유토피아적 구성물에 감춰진 환상의 와해로 인해 동력을 상실한 채 궁지에 처한 정치, 즉 민주주의 활로 모색의 의지를 함축한다. 그 와해의 이유가 무엇보다도 "폭력으로 지탱되며 부양되는"[2] 유토피아의 본질에 있다는 점에서, 현대가 처한 민주주의 정치의 아포리아는 유토피아적 조화의 환상 내지 허구를 지우며 더 나은 사회를 향한 희망의 새 원리를 취할 때 해소 가능할 것이다.

　문제는 대의제나 계급의 환원성 논리에 가려졌던 우리의 정치성에 대한 재고다. 퇴락한 저항주체의 재건도, 지속해야 할 저항의 실천도 그것에 달려있기 때문이다. 당대의 철학자 랑시에르는 "미학의 정치학"을 통해 이 문제에 대한 하나의 유력한 방도를 제시한다. 그가 우리의 정치성 재고를 위해 우선 주목한 것은 입법자[통치자]들이 만든 사회질서 내에서 어떤 권력의 공적 분배에서 제외된 사람들이다. '데모스'(dēmos)의 역량을 (데모스는 커뮤니티의 이름인 동시에 '해' 또는 '잘못'으로 인한 커뮤니티의 분열, 달리 말하자면, 입법자들이 만든 모든 배치를 뛰어넘는 독특한 조립과 분할의 힘을 뜻한다.)[3] 갖는 자들에 다름 아닌 이 사람들은 인민(people), 서민, 평민을 함축하는 '시민'(citizens)을 뜻하며 '공동체적 분배에 정치의 몫을 갖지 못한 사람들'(정치적 권리를 박탈당한 사람들)⁴⁾을 가리킨다.

우리의 정치성을 더 적확히 말해줄 정치적 주체는 데모스로서의 시민이 자신의 목소리를 낼 수 있는 역량을 스스로 인정하며 추출하는 "정치적 주체화"(political subjectivization)의 과정, 즉 "분류의 지배의 범주에서 식별이 불가능한 상태로 남아있는, 혹은 확립된 아르케적 사회질서에 참여치 않는 자가 자신을 드러내 공통의 논쟁의 장소를 창출"⁵⁾하는 존재로서 "어떤 이해관계나 이념을 가진 하나의 집단이 아니다. 그것은 정치를 존재케 하는 '계쟁'(litige)의 특수한 주체화 장치를 작동하는 힘의 존재다."⁶⁾ 미리 말하건대, 랑시에르가 데모스 개념을⁷⁾ 단서로 삼아 '정치적 주체화'로써 펼쳐 보인 시민의 정치성 회복의 논리는 전통의 "아르케(archi) 정치"와 근대의 "준(para) 정치"에서 억압, 은폐, 왜곡되어왔으며 이후 마르크스에서 나타난 "메타(meta) 정치"에서조차 다 보이지 못하고 유토피아적 상상력의 한계에 갇혀 퇴락한 저항의 복원을 향해 있다.⁸⁾ 그가 말하는 정치주체, 즉 시민의 정치성이 기꺼운 것은, 오늘날 "정치의 종언"과 "정치의 회귀"를 주장하는 포스트모던 담론들에서 선명히 나타나는 '민주주의 주체의 탈(脫)정치성'을 돌파하며 그 정치성을 복구할 논리를 갖기 때문이다.

정치적 주체의 행위로서 새 정치를 가리키는 이 논리의 요체는 근원적 불일치인 "불화(disagreement)의 원리"로써 조화의 허구를 들추며 균열을 낼 '실천의 힘'이다. 이 글은 랑시에르에서 읽히는 시민의 그 정치성을 개관한 후, 위기에 처한 탈근대의 정치(민주주의)라는 시대의 문제를 해소하기 위해 제시한 랑시에르의 불화의 정치가 <의도와 달리 사실은 억압의 기재로 작동했던 '리더의 지식' 내지 '지배담론

의 질서'> 밖에서 시민 각자가 리더를 요하지 않는 미시정치주체로서 해방을 꿈꾸고 또 각자가 그 꿈에 연대할 수 있는 자기관리의 '셀프리더십'(Self-Leadership) 민주정치를 가리키고 있음을 보여줄 것이다.

2

정치의 아포리아와 불화의 정치: 민주주의의 복원

오늘날 정치의 위기는 양립 불가한 두 개념(정치에서의 "가정된 평등"과 "실제의 불평등")을 합친 잡종체제라 할 수 있는 기존의 민주주의, 즉 과두제적 <대의민주주의>의 극복을 가리킨다. 지배질서의 억압에 대한 저항의 사건들을 통해 지난 20C 내내 폭발했던 정치의 활력이 쇠락한 이후, 민주주의가 "국가나 사회의 형태"(정부의 체제, 자유시장, 소비사회 등) 자체와 동일시하려는 불온한 기획에 포섭되며, 정치는 "경제적 필요를 공공재에 활용하는 정부의 합리적 행위"로 귀결된다. 공동체를 분할하는 저항으로서의 정치 자체가 '이념의 갈등해소'를 빌미로 부정되며, 합리적 경영 수준에서 "합의"(consensus)를 통한 질서 유지에 집중하는 정치만 남게 된다.9) "정치의 종언"과 "정치의 회귀"를 이야기하는 당대의 포스트민주주의 논의로 수렴된 이 같은 정치는 '의회 자유민주주의 공화제'의 한계를 은폐하며 시민의 정치성을 무력화하고, 결국은 민주주의를 합의의 질서에 따른 조화의 통치체제로 축소한다.10)

"정치의 회귀와 정치의 종언은 동일한 효과를 갖는 대칭적 두 해석들이다. 그 효과란 정치개념 자체를 삭제하고 정치의 본질이 되는 요소들 중 하나인 불안정성을 삭제하는 것이다. 정치의 고유한 자리가 있으며, 그것은 국가적 장소라고 주장하는 '정치의 회귀'는 국가적 실천과 정치를 동일시하며 국가의 실천원리로써 정치를 제거한다. [⋯] 그리고 '정치의 종언'은 정치공동체와 사회체를 동일시함으로써 정치적 실천을 국가적 실천과 동일시하는 합의의 유효성을 인정한다."11) 결국 '정치의 회귀'와 '정치의 종언'을 주장하는 포스트민주주의의 논리는 '정치적 주체화'를 차단하며 정치의 실천을 제거하는 "합의의 실천"이라는 전제 아래에서 수렴된다. 그러나 랑시에르에 따르면, 그러한 실천은 "정치의 제거를 가리키는 통속적 이름"12)이다. 민주주의를 합의를 추구하고 실행하는 어떤 국가형태나 특정한 사회적 삶의 형태로 여기는 것은 '정치적 주체화'에 대한 억압을 민주주의에 들임으로써 정치를 제거하는 역설을 부른다. '정치적 주체화를 억압하는 합의적 실천'의 진상을 통해 민주주의의 적확한 의의를 다시 짚어내기 위한 랑시에르의 이 같은 판단은 유토피아적 조화의 환상과 호소를 폐기한 곳에서 마르크스 메타정치의 한계를 마저 돌파한 시민의 정치성을 통해 정치주체의 고유성을 복원하며 퇴락한 민주주의 정치를 재정립한 이유가 된다.

정치의 아포리아를 풀며 민주주의를 재정립한 논리의 요체는 "불화의 원리"다. "내가 생각하는 민주주의는 단절과 틈을 가져오는 일종의 불일치 과정이다. 내가 민주주의에서 합의 대신 불화와 불일치를 강조하는 것은, 단지 민주주의가 다양한 의견의 갈등을 포함하고 있다는 사실만 이야기하는 것이 아니다. 합의라는 관념에 기초한 민주주의는 사회구성원 모두가 똑같은 경험을 공유한다는 잘못된 전제 위에 서 있기 때문이다."13) 랑시에르가 말하는 민주주의 원리는 '통치하는 자와 통치 받는 자'의 역설을 어떤 것에도 토대나 자격도 필요로 하지 않으며, 어떤 권력의 정당화도 부인하는 정치주체('정치적 주체화'를 통해 계쟁 내지 해방의 과정에 임하게 될 "누구나 혹은 아무나")14)로써 해소, 이전의 유토피아적 조화에 입각한 합의의 정치공리를 "불화의 원리"로 대체한다는 점에서 급진적이다. 이에 대해 랑시에르는 이렇게 말한다. "정치는 공동체의 원리나 법칙 혹은 고유한 특성(proper)의 현실화가 아니다. 정치는 '아르케'(archē)를 갖지 않는다. 그것은 엄격한 의미에서 '아나키'(an-arché)적이다. 민주주의라는 단어 자체가 지칭하는 바가 그것이다. [⋯] 민주주의는 어떠한 아르케, 즉 공통적인 것의 본질에서 공동체의 형태들을 이끌어 내는 여하한 (합의의) 원리도, 척도도 없다."15)

랑시에르가 아르케적 통치에서 벗어난 '아나키'적 민주주의를 정치의 본질로, 그리고 이 본질의 정치성을 시민성으로 볼 수 있었던 것은 시민의 어원인 데모스의 평등이 아르케의 논리에서 갖게 되는 '자유의 어긋난 두 의미'에 대한 고찰을 통해서다. 요컨대, 일찍이 아리스토텔레스가 통치 질서로서 주장한 아르케의 논리에서 (그리고 이 논리의 구현체인 공동체에서) 데모스(시민)는 자유를 몫으로 갖는데, 이 경우 "자유는 "데모스가 갖는 역설적인 몫으로서 나타난다. 그 데모스의 자유가 호메로스의 영웅에서처럼 입 다물고 굴복하는 것"16), 달리 말해 불평등을(따라서 억압을) 담보로 취한 것이 되기 때문이다.

아르케의 질서, 곧 조화의 논리로 세워진 '몫의 분배 질서'는 결국 데모스(시민)에게 명목뿐인 자유 이외에는 정치의 어떤 몫도 남겨 두지 않은 채, 그들의 배제를 자연적인 정치 질서로 정당화한다.17) "한정된 열등에 대해 행사되는 한정된 우월을 전제로 하는 아르케"18) 의 이 귀결은 <"정치는 자유로운, 따라서 평등한 자들의 지배이며, 시민은 '지배한다는 사실'과 시민은 '지배받는다는 사실'에 '참여하는/ 몫을 갖는' 자라는 아리스토텔레스의 정식">19)을 정면에서 위반한다. 그러나 동시에 이 사태는 아르케와의 단절을 통해 "정치적 권리를 박탈당한 사람들"20)이 '정치적 주체화'가 작동하는 자리가 된다는 것을, 그리고 이로써 아르케의 질서에 저항하는 정치가 비로소 가능하다는 것을, 그래서 사실은 정치가 처음부터 아르케의 불평등에 이의를 주장하는 아나키적 민주주의일 수밖에 없었음을 가리킨다. 정치는 본질상 <"아르케의 논리와 단절한 자리"21), 또는 '몫을 갖지 못한 사람들의 처지'>에서 표출하는 목소리에서나 가능한 민주주의다. 정말로 불평등을 승인하는 데모스의 자유에 국한된 평등이 무의미하다면, 데모스의 평등은 '불평등에 저항하는 자유'의 평등이어야 한다. 이 평등은 결과가 아닌 시작으로서, 정치의 "유일한 보편 공리"['인간은 모두 평등하다']22)가 된다. 불평등한 사회(의 아르케적 질서나 체제) 없이 정치는 존재하지 않는다. "정치는 평등의 원칙에 기초한 활동이며 평등은 도달해야 할 목적이 아닌 출발점이다"23)라는 진술의 타당성도 따지고 보면 결국 아르케와 대립하는 갈등의 장에서 성립하는 정치의 고유성 때문이다. 하지만 이러한 정치는 아르케의 질서에 대한 도전의 공리를 취한다는 점에서, 아르케와의 단절은 '특정한 단절'이 된다. 단절이되, 다양하게 변주된 아르케의 논리들에 입각한 사회질서에 평등의 권리로 부단히 이의를 제기할, 따라서 통치질서에 대한 아나키적 '해방의 소송' 과정을 수반하는 단절이 된다.

랑시에르가 말하는 정치의 본질은 평등을 실현하는 '투쟁'(strug-gle)이며, 이 투쟁은 민주주의의 결정요인으로서, 아르케의 정치와 대립한 자리에서 아나키를 빚으며 그 질서에 해를 가한다. 정치는 아르케의 지배논리와 다투며 "평등을 입증"하고 해방을 실현해 가는 과정의 다른 이름으로서, "하나의 체제가 아니라 정치주체", 부연하자면 '지배받는 자의 지배함'으로써 추구하는 정치주체의 "역설적 행위방식"이다. 이러한 사실은 정치적 기획의 목적론적 종말로서의 '사회적 해방'(liberation)의 상태가 아니라 사회의 '아르케적 질서에 저항하는 과정'으로서의 해방(emancipation)에 상응하는 시민의 정치성에서 비롯한 민주주의를 가리킨다. 이 민주주의는 어떤 정체성을 갖는 아르케의 논리에 따라 할당된 역할을 갖는 사람이 아니라 그로부터 배제된 사람들, 즉 식별 가능한 집단이나 미리 구성된 집단성을 가리키는 사회－정치－경제적 혹은 존재론적 범주로도 포섭이 불가능한 사람들 '누구나 또는 아무나'의 랑시에르가 '정치적 주체화'의 자리로 지목했던 "몫 없는 자들"(those who have no share) 내지 "아르케의 힘을 행사할 자격이 없는 자들"의[24] 자리에서 그 질서의 잘못을 폭로하고 그것의 합리적 재편을 요구하는 사람들의 정치행위 자체로 현시된다.

이 정치행위는 "이미 확립된 식별과 분류의 틀"을 교란하여 정치적 분쟁의 사례들을 생산하는 "텅 빈 작용소"(an empty operator)[25] 같은, 그래서 "누구나 혹은 아무나"일 수 있는 '보충'(supplement)의 주체가 '정치적 주체화'를 통해 평등을 실현하는 행위로서, 추상화된 특정의 주체나 어떤 개인들의 산술적 합을 의미하는 주체의 행위가 아니다. 따라서 그러한 정치행위는 특정한 통치의 행위가 아니라 통치의 아르케에 대한 저항의 시간에서 발생한다. 달리 말하자면, 그것은 정체성을 부여할 수 없는, 때문에 누구에게나 열려있는 '보충적 주체'로서의 정치주체가 <"셈해질 자격이 없는 자들"('아르케의 힘을 행사할 자격이 없는 자들', 혹은 '몫 없는 자들')의 목소리>를 주장하는 평등의 사건으로 발현할 민주주의의 양식이다.[26] 정치가 성립하려면 아르케의 논리와 단절해야 한다는 랑시에르의 신념은 '몫 없는 자들'의 자리에 임하는 시민의 '정치적 주체화'로써 정치를 세우는 대안의 민주주의로 수렴된다. 이 민주주의는 어떤 외적 가치나 이념으로 의식화하는 주체의 자리가 아니라 '몫 없는 자들'의 처지(이것이 자신의 처지든 혹은 타자의 처지든), 그 '주체화의 자리'에서 그들의 목소리를 공적 영역에 제출하며 스스로를 정치주체로 이끌고, 그로써 결국은 사회의 진보를 이끌 각별한 주체의 역량, '셀프리더십' 위에서 가능한 정치다. 이 정치의 리더십은 기존의 정치서사가 그려내던 거시주체, 즉 사회와 역사의 발전을 이끄는 특정의 계급이 아니라 그것(거시주체)으로 환원할 수 없는 미시적 주체들의 꿈과 희망, 좌절과 비애를 드러냄으로써[27) 지배담론의 질서 밖에서 성립하는 정치적 주체화의 당위성과 이들의 목소리가 갖는 타자론적 의의를 함축한다.

아르케적 "사회질서의 잉여로서 스스로를 기입하는 보충적 주체"의 주체화를 통해 '정체성의 범주'로부터 해방된 주체의 자기 주도적 인식과 행위에서 정초된 그의 이 민주주의는[28) <탈정치의 경쾌한 논리로 "역사의 종언"을 말하며 정치공동체를 사회공동체로 치환함으로써 '정치적 실천'을 '국가적 실천'과 동일시하는, 그래서 결국은 해방을 위한 데모스의 갈등과 대립을 취하는 대신에 불일치와 초과[잉여]주체를 제거하는 탈(脫)근대적 자유민주주의 공화정치>에 숨겨진 비(非)민주성을 이겨낼 이유를 말하는 동시에, <어떤 선한 권력의 유토피아적 조화와 합의를 향한 퇴락의 향수를 이겨낼 때 취할 수 있는 해방의 자율적 과정으로서의 정치>가 어떤 것인지를 선명히 알려준다. 이러한 그의 성취는 무엇보다도 평등의 본래성과 해방[자유]의 수행성을 통해 유토피아적 질서의 무거운 억압을 벗고 "홀가분한 디스토피아의 가장자리에서 부단히 생존과 화해하는 대신에 아나키적 반란의 미시적 정치"[29)로 복원된 민주주의로 우리를 인도한다는 점에서 익숙한(해방의 당위), 그러나 낯선(불화의 정치) 열정을 보여준다.

'정치적 주체화'와 아나키적 불화의 에토스(etos)

　랑시에르가 복원한 정치, 즉 불화의 논리로써 말한 민주주의는 하나의 정치체제가 아니라 다양한 형태의 이견(데모스의 목소리)을 실행하는 논쟁의 행위라는 점에서 '아나키적 민주주의'가 된다. 그에게 민주주의란 조화의 합의가 아닌 "불화의 불일치들이 발현되는 순간"을 가리키는 이름에 다름 아니다. "합의는 모든 사람들이 자신들의 문제를 아르케의 통치 질서 안으로 편입케 해 고려할 수 있게 하는 전제로서, 이견을 폐지하고 금지를 '정치적 주체화'에 부여함으로써 정치를 '치안'(police)으로 환원하며, 결국 정치를 종식시킨다."30)

　랑시에르는 하버마스 이래 "의사소통의 합리성"으로 정의되었던 정치적 공공성의 양태를 달리 수정한다.31) 그가 말하는 정치적 공공의 장소에는 "합의가 없으며, 손해 없는 소통도 해악의 해결이라는 것도 없다. 있다면 해악을 다루고 평등을 증명하기 위한 논쟁"32)이 있다. 정치주체가 타인의 세계에 <자신의 행위에 근거를 댈 수 있음>을 합의의 장소가 아니라, 평등의 장인 공론의 시간에서 불화의 논쟁을 통해 보여주며 '평등의 해방'을 실현하는 시민이 될 때, 실천으로서의 정치(민주주의)도 성립 한다. "우리가 합의라고 부르는 것은 공동의 것을 단순한 포섭의 규칙들로 환원하기 위해 공동의 것 안에 있는 불일치의 조직을 파괴하기 위한 시도다. 공동의 정치는 배제된 것의 포섭절차에 의해, 비(非)공동의 것의 공동화에 의해 만들어진다."33) 그러나 문제는 그것의 진정성, 무엇보다도 '누구나'의 힘이 갖는 희망의 원리와 민주주의적[갈등 수용하는] 에토스다. 이 문제와 연관해 낯선 역설로 읽히는 그 '불화의 열정'−유토피아적 상상과 내통하는 '아르케의 질서'와 단절한 본래의 정치로서의 민주주의[34], 즉 '정치적 주체화'로 일어나는 데모스의 아나키적 행동의 자기열정 – 은 다음과 같은 일련의 물음을 제기한다.

유토피아적 전망 없이 우리는 어떻게 더 나은 미래를 추구할 수 있는가? 손가락 사이로 빠져나간 모래알처럼 누락된 존재인 '목 없는 자들'의 흩어진 꿈들이 과연 억압의 사회질서를 교란할 힘이 될 수 있는가? 개체들을 묶어주었던 보편의 외부에 존재했던 '몫 없는 자들', 그 개별화된 주체들의 전망 속에서 어떻게 유토피아적 보편의 전망을 대체할 해방의 전망을 얻을 수 있는가? 어떻게 개체들(아무나 혹은 누구나)의 꿈이 '우리 모두'의 윤리적 가치를 가진 해방의 꿈으로 수렴될 수 있는가? 합의된 조화의 윤리 없이도 그러한 에토스가 가능한가?

"정당한 정책은 자신을 지속시키는 것만큼이나 '자신의 중단'이나 '아이러니'를 능동적으로 옹호 또는 주장한다. […] 가능한 혼돈을 피하기 위해 민주주의는 아나키의 카오스로 환원될 수 없다."[35]는 진술의 타당성을 고려할 때, '평등을 실현하는 행위의 민주주의'라 해도 그 행위가 사회를 떠날 수 없는 정치주체인 것이라면, 그리고 그 사회가 아르케의 질서, 즉 '치안'과 분리된 삶을 취할 수 없는 것이라면, 랑시에르의 '불화의 민주주의'가 보이는 아나키는 유토피아적 조화의 윤리를 대체할 에토스의 자리, 즉 '몫 없는 자'들의 권리와 자신을 동일시하고 그들의 목소리가 갖는 구성력을 수용하는 정치주체에서 비롯해야 한다.

정치의 아나키가 이상적 아나키스트들의 주장에 함축된 무위(無爲)통치에 닿으려면, 유토피아적 에토스를 전제로 취해야 할 것이다. 하지만 이상이 아닌 현실에서 그것은 불안으로 이어지게 된다. 아나키의 이상은 환상이며, 그것의 현실은 무질서와 혼돈이다. 랑시에르의 아나키는 아나키의 무질서와 혼돈을 제거하는 아르케 정치의 유토피아적 허구의 환상은 물론, 무정부의 이상을 실현하려는 과정으로 취하는 메타정치에 들어있는 유토피아적 허구의 환상을 돌파하는 긍정의 현실성을 띤다. 그의 불화가 <'정권의 제도적 통치 내지 아르케의 치안'과 '평등의 실행으로서의 정치'의 아나키의 자유>의 양립을 승인하며36) 불평등한 현실의 지배구조에 무정부적 계기로서 저항하는 정치의 원리37)가 될 수 있는 것도 이 때문일 것이다. 이 불화의 아나키에 대해 랑시에르는 이렇게 말한다. "어떤 권력도 필요 없다는 것이 아니라 정치와 권력이 동일하지 않다는 것이다. 정치는 지배가 아니며 공동체의 조직화로도 정의되지도 않는다. 정치는 항상 치안의 통치질서에 대한 대안이다."38) 이 대안의 아나키는 이를테면 정치와 치안의 '대립의 긴장관계'에서 발생하는 정치의 원력이다.

치안은 "공통세계에서의 참여의 장소들과 형식들을 분할하며 '없는 것'(공백, 보충)을 배재하는 국가적 행위"이며, 정치는 "국가체제의 질서와 제도를 조절하는 치안의 논리를 '위반/단절'하는"39) 가운데 설립되는 '계쟁'이다. 해방이 아니라 '해방의 과정'을, 결과의 평등이 아니라 '시작의 평등'을 믿는 랑시에르의 '정치'는 <아나키적 무정부의 혼란을 적대하는 아르케 정치와 아나키적 무정부의 이상을 수용하는 메타정치>의 '유토피아적 환상들'이 초래한 정치의 아포리아를 '아나키의 힘'으로 제거하며 평등을 입증해 내는 해방의 과정이다. 아르케에 은폐된 불평등의 질서에 대한 교란과 재구성을 겨냥하되, 아나키의 이상을 취하지 않는 한, 그는 아나키스트가 아니다. 오히려 그가 말하는 불화의 아나키는 치안에 '개입하는'(평등의 예증들을 기입하는) 정치가 치안에 가한 <"해"(wrong)의 가치로서의 에토스>를 획득한다. 하지만 법이나 제도 위에 '평등의 논리'가 기입되어 실제의 물질적인 힘으로 작동하게 하는 이 '아나키의 에토스'가 성립하려면, 그에 상응할 정치주체의 보편성이 먼저 있어야 한다. 그 에토스가 사실은 보편주의적 환상의 구성물, 즉 유토피아적 조화의 윤리를 버린 정치주체의 에토스이기 때문이다.

랑시에르가 "다른 유형의 보편성"40)으로 규정한 정지주체의 "보편성은 어떤 경험 초월적 토대에 근거하지 않는다. 그것은 '계쟁의 장소'들 안에서만 현실화될 수 있는 보편성으로서, 논쟁의 효과로 나타난다."41) 정치적 행위 주체의 이 보편성은 "개인들의 다수성에 공동체를 제시하는 국가의 보편"이 아니라 '불일치의 특별한 형태 아래에서 실행될 평등'이 창출하는 '정치'의 장(場), 그 불화의 장소에서 논쟁적 대화를 통해 실현된다. 이런 측면에서 정치주체의 보편성은 "정치의 유일한 보편인 평등"의 효과라 할 수 있다.42) 즉, 평등의 이름하에 열리게 될 계쟁의 장, 혹은 "공동체의 공간"에 진입하는 정치적 주체화('몫 없는 자들'과의 동일시)를 통해서, 달리 말해 '나'가 "마치 모든 사람들이 같은 판단을 공유할 수 있는 것처럼" 말하고 행동하는 것이 아니라, 공동체 안에서 계산되지 않은 사람들로서의 우리가 "마치 이미 존재하는 공동체의 구성원인 것처럼" 말하고 행동하는 정치주체화의 자리에서 성립한다.43) '아무나 혹은 누구나'의 꿈을 어떤 유토피아적 상상력에 의존하지 않고 '우리 모두'의 윤리적 가치를 가진 해방의 꿈으로 수렴하는 이 '아나키의 에토스'가 가능했던 것은 '불가능성의 정치'에서 비롯한 "미학의 정치"와 "공통감각" 때문이었다.

모든 정치이론은 <정치적 현실의 '이면' 혹은 '내재적 깊이'로서의 실재(아르케적 질서에 은폐된 결핍의 현실)는 지배할 수 없다>는 의미에서의 '불가능성'에 대한 인식으로부터 비롯한다. 이에 대해 한 논자는 이렇게 말한다. "정치적인 제도의 출현과 전개의 수준은 그 불가능한 실재를 지배할 수 있는 가능성을 가시적이게 만드는 수준이지만, 이 수준 속에서 실재를 지배할 수 있는 가능성은 '언제나 자신의 자리로 되돌아오는 불가능성'의 계기를 배재할 수 없는 환상, 키메라(chimaera)의 모습으로 나타날 뿐이다."44) 문제는 하나의 정치이론이 그 불가능성의 인식을 "유토피아적 약속을 위해 '은폐/억압'함으로써 결국 불가능성의 계기를 제거"하는 수준에서 수용할 경우에 발생한다.45) 실제로 전통의 정치이론들에서 그러했는데, 거기에서 이 '은폐/억압'의 양상은 실재에 대한 '주/객'관적인 형이상학적 태도의 유토피아적 상상력이 빚어낸 꿈의 초월성으로 나타난다. 이 초월성은 조화의 에토스를 위해 불화와 적대성을 해소해 나갈 정치적 실천, 아니면 그 불화와 적대성을 미래에 제거하기 위한 목적에서만 승인하는 정치적 실천을 요구하며 불가능성의 유입을, 새로운 구성력을 차단한다.

이러한 사실은 유토피아적 조화의 원리에 따르는 아르케의 정치를 극복하는 랑시에르의 정치가 '불가능성의 계기'를 취한 정치, 즉 '불가능성의 정치'임을 가리킨다. 이는 결국 정치현실의 불가능성을 불가능성으로 말하며 정치현실의 영역으로 끌어들임으로써 치안질서에 이의를 제기해 사회변혁을 시도하는 '정치주체'의 계기가 우리의 이론적 사고로는 지배할 수 없는 '불가능성의 결핍(의미)'에 있다는 사실로 귀결한다. '정치주체'의 불가능성이 사실은 감각의 새로운 경험과 다르지 않음을 말하는 이 현상학적 귀결에 대해 우리는 이렇게 쓸 수 있다. 평등과 불평등을 두고 다투는 주체의 정치적 역량은 "우선 감각의 관계 안에서 작동한다."46) 랑시에르가 "미학(aesthetics)의 정치학"을 말하며 정치적 실천에서의 예술의 효과에 대해 주목한 것은 이 때문이다.47) 하지만 그의 '미학의 정치학'의 관심은 예술작품이 갖는 특정한 경향의 메시지가 아니라 그것에 든 정치적 힘, '새로운 감각'이었

다: "예술은 항상 옮겨진(차이나는) 경험을 규정하면서 기능한다. 따라서 정치적 주체성의 능력들을 규정하는 것은 특별한 내용을 담은 작품들이 아니다. 그 능력들은 예술들을 통해서 유통되는 새로운 감각적 경험의 구성과 시간, 공간, 나, 우리 등등의 재구성을 통해 자라난다."[48]

"미학의 정치학"은 감각이 사회 안에서 처리되는 방식에 대한 예술 비평적 해석을 통해 감각의 사회적 분할의 체계를 거부하는 정치 주체에 의해 창출된 감각을 사적 공간 너머로 끌어내 "공적인 것"(le publique)의 의미, 즉 "공통감각"(le sens commun)[49]으로 현시, 이를 통해 새로운 정치주체의 판단과 행위를 유도함으로써 '미학적 실천'과 '정치적 실천'을 등치한다.[50] 그러니까 불평등은 이미 "감각적인 것의 분할"[51]에 있었던 셈이다. 이제 이 사안을 놓고 다시 보면, '정치적 주체화'는 '감각적인 것'(보이는 것, 들리는 것, 말할 수 있는 것)을 공적 공간에 현시하는 주체화의 시간을 통해 자신에게 강요된(분할된) 보고 듣고 말하는 방식의 질서(논리)와 다투는 미적 해방의 시간에 출현한다. 그리고 민주주의의 복원으로서 대안의 정치를 가능케 한 '몫 없는 자들'은 사적 감각[의미]을 공적 감각[의미]으로 표출하는 힘, 달리 말해 '불가능성'에 대한 미학적 체험의 의미를 취하는 데모스의 힘으로 '감각적인 것의 분할'을 거부하며 사회질서의 '탈구'(out of joint)와 '재구성'(recasting)을 야기하는 변혁의 정치주체가 된다. 또한, 랑시에르의 정치주체가 갖는 그 "평등의 효과로서 취해지는 보편"과 "아나키의 가치로서 나타나는 에토스"가 그의 '불가능성의 정치'(에서 비롯한 '미학의 정치')의 요체로 지목될 수 있었던 것도 살펴보면 결국 '확실한 가능성'이 아니라 '불확실한 불가능성'의 의미로 제출되는 정치적 판단과 행위의 계기, 즉 '공통감각' 때문이다.

요컨대, 데모스의 평등에 착안해 랑시에르가 제시한 대안의 가능한 정치는 <공적 공간에서 배제된 채 보이고 들리지 않았던 것들을 보고 들리게 하는 '공통감각'>에 참여하는 '몫 없는 자들'의 정치적 판단과 논쟁을 통해 "사회적 분할과 확실성의 지표를 끊임없이 재정의함으로써 평등을 실천"해 가는 아나키적 실천의 행위로서 "불일치, 반대, 투쟁, 상충되는 이해 등이 영구적인 것으로 승인되는 민주주의다."52) 그러나 문제는 셀프리더십에 짝할 이 정치적 주체화의 성취가 보이는 한계다. 이 말은 랑시에르의 성취, 그가 구명한 하나의 가능성으로서의 정치를 가늠할 필요가 있음을 뜻하는데, 이 경우 고려해야 할 것은 그 가능성의 요체인 저항의 진상이다. 지배와 폭력의 관계가 고착된 유토피아 정치의 퇴락국면에서 우리가 취할 "정치의 새 가능성은 본질적으로 저항의 실천과 연계"되어 있기 때문이다. 하지만 이때 중요한 것은 "단지 기성질서에 대한 반대나 정의의 옹호 같은 소극적 의미의 저항"이 아니라, 능동적 주체성과 집합적 연대가 형성되는 '장소'라는 적극적 의미의 저항"53)이다.

랑시에르의 그 '장소'에서 읽히는 문제의 요체는 '몫 없는 자들'의 목소리가 '정치적 주체화'를 통해 '사회적 결핍'(혹은 '감각의 분할')에 대해 갖게 될 <탈구와 구성력의 양태>에 비치는 정치주체의 미세한 주관성과 수동의 간접성이다. 이 '주관성'과 '간접성'은 정치주체의 <'보편성'과 '아나키의 에토스'>의 강도(強度)를 훼손한다는 우려로부터 자유롭지 못하기 때문이다. 이 문제는 <"자기가 아니라, 자기가 다른 자기와 관계를 맺어 하나를 형성하는 주체화 과정"54)>과 <치안과 정치의 대립이 가리키는 치안 주체와 정치주체의 단절>의 결과로서 나타날 수 있는 두 사안들, 즉 '저항을 위한 연대의 느슨함'과 '치안질서에 평등을 기입하는 저항 행위의 유약함'으로 달리 쓸 수 있을 것이다. 전자('연대의 느슨함')의 경우는 주체의 "불가능한 동일시"(identify)에서 유래한다.55) 정치주체에 내포된 '불가능한 동일시'는 "정체성 사이의 틈새 혹은 균열 속에서", 또는 "사이에 있는 한에서 함께 있기도 한 사람들의 교차"로서 성립하는 정치주체의 타자성이기 때문이다. 정치주체는 "이름들, 정체성들, 문화들 '사이에 있음'(être entre)으로써 '함께 있음'(être ensemble)"56)으로 존재한다. 그리고 후자(저항 행위의 유약함)의 경우는 '지양이나 해(害)들의 해결이 없는, 즉 합의 없는 불화의 계쟁'에서 가능한 현상인데, 이는 치안주체와 정치주체의 분리 때문이다. 물론 치안주체는 '정치적 주체화'를 거쳐 정치주체의 공간에 임할 수 있지만, 그것은 어디까지나 치안주체가 아니라 정치주체로서 참여하는 것인 이상, 이때도 치안주체는 정치주체 데모스의 권력과 분리된다.

문제의 두 사안들이라 했지만, 나란히 놓고 보면 이것들은 모두 정치적 주체화를 통해 성립하는 정치주체의 문제, 즉 그것의 미세한 주관성과 수동의 간접성이다. 랑시에르에서 읽히는 문제의 두 사안('저항을 위한 연대의 느슨함'과 '치안질서에 평등을 기입하는 저항 행위의 유약함')은 결국 정치주체의 문제가 된다. 우선, 보다 구체성을 띤 현실적 해방의 논리를 위해 정립된 랑시에르의 정치주체는 해방의 전망을 미시적 견고함으로 이야기할 수 있지만, 그 '불가능한 동일시'는 공통감각의 표현의 진정성 문제를 야기할 수 있으며, 동시에 '정치의 가장자리'에서 치안과 충돌하는 정치적 사건에서 나타날 수 있는 수동의 소극적 강도의 이유로도, '치안과의 대립성'에 더해, 지목될 수 있다.

그리고 정치주체의 치안과의 대립적 분리 혹은 '특정한 단절' 역시 '치안주체'와 다투는 계쟁의 시간만큼 지연되는, 그리고 그 계쟁의 귀결양상에 따라 조정될 실천의 효과를 취함으로써 치안에 대한 '탈구와 재구성'의 효과, 즉 '아나키의 에토스'의 강도가 충분치 못함을 반증한다. 아르케의 권력과 분리된 정치주체의 목소리는 아무래도 아르케의 질서에 생각처럼 실질의 힘을 행사하기 어려울 것이다. '몫 없는 자들'의 몫을 주장하며 아르케의 질서를 재편하는 것이 정치라면, 그 분리는, "지배할 어떤 자격도 없는 자들의 지배"[57]를 뜻하는 '특정한' (아르케의 권력을 행사하는 것이 아닌 권력의 행사를 통제한다는 의미에서) 권력, 즉 "데모스(누구나 혹은 아무나)의 권력"이 아르케의 "분리와 배제를 낳는 분할의 힘"[58]에 대해 갖는 실천적 전망의 유약함을 숨긴 채 사실상 '아르케의 질서에 가해진 아나키'의 해(害)에 머무르며 '정치의 불가능성' 위에 세워진 '불가능성의 정치'를 뜻하는 것은 아닌가? 드문 일이겠지만, 치안의 붕괴로 정치가 무용하게 되는 예기치 않은, 그러나 불가능하지 않은 사태는 그 우려를 극단에서 반증하는 것 아닌가? 이와 연관해 한 논자는 이렇게 말한다. "실제적인 힘이 없이 단순히 평등을 선언하고 자신에게 사회적으로 인정되지 않은 몫을 욕망하는 것은 오히려 사회적 불평등을 수동적으로 감수하는 결과를 낳지 않는가?"[59]

물론, 이런 사실을 감안한다 해도, '아나키의 에토스'가 이 문제들을 감당할 수 없는 것은 아니다. 불화의 정치에 함축된 '불화의 아나키'에는, 비록 온전히 만족시키지는 않지만, 다음 진술 중 "한 세계를 다른 세계 안에 놓는 것"이 말하는 에토스, 즉 <정치가 치안에 가한 "해">의 기대에 상당하는 정치주체의 윤리적 충격의 강도와 연대의 진정성이 읽힌다. 실제로 그 강도와 진정성으로 치안의 질서가 재편될 수 있고, 또 있었던 것은 그러한 에토스를 반증하는 사례가 될 것이다. 즉, "정치란 보이지 않았던 것을 보게 만드는 것, 그저 소음으로만 들릴 뿐이었던 것을 말로서 듣게 만드는 것, 특수한 쾌락이나 고통의 표현으로 나타났을 뿐인 것을 '고통과 선과 악에 대한 느낌'(감각)으로 나타나게 만든 데에 존재한다. (그러니) 정치의 본질은 불일치다. 불일치는 이해나 의견다툼이 아니다. 그것은 보일 이유가 없었던 것을 보게 만드는 것이다. 그것은 '한 세계를 다른 세계 안에 놓는 것', […] 분리된 세계들을 한데 모아놓는 역설적인 세계 구축이다."60) 여기서 읽히는 에토스는 아마도 지젝이 말한 "실재의 윤리"와 크게 다르지 않을 것이다. 이 경우 실재는 아르케적 질서에 '불가능성의 계기로 은폐된 (현실의)결핍'으로 이해된다. 이 윤리는 "현실의 외상을 그 자체로 그것의 불가능성 속에서 반복적으로 표시하는 것으로서 지배질서가 제거하려고 하는 모든 외상, 꿈 그리고 재앙들의 흔적을 보전하는"61) '우리'의 정치적 행위의 가치가 된다. 이는 "조화로운 사회라는 환상을 가로지르며 사회의 불가능성에 대한 윤리적 인식을 사회 안으로 통합"62)하는 에토스다.

4

나오는 말: 정치주체의 셀프리더십

그러나 적지 않은 이들이 비판하듯 이 에토스의 논리가 모든 문제를 다 해소하는 것도 아니다. 중요한 것은 해소된 사안도 사안이지만. 남겨진 문제('불가능한 동일시 및 치안주체와의 대립' 해소)일 것이다. 그가 남긴 문제가 오늘날 "정치적 저항이 방향감각을 잃은 우리에게 그 방향을 알려주는 몇 안 되는 유력한 개념들"63)이 가리키는 문제라는 점에서 오늘날 우리가 숙고해야 할 것이 무엇인지를 알려줄 것이기 때문이다. 하지만 이 과제와 별도로 우리는 적어도 민주주의 정치의 복원에 있어 <시민 각자의 비판적 자기인식을 통해 비로소 가능할 '정치적 주체화'가 가리키는 '자기관리의 셀프리더십'의 의의>는 먼저 취할 수 있을 것이다. 왜냐하면, 지금 우리가 직면한 '정치의 퇴락'은 유토피아적 논리가 제공했던 신념의 끈을 상실한 탈정치화 내지 무정부주의적 체념의 정서에서 비롯한 것이기 때문이다. 실제로 그 사태의 이면을 들여다보면 그 체념의 정서를 반증하는 숱한 선동, 맹신의 공감, 혹은 적대진영에 대한 반감이 빚는 분열과 대립의 갈등 내지 불화로 소란하다. 진보의 전망을 달리 취하지 못한 채 이해관계를 두고 다투는 욕망 수준에서 이념적 헤게모니를 '변주/반복'하는 이 분열의 퇴락현상은 '유토피아정치의 몰락'을 극복치 못한 정치의 위기, 정치적 상상력의 무능을 가리킨다.

그 무능의 위기를 벗고 정치의 퇴락을 차단하기 위해 필요한 것은 유토피아의 재건도 탈-정치화에 걸려있는 '정치의 종언'과 '순수정치'로의 회귀도 아니다. 유토피아적 조화의 윤리는 정치에서 무정부주의적 체념의 정서를 제거할 수 있지만, 그 대가로 우리는 다시 과거의 "숨 막히는" 이념의 구속과 대립, 환상의 폭력을 겪어야 한다. 문제는 유토피아적 '조화의 윤리'가 실존의 배타적 욕망의 연대로 반복되는 위기의 국면을 기회로 역전시킬, 그래서 '정치의 퇴락' 또 한 켜에서 읽히는 '억압된 것의 표출'이라는 해방의 기미를 정치성을 상실하지 않고 온전히 전유할 방도다. 랑시에르의 '미학의 정치학'은 '분열과 대립의 갈등을 용납하지 않는 유토피아적 조화의 윤리'가 아니라 '분열과 대립의 갈등을 가로지르며 그것을 "동의와 이의의 역학 확립"의 수준에서 포용 가능할 '불화의 에토스'의 원리'를 통해 더 나은 사회를 만들 유력한 대안의 정치를 가리킨다. 이 정치로 그가 말하고자 한 것은 기존의 사회주의와 자유주의를 대신할 어떤 새로운 유토피아적 정치체제가 아니라 그것들이 지향했던, 그러나 그 실재성을 두고 서로 다투었던 정치과정, 즉 민주주의의 혁신이다. "실재적인 민주주의라고 불리는 것은 비민주주의의 별칭일 뿐"[64]이라는 S. 지젝의 진단이 고려된 이 혁신의 요체는 '정치를 가능하게 하는 조화의 원리'가 아니라 '조화를, 정확히 말하자면 대립/갈등의 에토스(아나키의 에토스)를 가능하게 하는 정치의 원리'다. 객관−보편주의에서와 같은 명료한 척도 없이 윤리의 차원을 획득하는 이 정치의 에토스가 미학을 통해 이야기 되는 것은 그의 철학이 미학을 심장으로 취한 철학, 즉 현상학의 '근원적 감각'에 닿아있음을 뜻하지만, 그에게 중요한 것은 근원적인 감각의 '지향성'이 아니라 '힘'이다. 그의 "미학과 정치학"이 '미학으로서의 현상학을 통한 정치학'이 아니라, '미학으로서의 현상학인 동시에 정치학'으로 읽히는 것도 이런 이유에서다.

　　요컨대, 모든 억압의 증후는 감각(보고, 듣고, 말하는 방식의 존재론적 원형)의 무력함에서 비롯하고, 해방의 단서도 거기에 있다. 그 증후는 "감각적인 것의 분할"이며, 단서는 이 분배의 질서를 깨뜨려 나가며 '해방의 과정'을 빚을 힘은 '해방의 실천으로 취할 감각의 힘이다. 정치의 퇴락에 순응할 때, 민주주의도 퇴락한다. 민주주의는 실존의 욕망을 다스리는 자의 것도, 그 욕망의 배타성에 휘둘리는 자의 것도 아니다. 그것은 아나키의 불화를 승인하되 '감각적인 것의 분할' 질서에서 배제된 목소리를 주장하는 정치주체들, 그 "몫 없는 자들"이 표출하는 감각의 의미를 포착하여 랑시에르가 '불평등한 합의'('강요된 동의')와 함께 언급했던 '평등한 합의'[65] −그에게 이것도 결국 정치현실에서 기망(欺罔)으로 귀결하지만, 예컨대 메를로퐁티나 라캉주의자들의 '치안과 정치를 잇는 현상학적 변증법'을 취할 때 '정치로 열린 치안'의 수준에서 '잠정의' 합의 혹은 "새로운 최소한의 합의"(a new minimum consensus)[66]로 전용되어 '불화의 에토스'와 양립할 수 있다.[67] −로 이끌어 가는 노고의 반복으로 더 나은 사회를 실현해 가려는 '시민' 각자의 '정치적 주체화'를 통해 드러난 사회적 결핍의 의미들을 연대의 공감으로 확장케 할 '셀프리더십의 민주정치'에서 가능할 것이다. "해방이란 모든 인간이 자기가 가진 지적 주체로서의 본성을 인식하는 것"[68]이기 때문이다.

*이 글은 〈대동철학회 2023년 가을학술대회: 다문화적 시민성, 민주시민성, 그리고 생태시민성〉에서 구두 발표한 내용(「시민의 정치성; 퇴락과 복원」)을 초고삼아 작성한 것이다.

영혼을 깨우는 명문장

"국가 없는 사람들 혹은 미등록 체류자들은 시민의 권리와 법치국가를 근거 짓고 보증해 주는 것이 세계시민의 도덕적 철학적 의미에서의 인간의 권리가 아니라 오히려 그 반대라는 점을 보여주었다. 제도적으로 정의된 시민의 권리가 철폐되는 곳에서는, 그리고 그런 시민의 권리를 박탈당한 사람들에게는 기본적인 인권도 더이상 존재할 수 없다. 모든 권리를 조건 짓는 '권리들을 가질 권리'는 자연적 본성이나 계시에 뿌리를 둘 수 없다. 이 권리는 압제, 예속, 죽음에 대한 개인적 저항과 인간 실존의 공적 차원에 대한 집합적 긍정이 접합되는 지점 자체에서, 즉 제도의 탄생지점에서 스스로 구성되어야 한다."

— E. 발리바르, 『폭력과 시민다움: 반폭력의 정치를 위하여』

"승리에 빛나는 해방의 장래에 대한 믿음이 있기 때문에 정치가 있는 것이 아니다. 타자의 대의가 있기 때문에, 달리 말해 시민의 권리가 그 자체에 대해 갖는 차이 때문에 정치가 있는 것이다."

— J. 랑시에르, 『랑시에르와의 대화: 피곤한 사람들은 어쩔 수 없지!』

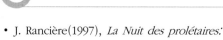

읽을거리 & 볼거리

• J. Rancière(1997), *La Nuit des prolétaires: Archives du rêve ouvrier*, Paris: Hachette Pluriel: 자크 랑시에르 지음, 안준범 옮김(2021),『프롤레타리아의 밤: 노동자의 꿈의 아카이브』, 문학동네, 서울.

이 책은 19세기 노동자의 삶에 대한 연구를 통해 전통 마르크스주의 노동자 상과 사뭇 다른 노동자의 삶과 목소리, 즉 1830년대 초부터 1850년대까지 노동자들이 쓴 수필·일기·편지 등을 통해 그들이 밤에 꾸었던 꿈들에 대해 이야기한다. 마르크스주의 정치서사가 그려내던 거시주체, 즉 사회와 역사의 발전을 이끄는 노동자 계급이 아니라 그것(거시주체)으로 환원할 수 없는 미시적 주체들의 꿈과 희망, 좌절과 비애를 드러냄으로써, 지배담론의 질서 밖에서 성립하는 정치적 주체화의 당위성과 이들의 목소리가 갖는 타자론적 의의를 읽을 수 있다.

• J. Rancière(1987), *Le Maitre Ignorant: Cinq leçons sur l'émancipation in-tellectuelle*, Paris Fayard: 자크 랑시에르 지음, 양창렬 옮김(2016),『무지한 스승: 지적 해방에 대한 다섯 가지 교훈』, 도서출판 궁리, 서울.

『프롤레타리아의 밤: 노동자의 꿈의 아카이브』에서 이야기된 새로운 정치주체로서의 노동자 혹은 '정치적 주체화'의 공간에 들어설 시민은 설명의 교육, 혹은 과학주의적 해방에 대한 지식인의 이론적 교설을 통해서 성립하는 것이 아니라 '지적 평등'의 원리에 입각한 "보편적 가르침"에서 성립함을 역설한다. "해방시키지 않고 가르치는 자는 바보로 만든다. 사람은 누구든지 스스로 배우고 알려고 할 때 자기 자신의 욕망이나 긴장 또는 상황의 강제 또는 자기 자신을 둘러싼 환경의 이미 적절히 베풀어져 있는 정보들로 인해 설명해 주는 스승 없이도 혼자 배울 수 있다."(29쪽) 해방을 위한 교육의 현장에서 간과한 '평등의 원리'를 강조하며 새로운 정치원리, 즉 '평등은 목적이 아닌 출발'에 있음을 알려주는 책이다.

• H. Arendt(1970), *On Violence*, Harcourt Brace & Company, Orlando:
1970: 한나 아렌트 지음(1999), 이명희 옮김, 『폭력의 세기』, 도서출판 이후, 서울.
폭력으로 점철된 20세기 정치를 권력과의 관계에 집중하며 성찰한 책이다.
이 책에서 아렌트는 민주주의정치의 적인 폭력에 기댄 무능력한 권력을 비
판하며, 공적 영역에 참여하는 민주시민의 올바른 행위능력을 폭력의 유혹
과 단절한 정치권력을 세우고 지켜나갈 정치주체를 통해 이야기한다. 정치
를 국가 권력과 묶어 생각한다는 점에서 아렌트는 랑시에르와 입장을 달리
하지만 조화의 윤리와 진보의 이념으로 가장한 폭력의 권력에 맞서 싸우는
아나키적 저항의 실천적 가치를 승인한다는 점에서 둘은 민주시민의 새 정
치성 모색의 자리에서 수렴 가능하다.

• J. Habermas(1979), *Communication and the Evolution of Society*, tr.
Thomas McCarthy, Beacon Press, Boston: 위르겐 하버마스 지음(1997), 심연
수 옮김, 『커뮤니케이션과 사회진화』, 도서출판 청하.
마르크스의 사회 진화론에 대한 비판을 통해 '혁명적 사회진화론'의 불가능
성을 역설하며 그 이유를 인간의 상호작용 부재라 진단한 프랑크푸르트학
파 2세대 철학자 하버마스의 주요논문들을 모아 펴낸 책이다. 인간의 상호
작용을 커뮤니케이션이론으로 구체화하는 가운데 커뮤니케이션의 이상적
상황 조성을 통한 사회진보의 길을 주장해 온 하버마스의 사상의 요체를 읽
을 수 있다. 전통 민주주의 정치사상에서 추구된, 그러나 사실은 실현치 못
한 대화와 합의의 의의와 방법을 새로운 관점에서 펼쳐낸 하버마스의 논리
가 오늘날 민주시민의 정치성 복원을 위해 반드시 검토해야 할 중요한 사안
을 성찰케 한다.

• 영화: <기생충(Parasite)>, 2019. & <오아시스(Oasis)>, 2002.
『해방된 관객』에서 랑시에르는 "예술의 정치적 역량은 작품이 아니라 작품
을 지각하고 사유하는 감상자의 감각적 경험형태에 있으며, 예술과 정치는
사회문화적 삶의 현재 의미를 난공불락의 불가피한 것으로 수용할 모든 감
각에 균열을 낼 잠재력을 공유하고 있는 까닭에 해방의 관건은 '감각적인

것의 분할' 질서에 균열 내는 데에 있다"고 말하면서 예술에는 분명한 정치적 선택이 있음을 역설한다. 예술은 급진의 민주주의를 강화하거나 반동의 신비주의를 만들어 낸다. 이창동의 영화 ≪오아시스≫는 정치적 주체화를 대놓고 가리킨다. 랑시에르의 "목소리 되기", "시민(데모스) 되기"는 이 영화가 말하는 들뢰즈의 "소수자 되기"의 정치적 주체화의 의미와 묶일 수 있다. 봉준호의 영화 ≪기생충≫은 이와 달리 정치적 주체화의 필요성을 반증한다. "몫 없는 자들"의 목소리가 사적(私的) 영역에서 폭발할 때, 셈해지지 않은 보충의 인구는 '정치적 주체화'의 장에 들지 못한 채 계산된 인구에 착생(着生)하는 처지를 벗지 못하게 된다.

미주

II. 정조의 君師로서의 자기인식과 리더십

1) '군사(君師)'란 개념은 정치적 최고 지도자와 학문적 교화의 주도자를 겸비한 존재로서, 삼대(三代)의 이상군주를 모델로 한 것이다. 표현은 『상서(尚書)』에서 연원한 것으로, 『국어(國語)』「진어(晉語)」에도 기원한다. 특히 조선에서는 『국어(國語)』「진어(晉語)」에 등장하는 백성의 삶에서 군(君), 사(師), 부(父)의 하나된 은혜와 중요성에 관한 언급을 활용해 『소학(小學)』을 집필한 주자의 논리를 좇아 '군사'의 개념을 내세웠다. 『尚書』, 「周書」, 「泰誓上」, "天佑下民, 作之君, 作之師, 惟其克相上帝, 寵綏四方, 有罪無罪, 予曷敢有越厥志. [蔡沈注] 天助下民, 爲之君以長之, 爲之師以敎之, 君師者, 惟其能左右上帝, 以寵安天下."; 『小學集註』, "欒共子曰, 民生於三, 事之如一, 父生之, 師敎之, 君食之, 非父不生, 非食不長, 非敎不知, 生之族. 故一事之, 唯其所在, 則致死焉."

2) 『英祖實錄』, 38년 3월 30일, "上曰: '立君於國, 爲君乎, 爲民乎?' 曰: '立之君師, 以安民矣.' 上曰: '能爲君師之責者誰也?' 曰: '堯舜三代之君皆然, 三代以後, 能者鮮矣.'"

3) 『英祖實錄』, 40년 3월 13일, "問曰: '爾則欲爲君師乎, 欲爲王者師乎?' 對曰: '願爲王者師也.' 上曰: '其志則大矣. 史臣其記之.'"

4) 『御製祖孫同講大學文』, "嗟哉沖子! 於格物, 必也其誠, 於致知, 必也其誠, 一朝豁然貫通, 以至於無不到無不明之境, 子夫子此章之意, 可以見於今日, 於海東三百年宗社, 可有光於百世."

5) 정조는 재위 기간 동안 고위 문신과 초계문신, 성균과 유생, 지방 유생을 가리지 않고 친히 지도했으며, 백성 교화를 위해 『소학(小學)』과 『오륜행실도(五倫行實圖)』, 『향례합편(鄉禮合編)』를 적극 보급하고 한글윤음(윤음언해)을 거듭 반포했다. 김문식(2007), 『정조의 제왕학』, 태학사, 243-277쪽 참조.

6) 『正祖實錄』, 7년 10월 21일, "先朝五十年御極之化, 幾乎混物我´ 齊彼此, 政敎之美´ 功化之盛, 求諸千古而罕有, 質諸百世而不疑. 其政令之因革´ 規模之宏遠, 彷彿三代之損益, 則大聖人作爲, 尙矣無論. 而逮子否德, 叨承丕基, 所遵守者, 先王之法, 所模範者, 先王之治也."

7) 『正祖實錄』, 20년 8월 8일, "大抵師之所在, 道之所存, 今予處君師之位, 師道之責, 實在於予. …… 今斯文大一統之道, 在予一人."

8) 『弘齋全書』 卷53, 「弘于一人齋全書橅銘」, "雖不敢遽擬於道統之傳, 若其經經緯史, 若其經經緯史, 尙亦不問可知爲萬川明月主人翁."

9) 정조는 의식주 생활 수준을 극히 검소하게 하여 서민적인 모범을 보였다. 왕실에서 비단을 추방하고 임금도 일상에서 면포와 베로 만든 옷을 입고 지냈으며, 겨울에는 명주옷을 입었다. 옷은 자주 빨아 헤질 때까지 입었다. 식사는 보통 하루 두 끼를 먹고 반찬 가지 수도 두서너 가지를 넘기지 않았으며, 진귀한 진상품은 거부했다. 편전 지붕의 비가 새어도 잘 수리하지 않았다. 초라한 방 안에는 책만 가득했고, 거의 잠자지 않고 독서에 몰두했다. 정조는 생명사랑이 지극했는데 하찮은 미물에도 사랑을 깊이 베풀었다. 후원에서 낚시한 물고기는 도로 놓아 주었고, 후원 벌레들도 잡으면 불에 태워 죽이지 않고 바다로 내보내주었다. 한영우(2017), 『정조평전—성군의 길 下』, 지식산업사, 351-354쪽 참조.

10) 『正祖實錄』, 24년 6월 16일, "書不云乎? '惟皇作極.' 建極在上, 協極在下, 極者, 卽屋極北極之謂也. 屋極一建, 而根桌居楔, 各得其所, 北極居其所, 而列宿環拱, 皇極之建, 亦猶是也."

11) 『尙書』, 「周書」, 「洪範」, "凡厥庶民, 無有淫朋, 人無有比德, 惟皇作極."

12) 『弘齋全書』 卷8, 「序引」 1, 「皇極編序」, "此編卽朋黨紛爭之說也. 奚以名皇極也? 惟皇極. 可以破此說故名也. …… 今則其爲黨也, 非君子小人也, 特歧於議耳. 彼亦一是非, 此亦一是非, 彼亦有君子有小人, 此亦有君子有小人, 必破其黨, 然後君子可萃, 而小人可化. …… 蓋今之朋, 淫朋也. 焉有淫朋而不可破者? …… 苟能平以秉心, 公以察理, 罪在己則訟之, 過在人則恕之, 胥訓告敎誨, 靖共厥位, 斯卽皇極之道, 黨於何有?" 『황극편』은 조선 붕당 분쟁의 역사를 공정한 관점에서 상세히 기술한 책으로, 붕당의 혁파와 황극 정립을 위한 목적으로 간행되었다.

13) 『弘齋全書』 卷50, 「策問」 3, 「皇極」, "烏膺朋黨破則國脈不傷, 皇極建則王道其昌."

14) 주자 성리학의 기본 논리가 그러하기에 조선의 사대부들, 특히 서인 계열 사대부들은 『서경(書經)』 「순전(舜典)」편에 근거하여 군주가 현자를 중용해 실효적 정치를 담당케 하는 '위임의 정치'를 신봉했다.

15) 『弘齋全書』 卷169, 「日得錄」 9, 「政事」 4. "予雖否德, 粗覽今古沉潛乎損益之義, 槼栝乎推移之勢, 非樂乎權綱之收攬, 不得不自任以君師之責. 四十年工夫, 惟在明天理正人心. 明之也正之也, 不可不明之也, 不可不正之也. …… 動靜云爲, 如有否者, 雖擧朝容悅, 盈廷贊美, 百歲在後, 千歲在前, 顧焉敢諿? 而言無巨細, 政無大小, 凡有關於明天理正人心, 非予之敎是率安所會極乎?"

16) 『正祖實錄』, 「附錄」, 「正祖大王行狀」, "嘗扁寢殿曰: '蕩蕩平平室.' 書'庭衢八荒'四大字於殿壁, 又著'萬川明月主人翁序,' 有曰: '月一也, 水之類, 萬也, 水者, 世之人也, 月者, 太極也, 太極者, 吾也.'"

17) 『弘齋全書』, 卷10, 「序引」3. '萬川明月主人翁自序', "萬川明月主人翁曰. …… 觀乎水與月之象, 而悟契於太極陰陽五行之理焉. 月一也, 水之類萬也, 以水而 受月, 前川月也, 後川亦月也. 月之數與川同, 川之有萬, 月亦如之. 若其在天之 月, 則固一而已矣. …… 近幸悟契於太極陰陽五行之理, 而又有貫穿於人, 其人 之術. 莛楹備於用, 鳧鶴遂其生, 物各付物, 物來順應. 而於是乎棄其短而取其 長, 揚其善而庇其惡, 宅其臧而殿其否, 進其大而容其小, 尙其志而後其藝, 執其 兩端而用其中焉."

18) 정조는 이전까지는 '홍재(弘齋)'란 호를 주로 사용했는데, 재위 말년인 1798 년(재위 22년) 12월 3일에 처음으로 이 자호를 사용한 이래 해당 자호를 새 긴 인장을 만들어 아예 옥새처럼 사용하였다.

19) 정조의 이런 모습에 착안해 프랑스의 루이 14세와 정조를 비교한 연구도 있 다. 김기봉(2013), 「태양왕과 만천명월주인옹: 루이 14세와 정조」, 역사학회 편, 『정조와 18세기』, 푸른역사, 270-305쪽 참조.

20) 『正祖實錄』, 「附錄續編」, 「遷陵誌文」. 원문이 길어 생략하며, 유봉학(2001), 『정조대왕의 꿈』(신구문화사)에 부록으로 달린 「천릉지문」 한글 번역과 국 사편찬위원회의 조선왕조실록 인터넷판 한글 번역(https://sillok.history.go.kr /id/kva_300002)을 참고하여 인용하였다.

21) 『石齋遺稿』, 「附錄」, 「行狀」.

22) 『尙書』, 「周書」, 「洪範」, "無偏無黨, 王道蕩蕩. 無黨無偏, 王道平平. 無反無 側, 王道正直."

23) 『尙書』, 「周書」, 「洪範」, "皇極, 皇建其有極. [蔡沈註] 皇君, 建立也. 極猶北 極之極, 至極之義, 標準之名, 中立而四方之所取正焉者也."

24) 『正祖實錄』, 즉위년 9월 22일, "噫! 蕩平卽祛偏黨, 無物我之名, …… 自上視 之, 均是一室之人同胞中物. 善則賞之, 罪則罰之, 有何愛憎之別? …… 昔諸葛 亮猶曰: '宮中府中, 俱爲一體.' 況一天之下, 一國之內, 共尊一人, 同事一君者 乎? …… 從今以後, 凡茲事我廷臣, 無曰老論少論, 偕底大道. …… 惟其人是 視, 用賢而捨不肖."

25) 정조가 자신의 권력을 독보적으로 강화하는 재위 후반기에 가면 국면이 달라 지기는 한다. 후기의 정조는 자신을 만천명월주인옹이라 칭하는 등 황극을 비대화하고 진리의 판정자란 인상을 강화함으로써, 신하들의 다양한 의견과 입론을 적극 보장하는 준론탕평의 긍정적 성격을 훼손하는 쪽으로 기울어갔 다. 안효성(2015), 「정조 탕평책의 공공성과 공론정치의 좌표」, 『해석학연구 』 제36집 참조.

26) 최성환(2017), 「조선 후기 정치의 맥락에서 탕평 군주 정조 읽기」, 《역사비

평》편집위원회 엮음, 『정조와 정조 이후』, 역사비평사, 55–57쪽; 최성환 (2020), 『영·정조대 탕평정치와 군신의리』, 신구문화사, 176–178쪽 참조.

27) 『弘齋全書』卷8, 「序引」1, 「皇極編序」, "今則其爲黨也, 非君子小人也, 特歧 於議耳. 彼亦一是非, 此亦一是非, 彼亦有君子有小人, 此亦有君子有小人, 必破 其黨, 然後君子可萃, 而小人可化."

28) 『正祖實錄』, 즉위년 5월 16일, "若只書蕩平二字, 不無混淪之嫌. 至於忠逆之 分, 不可不明言, 此直彼枉, 彼客此主之別矣.……蕩平不害於義理, 義理不害於 蕩平, 然後方可謂蕩蕩平平之大義理. 今予所言, 卽義理之蕩平, 非混淪之蕩平 也."

29) 『弘齋全書』, 卷10, 「序引」3, 「萬川明月主人翁自序」, "茝楶備於用, 鳧鶴遂其 生, 物各付物, 物來順應. 而於是乎棄其短而取其長, 揚其善而庇其惡, 宅其臧而 殿其否, 進其大而容其小, 尙其志而後其藝, 執其兩端而用其中焉."

30) 안효성·김원명(2015), 「화쟁과 탕평은 어떻게 상대주의를 넘어서는가?—일 심과 황극을 중심으로」, 『철학논총』제81집 제3권, 134쪽 참조.

31) 「홍범」에서 거론한 홍범구주(洪範九疇) 중 제7주 '계의(稽疑)'는, 국가적 차 원의 주요 정책을 결정할 때는 군주, 경사(卿士), 서인(庶人), 거북점[卜], 시 초점[筮]의 다섯 결정체가 의견을 하나로 하는 방향을 따르라고 권고한다. 그리고 이 다섯 가지 결정체의 의견이 한 데 모아인 상태를 '대동'이라 부르 고 있다. 이때의 '대동'은 국론이 분열되지 않은 '대화동(大和同)'의 경지를 의 미하는 개념이다. '대동단결'이라고 말할 때의 대동 개념에 더 가깝다고 할 수 있다. 『尙書』, 「周書」, 「洪範」, "女則從, 龜從, 筮從, 卿士從, 庶民從, 是之 謂大同, 而身其康疆, 而子孫其逢吉."

32) 『禮記』, 「禮運」, "大道之行也, 天下爲公. 選賢與能, 講信脩睦, 故人不獨親其 親, 不獨子其子, 使老有所終, 壯有所用, 幼有所長, 矜寡孤獨廢疾者, 皆有所養. 男有分, 女有歸. 貨惡其棄於地也, 不必藏於己; 力惡其不出於身也, 不必爲己. 是故謀閉而不興, 盜竊亂賊而不作, 故外戶而不閉, 是謂大同."

33) 『正祖實錄』, 4년 10월 21일, "不罹于辜者, 必欲固存, 而裁培之, 無有彼我, 無 有甲乙, 咸導大同之域焉. 此予寡人所以體先王平蕩之化, 述先王陶甄之功也 .……在今之時, 爲今之計, 政宜勿忘勿助, 不激不隨, 以彌綸我朝著, 保合我世 臣, 爲一副當規度. 又從而尤者拔之, 過者矯之, 用舍有方, 擧措得宜, 則寅協之 效, 可指日而期矣."

34) 정조의 다음과 같은 훈어(訓語)에서 우리는 정조가 추구한 준론-의리탕평의 정수와 대동의 묘리가 무엇인지를 확인할 수 있다. "사물이 똑같지 않은 것 이 사물의 본질이니, 억지로 이를 같게 해서는 안 된다. 여러 신하들이 일을 논의하면서 왈가왈부하는 것은 바로 맑은 조정의 아름다운 일이니, 만약 어 떤 한 사람이 주창하고 모든 사람들이 부화(附和)하여 고분고분 이견이 없다 면, 꼭 이것이 진정한 대동(大同)의 의논은 아닐 것이다." 『弘齋全書』, 卷177,

「日得錄」17, 「訓語」4, "物之不齊, 物之情也, 不可強而同之. 諸臣論事之日可日否, 乃是淸朝美事, 如或一人唱之, 萬口和附, 純然無異辭. 未必是眞正大同之論."

35) 『弘齋全書』, 卷12, 「序引」5, 「大同引」, "大同者, 箕範七稽疑之純同者也. 其事也允合乎天理人情, 上而后王卿士, 下而匹庶婦孺, 物之神草之靈, 有從無逆. 日月所照, 霜露所墜, 莫不會極歸極, 其效也自一身而及萬子孫, 康彊逢吉, 與同太平."

36) 초계문신은 10차례에 걸쳐 선발되었고 그 수는 총 138명이었다. 그중엔 노론이 가장 많은 수를 차지하였지만, 소론은 물론 남인과 북인도 상당수 포함돼 있었다. 그들 중에는 정약용(丁若鏞)이나 서유구(徐有榘)와 같은 훗날 실학자로 성장하는 인물들도 있다.

37) 객관적으로 보자면, 규장각 출범 원년에 채제공(蔡濟恭)이 제학직에 임명된 경우가 유일한 남인 각신 사례였고, 그 외 김종수(金鍾秀)와 심환지(沈煥之)를 제외하면 정조의 노선을 따르는 시파(時派) 성향의 노론과 소론 경화사족이 주로 각신으로 임명되기는 하였다. 김성윤(1997), 『조선후기 탕평정치 연구』, 지식산업사, 196쪽 참조.

38) 한영우(2017), 『정조평전─성군의 길 下』, 지식산업사, 355쪽 참조.

39) 같은 책, 354─355쪽 참고; 김문식(2007), 『정조의 제왕학』, 태학사, 263─269쪽 참조.

40) 한상권(2011), 「정조의 군주론과 왕정」, 김인걸 외, 『정조와 정조시대』, 서울대학교출판문화원, 152─156쪽 참조.

41) 안효성(2016), 「정조 탕평론의 정치철학적 의미」, 한국외국어대학교 철학과 박사학위논문, 143─149쪽 참조.

42) 그리스도교 철학연구소 편(1991), 『현대 사회와 평화』, 서광사, 198쪽 참조.

43) Johan Galtung(1969), "Violence, Peace, and Peace Research", *Journal of Peace Research*, Vol.6, No.3, pp.167─191 참조.

44) 정조는 세손 시절부터 쓰기 시작한 일기인 방대한 분량의 『일성록(日省錄)』을 남겼는데, 세계 역사상 군주가 체계적으로 일기를 쓴 최초의 선례다.

III. 단재 신채호, 한 역사적 인간의 자기인식과 셀프리더십

1) 단재의 역사관 형성과 민족주의 역사학 체계수립에 가장 많은 영향을 준 것은 한편으로 조선 후기 실학파 특히 성호 이익(星湖 李瀷, 1681─1763)과 순암 안정복(順菴 安鼎福, 1712─1791) 같은 남인 계열 학자들의 역사의식 및

문헌실증주의 학문방법론이며, 다른 한편 당대에 중국인으로서 가장 선구적으로 서양학문방법론을 익히고 활용했던 양계초(梁啓超, 1873－1929)의 저술(『중국역사연구법』(1922) 등)로 알려져 있다. 이와 관련해서는 다음을 참고. 이홍기(2013), pp.156－166.

다른 한편, 단재의 학술연구와 집필 주제는 표면상 우리 민족의 계몽과 역사연구에 집중되어 있으나, 그는 동시대에 접할 수 있었던 서구의 다양한 사상을 두루 섭렵하여 자기화했으며 서양의 역사에도 통달한 것으로 알려져 있다. 단재가 『조선상고사 총론』이나 『조선혁명선언』 같은 주요 저술에서 직접 언급하거나 인용한 서양사상가로는 예컨대 루소, 칸트, 볼테르, 다윈, 스펜서, 크로포트킨, 마르크스, 바쿠닌 등을 들 수 있다. 이와 관련해서는 다음을 참고. 김병민(2014), p.29 ff. 또한 단재는 신문논설과 잡지 기고 등 다양한 집필 기회를 통해서 서양의 역사에서 구한말 상황과 유사한 어려움을 겪었던 민족이나 국가(예컨대 이탈리아, 스위스, 폴란드 등)의 국난극복사례를 집중적으로 소개하기도 하였다. 따라서 단재의 사상을 논할 때 그가 접하고 주체적으로 해석했던 서양학문이나 서양역사와의 영향관계를 고려하는 것은 대단히 중요하다고 말할 수 있다.

2) 대전에서 출생하고 성장한 단재는 조부와 함께 청소년기를 보낸 현재의 충북 청원군 지역에서 신규식(申圭植, 1880－1922), 신백우(申伯雨, 1889－1962)와 함께 이른바 '산동삼재'(山東三才)로 불렸다. 또한 수년간 이어진 청년기 서울 활동 중에는 홍명희(洪命熹, 1888－1968), 정인보(鄭寅普, 1893－1950)와 함께 '천하삼재'(天下三才)로 불렸는데, 그중에서도 단재가 으뜸이었다고 전한다. 이홍기(2013), p.29.

3) 리더십 차원에서 단재의 사상과 실천을 조명한 선행연구로는 예컨대 다음을 들 수 있다. 정윤재(2002), pp.113－135; 박병철(2016), pp.9－34. 그런데 이러한 선행연구들 역시 기존의 단재 관련 논문들과 유사하게 그의 생애와 활동을 시대순으로 서술하는 방식을 취하고 있기에 아쉬움이 남는다.

4) 단재의 사상과 실천이 단지 우리 민족에게만 자극을 주고 영향을 끼친 것이 아니라는 점은, 일제 패망 직후부터 한국과 중국의 무수한 명사와 지식인들이 단재의 뜻을 잇고자 다양한 차원의 선양사업을 추진한 사실을 통해서도 분명히 드러난다. 예컨대 1945년 중국 상해에서 설립되고 운영된 '신채호학사'(申采浩學社)를 들 수 있다. cf. 김병민(2014), p.53 f.

5) 본래 스코틀랜드 출신인 맥킨타이어는 인간 존재의 역사성과 공동체적 성격을 강조한 현대의 대표적인 학자로서 현재 미국에서 활동하고 있다. 주지하듯이 '서사적 자아'나 '서사적 통일성'(narrative unity) 같은 표현은 그가 고안한 개념들이다. 이 주제와 연관된 국내 번역서로는 다음을 참고. A. 매킨타이어(2021). 또한 서사적 자아에 관한 다음의 연구 참고. 방진하(2014), pp.71－99; 원신애(2010), pp.291－317; 장사형(2020), pp.57－77.

6) 이러한 특징으로 인해 근대 계몽주의의 자장(磁場) 속에서 형성된 자아관은 흔히 주객 분리의 인식론적 구조를 가지고 있는 것으로 평가된다.

7) 이러한 자아 관념이 등장하는 서구지성사 초기의 대표적인 저술로는 호메로스의 『오디세이아』를 들 수 있을 것이다.

8) 신채호(2021), p.24 f.

9) "무릇 선천적 실질로부터 말하면 아가 생긴 뒤에 비아가 생긴 것이지만, 후천적 형식으로 말하면 비아가 있은 뒤에 아가 있나니, (...)" 같은 책.

10) 단재가 구상한 아와 비아의 특성 및 관계에 대한 요약적 설명은 최근에 제시된 정대성의 단재 해석입장을 수용하여, 근대 독일관념론의 출발점을 형성하는 피히테(Johann Gottlieb Fichte, 1762–1814)의 의식철학의 기본구도와의 비교를 통해 제시한 것이다. 정대성(2020), pp.97–123, 특히 114 ff. 또한 다음의 피히테 저술과 연구물을 참고. J.G. 피히테(1996); J.G. 피히테(2005); 신일철(1983); K. Gloy(2000), pp.103–124.

11) 민족주의는 매우 다의적인 개념이며, 따라서 다양한 방식으로 사용될 수 있다. 그렇다면 단재는 어떤 의미에서 민족주의라는 용어를 사용했을까? 그의 표현에 따르면, "타 민족의 간섭을 받아들이지 않는 주의"이며, "우리나라는 우리 민족이 주장"할 수 있는 태도에 다름 아니다. 따라서 단재의 입장에서는 당시 일본 등 제국주의가 내세웠던 강자의 세력 확장 정당화 논리에 결연히 반대한다. 역으로 단재의 민족주의 사상은 자강(自彊)을 통해 그러한 약육강식 논리와 제국의 침략주의를 극복하자는 것이다. 동시대의 사상 중에서는 '세계 각 민족은 스스로 정치적 운명을 결정할 권리가 있으며 다른 민족의 간섭을 받을 수 없다'고 천명한 윌슨(Woodrow Wilson, 1856–1924, 미국 28대 대통령)의 '민족자결주의'와 비교 가능할 것이다.

12) "말하자면, 조선민족 ―즉, 「아(我)」―이 출현한 뒤에야 조선민족과 상대되는 묘족(苗族)·한족(漢族) 등 ― 즉, 「비아(非我)」―이 있게 되는 것이니, 이는 선천적인 것에 속한 것이다. 그러나 만일 묘족(苗族)·한족(漢族) 등 「비아(非我)」인 상대자가 없었다면 조선이 한 국명(國名)을 세우거나 삼경(三京)을 만들거나 오군(五軍)을 두거나 하는 등 「아(我)」의 작용도 생기지 못할 것이니, 이는 후천적인 것에 속한 것이다." 신채호(2021), p.27.

13) 단재의 아와 비아 개념을 개인적 차원의 행위주체가 아닌 민족과 국가라는 집합적 차원에만 적용하고 해석해야 한다는 입장이 존재한다. 예컨대 신정근은 아를 "개별적 행위 주체가 아니라, 국가의 집단 생존을 꾀하기 위해 참여하는 일군의 사람을 가리키는 집합명사" 내지 "상황과 개인의 의사에 따라 양적 증감과 질적 응축이 생겨날 수 있는 사회학의 세력"으로 해석해야 한다고 주장하였다. 신정근(2011), p.84. 그러나 이 글에서는 단재가 제시한 다양한 담론 맥락에 따라 아와 비아 개념이 개별적인 인간 존재와 개인들로 구성된 집단에 모두 적용될 수 있다는 전제 하에 논의를 진행할 것이다.

14) 셀프리더십에 관한 일반적인 설명은 다음을 참고. 이상호(2015), pp.403 – 429.

15) 단재가 정체성 확립과 공유비전 실현 과정에서 겪었던 사상적 변화는 한두 마디로 표현하기 어려울 정도로 다양하고 지속적이었으며, 이에 대한 해석 역시 오늘날까지 분분한 실정이다. 단재 사상의 변천에 관한 해석입장으로는 전환설(시대와 상황에 따라 입장과 사상 변화: 이변설, 삼변설, 사변설), 중핵설(외연은 확대되나 중심사상은 지속), 절충설(사상적 변화에도 불구하고 변치 않는 중심사상 존재) 등을 들 수 있다. 어쨌든 단재가 사상적으로 조우하고 한때 마음의 중심에 놓았던 이론이나 사상으로는 조선 성리학, 개신유학, 사회진화론, 민족주의, 아나키즘 등을 들 수 있다. cf. 신정근(2011), p.62 ff.

16) 신기선(申箕善, 1851 – 1909)은 구한말의 유학자이자 여러 관직을 거친 관료였다. 이후 단재는 신기선과의 과거 사적인 관계(학업 후원과 성균관 추천 등)에 연연하지 않고, 그가 이토 히로부미로부터 자금을 지원받아 유림계(儒林界)의 친일화를 목표로 1907년 설립된 대동학회(大東學會)의 활동에 적극 참여했다는 이유로 강력히 비판하는 논설을 대한매일신보에 게재(1908.4.8) 하였다. 이를 통해서도 단재가 이미 청년 시절부터 공과 사를 명확히 구분하는 기개를 지니고 있었음을 확인할 수 있다.

17) 이 점을 단적으로 보여주는 예로는 단재가 성균관 박사로 임명된 바로 다음 날 직을 사임했다는 사실을 들 수 있다. 이러한 해석에 반해 단재와 전통 유학 간의 영향관계를 긍정적으로 논한 글로는 다음을 참고. 박정심(2004), pp.405 – 436; 송인창(2010), pp.283 – 306.

18) 현대 미국 실용주의(pragmatism)의 핵심 이론가 중 한 사람인 듀이(John Dewey, 1859 – 1952)는 "사상은 식탁의 포크와 같다"는 표현을 통해 사상의 독자적 가치를 강조하는 전통적 사고방식을 거부하고, 사상의 도구적 성격을 주장한 바 있다. 또한 제임스(William James, 1842 – 1910)는 특정한 이론이나 사상은 그것이 구체적인 결과를 야기할 경우에만 가치를 지닌다는 의미에서, 진리는 "현금가치(cash – value)"라고 주장하였다. 세상을 제대로 이해하고 현실의 문제를 적극적으로 해결하는 과정에서 일생 동안 여러 차례 사상 개조를 단행했던 단재의 가치관도 이와 유사한 면을 지닌 것으로 볼 수 있다.

19) 단재의 사회진화론 수용은 대다수 구한말 지식인들과 유사하게, 강유위(康有爲, 1858 – 1927), 양계초 등 청나라의 개혁적 지식인들이 서구문물을 소개한 저작들을 탐독함으로써 이루어졌다. 특히 단재는 양계초의『이태리건국삼걸전』(1902)을 번역하여 국내에 소개하였으며(1907), 이 작품에 영향을 받아 한반도 오천 년 역사 속의 구국영웅들을 발굴하고 일대기를 집필하는 작업에 한동안 몰두하였다.

20) 단재는 당시 일제의 국권침탈 기도에 맞서기 위해, 사회진화론의 영향을 받아 교육·문화·경제 분야 등 각 방면에서 불길처럼 일어나던 각종 '자강운동'(自彊運動)에 적극적으로 참여하였다. 단재가 경술국치 직전 중국으로 망

명하기 전에 국내에서 참여하고 활동했던 대표적인 애국계몽 조직 몇 가지를 언급하면, 신민회(1907-1911), 대한자강회(1906-1907), 대한협회(1907-1910), 기호흥학회(1908-1910) 등을 들 수 있다.

21) 이와 관련해서는 다음을 참고. 이호룡(2013), p.20 ff.

22) 신정근(2011), p.74.

23) 단재는 실제 역사의 흐름을 볼 때 시시비비를 가려야 한다는 도덕적 주장은 사실상 이해관계를 최우선으로 추구하면서도 이를 감추기 위해 사용된 포장과 장식에 불과하다며, 유독 우리 민족은 이 사실을 정확히 파악하고 대처하는 데 어두웠다고 비판하였다. "시비는 이해의 별명(別名)이다."(『利害』, 하: 145) 또한 단재는 천당과 지옥의 구분조차도 우승열패 내지 약육강식의 산물일 뿐이라고 진단하였다. "육계나 영계나 모두 승리자(勝利者)의 판이니 천당(天堂)이란 것은 오직 주먹 큰 자가 차지하는 집이요, 주먹이 약(弱)하면 지옥(地獄)으로 쫓기어 가리라."(『꿈하늘』, 하: pp.182-183)

24) 주지하듯이 단재는 『조선혁명선언』(1923) 등에서 민족의 생존과 독립을 위해서라면 폭력적인 수단을 동원해서라도 "강도 일본"(強盜 日本)을 물리쳐야 한다고 주장하였다. cf. 신채호(2020), pp.15-37.

25) 단재에게 있어서 대아와 소아의 구분은, 전근대 유교 전통 속에서 등장하는 이른바 '대인'(大人), '대체'(大體), '도심'(道心)과 '소인'(小人), '소체'(小體), '인심'(人心) 간의 구분을 연상시킨다. 유소년 시절 철저하게 유학교육을 받았던 단재는 한편으로 정신적으로 자립하는 청년 시기부터 중화 사대주의의 토대이자 변화하는 현실에 제대로 대응할 기반이 없는 성리학을 강하게 비판하면서도, 다른 한편 자신의 고유한 사상을 전개하는 과정에서 전통 유학의 개념들을 자주적으로 활용하는 모습을 보였다.

26) cf. 정윤재(2002), p.120 ff.

27) 이에 단재는 "무슨 주의(主義)가 들어와도 조선의 주의가 되지 않고 주의의 조선이 되려 한다. 그리하여 도덕과 주의를 위하는 조선은 있고 조선을 위하는 도덕과 주의는 없다. (...) 우리나라에 부처가 들어오면 한국의 부처가 되지 못하고 부처의 한국이 된다. 우리나라에 공자가 들어오면 한국을 위한 공자가 되지 못하고 공자를 위한 한국이 된다. 우리나라에 기독교가 들어오면 한국을 위한 예수가 아니고 예수를 위한 한국이 되니, 이것이 어쩐 일이냐! 이것도 정신이라면 정신인데, 이것은 바로 노예정신"이라고 질타하였다. 『낭객(浪客)의 신년 만필(新年漫筆)』(1925)

28) 단재가 우리 역사 속의 성공한 무장들만을 '영웅'으로 간주하고 내세운 것은 물론 아니다. 단재에 따르면 영웅이란 정치·경제·사회·문화·예술 등 사회의 다양한 영역에서 뛰어난 능력을 바탕으로 탁월한 업적을 쌓은 후, 개인의 능력을 개인적 이해관계나 당파에 함몰되지 않고 국가와 민족 전체의 이익을 위해 공정하게 사용할 줄 아는 인물이다. 다만 단재는 당시 약육강식과 우승

열패를 당연시하는 세계의 정치 환경과 일본제국주의자들의 강권침탈 야욕에 맞서기 위해서는 무엇보다 강한 국력과 국민 전체의 상무적 정신자세 확립이 필요하다는 판단하에 역사 속의 구국영웅들을 동시대로 소환했던 것이다. cf. 신채호, 『영웅과 세계』(1908.1)

29) 이와 관련해서는 다음을 참고. 박찬승(2010), pp.71 – 102; 최형욱(2020), pp.93 – 116.

30) 단재신채호전집간행위원회 편,『(개정판) 단재신채호전집』, 상권, p.228.

31) 단재는 '아나키즘'에 심취한 인생 후반기에 '민중 직접 혁명'의 기치 아래 일본 제국주의자들에 대한 폭력적 투쟁을 전개해야 한다고 강력히 주장하였다. 그러나 이것은 '아'(조선민족)의 존엄과 가치를 전적으로 부정하는 최악의 '비아'(강도 일본)를 극복하고 생존을 도모하기 위해 선택한 예외적·극단적 처방이었다.

32) 또한 이러한 태도는 단재가 애국계몽운동 초기에 몰두했던 사회진화론의 이론적 배경인 진화생물학의 '공진화'(共進化) 개념을 통해서도 설명해 볼 수 있을 것이다. 앞에서 언급했듯이 단재가 국권상실의 위기를 극복을 위해 헌신하기로 마음먹은 이후 가장 먼저 관심을 기울였던 서구사상은 사회진화론이며, 이것은 다윈 진화생물학의 핵심내용을 인간과 사회에 적용하려는 시도이다. 그런데 다윈 진화론에는 한 가지 주목할 만한 개념이 등장하는데, 그것은 흔히 '공진화'로 일컬어지는 현상이다. 즉, 공진화란 진화생물학에서 상호 연관된 생물집단이 경쟁이나 협력 과정에서 함께 진화하는 현상을 말한다. 예컨대 아프리카의 사자와 얼룩말은 포식자와 피식자 관계로 상호 연결되어 있는데, 양자는 상대방을 잡아먹거나 도망가야만 하는 운명 속에서 생존을 위한 도구이자 신체기관인 발톱과 뒷다리가 각각 동시에 진화하게 된다는 것이다. 또한 꿀벌과 꽃처럼 상호 우호적인 협력관계에서 공진화가 이루어지는 경우도 찾아볼 수 있다. 공진화는 인간 사회에서 발생하는 다양한 현상에도 적용이 가능하다. 20세기 중후반 냉전 기간 동안 소련과 미국이 군비경쟁을 벌이는 과정에서 과학기술을 획기적으로 발전시킨 사례에서 볼 수 있듯이, 인간 사회에서도 적대적인 경쟁관계에서 공진화가 이루어지는 경우를 찾아볼 수 있다.

IV. 불교의 자기인식에 기반한 걸림없음[無碍]의 리더십
    – 용성진종(龍城震鐘)의 자기인식과 실천을 중심으로

1) 『표준국어대사전』, 국립국어원, 20240721 네이버 검색.

2) 불교철학에서 핵심적으로 주목해야 하는 개념으로 불이(不二)를 제시하는 우

리 철학자로 이찬훈을 꼽을 수 있다. 이찬훈(2024), 『불이문을 넘어 붓다의 세계로』, 산지니. 이 책에 관한 서평으로 박병기(2024), 「불이의 철학과 더 나은 세계: 이찬훈의 <불이문을 넘어 붓다의 세계로> 서평」, 『불교평론』 98호(여름호)를 참고할 수 있다.

3) 한자경(2014), 「불교 연기론에 담긴 '표층 – 심층 존재론' 해명」, 김상환·박영선 엮음, 『분류와 합류: 새로운 지식과 방법의 모색』, 이학사, 143쪽.

4) 공과 연기의 상호연계에 관한 보다 상세한 논의는 고려대장경연구소 편(1999), 『공과 연기의 현대적 조명』 고려대장경연구소를 참조할 수 있다.

5) 매튜 J. 무어(2021), 『불교, 정치를 말하다』, 박병기·이철훈 옮김, 씨아이알, 15 – 16쪽.

6) 정체성 정치의 위험성을 '이슬람'이라는 개념으로 여러 관련 현상을 묶어 바라보고자 하는 서구적 관점의 문제점과 한계를 중심으로 제시하고 있는 책으로 아민 알루프(2006), 『사람 잡는 정체성』, 박창호 옮김, 이론과 실천을 참고할 수 있다. 저자는 이 책에서 한 사람의 정체성 전체를 하나의 소속에만 환원시켜 버리는 경향의 위험성에 대해 경고하고 있다.

7) Jay L. Garfield(2022), *Losing Ourselves: Learning to live without a self,* Princeton & Oxford: Princeton University Press, p.43 참조.

8) 'samudayadhammaṃ sabban taṃ nirodhadhamman ti.', 백도수 옮김(2024), 활성 해설· 감수, 『초전법륜경』, 고요한소리, 89쪽, 164쪽.

9) 장덕진 외(2015), 『압축성장의 고고학: 사회조사로 본 한국사회의 변화 1965 – 2015』, 한울 참조.

10) 막스 베버, 「직업으로서 정치」, 양성철(2017), 『학문과 정치: 막스 베버와 21세기 전자인간시대』, 고려대학교 출판문화원, 555쪽.

11) 관련 논의로 박병기(2023), 「교사로서 남명의 권위와 인성교육」, 『남명학보』 23호, 남명학회를 참조할 수 있다.

12) 안토니오 그람시(1999), 『그람시의 옥중수고 2』, 이상훈 옮김, 거름, 25쪽.

13) 대한민국 임시헌장 1조는 '대한민국은 민주공화제로 한다.'이다. 네이버 지식백과 '대한민국 임시헌장', 20240913 검색.

14) 안토니오 그람시, 앞의 책, 25쪽 참조.

15) 위의 책, 같은 쪽.

16) 동산 찬집(1999), 동봉 풀이, 『평상심이 도라 이르지 말라』, 불광출판부, 465 – 466쪽, '만일참선결사 창립기' 중 일부이다.

17) 용성의 출가와 수행 이력은 김택근(2019), 도문 감수, 『용성평전』, 모과나무, 3장 '이놈이 무엇이 되려는가', 4장 '고기잡이 배는 어디로 갔는가'에 문학적 감수성이 더해진 형태로 잘 묘사되어 있다. 또한 진관(2023), 『용성사상 연구』, 운주사, 2장 2절 '용성의 출가수행과 불교사상'에서도 같은 내용을 확인

할 수 있다.

18) 김택근(2019), 위의 책, 120−127쪽 참조.

19) 용성(1997), 『각해일륜: 깨달음의 빛은 온누리에』, 세계불교성지보존회, 164쪽.

20) 김택근(2019), 앞의 책, 178−185쪽 참조.

21) 남명의 시 '경온스님과 작별하면서(別敬溫師)'에서도 그런 교류의 흔적을 찾아볼 수 있다. "스님은 구름과 함께 산속으로 들어가고/ 나그네는 티끌세상 향해 돌아간다네/ 그대 보내면서 산마저도 이별했으니/ 서쪽으로 지는 산에 걸린 해 어찌하랴", 僧同雲入嶺 客向塵歸兮 送爾兼山別 奈如山日西, 조식(2001), 『남명집』, 경상대 남명학연구소 옮김, 한길사, 54쪽.

22) 동산 찬집, 동봉 풀이, 앞의 책, 466−467쪽.

23) 안토니와 그람시, 앞의 책, 14쪽.

24) 동산 찬집, 동봉 불이, 앞의 책, 473쪽. 조선총독부에 보내는 두 번째 건백서의 일부이다. 당시 조선불교가 일제의 대처육식 허용과 사찰장악 정책으로 본분을 잃고 있었고, 용성은 그 정책을 철회해 달라고 요청하는 건백서를 두 차례에 걸쳐 보냈다. 내용은 크게 차이가 없고, 첫 번째 건백서도 재가신도와 구분되는 승가의 계율은 꼭 지켜야만 하는 것이기 때문에 승려의 대처육식을 허용하는 정책은 철회되어야 한다는 요청에 초점을 맞추고 있다. 같은 책, 469−471쪽 참조.

25) 동산 찬집, 동봉 풀이, 앞의 책, 364−366쪽.

26) 유기적 지식인으로서 용성의 실천행 중에서 더 주목받을 만한 부분은 독립선언서에 서명을 한 후에 일본총독부에 의해 투옥되어 1919년 10월부터 1921년 5월 5일까지 2년 2개월 동안 수감생활을 한 것이었다. 투옥생활을 끝낸 후에도 그는 대한민국 임시정부에 지속적으로 독립자금을 보냈고, 또한 출옥한 해인 1921년 11월에 비구승들이 청정승가를 되살리기 위해 설립한 '조선불교 선학원' 발기인 명단에 첫 번째로 이름을 올리기도 했다. 김택근(2019), 앞의 책, 304, 322쪽 참조. 그 외에 주목할 만한 사업은 역경사업으로 1927년 '삼장역회'가 총북부로부터 정식 출판허가를 받은 후에는 한글경전의 보급과 판매를 위해 광고도 했다. 한보광(2006), 「백용성스님의 삼장역회 설립과 허가취득」, 『대각사상』 9집, 대각사상연구원, 63쪽 참조.

V. 소크라테스의 변론에서의 설득의 원리와 파레시아의 리더십

1) Plato, *Apologia*, 34a; 38b.

2) Plato, *Phaedon*, 59b. Πλάτων δὲ οἶμαι ἠσθένει.

3) Aristotle, *Rhetorike*, 1.2.1356a1−3.

4) Aristotle, *Rhetorike*, 1.2.1356a4−5. 여기서 '훌륭한 사람들'로 번역한 epi−eikesi를 그리말디는 reasonable 또는 fair로 번역한다. cf. Grimaldi, W.M.A. (1980), *Aristotle, Rhetoric I. A Commentary*, Fordham University Press, p.41. 그러나 『니코마코스 윤리학』 제5권에서 법과 정의의 원칙과 관련하여 epieikeia는 공정 또는 형평으로 번역된다. 그러나 전헌상은 epieikes한 사람은 한 시민이 다른 사람에 대해 가질 만한 태도와 관련된 덕과 연관된다고 하고, 김헌은 epieikeia가 시의적 적합성, 합리적 유연성, 관대한 배려심 등을 가진다고 한다. 따라서 우리 말로 번역할 때 맥락에 따라 각기 다른 번역어가 선택되고 있다. epikeias에 대한 의미에 대한 논의는 다음의 논문들을 참조하시오. 전헌상(2018), 「syngnome와 epieikeia: 아리스토텔레스 윤리학에서의 용서의 기초」, 『철학논집』 54집, 64−71쪽; 김헌(2017), 「이소크라테스의 에피에이케이아」, 『수사학』 29집, 32−35쪽.

5) Aristotle, *Rhetorike*, 2.1378a6−9

6) 아리스토텔레스는 『니코마코스 윤리학』에서 성품의 덕을 논할 때 단순히 '덕'이라고만 표현했다.

7) 플라톤의 『변론』에서 소크라테스의 연설은 크게 세 가지 부분으로 구분된다. 첫째, '편견'의 반박이고, 둘째, 실제 고발문의 반박이며, 셋째, 철학적 삶의 옹호이다. cf. Volpe, M.(1977), "Practical Platonic Rhetoric: A study of the argumentation of the apology", *Southern Speech Communication Journal*, 42(2), p.148.

8) 장영란(2012), 『소크라테스를 알라』, 살림, 25−27쪽.

9) Plato, *Apologia*, 17b1. ὡς δεινοῦ ὄντος λέγειν.

10) Plato, *Apologia*, 17b4−5.

11) Thomas C. Brickhouse and Nicholas D. Smith (1986), "Socrates' First Remarks to the Jury in Plato's 'Apology of Socrates'", *The Classical Journal*, 81(4), pp.294−295.

12) Plato, *Apologia,* 17b6−8.

13) Plato, *Apologia*, 17a−d.

14) 장영란(2012), 『소크라테스를 알라』, 27−28쪽.

15) Plato, *Apologia*, 18c.

16) Bacon, Francis(2000), *The New Organon*, ed. Lisa Jardine & Michael Silverthorne, Cambridge University Press, p.41.

17) Plato, *Apologia*, 21d.

18) Plato, *Apologia*, 20d.

19) cf. King, C. S.(2008), "Wisdom, Moderation, and Eenchus in Patoto's

Apology", *Metaphilosophy*, 39(3), p.357. King은 Brickhouse와 Smith가 두 종류의 지혜를 언급하면서 특히 인간적 지혜에 대해 가치가 없다고 주장하는 것에 대해 비판한다. 소크라테스의 인간적 지혜는 근본적으로 자기 자신뿐만 아니라 다른 사람의 영혼을 돌보는 데 중요한 역할을 하기 때문이다.

20) Plato, *Apologia*, 20e.

21) 크리스토퍼 킹은 소크라테스가 말하는 소피아를 지식epistteme이 아니라 절제sophrosyne와 연관하여 설명하고자 한다. 특히 소크라테스의 무지의 지는 논박elenchos을 통해 발견된다는 점에 주목하며 인식론적 절제를 실천했다고 한다. cf. King, C. S.(2008), *Ibid.*, p.361.

22) Plato, *Apologia*, 17a.

23) Plato, *Apologia*, 17b.

24) Plato, *Apologia*, 17b‒c.

25) Plato, *Apologia*, 17c‒d. 소크라테스는 이번까지 총 5번에 걸쳐 청중들에게 자신의 말 때문에 소란thorubos을 벌이지 말아 달라고 부탁한다. 당시 법정에서 청중들의 고함과 소란이 빈번하게 일어났던 것으로 보인다. 송대현에 따르면, 청중들의 "이런 행위는 법정과 집회장에서 자신의 의사를 자유롭게 표현하고, 그럼으로써 동일한 입장을 지닌 사람들을 결집시키거나 반대입장을 가진 연설자를 방해하기 위해 사용되었고, 청자들의 의견과 반응을 전달하는 매체의 역할을 수행했다." 송대현(2021), 「플라톤의 소크라테스의 변론에서 mê thorubein의 사용」, 『수사학』 41권, 56‒57쪽 참조하시오.

26) 장영란(2011), "철학상담과 철학적 대화법", 『현대유럽철학연구』 25권, 221쪽. 논박술과 수치심에 관한 내용은 다음 논문을 참조하시오. 김유석(2009), 「플라톤의 초기 대화편에 나타난 소크라테스의 엘렝코스」, 『서양고전학연구』 35집; 박규철(2003), 「고르기아스에서 논박의 윤리적 의미와 수사학의 한계」, 『서양고전학연구』 20집.

27) Plato, *Apologia*, 18a.

28) *Ibid.*, δικαστοῦ μὲν γὰρ αὕτη ἀρετή, ῥήτορος δὲ τἀληθῆ λέγειν.

29) 사실 아리스토텔레스도 지적했듯이, 법정연설의 가장 중요한 설득 요소는 "어떤 것을 증명하거나, 또는 어떤 것을 증명하는 것처럼 보이는 로고스"이다. 아리스토텔레스가 설득의 요소들 가운데 에토스의 영향력이 강력하다고 했지만 법정 연설은 무엇보다도 로고스에 의해 '논증'해 내는 것이 중요하다고 생각했다. Aristotle, *Rhetorike*, 1356a4‒5.

30) Plato, *Apologia*, 19a.

31) Plato, *Apologia*, 20e.

32) Plato, *Apologia*, 24c‒28a.

33) Plato, *Apologia*, 28a‒b.

34) Plato, *Apologia*, 30a-b.

35) Plato, *Apologia*, 36a.

36) 장영란(2012), 『소크라테스를 알라』, 50쪽.

37) Plato, *Apologia*, 36d-e.

38) 일반적으로 1차 판결에서는 배심원 500명 중 유죄 280명, 무죄 220명으로 유죄 판결이 난 것으로 알려져 있다. 그럼에도 소크라테스는 더 많은 표차가 있으리라 생각했는데 예상보다 적다고 말한다. 2차 판결은 짧은 답변 이후에 나오는데 사형쪽이 360명이 나와 1차 판결 이후 80표나 이탈한 것으로 보인다. 1차 판결에서 있었던 소크라테스의 말 때문에 표 이탈이 크게 나온 것으로 보인다.

39) 소크라테스는 자신이 논쟁에서 실패했다고 믿지 않았다. 오히려 그는 배심원단이 원하고 아마도 기대했던 대로 행동하지 않음으로써 자신을 변론하는 데 실패했다고 믿는다. King, C. S.(2008), "Wisdom, Moderation, and Eenchus in Plato's Apology", *Metaphilosophy*, 39(3), p.356.

40) Plato, *Apologia*, 38d-e.

41) 장영란(2012), 『소크라테스를 알라』, 50쪽.

42) 푸코는 파레시아의 특징을 총 다섯 가지로 설명한다. 첫째, '솔직하게 말하는 것'이다. 둘째, '진실되게 말하는 것'이다. 셋째, '위험을 감수하는 것'이다. 넷째, '비판하는 것'이다. 다섯째, '의무'이다. 미셸 푸코(2018), 「1983년 10월 24일 첫 번째 강의」, 『담론과 진실』, 오트르망 옮김, 동녘, 92-101쪽 참조. 이와 관련해서는 다른 논문에서 자세히 분석했다. 장영란(2014), 「플라톤의 『변론』 속의 파레시아와 진정성의 리더십」

43) 장영란(2024), 「플라톤의 『변론』 속의 설득의 원리로서의 에토스와 고발문 분석」, 『현대유럽철학연구』 75집, 277-287쪽.

44) Plato, *Apologia*, 30d.

45) Plato, *Apologia*, 29d-30b.

46) Foucault, Michel(2024), *Dire vrai sur soi-même*, 『자기 자신에 대한 진실 말하기』, 오트르망, 심세광, 전혜리 옮김, 동녘, 35쪽.

47) Plato, *Apologia*, 36d.

48) 미셸 푸코는 파레시아에 관한 의미를 '솔직', '진실', '위험', '비판', '의무' 등으로 제시했다. cf. 미셸 푸코(2018), 『담론과 진실: 파레시아』, 오트르망 옮김, 동녘, 92-101쪽 참조.

Ⅵ. 반면교사의 인간형 알키비아데스

1) *Epistolai*, 324d-326b
2) Thykidides, Ⅰ, 1.
3) *Epistolai*, 326a
4) Thukidides, Ⅲ, 82.
5) 『국가』 1권은 국가에서 본격적 논의가 이루어지는 장은 아니지만, 국가의 많은 문제들을 일목요연하게 조명하고 있다는 점에서 주목할 만한 대화편이다. 『국가』 1권은 케팔로스로 대표되는 자본의 논리, 폴레마르코스가 옹호하는 정치의 논리, 그리고 트라시마코스가 앞장서 수호하는 강자의 논리로 요약할 수 있다. 아테네를 지배하고 있던 자본, 정치, 강자의 논리는 결론적으로 정의롭지 않은 삶을 살더라도 걸리지 않으면 무방한 것 아니냐는 이른바 기게스의 일화로 요약되고 있다는 점에서 『국가』 1권은 『국가』 2권의 설명과 플라톤의 '정의론'을 예비하고 있는 대화편이다. 이에 대한 추가적 설명으로는 장지원(2023)의 연구 참고.
6) *Epistolai*, 326a-b
7) 강철웅 외(2013), 431.
8) Gribble(1998), 13.
9) 박종현(1997), 408.
10) *Politeia*, 494e
11) *Politeia*, 491e
12) Plutarchos, *Pericles.* 5; *Menexenus*, 235e-236c
13) Plutarchos. *Alcibiades.* 2.2-2.3
14) Fisher(1996), 732.
15) *Politeia*, 369c; Ehernberg(1960), 49-55.
16) *Politeia*, 370b
17) *Nomoi*, 624a
18) 『콜로노스 오이디푸스』에 등장하는 오이디푸스를 둘러싼 갈등은 오이디푸스의 행위를 오만, 즉 관습에 대한 파괴로 볼 것이냐의 문제를 다룬 것이기도 하다. 결과적으로 오이디푸스가 여신들의 신성한 숲을 침입했음에도 자비로운 여신들(eumenides)의 자비를 받아 아테네의 시민으로 인정받는 과정은 그의 행위가 오만이 아닌 정의로운 것으로 인정받았음을 상징한다. 일반적으로 '작은 숲'으로 번역되는 그리스어 네모스(nemos)는 숲속에 있는 성스러운 경내나 개간지, 신성한 나무 주위의 개간지를 의미하는 표현이며, 불경한 자들이 함부로 신들의 성역을 침범했을 때 그 네모스에 거주하는 신성한 존재

를 가리키는 네메시스(nemesis)가 나타난다. 통상적으로 '침입행위에 복수하는 분노'라는 의미의 네메시스는 불경한 자들에 대한 복수와 응징, 즉 '응보'를 의미하게 된다(Cornford, 1957, 39).

19) Huizingha(1939).

20) Allen(1991), 163. Allen은 알키비아데스의 행동을 '니코마코스 윤리학'과 관련지어 이해하고 있다. 이에 대해서는 『니코마코스 윤리학』, 1147b29-35 참조.

21) Flaciliere(1957), 192

22) *Politeia*, 362-365.

23) 『정치가』의 전형에 대한 논의로는 『박홍규전집 4』를 참조.

24) 플라톤 역시 '국가'에서 알키비아데스로 추정되는 인물형에 대해 우려하고 또 그의 재능이 사라지지 않기를 바라고 있다. 이에 대해서는 *Politeia*, 491참조.

25) Plutarchos, *Alcibiades*, 4.1.

26) 이러한 서술은 『알키비아데스 1』을 플라톤의 작품으로 간주하는 입장이다. 『알키비아데스 1』은 플라톤의 위작으로 간주할 수도 있는 작품이다. Gribble(1998)의 *Alcibiades and Athens*에서는 『알키비아데스 1』은 진작으로 『알키비아데스 2』는 위작으로 보고 있다.

27) Xenophone, *Mem*, 1.2.15-16.

28) *Symposion*, 216

29) 물론 커퍼드(G. Kerferd)의 지적처럼 아리스토파네스의 주장을 전적으로 수용하기에는 무리가 있다. 이에 대해서는 Kerferd(1981), 95-96. 참조.

30) 알키비아데스의 연설능력은 준수했으나 탁월한 수준은 아니었다. r과 l발음이 뒤섞이는 등 발음은 불분명했으며 올바른 내용과 표현을 전달하기 위해 휴지기를 갖는 버릇이 있었다는 플루타르코스의 주장은 알키비아데스의 연설능력이 완벽한 수준은 아니었음을 반증한다. 향후 정치참여를 희망했던 알키비아데스 입장에서 소크라테스의 연설능력은 매우 매력적인 청동(bronze)이었던 셈이다. 또한 플루타르코스는 에우폴리스의 말을 인용하며 알키비아데스가 사적 대화에는 매우 능했으나 공적 토론에는 능통하지는 않았다고 평가한다. Plutarchos, *Alcibiades*, 13.

31) *Symposion*, 218

32) 정혜신(1996), 104.

33) *Symposion*, 219d-221b

34) Rosen(1999), 314.

35) Rosen(1999), 309.

36) 알키비아데스를 교육하는 소크라테스의 태도 역시 겉으로 보기에는 오만해 보인다. 소크라테스는 신체적 접촉을 통해 그의 지식을 넘겨줄 수 없다고 이

미 선언한 바 있다. 하지만 그는 전통적인 교육체계에서 지식이 없는 자로 처신함으로써 전통적인 선생 역할을 거부하고 있으며 아가톤은 이러한 소크 라테스를 오만한 자로 간주한다. 이경직(2000), 104−105.

37) 최자영(1995), 95.

38) 최자영(1995), 61

39) 장준호(2007), 76.

40) 오흥식(2010), 257.

41) Thykidides, V, 45.1.

42) Thykidides, VI, 15.2.−16.7.

43) Thukidides, VI, 16.5.

44) Thukidides, VI, 48.

45) Thykidides, VI, 18.4.

46) Thykidides, VI, 18.4.

47) Kagan(2003), 518.

VII. 로마 격동기를 이끈 리더들에 대한 플루타르코스의 시선

1) 이 글에서 인용되는 플루타르코스의 본문은 천병희의 번역(2010, 도서출판 숲)과 신복룡의 번역(2021, 을유문화사)을 원문과 대조하며 가볍게 손질한 것이다.

VIII. 막달라 마리아 전승에 나타난 여성리더십과 영성
− 대니얼 골먼(Daniel Goleman)의 감성지능의 관점에서

1) Elisabeth Schüssler Fiorenza, In *Memory of Her: A Feminist Theological Reconstruction of Christian Origins*, 김애경 역(1986), 『크리스챤 기원의 여성 신학적 재건』, 서울: 종로서적.

2) 마가복음 14:9 (개역개정)

3) Elisabeth Schüssler Fiorenza(1984), In *Memory of Her: A Feminist Theological Reconstruction of Christian Origins*, New York: Crossroad, xv.

4) 조진경(1995), "피오렌자의 성서 해석학에 관한 연구,"『한국여성신학』23, pp.55-74.

5) 사도행전 1:21-22

6) 요한복음 19:25-27

7) 감성지능의 이 다섯 가지 요소에 대한 더 자세한 설명은 Daniel Goleman(2005), *Emotional Intelligence: Why It Can Matter More Than IQ*, New York: Bantam Books, pp.33-45 참조.

8) Robert Merrihew Adams(2006), *A Theory of Virtue: Excellence in Being for the Good,* New York: Oxford University Press, p.11.

9) Robert C. Solomon(2007), *True to Our Feeling: What Our Emotions Are Really Telling Us,* New York: Oxford University Press, p.10.

10) John M. Gottman, Lynn Fainsilber Katz, and Carole Hooven(1996), "Parental Meta-Emotion Philosophy and the Emotional Life of Families: Theoretical Models and Preliminary Data", *Journal of Family Psychology,* Vol.10, No.3, pp.243-268; John M. Gottman, Lynn Fainsilber Katz, and Carole Hooven(1997), *Meta-Emotion: How Families Communicate Emotionally,* Mahwah, NJ: Lawrence Erlbaum Associates Publishers, pp.3-8.

11) 양재훈(2005), "창녀가 된 그리스도의 신부(4): Apostola Apostolorum, 외경의 막달라 마리아", 『기독교사상』49-10, p.216.

12) 막달라 마리아에 관한 대교황 그레고리 1세의 설교는 『복음서 설교집』CPL 1711의 33번째 설교이다. 라틴어 원문은 그레고리오의 설교 33번, 복음서 설교집 제2권에서 찾을 수 있으며, 이는 Patrologia Latina vol.76, col. 1239A (『라틴 교부 전집』76권 1239A열)에 실려 있다. 영어 번역은 데이비드 허스트가 편역한 『그레고리오 대교황의 40편의 복음서 설교』에 포함되어 있다. 원문은 다음을 참조. Pope Gregory, "Forthy Gospel Homilies", *Cistercian Studies,* 123, trans. by David Hurst(1990), Kalamazoo, MI: Cistercian Publication, pp.268-299.

13) 위의 글, 220.

14) Douglas M. Parrot (ed.), George W. MarRae and R.Mch. Wilson (trans.), "The Gospel of May", in *The Nag Hammadi Library In English*, ed. by James M. Robins(1990), San Francisco: HarperSanFrancisco, pp.525-526.

15) John C. Maxwell(2018), *Developing the Leader within You 2.0,* Nashville: HarperCollins, pp.9-18.

IX. '영국의 별' 헨리 5세의 자기인식과 리더스피릿
– 셰익스피어의 『헨리 5세』를 중심으로

1) 『헨리 5세』의 에필로그에 나오는 표현이다.

2) '리더스피릿'(leaderspirit)은 leader와 spirit 두 단어를 결합하여 필자가 구상한 개념이다. 필자는 리더스피릿을 구성원들이 지금 여기서 가장 필요로 하는 바, 즉 시대정신(Zeitgeist)을 정확히 파악하고 이를 새로운 공유비전(shared vi‑sion)으로 개념화한 후 다시 구성원과 더불어 성취할 수 있는 자세와 역량으로 규정한다. 이와 관련해서는 다음을 참고. 리더스피릿연구소(2022), pp.57‑82.

3) 그 밖에도 영문학 본연의 문예적 접근을 비롯하여 다양한 해석 관점이 존재할 수 있겠지만, 여기서는 글의 지향점과 지면상의 제약을 고려해서 여타의 관점은 논외로 할 것이다.

4) 서영식(2023), p.7 f.

5) 서영식(2023), p.7.

6) 서영식(2023), p.24 f.

7) '랭커스터 4부작'을 구성하는 작품은 『리처드 2세』, 『헨리 4세 I』, 『헨리 4세 II』, 『헨리 5세』인데, 헨리 볼링브룩(Henry Bolingbroke, 1366‑1413)이 자신의 재산을 몰수하려 한 사촌이자 왕인 리처드 2세를 폐위시키고 헨리 4세에 등극하고, 이후 아들 헨리 왕자가 헨리 5세로 왕위를 이어받아 프랑스와의 전쟁에서 승리하는 일련의 과정을 묘사하고 있다. 헨리 4세가 랭커스터 가문 출신으로는 최초로 잉글랜드 왕으로 등극하였기에 랭커스터 4부작으로 지칭하는 것이다.

8) 주지하듯이 셰익스피어의 이른바 4대 비극(『햄릿』, 『오셀로』, 『리어왕』, 『맥베스』)에서 왕이나 왕족인 주인공들은 예외 없이 권력을 잃고 비참하게 죽음을 맞이하게 된다. 또한 셰익스피어가 작품활동 전반기에 영국과 로마의 역사를 바탕으로 저술한 열 편의 '사극'의 경우에도 주인공으로 등장하는 리더들은 대부분 상황에 맞는 리더십 발휘에 실패하고 비참한 최후를 맞이한다.

9) 잉글랜드에 대항하여 독립을 염원한 아일랜드가 1594년부터 1603년까지 벌인 9년간의 전쟁을 일컫는다. 엘리자베스 1세의 통치(1558‑1603)하에서 아일랜드의 레인스터(Leinster), 먼스터(Munster), 코노트(Connaught) 지방은 잉글랜드의 통치에 복종하였지만, 북부 얼스터(Ulster) 지방은 티론(Tyrone) 백작, 휴 오닐(Hugh O'Neil)을 중심으로 단결하여 1594년부터 1603년까지 9년간 전쟁을 벌였다. cf. https://4trailblazer.com/88

10) 이에 관해서는 다음을 참고. 김문규(2011), p.15 ff.; 윤정용(2013), p.17 f.

11) 『헨리 5세』, 4.3.60

12) 헨리 5세의 활동과 업적은 우리 한반도 역사에서 활약했던 광개토대왕과 비교될 수 있을 것이다. 적극적인 영토 확장을 통해 민족적 자긍심을 고취했다는 점과 정복 전쟁을 통해 국가의 번영을 도모하다가 비교적 이른 나이에 사망했다는 점이 닮아있다.

13) 셰익스피어 시대극에 대한 역사주의와 신역사주의의 해석 입장은 다음의 글을 참조하고 부분적으로 인용한 것이다. 윤정용(2013), pp.1-5. 유사한 견해로는 다음의 글도 참조. 최경희(2012), pp.73-99.

14) 이 점은 다수의 국내와 외국 연구자들이 동의하는 바이기도 하다. 예컨대 다음의 글과 수록된 참고문헌을 보라. 임혜리(2000); 홍기영(2012)

15) 이와 관련해서는 다음을 참고. 김동호(1997); 김동호(1998)

16) 권력의 획득과 유지를 위해서는 수단과 방법을 가리지 않는 태도와 권모술수에 기반한 행동 방식

17) cf. 『헨리 5세』, 1.2.33-221

18) 이 장면은 현실적으로 영국이 아직 통일되지 않고 대립과 분열 상태에 있음을 암시한다. 동시에 헨리 5세의 왕권이 스코틀랜드 같은 잠재적인 위협으로 인해 취약한 상태에 있음, 그리고 그가 권력을 유지하기 위해서는 끝없는 노력을 기울여야 함을 암시하는 것으로 볼 수 있다.

19) 헨리 5세가 권좌에 오른 후 한때 가장 중요한 친구이자 스승으로 여겼던 폴스타프를 비롯한 옛 동료들을 대하는 모습에 대해서는 『헨리 4세 2부』에 상세히 묘사되어 있다. "짐은 그대(폴스타프)를 모르네, 늙은 양반. 무릎 꿇고 기도나 드리게. 백발은 바보 광대에게는 어울리지 않는 법! 짐은 오랫동안 저런 인간을 꿈에서 보아왔네. 너무 먹어 퉁퉁 붓고, 늙고, 불경한 자를. 하지만 이제 꿈에서 깨어나 짐은 그 꿈을 경멸한다. (...) 짐이 과거의 나라고 생각지도 말고. 하나님도 알고 계시듯, 짐이 과거의 나와는 결별하였음을 세상이 알게 될지니. 과거에 짐과 함께 다녔던 자들과도 그리할 것이다. (...)" (3.5.47-70)

20) 이미 그의 아버지 헨리 4세는 비교적 일찍 찾아온 자신의 죽음을 앞두고 왕관을 물려줘야 하지만 별로 믿음이 가지 않던 말썽꾸러기 장남 헨리 왕자에게 내부가 혼란스러울 때는 안에서 문제를 해결하기 위해 공연히 애쓰지 말고, 오히려 시선을 밖으로 돌리고 외부에서 적을 찾으라고 조언하였다. 헨리 5세는 평소 아버지와 사이가 그다지 좋지 않은 아들이었지만, 이 유언만큼은 가슴 깊이 새기고 확실히 실천하고자 한 것 같다. cf. 『헨리 4세 2부』, 4.5.213-15

21) 예컨대 조선 왕조는 고려 말기의 무인 이성계(李成桂, 1335-1408)의 무용과 카리스마를 바탕으로 개국하였다. 조선은 베버가 말한 '비범한 개인의 천부적 자질에 기반한 권위'를 토대로 성립된 것이다. 그렇지만 이성계의 최측근이자 개국공신인 삼봉 정도전(三峰 鄭道傳, 1342-1398)은 새로운 나라에 부합하는 정치이념(성리학)과 율령의 도입을 적극적으로 추진함으로써 법과 제

도의 차원에서 새 왕조의 정당성을 확보하고자 하였다. 또한 이성계의 손자인 세종 이도(世宗 李祹, 1397-1450)는 용비어천가(龍飛御天歌) 편찬(1445-47)을 통해 조선 왕조 건국의 정당성을 대내외에 선전하고 역사적 정통성 다지기 작업을 진행하였다. 이러한 예는 동서고금을 막론하고 정치권력의 흥망성쇠 과정에서 자주 발견된다.

22) 셰익스피어가 『헨리 4세 1부』와 『헨리 4세 2부』에서 묘사한 바에 따르면, 사실 헨리 5세는 장차 능력과 실적을 통해 왕권을 확고히 하려는 계획을 젊은 시절부터 품고 있었던 것으로 보인다. 그는 핼(Hal) 왕자로 불리던 시절에 폴스타프와 그의 친구들로 대변되는 하층계급과 어울리며 표면상 저속하고 방탕하게 행동하였다. 그렇지만 그의 행동은 장차 왕으로 등극한 후 국가의 모든 계층과 자연스럽게 소통하고 그들의 마음을 이해할 수 있는 능력을 갖추기 위해 계획적으로 진행된 것이었다. cf. 『헨리 4세 1부』, 1.2.132-153; 『헨리 4세 2부』, 4.4.68-78

23) cf. 『헨리 5세』, 1.2.245-299

24) 『전쟁론』 본문의 인용은 류제승(2008) 번역본을 사용하였다.

25) 클라우제비츠의 전쟁론에 대한 철학적 해석으로는 다음을 참고. 서영식 (2016), p.175 ff.

26) "헨리 5세: (...) 그러니 경들, 좋은 기회를 한시라도 놓치지 말고 원정 준비에 만전을 기해 주시오. 이제 짐의 마음속엔 프랑스뿐이오. (...)" 『헨리 5세』, 1.2.302-308

27) 예컨대 헨리 5세가 하플뢰르 성 공격 전에 병사들에게 행한 연설을 보라. cf. 『헨리 5세』, 3.1.1-35

28) 몇몇 포로들이 군막을 지키던 영국 소년들을 살해하고 도주한 사건

29) cf. 『헨리 5세』, 4.7.5

30) 시대적으로 볼 때 플라톤은 폴리스 간의 내전인 펠로폰네소스 전쟁(BC 431-404)이 본격적으로 전개된 시기에 유년기와 청년기를 보냈으며, 따라서 그는 어린 시절부터 전쟁의 참상을 목격하면서 성장하였다.

31) 전통적으로 서양에서 정의로운 전쟁론의 효시는 아우구스티누스(St. Augustinus, 354-430)로 간주 되었다. 또한 사람들은 서양 사상사의 흐름 속에서 정의로운 전쟁론을 주창한 영향력 있는 인물로 흔히 스콜라 철학자 토마스 아퀴나스(St. Thomas Aquinas, 1225-1274)나 20세기 철학자 왈쩌(Michael Walzer, 1935-)를 떠올리곤 한다. 그러나 서구정치사상사에 등장하는 정의로운 전쟁론의 논의 내용들은 사실상 플라톤의 전쟁 사상을 원초적 배경으로 하여 형성된 것이다.

32) 플라톤이 제시한 전시법의 구체적인 내용은 대략 다음과 같다. ① 필요 이상으로 인명을 살상하지 말 것, ② 전쟁에서 패한 그리스인을 노예로 삼거나 정

당한 이유 없이 죽이지 말 것, ③ 전몰자의 약탈은 금하며, 장례식을 허용할 것, ④ 신전에는 약탈한 물건을 제물로 바치지 말 것, ⑤ 토지 초토화 작전을 금하며, 곡식의 약탈도 적국의 영토에 한정할 것, ⑥ 폴리스 간의 '내전(stasis)'은 엄격히 금지하며, 이방 민족과의 대외전쟁(polemos)만을 정당하게 수행할 것, ⑦ 어쩔 수 없이 내전이 발생할 경우에도 상대방을 존중하고, 싸움보다는 대화를 위해 노력할 것.

33) 그의 제안 이면에는 '멜로스섬의 학살' 등을 통해 잘 알려져 있듯이(『펠로폰네소스 전쟁사』, V 116), 전쟁 당시 만연했던 아테네 제국의 일방주의와 전투 수행자들의 비윤리적인 태도에 대한 비판이 함축된 것으로 보인다.

34) 전쟁에 관한 플라톤의 철학적 사유를 포괄적으로 정리하고 분석한 글로는 다음을 참조. 서영식(2017), pp.183-221.

35) "헨리 5세: 하플뢰르의 시장은 어떤 결정을 하였는가? 이것이 짐이 받아들이는 최후의 협상이다. (...) 내 생각에도 내겐 군인이 잘 어울리는데, 일단 포격을 시작하면 하플뢰르의 시가 잿더미로 묻힐 때까지 중간에 공격을 그만두지는 않을 것이다. 자비의 문은 모조리 닫히고, 난폭하고 잔인한 사나운 병사들이 피를 보려는 억제할 수 없는 잔인함으로 떠돌며, 양심을 지옥의 아가리처럼 크게 벌려, 너희들의 순결하고 아름다운 처녀들과 꽃봉오리 같은 아기들을 풀을 베듯 베어버릴 것이다. (...) 그러니 하플뢰르의 시민들이여, 당신들의 도시를, 그리고 거기 사는 백성들을 불쌍히 여겨 병사들이 나의 통솔하에 있는 동안, 냉정하고 절제 있는 자비의 바람이 무서운 살인과 강탈과 악행의 더럽고 전염성이 있는 구름을 흩어버릴 수 있는 지금 자비를 구하도록 하라. (...) 자, 너희의 답이 무엇인가? 항복을 하여 이 참상을 면할 것인가, 아니면 저항하여 죄를 짓고 멸망을 할 것인가?"(『헨리 5세』, 3.3.1-44)

36) cf. 『헨리 5세』, 3.3.55

37) "헨리 5세: (...) 짐은 분명히 명령했다. 우리 군대가 이 나라를 행군하는 동안 마을 사람들한테서 아무것도 약탈하지 말 것, 어느 프랑스인에게도 불손한 말로 비난하거나 모욕하지 말라고. 관대함과 잔인함이 한 왕국을 얻기 위해 시합을 한다면 친절한 선수가 이기는 법이니까."(『헨리 5세』, 3.6.105-110)

38) "헨리 5세: 아니오, 케이트. 프랑스의 적을 사랑할 수는 없을 거요. 그러나 날 사랑하면 프랑스의 친구를 사랑하는 것이오. 난 프랑스를 너무 사랑해서 마을 하나도 내놓지 않을 것이오. 전부 내 것으로 하겠소. 그리고 케이트, 프랑스가 내 것이고, 내가 당신의 것이 되면 프랑스는 당신의 것이요. 그리고 당신은 내 것이 되는 거요."(『헨리 5세』, 5.2.171-176)

39) 헨리 5세가 결혼이라는 형식을 통해 캐서린을 일종의 볼모로 삼으려 했다거나, 그의 의도와 행동은 여타의 경우와 마찬가지로 눈앞의 정치적 이익을 염두에 둔 정략결혼일 뿐이라고 비판적으로 해석할 수도 있을 것이다. cf. 임혜

리(2000), p.342; 홍기영(2012), p.217 ff.

40) 예컨대 아쟁쿠르 전투 직후 아직 전장이 혼란스러운 상황에서 프랑스의 전령 관 몽조이가 헨리 5세를 찾아와 더 이상의 살육을 멈추고 이미 진흙탕 속에 쓰러져 있는 프랑스 귀족과 기사들의 시신을 수습하고 예를 갖출 수 있게 자 비를 베풀어 달라고 간곡히 요청하자, 헨리 5세는 이를 주저 없이 받아들인 다. cf.『헨리 5세』, 4.7.63-91

41) 인용은 최경희 역(2020).

42) "헨리 5세: (...) 왕의 이름 앞에 늘어놓는 거창한 존칭, 왕이 앉는 왕좌도, 이 세상의 높은 암벽을 때리는 밀물 같은 화려한 겉치레도, 아니, 이 모두를 모 아 놓은 매우 호화로운 예식, 이 모두를 모아 군주의 침상에 늘어놓아도 미 천한 노예와 같이 깊은 잠에 빠질 수는 없음을 알고 있다. (...) 의식을 제외 하고는 낮엔 힘들여 열심히 일하고, 밤에는 곤히 잠을 자는 그런 미천한 자 들이 왕보다 높은 지위에 있고 더 이득을 누리지 않는가. 나라의 평화를 누 리는 노예는 그것을 즐기고 있으면서도 그 둔한 머리로는 왕이 평화를 유지 하기 위해 백성들이 단잠을 자는 시간에도 얼마나 밤을 새워야 하는지 알 수 없는 것이다." (『헨리 5세』, 4.1.250-272)

43) 존 베이츠(John Bates), 알렉산더 코오트(Alexander Court), 마이클 윌리엄 즈(Michael Williams)

44) "윌리엄즈: (...) 전장에서 죽는 사람치고 기독교도답게 죽는 자는 별로 없을 텐데, 서로의 피를 흘리는 게 일인 전쟁터에서 누가 자비심을 베풀 수 있겠 냔 말이지. 그래서 이 사람들이 죄를 회개하지 못하고 죽는다면 그들을 전쟁 터로 끌어낸 왕한테 불명예가 되는 셈이지. (...)" (『헨리 5세』, 4.1.142-145)

45) 윌리엄즈의 입장 자체는 비교적 논리를 갖추고 있으며 수긍할 수 있는 면이 분명히 존재하지만, 사실상 정규교육이나 철학적 성찰의 기회가 주어지지 않 았을 기층민 출신의 병사가 사후 영혼의 책임 문제와 같이 종교적이며 형이 상학적인 문제를 심도 있게 제기하는 것은 현실 상황과 맞지 않는다는 인상 을 준다. 『헨리 5세』에 등장하는 기층민 출신의 왕의 옛 친구들이 표현하는 언어나 의식 수준과 비교해 보더라도 같은 느낌을 받게 된다.

46) cf.『헨리 5세』, 4.1.216-272

47) 이러한 자각과 더불어 왕은 더 이상 병사들을 원망하는 대신, 곧 전투에 임 할 사병들을 위해 다음과 같이 기도한다. "헨리 5세: (...) 오, 전쟁의 신이여. 병사들의 마음을 강철같이 굳게 해주소서. 공포심에 사로잡히게 하지 마소 서. 그들의 계산 능력을 빼앗아 가시어 적군의 수가 그들의 용기를 잃게 하 지 않도록 하소서. (...)" (『헨리 5세』, 4.1.278-282)

48) 공성욱(1993), p.73

49) 헨리아드를 통틀어 볼 때, 폴스타프를 비롯한 기층 민중들이 핼 왕자에게 자

신들의 계급의식이나 속마음을 그대로 드러내는 대목은 등장하지 않는 것으로 보인다.

50) 임파워먼트는 '주다'를 의미하는 'em'과 '권력'을 의미하는 'power'가 결합된 합성어이다. 임파워먼트 리더십은 임파워링 리더십(empowering)으로 지칭되기도 한다. 이 개념에 관한 일반적인 설명으로는 다음을 참고. 윤방섭(2019), pp.174－202.

51) "분배적 정의란, 국가와 같이 공동체에 속한 사람들 사이에서 발생한 다양한 유형의 이익이나 공동의 재산을 어떻게 분배할 것인가와 관련해서 제기되는 것이다. 따라서 분배적 정의는 기본적으로 공동체 및 공동이익의 산출을 전제로 한다. 아리스토텔레스에 따르면, 두 명 이상의 사람에게 공동재산을 배분할 경우에는 당사자를 포함하여 공동체 구성원들에 의해 합의된 일정한 기준에 따라 '비례적인'(analogon) 배분이 이루어져야 하며, 그 기준은 각자의 '가치'(axia, 공적)나 능력을 들 수 있다. 즉, 분배적 정의는 공동체 안에서 합의된 일정한 기준을 토대로 평가된 구성원 각자의 가치에 따라 공동재산의 일정한 몫이 배분될 것을 요구하는 것이다." 서영식 외(2013), p.85

52) "This day shall gentle his condition." (『헨리 5세』, 4.3.63)

53) 그런데 헨리 5세의 발언과 실제 행동 사이에는 괴리가 분명히 존재한다. 그는 전투가 승리로 끝난 후에 오직 귀족들의 생사 여부만을 확인하는 모습을 보였기 때문이다. 나머지 전사자들과 관련해서는 "그밖에 훌륭한 가문 출신은 없다"(none else of name)고 말함으로써 아직 그의 내면에 존재하는 계급의식을 드러낸 것이다. cf. 『헨리 5세』, 4.8.101－113

54) 이 점은 저자 셰익스피어가 정치권력의 속성과 전개 방식을 묘사한 거의 모든 비극과 역사극에서도 반복적으로 암시되고 있으며, 르네상스의 세례를 받은 그의 작품들이 지닌 주요 특징 중 하나인 것으로 보인다.

55) 이 표현은 역사서술의 의미에 대한 발터 벤야민(Walter Benjamin, 1892－1940)의 성격 규정과 연관되어 있다. 그는 『역사의 개념에 대하여』(Über den Begriff der Geschichte)에서 다음과 같이 주장하였다. "과거를 역사적으로 재현하는 것은 그것이 원래 어떠했는가를 인식하는 일이 아니다. 그것은 위험의 순간에 섬광처럼 어떤 기억을 붙잡는 것을 말한다."(„Vergangenes historisch artikulieren heißt nicht, es erkennen, ,wie es denn eigentlich gewesen ist'. Es heißt, sich einer Erinnerung bemächtigen, wie sie im Augenblick einer Gefahr aufblitzt.")

56) 이 점은 『헨리 5세』뿐만 아니라, 궁정을 배경으로 권력다툼이 발생하는 셰익스피어의 거의 모든 작품에서 발견할 수 있다. "셰익스피어의 비극에 등장하는 리더들은 권력을 가지고 있다는 사실만으로 마치 전능한 존재처럼 행세하거나(『리처드 3세』), 수단과 방법을 가리지 않고 권력만 차지하면 모든 문제가 해결된다는 환상에 빠지거나(『맥베스』), 공적인 차원에서 주어진 권력을

순전히 개인적인 것으로 착각하고 사익 추구에 이용하거나(『안토니우스와 클레오파트라』), 권력 주위를 맴도는 인물들의 감언이설과 이간질에 속아서 이용당하고 결국 몰락하는(『리어왕』) 등 자기 자신과 주변 관리에 실패하면서 비참하게 무너지는 모습을 보인다." 서영식(2023), p.23. 또한 다음을 참고. 폴 커리건(2000), pp.125－199.

57) 헨리 5세는 심지어 아쟁쿠르 전투를 목전에 둔 순간에 승리를 위해 기도하면서도 리처드 2세와 그의 죽음을 상기하는 모습을 보인다. cf. 『헨리 5세』, 4.2.286－297.

58) 리더는 태어나는 것도 아니고 만들어지는 것도 아니며, 스스로 만들어 가는 것이다.

X. 상반된 두 과학자의 리더십
－프리츠 하버와 라이너스 폴링

1) 질소 고정이란 대기 중의 질소 가스를 생명체가 이용할 수 있는 형태의 질소 화합물로 변환하는 과정을 말한다.

2) BASF: Badische Anilin & Soda－Fabrik의 약자로, 독일의 화학 기업이다. 19세기 후반 설립되어 염료, 농약, 정밀 화학 제품 등 다양한 분야에서 세계적인 기업으로 성장했다. 하버의 암모니아 합성 연구에 대한 상업적 가능성을 가장 먼저 알아보고, 대규모 생산 시설을 구축하여 암모니아를 대량 생산하는 데 기여했다.

3) 독일의 화학자로, 하버－보쉬 공정에서 사용되는 효율적인 촉매 개발에 결정적인 역할을 했다. 그는 다양한 금속을 조합하여 실험을 반복하며 최적의 촉매 조성을 찾아냈다. 그의 헌신적인 노력 덕분에 암모니아 합성 공정의 효율성이 크게 향상되었고, 상업적인 성공을 이룰 수 있었다.

4) 화학물질은 반응경로에서 특정 구조를 가지게 되는데 에너지적으로는 가장 높은 위치 에너지를 갖는 상태가 전이상태이다.

5) 오펜하이머와 폴링은 비슷한 나이또래(폴링이 오펜하이머보다 3살 더 많다)이다. 두 사람은 1928년 뮌헨에서 처음 만났고 미국으로 온 이후에도 서로 선물을 주고 받으며 좋은 관계를 유지했다. 1929년 오펜하이머가 폴링의 부인 아바 헬렌 폴링에게 멕시코에서 밀회를 제안했는데, 아바 헬렌이 거절하고 이 사실을 폴링에게 알리면서 두 사람의 우정은 깨졌다. 1943년 맨하트 프로젝트를 수행하던 오펜하이머는 폴링에게 화합 분야 참여를 제안했지만 폴링은 이를 거절했다.

6) 테드 고어츨, 벤 고어츨(2011), 『라이너스 폴링 평전』, 박경서 역, 실천문학사, 198쪽.

7) 충성 서약(Loyalty Oaths)은 1950년대 초반 미국 정부가 공무원, 교사, 교수 등에게 요구한 서약으로, 이들은 공산주의나 반미 활동에 가담하지 않겠다는 내용을 서약해야 했다. 이 서약은 당시 냉전과 반공주의 분위기 속에서 국가의 안전을 지키기 위한 조치로 도입되었으나, 많은 사람들은 이를 개인의 자유와 학문적 자유를 침해하는 강압적 조치로 비판했다.

8) 테드 고어츨, 벤 고어츨(2011), 198쪽.

9) https://scarc.library.oregonstate.edu/coll/pauling/peace/narrative/page15.html

10) https://scarc.library.oregonstate.edu/coll/pauling/awards/1948h.1.html

11) 헨리 스틸 코매저(Henry Steele Commager, 1902-1998)는 미국의 저명한 역사학자이자 학자, 작가로, 특히 미국 역사를 연구하고 대중에게 알리는 데 중요한 역할을 했다. 그는 또한 반공산주의와 맥카시즘 시기에 학문적 자유와 표현의 자유를 옹호하는 데 앞장섰다. 코매저는 정부의 과도한 권력 행사를 비판하며, 민주주의 사회에서 개인의 자유와 권리를 수호하는 것이 중요하다는 입장을 견지했다.

12) 테드 고어츨, 벤 고어츨(2011), 304쪽.

XI. J. 랑시에르의 '정치적 주체화'와 셀프리더십
– 민주시민의 정치성 복원에 대하여

1) Y. Stavrakakis(1999), *Lacan And The Political*, Oxfordshire: Routledge(Tay -lor & Francis Group): 이병주 옮김(2006), 『라캉과 정치』, 도서출판 은행나무, pp.245-247.

2) 같은 책, pp.245-249. (전통의 철학과 상응하는 보편주의의 환상은 "정치의 수준에서 조화로운 미래사회에 대한 일련의 유토피아적 구성물의 형식"으로 나타나며, 이 환상이 주는 행복 이면에는 '나치의 유토피아적 환상과 유태인의 관계'에서 단적으로 나타나듯 "자신의 반대편을 생산한 후에 소멸을 요구하는 섬뜩함"이 있다.)

3) J. Rancière(2010), *The Politics of Aesthetics: The Distribution of the Sensi -ble*, tr. Gabriel Rockhill, New York: Continuum, p.84.

4) J. Rancière(1998), *Aux border du politique*, Paris: La Fabrique Éditions : 양창렬 옮김(2008), 『정치적인 것의 가장자리에서』, 도서출판 길 (이하 BP),

p.116

5) G. Rockhill(2010), "Glossary of technical Terms", in J. Rancière, *The Politi-cs of Aesthetics: The Distribution of the Sensible*, tr. G. Rockhill, New York: Continuum (이하 GT), p.90.

6) J. Rancière, BP, p.228.

7) 같은 책, pp.215-216.

8) 정치철학의 주요 유형중 하나인 아르케정치의 원형은 물질형태에 들어있는 로고스의 완전한 표명에 기초해 공동체를 설립하려했던 플라톤에 나타난다. 개별 시민의 활동은 공동체의 유기체 속에서 지정된 곳에 할당된 각자의 역할과 관련해 규제된다. 이로써 정치의 민주적 구성형태는 <공동체에 전체에 스며들어 사회조직의 균열을 방지하는> 살아있는 노모스의 통치질서로 대체된다. 준정치는 데모스의 평등주의적 무정부상태를 입헌질서에 통합함으로써 원을 정사각형으로 만들려는 아리스토텔레스의 시도의 결과다. 여기에서는 현대의 주권론과 사회계약론의 흐름에서 자연스럽게 나타나는 것처럼, 데모스를 정치소송의 당사자 중 하나로 변형됨으로써 데모스의 평등이 통치질서 내에서는 결코 적절하게 설명될 수 없다는 사실이 은폐된다. 메타정치는 '사회현실의 엄연한 진실'로부터 '권리와 대표성의 모호한 주장'을 나누는 거리에 대한 마르크스의 비판에서 나타난다. 때문에 그것은 두 극단 즉, 준정치의 이데올로기적 환상에 대한 비난, 그리고 아르케정치와 일치하는 사회적 진실의 공동체적 구현에 대한 호소 사이에서 진동한다." G. Rockhill, GT, pp.83-8.

9) "합의가 제안하는 것은 이해관계를 놓고 싸우는 대신 토론을 통해 당사자 모두에게 최상의 지점을 찾는 것이다. 이는 합의가 가리키는 평등한 면이지만, 합의에는 선택된 동의라는 뜻 외에 강요된 동의라는 뜻(강한 자에게 복종하는 의미)의 불평등한 측면도 있다. 합의라는 미명하에 비슷한 정책을 채택할 경우, 이는 서로의 입장을 논의하자는 의미의 합의가 아닌 논의할 것이 없단 의미에서의 합의다. […] 아이러니하게도 자유사상가들이 민주주의의 귀결로 본 합의는 오히려 보호의 정당성을 핑계로 시민을 국민으로 전락시키며 민주주의를 억압하는 국가유형을 낳았다. 이러한 합의의 논리는 <정치적 합의를 나타내는 기표>마저 없애고 민주적 투쟁의 종식을 선언한다. 모든 갈등은 (사회의 조화를 위해 봉합되어야 할) 문제로 치환되며, 이 문제의 해결은 해당 전문가의 역량에 달려있게 된다. 결국 정치는 사회의 위협증후를 해소할 책무를 진 엘리트들의 과두제 형태가 된다." 이 말은 지난 2022년 5월 11일 EBS에서 "위대한 수업"(Great Mind)의 하나로 방영된 중 랑시에르의 강의 <민주주의 리부트 6강> "새로운 위험: 합의"에서 가져온 것이다.

10) 이와 연관된 논급은 J. Rancière, BP, pp.25-80. 그리고 J. Rancière(2009), *Et tant pis pour les gens fatigués*, Editions Amsterdam: 박영옥 옮김(2020),

『랑시에르와의 대화』, 도서출판 인간사랑, pp.523-4, (이하『대화』) 참조.

11) J. Rancière, BP, pp.233-5 참조.

12) 같은 책, p.233.

13) J. Rancière, <민주주의 리부트> 6강.

14) J. Rancière, BP. p,116.

15) 같은 책, p.115.

16) 같은 책, p.212.

17) "자유는 어떤 정치주체의 공허한 속성으로 존재할 수 없다. 자유는 두 가지 형태로서 존재할 수 있다. 순전한 비사회적인 개인들의 속성, 아니면 이러한 개인들의 근원적 소외(양도) 속에서 성립하는 주권자의 주권성으로만 존재한다. 이것이 의미하는 것은 주권은 더 이상 한 부분의 다른 부분에 대한 지배가 아니라는 점이다. J. Rancière(2015), 『불화-정치와 철학』, 도서출판 길, pp.132-133.

18) J. Rancière, BP, p.212

19) J. Rancière, 『불화-정치와 철학』, p.118.

20) J. Rancière, *The Politics of Aesthetics*, p.84.

21) J. Rancière, BP, p.212-214.

22) 이러한 평등은 "권리의 산술적 분배와 다르다. 평등의 본질은 이해관계의 공평한 통일에서 발견되는 것이 아니라 추측된 (아르케化 된 정치질서로서 취해지는) '자연적 질서'를 파괴하는 주체의 정치적 행위에서 발견된다." G. Rockhill, "Glossary of technical Terms", p.86.

23) J. Rancière, 『대화』, p.874,

24) J. Rancière, BP, pp.215-217.

25) J. Rancière, 『대화』, p.90.

26) 평등은 이상이나 목표가 아니라 출발이다. 모두가 평등한 세상에서 모두가 능력을 행사할 수 있도록 투쟁하는 것이며, "민주주의는 국가의 형태도 사회의 생활방식도 아니며 정치주체들이 존재하기 위해 거치는 주체화의 양식으로서, 평등한 사람이 평등한 사람으로서 행동하는 집단적 실천이자, 우리 모두에 내재한 능력을 부인하는 국가와 사회의 제반 논리와 부단히 싸우는 힘"이다. J. Rancière, BP, p.16.

27) 이에 대해선 J. Ranciere(1997), La Nuit des proletaires: Archives du reve ouvrier, Paris: Hachette Pluriel; 안준범 옮김(2021), 『프롤레타리아의 밤: 노동자의 꿈의 아카이브』, 문학동네. 참조.

28) J. Rancière, BP, p.217.

29) Žarko Paić(2012), "An-Arché As The Voice Of The People: Jacques

Rancière And The Politics Of Disagreement" (https://tvrdja.com/politi‒
cal‒theory), p.17.

30) G. Rockhill, GT, p.83.

31) 20c 정치의 퇴락을 반성하며 민주주의 재정립을 달리 역설했던 아렌트 역시,
하버마스와 달리 "정치 공동체의 기원에 존재하는 끊임없이 재 활성화되는
'아르케 없음'(an‒archy)의 계기"에 주의력을 집중, "지속적으로 '안‒아르
케'가 활성화될 때에만 제도는 정치적일 수 있다"고 말하며 아나키의 한 요
소를 승인하지만 (전혜림(2016), 「인간과 시민, 자유와 평등 사이: 아렌트와
발리바르의 인권과 시민권의 정치」, 『철학논집』 제47집, 서강대학교철학연구
소, p.143), 발리바르 같은 이들이 말하듯 아렌트는 무정부주의자로 해석되
지 않는다. 이는 무엇보다도 '정치적 헌정주의'를 주장하며 공통감각에 기반
한 올바른 사유의 활동과 이에 수반할, 비록 하바마스와 다른 유형의 것이지
만, 합의에 따른 정치공동체의 정당한 (국가)권력을 용인하는 아렌트의 태도
때문일 것이다. 김선욱(2001), 「한나 아렌트의 판단이론과 의사소통적 합리
성」, 『사회와 철학』 제2호, 사회와철학연구회, pp.255‒78, 그리고 D. Villa,
Arendt and Heidegger: The Fate of the Political, New Jersey: Princeton
University Press, 1996: 서유경 옮김(2000), 『아렌트와 하이데거』, 교보문고,
pp.212 이하 참조.

32) J. Rancière, BP pp.121‒122.

33) J. Rancière, 『대화』, p.418.

34) J. Rancière, BP, p.214. "민주주의는 하나의 정치체제가 아니다. 그것은 아르
케의 논리와 단절하는 것이며, 특정한 주체를 정의하는 관계로서의 정치체제
자체다."

35) 같은 책, p.336.

36) "the institutional governance of the regime or the police."(Žarko Paić,
"An‒Arché As The Voice Of The People: Jacques Rancière And The
Politics Of Disagreement" p.8.)

37) 치안과 정치의 이 양립은 대립의 형국을 띤다. 그리고 이 대립의 형국은 치
안과 구분되는 정치의 고유성(본질) 측면에서 단절을 의미하지만, 랑시에르
가 말하는 새 정치의 성립조건이라는 점에서 정치와 치안의 불가분의 관계를
함축한다. "정치의 재발명은 평등의 토대나 자유롭고 자율적인 개인을 특징
짓는 조건으로부터 출발하는 것이 아니다. (...)정치에 대한 새로운 사유는 오
직 치안(la police)을 출발점으로 삼아서만 시작될 수 있다."(Samuel A.
Chambers(2014), *The Lessons of Rancière*, Oxford University Press, 2014:
S. 체임버스(2019), 『랑시에르의 교훈』, 김성준 옮김, 그린비, p.170) 하지만
이 관계는 치안으로 환원되는 아르케정치가 어떤 식으로든 수용되던 이전의
정치사상에서처럼 치안을 주재하는 통치가 아닌 치안과 다투는 아나키의 긴

장(계쟁)의 관계다.

38) J. Rancière, 『대화』, p.447-448
39) J. Rancière, BP, p.223.
40) J. Rancière, 『대화』, p.808.
41) 같은 책, p.669.
42) J. Rancière, BP, p.117.
43) 같은 책, p.814.
44) Y. Stavrakakis, 『라캉과 정치』, p.188.
45) 같은 책, p.287.
46) J. Rancière, BP, p,25.
47) 이에 대한 것은, 김기수(2013), 「랑시에르의 '정치적 예술'에 관하여 -윤리적 전환의 문제를 중심으로」, 『미학예술학연구』 38집, 한국미학예술학회, pp.27-68 참조. 이 논문은 예술의 윤리적 체계에 함축된 "윤리의 도구화를 통해 어떻게 불일치에 의거한 정치의 가능성이 소멸하는지"에 대한 랑시에르의 분석을 통해 정치와 예술이 치안(아르케 권력)이 그어놓은 "감성의 분할 체계의 재편과 관계하는" 미학의 정치학의 한 단면을 보여준다. 이러한 점에서 랑시에르의 미학이 "예술에 대한 이론이나 아름다음에 대한 학문이 아니"라는 견해는(주형일(2016), 『자크 랑시에르와 해방된 주체』, 도서출판 커뮤니케이션북스, p.69) 타당하지만, 그러나 그의 미학에는 '진리의 미학' 차원에서, 특히 이전의 리얼리즘 예술의 미를 재고해 논할 충분한 여지가 있다.
48) J. Rancière, 『대화』 p.625,
49) J. Rancière, BP, p.94.
50) J. Rancière, Malaise dans l'esthétique, Paris: Editions Galilée, 2004 : 주형일 옮김(2012), 『미학 안의 불편함』, 도서출판 인간사랑, pp.47이하 참조.
51) 감각적인 것의 분할(distribution of the sensible)은 <공통세계에서의 참여의 장소들과 형식들>이 새겨진 지각 양식들을 우선 확립함으로써 <공통세계에서 참여의 장소들과 형식들>을 나누는 감각적 질서를 지배하는 암묵적 법칙을 가리킨다. 감각적인 것의 분할은 따라서 보일 수, 들릴 수 있는 것뿐 아니라 말해지고 사유되고, 만들어지고, 행해질 수 있는 것들의 정해진 지평과 양식에 기초한 지각의 자명한 사실들의 체계를 산출한다. 그러므로 엄밀히 말해서 '감각적인 것의 분할'은 포용의 형태와 배제의 형태 모두를 가리킨다. 물론 '감각적인 것'(the sensible)은 좋은 의미나 (미적)판단을 보여주는 것을 뜻하지 않는다. 이것은 에스테톤(aisthēton), 즉 감각에 사로잡힐 수 있음을 가리킨다. 미학의 영역에서 랑시에르는 세 개의 다른 '감각적인 것의 분할'을 분석한다. 즉, 이미지의 윤리적 체제, 예술의 재현적 체제, 그리고 예술의 미학적 체제. 그리고 정치의 영역에서 그는 <인구를 계산 총합하는 치

안>과 <치안 내에서 어떤 몫(part)도 없는 이들의 주체화를 통해 감각적인
것에 대한 치안의 분배를 교란(방해)하는 정치>의 관계에 대해 탐색한다.
G. Rockhill, GT, p,85.

52) J. Melançon(June 2017), "Review on Martín Plot. The Aesthetico–Political:
The Question of Democracy in Merleau–Ponty, Arendt, and Rancière. Bl
oomsbury Academic, 2014", *Philosophy in Review*, XXXVII [no. 3], Unive
rsity of Victoria, pp.132–133.

53) É, 발리바르(2012), 『폭력과 시민다움: 반폭력의 정치를 위하여』, 진태원 옮
김, 도서출판 난장, p.118.

54) J. Rancière, BP, p.118.

55) 같은 책, pp.120–121.

56) 같은 책, pp.119–122.

57) 같은 책, p.215.

58) 같은 책, pp.215–222.

59) 주형일, 『자크 랑시에르와 해방된 주체』, p.19.

60) J. Rancière, BP, pp.226–227.

61) S. Žižek(1991), *For they know not What they do*, Verso Pub, London,
p.272.

62) Y. Stavrakakis, 『라캉과 정치』, p.327.

63) S. Žižek, "The Lesson of Rancière", in. J. Rancière, *The Politics of
Aesthetics*, p.79.

64) "민주주의가 모든 종류의 조작과 부패, 그리고 민중선동을 가능케 한다는 것
은 사실이다. 그러나 이와 같은 변질의 가능성을 제거하는 순간 우리는 민주
주의 그 자체를 잃어버리게 될 것이다. 만일 우리가 그 변질을 제거하고 손
상되지 않은 순수성 속에서 보편성을 움켜잡길 원한다면 우리는 정 반대의
것을 얻게 될 것이다. (그 순수의 보편을 취한 것이) '실재적인 민주주의라고
불리는 것은 비민주주의의 별칭일 뿐'이다." S. Žižek(1989), *The Sublime
Object f Idelogy*, London: Verso Pub, pp.147–148.

65) J. Rancière, BP, pp.26–27.

66) Žarko Paić, "An–Arché As The Voice Of The People: Jacques Rancière
And The Politics Of Disagreement" (https://tvrdja. com/political–theory).
2021, p.18,

67) 이 경우, 랑시에르의 '치안'과 '정치'의 분리가 초래하는 문제점은 해소 가능
하지만 정치는 치안의 아르케와 결탁해 이른바 "혁명의 배신"을 초래할 위험
에 노출된다. 이에 관해서는 송석랑(2024), 「J. 랑시에르의 대안의 정치와 현
상학적 에토스」, 『동서철학연구』 112호. 참조.

68) J. Rancière(1987), *Le Maitre Ignorant: Cinq leçons sur l'émancipation in-tellectuelle*, Paris Fayard: 양창렬 옮김(2016), 『무지한 스승: 지적 해방에 대한 다섯 가지 교훈』, 도서출판 궁리, p.33.

참고문헌

I. 『논어』를 통한 자기 이해와 리더십 함양

이한우(2024), 『이한우의 『논어』 강의』, 천년의상상.
이한우(2018), 『논어를 읽으면 사람이 보인다 – 이한우의 지인지감 知人之鑑』, 해냄.
이한우(2014), 『논어로 논어를 풀다』, 해냄.
이한우(2020), 『이한우의 주역: 입문』, 21세기북스.
이한우(2020), 『이한우의 주역: 상경 – 시대를 초월한 리더십 교과서』, 21세기북스.
이한우(2020), 『이한우의 주역: 하경 – 시대를 초월한 리더십 교과서』, 21세기북스.
이한우(2022), 『이한우의 태종 이방원 – 상 – 태종풍(太宗風) 탐구』, 21세기북스.
이한우(2022), 『이한우의 태종 이방원 – 하 – 태종풍(太宗風) 탐구』, 21세기북스.

II. 정조의 君師로서의 자기인식과 리더십

『尙書』
『禮記』
『石齋遺稿』
『英祖實錄』
『御製祖孫同講大學文』
『正祖實錄』
『弘齋全書』

그리스도교 철학연구소 편(1991), 『현대 사회와 평화』, 서광사.
김기봉(2013), 「태양왕과 만천명월주인옹: 루이 14세와 정조」, 역사학회 편, 『정조와 18세기』, 푸른역사.
김문식(2007), 『정조의 제왕학』, 태학사.
김성윤(1997), 『조선후기 탕평정치 연구』, 지식산업사.
안효성(2015), 「정조 탕평책의 공공성과 공론정치의 좌표」, 『해석학연구』 제36집.

안효성·김원명(2015), 「화쟁과 탕평은 어떻게 상대주의를 넘어서는가?―일심과 황극을 중심으로」, 『철학논총』 제81집 제3권.
안효성(2016), 「정조 탕평론의 정치철학적 의미」, 한국외국어대학교 철학과 박사학위논문.
유봉학(2001), 『정조대왕의 꿈』, 신구문화.
최성환(2017), 「조선 후기 정치의 맥락에서 탕평 군주 정조 읽기」, 《역사비평》 편집위원회 엮음, 『정조와 정조 이후』, 역사비평사.
최성환(2020), 『영·정조대 탕평정치와 군신의리』, 신구문화사.
한상권(2011), 「정조의 군주론과 왕정」, 김인걸 외, 『정조와 정조시대』, 서울대학교출판문화원.
한영우(2017), 『정조평전―성군의 길 下』, 지식산업사.

Galtung, Johan(1969), "Violence, Peace, and Peace Research," *Journal of Peace Research*, Vol.6, No.3, 1969.

III. 단재 신채호, 한 역사적 인간의 자기인식과 셀프리더십

신채호(2014), 『조선상고사』, 김종성 역, 위즈덤하우스.
신채호(2020), 『조선혁명선언』, 범우사.
신채호(2021), 『조선상고사』, 박기봉 역, 비봉출판사.
『丹齋申采浩全集』(1987), 丹齋申采浩先生記念事業會.
김병민(2014), 「단재 신채호의 철학과 그 인간상」, 『퇴계학논집』 14.
김삼웅(2005), 『단재신채호 평전』, 시대의창.
김상기(2010), 「단재 신채호의 생장과 학문」, 『충청문화연구』 5.
김종학(2007), 「신채호와 민중적 민족주의의 기원」, 『세계정치』 28-1.
매킨타이어, A.(2021), 『덕의 상실』, 이진우 역, 문예출판사.
문성화(2004), 「헤겔과 신채호의 역사사상 비교연구 - 세계와 민족사」, 『철학논총』 37.
박병철(2016), 「단재 신채호의 민족운동과 리더십」, 『민족사상』 10-1.
박정심(2004), 「신채호의 유교인식에 관한 연구 -근대적 주체 문제와 관련하여-」, 『한국사상사학』 22.
박정심(2013), 「신채호의 我에 관한 연구」, 『동양철학연구』 76.
박정심(2014), 「신채호의 我와 非我의 관계에 관한 연구」, 『동양철학연구』 77.
방진하(2014), 「맥킨타이어 '서사적 자아'(narrative self) 개념의 교육적 의미 탐색」, 『교육철학연구』 36-2.
박찬승(2010), 「근대 일본·중국의 '武士道'론과 신채호의 '花郎'론」, 『충청문화연구』5.

송인창(2010), 「단재 신채호 철학사상의 유학적 이해」, 충남대학교 충청문화연구소 편, 『단재 신채호의 사상과 민족운동』.

신용하(1991), 「신채호의 생애와 사상과 독립운동」, 『계간 사상』 가을호.

신용하(2004), 『증보 신채호의 사회사상연구』, 나남.

신일철(1983), 『신채호의 역사사상연구』, 고려대학교출판부.

신정근(2011), 「신채호의 투쟁적 자아관」, 『철학』 109.

원신애(2010), 「맥킨타이어의 '서사적 자아'와 '실천'개념의 의미 - 기독교 도덕교육을 중심으로」, 『기독교교육정보』 27.

윤방섭(2019), 『리더십의 이해』, 한현사.

이만열(2010), 「단재 신채호의 민족운동과 역사연구」, 『충청문화연구』 5.

이호룡(2013), 『신채호 - 영원한 자유인을 추구한 민족해방운동가』, 역사공간.

이홍기(2013), 『신채호 & 함석헌 - 역사의 길, 민족의 길』, 김영사.

임중빈(1987), 『단재 신채호: 그 생애와 사상』, 명지사.

장사형(2020), 「서사적 자아(narrative self)의 교육철학적 함의 고찰」, 『교육철학』 75.

정대성(2020), 「서양철학 수용에 따른 단재 신채호의 역사의식의 변화 연구」, 『현대유럽철학연구』 57.

정윤재(2002), 「단재 신채호의 국권회복을 향한 사상과 행동 - 소크라테스형 지식인의 한 예」, 『한국동양정치사상사연구』 1-2.

최형욱(2020), 「니토베 이나조 · 량치차오 · 신채호의 무사도 · 화랑도 수립 비교 연구」, 『동양학』 78.

충남대학교 충청문화연구소 편(2010), 『단재 신채호의 사상과 민족운동』, 경인문화사.

피히테, J.G.(1996), 『인간의 사명』, 한자경, 서광사.

피히테, J.G.(2005), 『학문론 또는 이른바 철학의 개념에 관하여』, 이신철 역, 철학과현실사.

함규진(2019), 「일제강점기 전후의 영웅 담론: 박은식, 신채호, 이광수, 김동인의 작품을 중심으로」, 『한국정치연구』 28-3.

Gloy, K.(2000), "Fichtes Dialektiktypen", *Fichte-Studien*, 17.

IV. 불교의 자기인식에 기반한 걸림없음[無碍]의 리더십
— 용성진종(龍城震鐘)의 자기인식 실천을 중심으로

고려대장경연구소 편(1999), 『공과 연기의 현대적 조명』, 고려대장경연구소.

김택근(2019), 『용성평전』, 도문 감수, 모과나무.

덕진 외(2015), 『압축성장의 고고학: 사회조사로 본 한국사회의 변화 1965–2915』, 한울.

동산 찬집(1999), 『평상심이 도라 이르지 말라』, 동봉 풀이, 불광출판부.

막스 베버, 「직업으로서 정치」, 양성철(2017), 『학문과 정치: 막스 베버와 21세기 전자인간시대』, 고려대학교 출판문화원.

매튜 J. 무어(2021), 『불교, 정치를 말하다』, 박병기·이철훈 옮김, 씨아이알.

박병기(2023), 「교사로서 남명의 권위와 인성교육」, 『남명학보』 23호, 남명학회.

박병기(2024), 「불이의 철학과 더 나은 세계: 이찬훈의 <불이문을 넘어 붓다의 세계로> 서평」, 『불교평론』 98호.

백도수 옮김(2024), 『초전법륜경』, 활성 해설·감수, 고요한소리.

아민 알루프(2006), 『사람 잡는 정체성』, 박창호 옮김, 이론과 실천.

안토니오 그람시(1999), 『그람시의 옥중수고 2』, 이상훈 옮김, 거름.

용성(1997), 『각해일륜: 깨달음의 빛은 온누리에』, 세계불교성지보존회.

이찬훈(2024), 『불이문을 넘어 붓다의 세계로』, 산지니.

조식(2001), 『남명집』, 경상대 남명학연구소 옮김, 한길사.

진관(2023), 『용성사상 연구』, 운주사.

한보광(2006), 「백용성스님의 삼장역회 설법과 허가취득」, 『대각사상』 9집, 대각사상연구원.

한자경(2014), 「불교 연기론에 담긴 '표층–심층 존재론' 해명」, 김상환·박영선 엮음, 『분류와 합류: 새로운 지식과 방법의 모색』, 이학사.

Garfield, Jay L.(2022), *Losing Ourselves: Learning to live without a self*, Princeton & Oxford: Princeton University Press.

V. 소크라테스의 변론에서의 설득의 원리와 파레시아의 리더십

강유선(2023), "플라톤의 파레시아(parrhēsia): 절제(sōphrosynē)있는 말하기", 『철학논총』 111권.

박수인(2022), "철학은 어떻게 비판이 되었는가: 소크라테스와 플라톤의 철학적 파레시아에 대한 푸코의 고찰", 『철학사상』 83호.

송대현(2021), "플라톤의 소크라테스의 변론에서 mê thorubein의 사용", 『수사학』 41권.

장영란(2024), "플라톤의 『변론』 속의 설득의 원리로서의 에토스와 고발문 분석", 『현대유럽철학연구』 75집.

_____ (2012), 『소크라테스를 알라』, 살림.

_____ (2011), "철학 상담과 철학적 대화법", 『존재론 연구』 25권.

이재현(2019), "소크라테스의 불경죄와 그의 신적 사명에 대한 비판적 고찰", 『범한철학』 92권.

프레데리크 그로, 필립 아르티에르 외(2006), Foucault, Le Courage de la verite, 『미셸 푸코, 진실의 용기』, 박은형, 박규현, 김영, 심세광 옮김, 길.

한석환(2004), "플라톤의 『변명』과 수사술", 『서양고전학연구』 21권.

Atack, Carol(2019), "Plato, Foucault and the Conceptualization of Parrhesia", *History of Political Thought*, 40(1).

Bourgault, Sophie(2014), "The Unbridled Tongue: Plato, Parrhesia, and Philosophy", *Interpretation: A Journal of Political Philsophy*, 41(2).

Brickhouse, Thomas C., and Nicholas D. Smith(1986), "Socrates' First Remarks to the Jury in Plato's 'Apology of Socrates'", *The Classical Journal*, 81(4).

Diogenes Laertius(1925), *Lives of Eminent Philosophers* 1, Loeb Classical Library 184, Harvard University Press.

Foucault, Michel(2024), *Dire vrai sur soi-même*, 『자기 자신에 대한 진실 말하기』, 오트르망, 심세광, 전혜리 옮김, 동녘.

_____ (2010), *Le gouvernment de soi et des autres, Cours au Collège de France, 1982-1983*, The Government of Self and Others, Picador.

_____ (2001), *Fearless Speech*, ed. by Joseph Pearson, Semiotext.

_____ (1998), *Ethics: Subjectivity and Truth*(Essential Works of Foucault, 1954-1984, Vol. 1), ed. by Paul Rabinow, The New Press.

_____ (2018), 『담론과 진실 : 파레시아』, 오트르망 옮김, 동녘.

_____ (1988), *Technology of the Self: A Seminar with Michel Foucault*, eds. Luther H. Martin, Huck Gutman and Patrick H. Hutton, 『자기의 테크놀로지』, 이희원 옮김, 동문선.

Hackforth, R.(1933), *The Composition of Plato's Apology*, Cambridge University Press.

Howland, J.(2008), "Plato's Apology as Tragedy", *The Review of Politics*, 70(04).

Kato, S.(1991), "The Apology, The Beginning of Plato's Own Philosophy", *The Classical Quarterly*, 41(02).

King, C. S.(2008), "Wisdom, Moderation, and Elenchus in Plato's Apology",

Metaphilosophy, 39(3).

Leibowitz, David(2010), *The Ironic Defense of Socrates: Plato's Apology*, Cambridge University Press.

Miller, Paul Allen & Platter, Charles(2010), *Plato's Apology of Socrates; A Commentary*, University of Oklahoma Press.

Plato(1999), *Euthyphro[=Euthyphr.], Apology[=Ap.], Crito[=Cri.], Phaedo[= Phd.], Phaedrus [=Phdr.]*, trans. by Fowler, H.N., Loeb Classical Library, Harvard University Press.

_____ (2003), 『에우티프론, 소크라테스의 변론, 크리톤, 파이돈』, 박종현 옮김, 서광사.

_____ (2020), 『소크라테스의 변명』, 김철웅 옮김, 아카넷.

_____ (2023), 『소크라테스의 변론, 크리톤』, 오유석 옮김, 마리북스.

_____ (2020), 『파이돈』, 전헌상 옮김, 아카넷.

_____ (1925), *Lysis[Lys.]. Symposium[=Symp.]. Gorgias[=Grg.]*, Loeb Cla－ssical Library 166, Harvard University Press.

_____ (2021), 『고르기아스』, 김인곤 옮김, 아카넷.

Volpe, M.(1977), "Practical Platonic Rhetoric: A study of the argumentation of the apology", *Southern Speech Communication Journal*, 42(2).

Xenophon(1923), *Xenophon: Memorabilia. Oeconomicus. Symposium. Apologia*, tr. by E. C. Marchant, Loeb Classical Library No.168, Harvard University Press.

VI. 반면교사의 인간형 알키비아데스

강철웅 외(2013), 『서양고대철학』, 서울: 길.

오흥식(1997), 「투키디데스의 히브리스-네메시스적 역사관」, 『사림』 12－13.

오흥식(2010), 「투키디데스의 '펠로폰네소스 전쟁사'」, 『서양사론』 107.

이경직(2000), 「플라톤의 '향연'편에 나타난 소크라테스의 젊은이 교육」, 『서양고전학연구』 14(1).

임옥희(2012), 「서사적 상상력: 인문학적 페미니즘의 가능성」, 『탈경계인문학』 13.

장경춘(2011), 『플라톤과 에로스-'쉼포지온' 읽기』, 안티쿠스.

장준호(2007), 「투키디데스 펠로폰네소스 전쟁사 재구성: 외교논쟁과 그 현대적 함의」, 『한국정치외교사논총』 28(2).

정혜신(1996), 「희랍 동성애의 특성과 사회적 역할」, 『서양고전학연구』 10.

최자영(1995), 「투키디데스와 폴리비오스의 역사관」, 『서양고전학연구』 9.

Cornford, F. M.(1957), 남경희 역(1994), 『종교에서 철학으로』, 서울: 이화여자
  대학교 출판부.

Ehernberg, V.(1960), 김진경 역(1991), 『그리스 국가』, 서울: 민음사.

Flaciliere, R.(1959), 심현정 역(2003), 『고대 그리스의 일상생활』, 서울: 우물이
  있는 집.

Gribble, D.(1998), *Alcibiades and Athens*, NY: Oxford.

Herodotus, *Historiae*, 천병희 역(2022), 『역사』, 서울: 숲.

Hornblower, S. & Spawforth, A.(1996), *The Oxford Classical Dictionary*, NY:
  Oxford University Press.

Howatson, M. C., Sheffield, F. C. C., ed.(2008), *Plato. The Symposium*,
  MA:Cambridge.

Kagan, D.(2003), *The Peloponnesian War*, 허승일, 박재욱 역(2006), 『투키디데
  스 전쟁사』, 서울: 까치글방.

Kerferd, G.(1981), *Sophistic Movement*, 김남두 역(2003), 『소피스트 운동』, 서
  울: 아카넷.

McGregor, M. F.(1965), "The Genius of Alkibiades", *Phoenix*, 19(1).

Plato, *Politeia*, 박종현 역주(1997), 『국가』, 서울: 서광사.

Plato, *Nomoi*, 박종현 역주(2009), 『법률』, 경기: 서광사.

Plato, *Epistolai*, 강철웅, 김주일, 이정호 역주(2009), 『편지들』, 서울: 이제이북스.

Plato, *Menexenus*, 이정호 역주, 『메넥세노스』, 서울: 이제이북스.

Plato, *Symposion*, 박희영 역주, 『향연』, 서울: 문학과 지성사.

Plato, *Symposion*, 강철웅 역주, 『향연』, 서울: 이제이북스.

Plato, *Symposion*, 장경춘 역주, 『심포시온』, 서울: 안티쿠스

Plato, *Symposion*, Allen, R.E., trans.(1993), *Plato's Symposium*, MA: Yale
  University Press.

Plato, *Alcibiades* 1. 김주일, 정준영 역주, 『알키비아데스』, 서울: 이제이북스.

Plutarchos, *Plutarch's Lives*, Perrin. B.(1916), *Plutarch's Lives*, MA. Harvard
  University Press.

Rosen, S.(1999), *Plato's Symposium*, IN: St. Augustine's Press.

Thucydides, *Hisoriae*, 천병희 역주(2011), 『펠로폰네소스 전쟁사』, 서울: 숲.

Xenophone, *Memorabilia*, 최혁순 역(2000), 『소크라테스 회상』, 서울: 범우사.

Xenophone, *Hellenika*, 최자영 편역(2012), 『그리스 역사』, 서울: 안티쿠스.

페르세우스 프로젝트 http://www.perseus.tufts.edu/

VII. 로마 격동기를 이끈 리더들에 대한 플루타르코스의 시선

플루타르코스(2010), 『플루타르코스 영웅전』, 천병희 옮김, 도서출판 숲.
플루타르코스(2021), 『플루타르코스 영웅전』, 신복룡 옮김, 을유문화사.
플루타르코스(2013), 『두 정치연설가의 생애 – 데모스테네스와 키케로, 민주와
  공화를 웅변하다』, 김헌 옮김, 한길사.
셰익스피어(2019), 『줄리어스 시저』, 박우수 옮김, Huine.

VIII. 막달라 마리아 전승에 나타난 여성리더십과 영성
  – 대니얼 골먼(Daniel Goleman)의 감성지능의 관점에서

양재훈(2005), 「창녀가 된 그리스도의 신부(4): Apostola Apostolorum, 외경의
  막달라 마리아」, 『기독교사상』 49–10.
조진경(1995), 「피오렌자의 성서 해석학에 관한 연구」, 『한국여성신학』 23.
정병준, "정병준의 교회사 교실: 67 막달라 – 막달라 마리아의 고향,"
  https://blog.naver.com/jbjoon63/221108534779, [게시 2017. 9.30].

Adams, Robert Merrihew(2006), *A Theory of Virtue: Excellence in Being for
  the Good*, New York: Oxford University Press.
Fiorenza, Elisabeth Schüssler(1984), *In Memory of Her: A Feminist
  Theological Reconstruction of Christian Origins*, New York: Crossroad.
Goleman, Daniel(2005), *Emotional Intelligence: Why It Can Matter More Than
  IQ*, New York: Bantam Books.
Gottman, John M., Lynn Fainsilber Katz, and Carole Hooven(1996), "Parental
  Meta–Emotion Philosophy and the Emotional Life of Families:
  Theoretical Models and Preliminary Data," *Journal of Family Psychology*,
  10–3.
Gottman, John M., Lynn Fainsilber Katz, and Carole Hooven(1997), *Meta–Em
  otion: How Families Communicate Emotionally*, Mahwah, NJ: Lawrence Er
  lbaum Associates Publishers.
Maxwell, John C.(2018), *Developing the Leader within You 2.0*, Nashville:
  HarperCollins.
Nongbri, Brent(2014), "The Limits of Palaegraphic Dating of Literary Papyri:
  Some Observations on the Date and Provenance of P. Bodmer II (P66)",
  Museum Helveticum, 71–1.

Pope Gregory(1990), *Forthy Gospel Homilies*, Kalamazoo, MI: Cistercian Publication.

Robins, James M. ed.(1990), "The Gospel of Mary", *The Nag Hammadi Library In English*, San Francisco: HarperSanFrancisco.

Schaberg, Jane(2004), *The Resurrection of Mary Magdalene: Legends, Apo—cr ypha, and the Christian Testament*, New York: Continuum.

Schrader, Elizabeth(2017), "Was Martha of Bethany Added to the Fourth Gospel in the Second Century?", *Harvard Theological Review*, 110－3.

Solomon, Robert C.(2007), *True to Our Feeling: What Our Emotions Are Really Telling Us*, New York: Oxford University Press.

Gibson, Mel, *The Passion of Christ*, Icon Productions, 2004.

IX. '영국의 별' 헨리 5세의 자기인식과 리더스피릿
－ 셰익스피어의 『헨리 5세』를 중심으로

윌리엄 셰익스피어(2020), 『헨리 5세』, 최경희 역, 동인.

윌리엄 셰익스피어(2015), 『헨리 4세 1부』, 임도현 역, 동인.

윌리엄 셰익스피어(2016), 『헨리 4세 2부』, 권오숙 역, 동인.

공성욱(1923), 「Henry V : Henry와 극의 구조」, 『셰익스피어 리뷰』 22.

권오숙(2016), 『셰익스피어 － 연극으로 인간의 본성을 해부하다』, 한길사.

김동호(1997), 「셰익스피어와 마키아벨리」, 『상명대 인문과학연구』 6.

김동호(1998), 「셰익스피어 희곡에 대한 마키아벨리의 영향」, 『상명대 인문과학 연구』 6.

김문규(2011), 「『헨리 5세』: 대영제국 비전의 투영과 비판」, 『신영어영문학』 50.

리더스피릿연구소(2021), 『고전의 창으로 본 리더스피릿』, 충남대학교출판문화원.

리더스피릿연구소(2022), 『공공성과 리더스피릿』, 충남대학교출판문화원.

리더스피릿연구소(2023), 『역사와 고전의 창으로 본 21세기 공공리더십』, 박영사.

리더스피릿연구소 · 후마니타스 리더십연구소(2023), 『인문학 리더십 강의 I』, 박 영사.

박우동(2002), 「셰익스피어 作品에 나타난 經營기법」, 『경제연구』 23－1.

박우수(2009), 「코러스의 극적 기능: 『헨리 5세』의 경우」, 『세익스피어 리뷰』 45－1.

서영식 외(2013), 『인문학과 법의 정신』, 충남대학교출판문화원.

서영식(2016), 「서양 근대의 전쟁 담론에 관한 비판적 고찰」, 『철학논총』 86.

서영식(2017), 『플라톤철학의 실천이성담론』, 충남대학교출판문화원.

서영식(2023), 「정치철학적 관점에서 본 『맥베스』와 리더의 조건」, 『범한철학』

111.

윤방섭(2019), 『리더십의 이해』, 학현사.

윤여복(2008), 「로렌스 올리비에와 케네스 브라나의 『헨리 5세』에 나타난 메타시네마적 요소: 메타드라마에서 메타시네마로」, 『영어영문학 연구』 50-1.

윤정용(2013), 「『헨리 5세』에 나타난 왕권의 탈신비화 양상」, 『영어영문학21』 26-3.

이경원(2021), 『제국의 정전 셰익스피어 – '이방인'이 본 '민족시인'의 근대성과 식민성』, 한길사.

이대석(2002), 『셰익스피어 극의 이해 – 사극과 로마극』, 한양대학교 출판부.

이상호(2015), 『조직과 리더십』, 북넷.

이정영(2013), 『셰익스피어의 영국: 첫 역사극 사부작을 중심으로』, 경북대학교 박사학위논문.

이종숙(1994), 「민중편집자로서의 셰익스피어 관중, 『헨리 5세』를 중심으로」, 『창작과 비평』 83.

임혜리(2000), 「『헨리 5세』 – 마키아벨리스트 헨리의 성공과 실패」, 『셰익스피어 리뷰』 36.

장승재(1993), 「『헨리 5세』의 극형식과 이데올로기」, 『서강영문학』 5.

조중일(2014), 「『헨리 5세』(King Henry V)에서 1막 1장과 2장의 의미」, 『인문학 연구』(동덕여대) 22.

최경희(1998), 「정치 연극의 전복성: 『헨리 5세』를 중심으로」, 『영어영문학』 44-1.

최경희(2012), 「전쟁드라마 『헨리 5세』에 나타난 계층갈등과 이데올로기의 균열」, 『고전 르네상스 영문학』 21-2.

황효식(2013), 「민족주의와 셰익스피어의 사극」, 『셰익스피어 리뷰』 49-3.

홍기영(2012), 「『헨리 5세』(Henry V)의 기독교적 해석」, 『현대영어영문학』 56-3.

스티븐 그린블랫(2020), 『폭군 – 셰익스피어에게 배우는 권력의 원리』, 이종인 역, 로크미디어.

니콜로 마키아벨리(2005), 『군주론』, 강정인·엄관용 역, 살림.

니콜로 마키아벨리(2008), 『군주론』, 강정인·김경희 역, 까치글방.

션 매커보이(2015), 『셰익스피어 깊이 읽기』, 이종인 역, 작은사람.

막스 베버(2006), 『직업으로서의 정치』, 전성우 역, 나남.

롤프 브라이텐슈타인(2001), 『CEO를 위한 셰익스피어 매니지먼트』, 박의춘 역, 좋은책만들기.

앨런 블룸 · 해리 자파(1996), 『셰익스피어의 政治哲學』, 강성학 역, 집문당.

카를 슈미트(2012), 『정치적인 것의 개념』, 김효전 외 역, 살림.

아리스토텔레스(2011), 『니코마코스 윤리학』, 강상진 외 역, 길.

노먼 어거스틴 · 케네스 아델만(2008), 『셰익스피어 경영』, 홍윤주 역, 푸른샘.

켄지 요시노(2012), 『셰익스피어, 정의를 말하다』, 김수림 역, 지식의날개.

오다시마 유시(2011), 『셰익스피어 인간학』, 장보은 역, 말·글빛냄.

스탠리 웰스 외(2015), 『셰익스피어의 책』, 박유진 외 역, 지식갤러리.

테리 이글턴(2018), 『셰익스피어 정치적 읽기』, 김수림 역, 민음사.

체사레 카타(2023), 『셰익스피어 카운슬링』, 김지우 역, 다산초당.

에른스트 캇시러(2013), 『국가의 신화』, 최명관 역, 창.

폴 커리건(2000), 『셰익스피어 매니지먼트』, 유혜경 역, 지원미디어.

카를 폰 클라우제비츠(2008), 『전쟁론』, 류제승 역, 책세상.

플라톤(2005), 『국가·정체』, 박종현 역, 서광사.

존 휘트니 · 티나 팩커(2003), 『리더십 3막 11장』, 송홍한 역, 씨앗을뿌리는사람.

Augustin, Norman R. & Adelman, Kenneth(1999), *Shakespeare in Charge: The Bard's Guide to Leading and Succeeding on the Business Stage*, Little, Brown and Company.

Bell, John(2021), *Some Achieve Greatness: Lessons on leadership and char-acter from Shakespeare and one of his greatest admirers*, Pantera Press.

Bezio, Kristin M.S.(2021), *William Shakespeare and 21st-Century Culture, Politics, and Leadership: Bard Bites*, Edward Elgar Publishing Ltd.

Charlesworth, Ric(2016), *Shakespeare The Coach*, Rc Sports (Wa) Pty Ltd.

Cohen, Eliot A.(2023), *The Hollow Crown: Shakespeare on How Leaders Rise, Rule, and Fall*, Basic Books.

Greenblatt, Stephen(2019), *Shakespeare On Power*, Random House UK Ltd.

Olivier, Richard(2001), *Inspirational Leadership: Henry V and the Muse of Fire — Timeless Insights from Shakespeare's Greatest Leader*, Spiro Press.

Olivier, Richard(2013), *Inspirational Leadership: Timeless Lessons for Leaders from Shakespeare's Henry V*, Nicholas Brealey Publishing.

Talbott, Frederick(1994), *Shakespeare on Leadership: Timeless Wisdom for Daily Challenges*, Thomas Nelson Inc.

Whitney, John O. & Packer, Tina(2001), *Power Plays: Shakespeare's Lessons in Leadership and Management*, Simon & Schuster.

X. 상반된 두 과학자의 리더십: 프리츠 하버와 라이너스 폴링

Bracht, E. M., Keng-Highberger, F. T., Avolio, B. J., & Huang, Y.(2021), "Take a "Selfie": Examining How Leaders Emerge From Leader Self-Awareness, Self-Leadership, and Self-Efficacy", *Frontiers in*

Psychology.

Patrick, Coffey(2008), *Cathedrals of science: The personalities and rivalries that made modern chemistry*, Oxford University Press, 6장 9장 참조.

Danylova, T. V., and S. V. Komisarenko(2021), "A legend in his own lifeti－me: double Nobel prize winner Linus Pauling", *Ukrainian Biochemi－cal Journal*.

Peter Goff, Guthrie, J. E., Goldring, E., & Bickman, L.(2014), "Changing principals' leadership through feedback and coaching", *Journal of edu－cational administration*, 52(5).

Hal, Harris(2006), "Fritz Haber: Chemist, Nobel Laureate, German, Jew: A Biography"(Stoltzenberg, Dietrich), *Journal of Chemical Education*, 83.

Essex, J., Laura Howes(2014), "Experiments in integrity － Fritz Haber and the ethics of chemistry, science in school", *The European journal for science teachers*, Issue 29.

Kaplan, Land(n.d.), "Is Science Morally Neutral? The Curious Case of Fritz Ha ber", *Sinai and Synapses*, Retrieved August 16, 2024, from https://sinaiand synapses.org/content/is－science－morally－neutral－the－curious－case－of－fritz－haber/

Manchester, Keith L.(2002), "Man of destiny: the life and work of Fritz Haber", *Endeavour*, 26(2).

Kathryn, S. Olmsted(2007), "Linus Pauling: A case study in counterintelligence run amok", In *Handbook of Intelligence Studies*, Routledge.

Terziev, V.(2022), "Strategic management in times of global crisis", Available at SSRN 4066778.

United States, Congress(1962), *Congressional Record*, U.S, Government Printing Office.

XI. J. 랑시에르의 '정치적 주체화'와 셀프리더십
－ 민주시민의 정치성 복원에 대하여

김기수(2013), 「랑시에르의 '정치적 예술'에 관하여 －윤리적 전환의 문제를 중심으로」, 『미학예술학연구』 38집, 한국미학예술학회.

김선욱(2001), 「한나 아렌트의 판단이론과 의사소통적 합리성」, 『사회와 철학』 제2호, 사회와철학연구회.

송석랑(2024), 「J. 랑시에르의 대안의 정치와 현상학적 에로스」, 『동서철학연구』 112호, 한국동서철학회.

에티엔 발리바르(2012),『폭력과 시민다움: 반폭력의 정치를 위하여』, 진태원 옮김, 난장.

전혜림(2016),「인간과 시민, 자유와 평등 사이 – 아렌트와 발리바르의 인권과 시민권의 정치」,『철학논집』47집, 서강대학교 철학연구소.

주형일(2016),『자크 랑시에르와 해방된 주체』, 커뮤니케이션 북스.

진태원(2022),「갈등의 위상학과 해방의 변증법」,『철학연구』163집, 대한철학회.

Arendt, H.(1970), *On Violence*, Harcourt Brace & Company, Orlando: 1970: 김정한 옮김(1999),『폭력의 세기』, 이후.

Chambers, Samuel A.(2014), *The Lessons of Ranciere*, Oxford Univ Press: 김성준 옮김(2019),『랑시에르의 교훈』, 그린비.

Cilliam, C.(2017), *Immanence and Micropolitics: Sartre, Merleau–Ponty, Foucault and Deleuze*, Edinburgh University Press.

Kosik, K.(1986), *Die Dialektik Des Konkreten: Eine Studie zur Problematik des Menschen und der Welt*, Suhrkamp Verlag. Frankfurt am/Main.

Melançon, J.(2017), "Review on Martín Plot. The Aesthetico–Political: The Question of Democracy in Merleau–Ponty, Arendt, and Rancière, Bloomsbury Academic 2014", *Philosophy in Review*, XXXVII [no.3], University of Victoria.

Rancière, J.(1987), *Le Maitre Ignorant: Cinq leçons sur l'émancipation in–tellectuelle*, Paris Fayard; 양창렬 옮김(2016),『무지한 스승: 지적 해방에 대한 다섯 가지 교훈』, 궁리.

Rancière, J.(1995), *Mesentente*, Paris: Galilée; 진태원 옮김(2015),『불화 –정치와 철학』, 길.

Ranciere J.(1997), *La Nuit des proletaires: Archives du reve ouvrier*, Paris: Hachette Pluriel; 안준범 옮김(2004),『프롤레타리아의 밤: 노동자의 꿈의 아카이브』, 문학동네.

Rancière, J.(1998), *Aux border du politique*, La Fabrique Éditions, Paris; 양창렬 옮김(2008),『정치적인 것의 가장자리에서』, 길.

Rancière, J.(2004), *Malaise dans l'esthétique*, Paris: Editions Galilé; 주형일 옮김(2012),『미학 안의 불편함』, 인간사랑.

Rancière, J.(2009), *Et tant pis pour les gens fatigués*, Editions Amsterdam; 박영옥 옮김(2020),『자크 랑시에르와의 대화–피곤한 사람들은 어쩔 수 없지!』, 인간사랑.

Rancière, J.(2010), *The Politics of Aesthetics: The Distribution of the Sensible*, tr. Gabriel Rockhill, New York: Continuum.

Rockhill, G.(2010), "Glossary technical Terms", in J. Rancière, *The Politics of Aesthetics: The Distribution of the Sensible*, tr. G. Rockhill, New York:

Continuum.

Stavrakakis, Y.(1999), *Lacan And The Political*, Oxford shire: Routledge(Taylor & Francis Group); 이병주 옮김(2006), 『라캉과 정치』, 은행나무.

Villa, D.(1996), *Arendt and Heidegger: The Fate of the Political*, New Jersey: Princeton University Press; 서유경 옮김(2000), 『아렌트와 하이데거』, 교보문고.

Žarko Paić(2012), "An—Arche As The Voice Of The People: Jacques Ranciere And The Politics Of Disagreement" (https://tvrdja. com/political—theory).

Žižek, S.(1991), *For they know not What they do*, London: Verso Pub.

Žižek, S.(2010), "The Lesson of Rancière", in J. Rancière, *The Politics of Aesthetics: The Distribution of the Sensible*, tr. Gabriel Rockhill, New York: Continuum.

저자 소개

김 헌 | 서울대학교 인문학연구원 교수

서울대학교 불어교육과를 졸업하고, 동 대학원 철학과에서 석사 학위(서양고대철학, 플라톤), 서양고전학 협동과정에서 석사 학위(서양고전학, 호메로스)를 받고 박사 과정을 수료한 후, 프랑스 스트라스부르대학교에서 박사 학위(서양고전학, 아리스토텔레스)를 받았다. 현재 서울대학교 인문학연구원 교수로 재직 중이다. 서양 고대 그리스의 문학과 신화, 고전기 아테네의 수사학과 철학이 주요 관심 분야이다. 쓴 책으로는『고대 그리스의 시인들』(2004),『인문학의 뿌리를 읽다』(2016),『그리스 문학의 신화적 상상력』(2016),『김헌의 그리스 로마 신화』(2022),『신화의 숲』(2024),『전쟁터로 간 소크라테스』(2024) 등이 있고, 옮긴 책으로는『두 정치연설가의 생애』(2013),『그리스 지도자들에게 고함』(2017),『'어떤 철학'의 변명』(2019) 등이 있다.

kimcho@snu.ac.kr

박병기 | 한국교원대학교 윤리교육과 교수

윤리학과 도덕교육을 전공하여 서울대에서 '사회윤리의 책임주체 문제'로 교육학 박사 학위를 받고, 불교원전전문학림 삼학원에서 불교철학과 윤리를 공부했다. 관심 분야는 시민교육과 도덕교육이고, 한국교원대 대학원장, 교육부 민주시민교육자문위원장을 역임했다.

bkpak15@knue.ac.kr

서영식 | 충남대학교 지식융합학부 교수

충남대학교(철학)와 한국방송통신대학교(법학)를 졸업하였으며, 스위스 루체른대학교에서 철학박사 학위를 취득하였다. 현재 충남대에서 지식융합학부장과 리더스피릿연구소장을 맡고 있다. 리더십과 리더스피릿을 테마로 한 근래의 저서로는『CNU와 충청학의 선구자들』(2025, 공저),『인문학 리더십 강의 I』(2024, 공저),『리더와 리더스피릿』(2023),『역사와 고전의 창으로 본 21세기 공공리더십』(2023, 공저),『70년 CNU의 리더스피릿』(2022, 공저),『공공성과 리더스피릿』(2022, 공저),『고전의 창으로 본 리더스피릿』(2021, 공저) 등이 있다.

youngsik@cnu.ac.kr

송석랑 | 목원대학교 창의교양학부 교수

한국외국어대학교와 대학원을 졸업한(문학사, 문학석사) 후, 충남대학교 대학원에서 실존현상학 연구로 철학박사학위를 취득했다. 현재 목원대학교 창의교양학부 교수로 재직 중이다. 또한 목원대 교양교육혁신연구센터(LIC) 센터장을 맡고 있으며, 한국해석학회 회장으로 일하고 있다. 근래의 저·역서와 연구논문으로『정신과학입문』(2015, 역서),『외모지상주의 깨뜨리기』(2017, 공저),『인문예술, 세계를 담다』(2022, 공저),『역사와 고전의 창으로 본 21세기 공공리더십』(2023, 공저)과「진리의 정치성에 대한 현상학적 해명」(2021),「이이(李珥)의 이기론과 구체성의 철학 - 실존현상학의 관점에서」(2022),「갈등의 위상학과 해방의 변증법 - 철학의 시적 인식을 통한 고찰」(2022) 등이 있다.

phzeit@mokwon.ac.kr

안효성 | 대구대학교 자유전공학부 교수
한국외국어대학교에서 정조의 정치사상 연구로 철학박사 학위를 취득했다. 현재 대구대학교 자유전공학부 교수로 재직 중이다. 저서로는 『한국 사회와 비판적 지식인의 역할』(2024, 공저), 『인문예술, 세계를 담다』(2022, 공저), 『더 많은 민주주의를 향하여』(2021, 공저), 『근대한국 개벽운동을 다시읽다』(2020, 공저), 『한반도 평화체제 구축을 위한 인문정책 개발 연구: 평화교육 인문정책을 중심으로』(2019, 공저), 『에스닉 문화 콘텐츠』(2019, 공저) 등이 있다.
choundo@hanmail.net

양정호 | 장로회신학대학교 교수
충남대학교(B.A)와 장로회신학대학교(M.Div./Th.M) 그리고 미국 클레어몬트 대학원 대학교(M.A./Ph.D.)를 졸업하였다. 현재 장로회신학대학교 학술연구처 소속 조교수로서 학술지 『장신논단』 편집총무 및 장로회신학대학교출판부 편집인으로 책을 만드는 일을 하면서, 역사신학 분야 강의를 함께 하고 있으며, 서울교회 협동목사로 섬기고 있다. 주요 연구 분야는 중세사, 여성사, 기독교 사상사이다. 저서로는 『신앙, 무엇을 믿는가? - 교리와 논쟁, 신앙고백의 역사 [고대와 중세편]』(2024), 『예수님과 함께 하는 일만시간의 비밀』(2021)이 있다. 공저로는 『청소년의 마음을 키우는 인문학 선물』(2024), 『역사와 고전의 창으로 본 21세기 공공리더십』(2023), 『내양을 먹이라: 교회사 속의 목회』(2023), 『20세기 대전의 리더스피릿』(2022), 『하나님을 향한 영혼의 여정』(2018), 『영혼의 친구』(2018) 등이 있다. 역서로는 『기독교 인물 사상 사전』(2007)이 있다.
caritasnine@gmail.com

이한우 | 논어등반학교장
고려대 영문과를 졸업하고 한국외국어대 철학과 박사과정을 수료했다. 1992년부터 신문기자로 일했고 2003년 조선일보 논설위원, 2014년 조선일보 문화부장을 거쳐 2016년부터 논어등반학교를 세워 논어, 주역 등을 강의하고 있다. 근래의 저술로는 『이한우의 『노자』 강의』(2024), 『이한우의 『논어』 강의』(2024), 『이한우의 인물지』(2023), 『이한우의 설원 (상·하) : 유향 찬집 완역 해설』(2023), 『이한우의 태종 이방원 : 상·하』(2022), 『이한우의 주역 : 상경·하경』(2020), 『이한우의 주역 : 입문』(2020) 등이 있다. 또한 『이한우의 태종실록』(전 19권), 『완역 한서』(전 10권, 2020), 『이한우의 사서삼경』(전 4권, 2015), 『대학연의』(상·하, 2014), 『역사의 의미』(1990), 『해석학적 상상력』(1993), 『마음의 개념』(1994), 『해석학이란 무엇인가』(2011) 등의 번역서가 있다.
oxen7351@naver.com

장영란 | 한국외국어대학교 교양대학 교수
한국외국어대학에서 서양고전철학으로 박사학위를 취득했다. 현재 한국외국어대학 미네르바교양대학 교수로 재직 중이다. 주요 저서로 『호메로스의 일리아스, 신들의 전쟁과 인간들의 운명을 노래하다』(2021), 『영혼이란 무엇인가』(2020), 『호모 페스티부스: 놀이와 예술과 여가로서의 삶』(2018), 『좋은 삶이란 무엇인가』(2018), 『죽음과 아름다움의 신화와 철학』(2015) 등이 있다.
phileidos@gmail.com

장지원 | 충남대학교 교육학과 교수
고려대학교 교육학과를 졸업하고 동 대학원에서 『플라톤의 <법률>편 연구』로 박사학위를 취득했다. 서양 고대철학, 교육철학 사상 등을 중심으로 다수의 논문을 발표하였다. 저서로는 『교육사상의 역사』, 역서로는 『현대교육철학의 다양한 흐름』이 있다.
theoria@cnu.ac.kr

정영기 | 호서대학교 창의교양학부 교수
고려대학교 철학과를 졸업하고 고려대학교 대학원에서 철학박사 학위를 받았다. 저서로는 『민주시민교육의 인문학적 기반연구』(2019, 공저), 『인문학 독서토론 20선』(2021), 『논리적 사고와 표현』(2022), 『철학과 영상문화』(2009), 『과학적 설명과 비단조논리』(1996), 『논리와 사고』(2012), 『귀납논리와 과학철학』(2000, 공저), 『논리와 진리』(1996, 공저), 번역서로는 『현대 경험주의와 분석철학』(1995, 공역), 『근대 철학사 데카르트에서 칸트까지』(1993, 공역), 『공학 철학』(2015) 등이 있다.
jsch123@hanmail.net

인문학 리더십 강의 II
자기인식과 리더스피릿

초판발행	2025년 2월 15일
지은이	김 헌·박병기·서영식·송석랑·안효성 양정호·이한우·장영란·장지원·정영기
펴낸이	안종만·안상준
편 집	소다인
기획/마케팅	정연환
표지디자인	BEN STORY
제 작	고철민·김원표
펴낸곳	(주)**박영사** 서울특별시 금천구 가산디지털2로 53, 210호(가산동, 한라시그마밸리) 등록 1959. 3. 11. 제300-1959-1호(倫)
전 화	02)733-6771
f a x	02)736-4818
e-mail	pys@pybook.co.kr
homepage	www.pybook.co.kr
ISBN	979-11-303-2116-5 93300

정 가   23,000원